U0682168

喻园新闻传播学者论丛

张昆自选集

（全四卷）

SELECTED WORKS OF ZHANG KUN

(FOUR VOLUMES)

卷 四

新闻史论及其他

RESEARCH ON THE HISTORY OF
JOURNALISM AND OTHERS (Vol.4)

张 昆 著

社会科学文献出版社
SOCIAL SCIENCES ACADEMIC PRESS (CHINA)

目 录
CONTENTS

一 新闻史论

二　序跋及书评

三 专访

一　新闻史论

新闻传播史体系的三维空间

五年前，笔者曾在《世界新闻通史体系刍议》①中提出，世界新闻史体系应该涉及新闻事业、新闻制度和新闻观念三个层次。以往的新闻历史研究，主要停留在新闻事业的层面，以探索各种新闻传播媒介，如报纸、广播、电视、通讯社演进的历史为主旨。至于新闻传播置身于其中的社会政治制度，及新闻传播本身的制度框架和结构模式，则在很大程度上被忽略了。而正是这一点，决定了传播媒介的社会功能和活动空间。此外，任何一个国家、地区的新闻传播，都是在一定的传播理论、专业意识的指导下进行的。理念决定行为。要全面地揭示并且正确地阐释新闻传播演进的历史，就应该把新闻事业、新闻制度和新闻观念有机地综合起来，建构包容事业、制度、意识的整体的三维空间，变单维的新闻史为多维的新闻史，变平面的新闻史为立体的新闻史。

一 整体的新闻传播史体系

所谓历史，在广义上讲是一切事物以往的运动发展过程。按照事物的不同性质，可以将其划分为自然发展史和人类社会发展史。我们通常意义上使用的历史概念，主要是指人类社会发生、发展的历史，即与自然界相互依赖、相互制约的人类社会以往的运动发展过程。人类社会及其纵向的

---

① 张昆：《世界新闻通史体系刍议》，《国际新闻界》2001年第1期，第51~57页。

发展史是一个完整的系统结构，即由一系列复杂因素组成的协调一致的有机整体。历史学者费尔南·布罗代尔在《历史学和社会科学——长时段》一文中，对这种系统结构做了精彩的解读："所谓结构，社会观察家们认为是现实与社会大众之间存在的一种组织、一种紧密联系及一系列相当固定的关系。而我们的史学家则认为，一个结构也许是一种组合，一个建筑体，但更是一种现实，时间对这种现实的磨损很小，对它的推动也非常缓慢。某些长期生存的结构成为世代相传的稳定因素：这些结构在历史中到处可见，它们阻碍着历史因而也支配着历史的进程。"[1] 这种系统结构的整体性特征，决定了系统中只要有一个因素或子系统发生了变化，或迟或早必将导致整个系统结构的变化。

人类社会及其历史的系统结构看似混沌，实则是一个有序的整体。我们可以把人类社会历史看成大洋上漂浮的一座冰山。展现在我们面前，能够为我们所直接感知的只是冰山的山顶部分，其水线下的主体部分还有多层结构——至少还有山腰、山麓部分，远比我们能够看见的山顶要大得多，如果不潜入水下，实难窥见其真实面目。所以，仅仅只是看到了山尖部分，绝不等于了解全部。客观历史如此，作为社会历史反映的历史著作自然也不例外。波兰历史学家托波尔斯基曾对历史叙事做过深刻的分析。他认为历史叙事与历史实在相适应，也呈现三层结构。"（1）以陈述序列明确表述的清晰表面层（事实层A）；（2）表述不明确，但间接地（经常是省略三段论式地）包含在表述清晰的层次内的表面层（事实层B）；通常以暗含的方式含在（1）与（2）中的更深层次（理论层）。"[2] 所谓清晰表面层，是那种读者与之有直接联系，并且其中通常运用真实性的古典标准资料。但它只是一个有着非常深广基础的结构的最高的和可以看见的部分，犹如冰山的山尖。一个叙事的潜在因素采取了层次（2）和层次（3）的形式。一般而言，层次（2）通常是层次（1）的简单扩充，它并没有改变后者的结构、得出结论的趋向以及解释的途径。层次（1）因而

---

① 〔法〕J. 勒高夫等主编《新史学》，姚蒙编译，上海译文出版社，1989，第262~263页。

② 〔波〕托波尔斯基：《历史叙事之真实性的条件》，转引自陈新主编《当代西方历史哲学读本（1967~2002）》，复旦大学出版社，2004，第153页。

是层次（2）的一种独特的简化方式，换句话说，层次（2）就像层次（1）的某种不太清晰的注释序列。只有当我们考虑了层次（3），新的分析视角才展现出来。"层次（3）是一个理论层次。当然，并不是每一个历史学家都明确地提出一种确定的普遍理论，但每一个历史学家，即使他声称要简洁地表述而不承担评价的责任，他都涉及一种确定的有关人与世界的看法。"①

　　新闻传播史是人类社会整体历史的一部分，它也是一个由一系列复杂因素或层次组成的有序的系统结构。所以，新闻传播史研究不能满足于"考证确定零零碎碎的事实为毕乃能事；必须进一步，不把人事看作片片段段的东西；要把人事看作一个整个的，互为因果，互有连锁的东西去考察他"②。借用托波尔斯基的话来说，新闻传播史也呈现出三个密切相关的层次，即新闻传播事业、新闻传播制度、新闻传播观念，三者彼此依赖、相辅相成，共同建构了完整的新闻传播史体系。其中，新闻传播事业属于漂浮于水面的冰山的山尖，而新闻传播制度则是水线下的主体部分，新闻传播观念则是一个理论层次，是对于前面两个事实层的深度注解。但是，传统的新闻传播史研究，从总体上讲陷入了神秘的整体性经验，仅仅关注了新闻传播史本身的整体性，看到了各种要素的相互纠缠，但是没有尝试对整体进行解析，而且试图将整体的历史归结为新闻传播事业的历史。③ 所以这种研究看起来很完整，但是，业内人士或其他明白人一眼就可以看出，它漏掉了许多重要的东西。而这被漏掉的东西，对于完整地解释新闻传播的历史具有重要意义。在这个意义上，要将新闻传播的历史研究推向深入，或者将其提升到更高的境界，就必须对这种混沌的整体进行深入的剖析。正如英国著名历史学者阿诺德·汤因比所说的："如果不在思想上对宇宙加以条分缕析，我们就无法表达，无法思考和行动。如果我们重新陷入这种整体性的神秘经验，我们就无法继续思考和行动。因此，

---

① 〔波〕托波尔斯基：《历史叙事之真实性的条件》，转引自陈新主编《当代西方历史哲学读本（1967~2002）》，复旦大学出版社，2004，第153~155页。

② 李守常：《史学要论》，河北教育出版社，2000，第17页。

③ 这一点可以从20世纪80年代以来中国出版的一系列新闻史教材的名称上看出来，不少新闻史教材都被冠名为"××新闻事业史"。

我们必须分解和歪曲地呈现现实，这样才能在我们所能发现的真理的指引下行动与生活。"很显然，这种解析并不是终极目的，最终的目的还是为了在更高的意义上再现整体。所以汤因比说，"思想只要一启动，就会把现实打碎，但马上又会把现实加以重新组合"①。新闻传播史的研究，同样也面临着这一重要的课题，需要使用解析的办法，分解展现在我们面前的混沌的整体，哪怕这样做会破坏我们凭直觉感受到的神圣的统一，不然的话，我们的研究将难以突破现实的瓶颈而进入科学的境界。

二　新闻传播史体系的三维空间

面对以混沌形式呈现的整体的新闻传播史，如果我们不想使自己的研究流于形式、肤浅，就必须将它分解成若干孤立的片段，这样才有可能深刻地理解历史。但是，这种分解或者分类无疑会在一定程度上扭曲地呈现历史的状貌，或者割裂各个片段之间本来就存在的不能分解的联系，这是历史学向深度进军的不可避免的后果。笔者以为，对新闻传播史整体的简单易行的分解是三分法，即将新闻传播史分解为新闻传播事业、新闻传播制度、新闻传播观念三个层次（子系统或组成部分），它们彼此依赖、相辅相成。循此而观察新闻传播史，给予我们的将是全然不同于分解之前的感觉。

首先，展现在我们面前的在阳光下熠熠生辉的冰山一角，就是新闻传播事业。我们置身于信息社会，被媒介化环境所包围，媒介信息渗透社会生活的各个角落，任何人都摆脱不了新闻媒介的纠缠。正如亚里士多德所说的，能够离开城邦的人，非神即兽。即便是枯坐守定的高僧，也难御信息于"庙门"之外。不管我们是否乐意，媒介及其传播的信息总会融入我们的生活，对我们的意识和行为产生这样那样的影响。在这个意义上，新闻传播活动、新闻传播事业是我们生产、生活中无法回避的认识对象。由于我们的认识规律是由浅入深、由表及里、从近到远的，我们对人类新

---

① 〔英〕阿诺德·汤因比：《历史研究》（修订插图本），刘北成等译，上海人民出版社，2000，第423页。

闻传播史的研究，自然也会从简单的易于把握的新闻传播事业着手。新闻传播事业的历史演进成为新闻史学者最早的也是基本的研究领域，是有其客观的历史必然性的。

新闻传播事业本身又是一个完整的子系统。其组成要素包括新闻传播媒介、新闻传播技术、新闻事件等。新闻传播媒介有传统的报纸、期刊、广播电视、通讯社以及新兴的网络、手机媒体等，这些媒体产生、发展、沿革的历史，是新闻传播事业史的主体。与此相关的还有媒介传播业务的变迁，如编辑业务、采访报道业务、发行广告业务、经营管理业务的变化，这些内容共同汇集成了新闻传播媒介的历史。新闻传播技术是新闻传播事业发展中最吸引人的要素。技术的进步不仅决定信息传播的广度、深度，而且在很大的程度上制约着信息传播的速度、清晰度，甚至深刻地影响到人们的生活方式。从口头传播时代到手抄传播时代，进而到印刷传播时代、电子传播时代，乃至今天的网络传播时代，传播技术本身就是划分历史发展阶段的关键节点。在新闻传播历史的长河中，由新闻传播媒介及其从业者"主演"的新闻事件，始终是引发后人思古幽情的主要兴奋点。英国报人争取出版自由的斗争，特别是争取自由报道国会新闻的斗争，美国独立战争前殖民地时期的"曾格案件"，欧洲大革命时期革命派报纸与保皇派报刊的激烈论战，几乎是所有新闻史专家大书特书的内容。所有这些，是新闻传播史的实体部分，抽去这些内容，新闻传播史就无法站立起来。

但是，新闻传播事业在整个新闻传播史体系中，毕竟只是冰山一角。其高度、广度及其内涵，主要是由水线下的基础部分决定的。一个国家或地区新闻传播事业的发展水平，报纸、广播电视的普及率，新闻媒体在社会政治生活、经济与社会发展过程中扮演的角色，新闻媒体政治参与程度的高低，新闻媒介社会功能的发挥，新闻从业人员活动空间的大小等，在很大的程度上，与所在国家的制度安排是直接相关的。不同国家新闻传播媒介的法律地位、新闻媒介与权力系统的相互关系、新闻媒介的所有制差异及各种政治文化禁忌等，都会在相当的程度上决定其新闻传播事业及新闻传播活动的状貌。所以，要解读一个国家或地区新闻传播事业的发展历史，揭示其内在的客观规律，必须透过表层现象，进到水线下面，深入制度层面。从政治、法律、经济、文化等不同的视角，解读各种制度因素对新闻传播事业发展的决定性作用。

考察新闻传播制度的历史演变，可以从特定社会政治体系的宪政安排、经济上的所有制结构、法律上的保护宣示和禁区设置、道德上的规范准则和自律机制等方面进行深入的探讨。但是，研究制度特别是研究政治制度史的人都知道，在不同时期、不同的政治实体中，在同样的制度形式下可能会包含着截然不同的实质内容。梁启超曾感慨地说："政治组织上的形式，其实无论何时，和实际运用都不能相同。譬如中华民国约法，现在似乎仍旧有效。但具文的约法和实际的政治，表面和骨子，相差不知几千万里。若从《政府公报》看，中央政府似乎很强有力，吴佩孚、张作霖亦得禀命中央。如打破了南口，许多威字将军都是由吴、张上呈文，由内阁发表。事实上，骨子里何尝如此？一切大权都不在内阁，吴、张上呈文亦等于一纸命令。"① 反映在新闻传播方面也是如此。在当今世界近两百个国家中，几乎所有的国家都在宪法中承诺保障公民的言论出版自由，但实质上能够做到的仅是其中极少的一部分；几乎所有国家的新闻媒体都有监督政府的职能，但是其发挥的程度有天壤之别。另外，不同时期、不同历史阶段的制度安排，尽管有本质与形式上的差异，但是绝对不能否认其历史的继承性。正如孔子所说的，"殷因于夏礼，所损益可知也；周因于殷礼，所损益可知也。其或继周者，虽百世，可知也"②。制度安排确定了新闻传播历史展演的舞台空间，规范着新闻传播工作者的职业行为，没有制度的支持，新闻传播事业就失去了立身之基。

同时，我们还须注意，不管是从历史还是现实的角度，社会的主体都是人。在这个意义上，我们可以说"任何人类历史的第一个前提无疑是有生命的个人的存在"③。根据马克思主义的历史观，"人们通过每一个人追求他自己的、自觉期望的目的而创造自己的历史，却不管这种历史的结局如何，而这许多按不同方向活动的愿望及其对外部世界的各种各样影响

---

① 梁启超：《中国历史研究法补编》，《中国历史研究法：外二种》，河北教育出版社，2000，第298~299页。

② 《论语·为政》。

③ 《马克思恩格斯全集》第3卷，人民出版社，1960，第23页。

所产生的结果，就是历史"①。作为历史主体的人，都处于特定的社会地位，有着特定的利益诉求，具有特定的思想、意识、情感。正是他们的生产和生活，成了社会历史的基本内容。他们创造历史的活动，不是无意识的梦游者般的行为，而是基于特定立场和利益的自主的、有意识的行动。梁启超曾经做过如此的表述："历史为人类心力所造成，而人类心力之动乃极自由而不可方物，心力既非物理的或数理的因果律所能完全支配，则其所产生之历史自亦与之同一性质。"② 对此，恩格斯做过更精辟的解读，"历史是这样创造的：最终的结果总是从许多单个的意志的相互冲突中产生出来的，而其中每一个意志，又是由于许多特殊的生活条件，才成为它所成为的那样。这样就有无数互相交错的力量，有无数个力的平行四边形，由此就产生出一个合力，即历史结果，而这个结果又可以看作一个作为整体的、不自觉地和不自主地起着作用的力量的产物。因为任何一个人的愿望都会受到任何另一个人的妨碍，而最后出现的结果就是谁都没有希望过的事物"③。各个人的意志虽然都达不到自己的愿望，而是融合为一个总的平均数，一个总的合力，然而从这一事实中绝不应做出结论说，这些意志等于零。相反地，每个意志都对合力有所贡献，因而是包括在这个合力里面的，从而对历史产生一定的影响。

新闻传播史也是新闻从业者及相关者自我意志的产物。虽然不是每个新闻从业者或相关者都能如愿，在个体意义上，历史的发展是不以人的意志为转移的，但是一定社会、一定时期的新闻传播思潮，新闻工作者的专业意识，相关者对新闻媒介的角色期待，约定俗成的行为规范等，在相互交错、冲突、融合中形成合力，会在无形中划定新闻传播进化的轨迹，推动新闻传播事业、新闻传播制度的演进。因为，如何建构适应社会需求的新闻传播制度，设定新闻传媒及从业者的活动空间，划清公共权力系统与新闻传媒系统彼此领域的界限，规制新闻传播工作者的职业行为等，都是在一定的新闻传播观念的影响下实现的。新闻传播观念的历史是一个

---

① 《马克思恩格斯全集》第 21 卷，人民出版社，1965，第 343 页。
② 梁启超：《中国历史研究法》，华东师范大学出版社，1995，第 151 页。
③ 《马克思恩格斯选集》第 4 卷，人民出版社，1995，第 697 页。

"边界不定的研究领域，它需要社会史、政治史、经济史、文化史、宗教史等等为它营构一个叙述的背景，也需要研究者在种种有文字的无文字的实物、文献、遗迹中，细心地体验思想所在的历史语境"[①]。当然，一定时期的新闻传播观念，归根到底是一定时期新闻传播实践的产物，是新闻传播从业者及新闻传播相关者对新闻传播活动的能动的反映。而且这种观念未必总是以完全理性化、系统化的形式展现，在许多场合甚至以具有浪漫情调的幻想出现。但它对于解读那个时代的新闻传播历史的发展，具有重要的意义。所以，历史学家赫伊津主张："文明史应当像重视人口、税收数字和经济史一样，重视对美的梦幻和浪漫的幻想。"他又说："当代人生活于其中的幻想具有一种真理的价值。"[②] 这种幻想连同系统化、理性化的思考，总是在一定程度上影响新闻传播活动的展开和新闻传播事业的发展。因此，完全意义上的新闻传播史研究，应该透过新闻传播的表象，穿越新闻传播事业、新闻传播制度的屏障，潜到水线下冰山的更深层的观念部分，这样才能科学地解读、全面地展现新闻传播发展、进化的完整脉络。

三　历史进程中三大空间的交织和互动

新闻传播事业、新闻传播制度及新闻传播观念的交融，形成了多维的一体化的新闻传播史。研究新闻传播史，必须首先正视历史发展演进的整体性，一方面我们可以看到这三个子系统的相互依赖、密不可分；另一方面则是整体对部分的制约，即多维整体的新闻传播史对新闻传播事业、新闻传播制度、新闻传播观念的影响。单一的子系统的发展进化，不能离开整体的背景，更不能忽略子系统之间的互动。也就是说，新闻传播事业的发展变化，难以从其自身得到圆满的解释，新闻传播制度、新闻传播观念亦然。只有在相关子系统的互动和彼此制约中，才能全面地揭示其进化的动因及规律。

---

① 葛兆光：《中国思想史》第 2 卷，复旦大学出版社，2000，第 48 页。
② 〔法〕J. 勒高夫等主编《新史学》，姚蒙编译，上海译文出版社，1989，第 172 页。

但是，研究者同时也要注意到新闻传播史各个子系统的相对独立性，因为在低一级的层次上，子系统本身就是一个完整的结构。所以，从整体上看，每个子系统，包括新闻传播事业、新闻传播制度及新闻传播观念等，都有其特定的发展进化规律，都在"按其特定的节奏演进着"①。就观念的发展进化而言，其决定性因素在于社会的物质生活方式变革。"物质生活的生产方式制约着整个社会生活、政治生活和精神生活的过程。不是人们的意识决定人们的存在，相反，是人们的社会存在决定人们的意识。"② 但观念有时也会超前于客观现实，领先于并且指导着后续物质生活方式的变革。特别是在王朝末期症状出现之后，新的观念会成为引发革命或改革的关键因素。美国传播史学者在研究独立战争的历史时认为，"如果把思想观点作为衡量标准的话，可以说革命到1775年就完成了。这样的话，战争只不过是保护新思想的手段而已，其目的是捍卫这些新思想，抵御那些不能接受新思想的人"③。新闻传播观念也是如此，它虽然在根本上来源于新闻传播现实，是对当前新闻制度和传播实践的能动反映，但新闻传播观念有时也会先于现实，引领现实的新闻传播实践，指导新闻传播制度的设计。17世纪初期，英国诗人、政论家约翰·密尔顿的出版自由观念，美国独立战争前夕托马斯·杰斐逊关于报纸与政府关系的论述，都是作为现实新闻传播制度的对立物出现的，但由于代表着历史进步的潮流，最终为社会所接纳，成为建构自由主义社会新闻传播制度的指南。

一般而言，一个社会的制度安排通常与该社会物质生产方式的水平是一致的；新闻传播制度的设计，也受到当地新闻传播事业的发展水平及新闻传播观念的影响。在一个新闻传播事业极不发达的国家，或者在新闻观念落后的国家，不可能有先进的制度安排。当然，如果国家掌握在代表先进生产力和先进文化的政党手中，还是有可能确立先进的制度安排的。这种制度安排能够促进新闻传播事业的发展，为新闻观念的发展提供更大的

---

① 〔法〕J. 勒高夫等主编《新史学》，姚蒙编译，上海译文出版社，1989，第268页。
② 《马克思恩格斯选集》第2卷，人民出版社，1972，第82~83页。
③ 〔美〕迈克尔·埃默里等：《美国新闻史——大众传播媒介解释史》，展江译，新华出版社，2001，第52页。

想象空间；反之，落后的新闻传播制度不仅会成为新闻传播事业发展的桎梏，还会限制新闻传播观念的发展。17 世纪初期，英国实行的出版检查制度、特许出版制度，不仅成为英国报业发展的最大障碍，而且成为限制新思想、新思潮传播的决定性因素，密尔顿就是因为出版了未经许可的小册子而受到国会的质询，这才有了《论出版自由》这篇影响深远的历史名篇。反之，独立战争后的美国政府，特别是在第三任总统托马斯·杰斐逊统治下，其保护言论出版自由的宪政安排，确保了报刊独立的政治法律地位，从而拉开了美国报业发展黄金时代的序幕。第二次世界大战后的日本，在美国占领军领导下进行的新闻改革，清除了法西斯主义、军国主义的影响，建立了适应和平宪法的民主的传播体制，从而保证了战后 60 年日本新闻传播事业的发展。

新闻传播事业史虽然不等于新闻传播史，但它绝对是新闻传播史的主体部分。新闻传播事业的发展，除受到社会经济、文化因素的制约外，还受到新闻传播观念、新闻传播制度的影响。尤其是先进的新闻传播观念，能够激发出新闻生产力的深厚潜力。19 世纪美国大众化报纸的兴起，与当时报人的报纸产业化理念是分不开的。20 世纪末中国都市报崛起，报业集团化的进程也可从中国报人及党政领袖的新闻观念的转变中得到解释。而报业、广播电视业、网络新媒体的发展，不仅会促成新闻管理制度的变化，也会促进新闻传播思想的升华。此类例证，实在是举不胜举。

在新闻传播史体系中，新闻传播事业始终是最活跃、最积极的因素。因为，新闻传播事业作为新闻传播史的实体部分，总是与生产力直接相连。在工业时代，新闻传播事业不仅是一种产业，更是成为公众的意见论坛和政治斗争的工具，无论是在和平时期还是动荡时期，无论是经济繁荣还是社会凋敝，总是在持续积累能量，默默拓展自己的生存空间。新闻传播制度则相对比较滞后，一旦新的制度建立起来，就会具有一定的持久性、适应性和稳定性。说到底，新闻传播制度属于建立于经济基础之上的上层建筑。先进的制度安排能够促进新闻生产力的发展，落后的制度设施则会成为新闻传播事业发展的障碍。制度设施的相对稳定性不等于一成不变，更不能说它是不能与时俱进的僵死的东西。一般而言，新闻传播制度总是随着新闻传播事业的发展而不断地做出新的调适，随着新闻传播观念的变革而改革。甚至不能排除，由于先进的政治理论和传播观念的指导，新闻传播制度会领先于新闻传播事业的发展，为新闻事业的发展预留空间。新闻传播观念虽然最终是由新闻传播实践所决定的，是主体对于新闻传播实践的能动的反映，但是科学的观念一旦形成，就能够转化成物质的力量，成为新闻传播实践、新闻传播制度设计的指南。

所以，审视人类新闻传播的历史，我们能看到的有如一场沸腾的马拉松赛，各个运动员在看客狂热的呼喊中，彼此交叉领先，相互影响，一路向前。每个运动员都有各自内在的动力和逻辑，似乎彼此都主宰着自己的命运，其实，在历史这个竞技场上，他们虽然人各有志，却几乎都是身不由己。在直观上，有时新闻传播事业先于观念、制度的发展，有时新闻传播观念先于新闻传播事业、新闻传播制度的进化，有时观念和制度一起超前于事业，成为促进新闻传播事业发展的重要因素。在动态的发展进化中，这三个子系统唇齿相依，彼此交叉、融会、相互咬合。在这种情况下，要理清新闻传播发展进化的基本脉络，使新闻传播史的研究建立在科学的基础上，必须建构起新闻传播事业、新闻传播制度和新闻传播观念交融的统一的三维空间。在这种三维空间中，解析各个子系统的互动关系，梳理新闻传播事业、新闻传播制度、新闻传播观念进化的脉络。只有这样才能"解构披着历史外衣的政治和社会神话"①，而还原新闻传播历史本来的面目。

（本文发表于《新闻大学》2007 年第 2 期）

---

① 〔英〕埃里克·霍布斯鲍姆：《史学家：历史神话的终结者》，马俊亚、郭英剑译，上海人民出版社，2002，第 316~317 页。

新闻传播史演进的三大规律

　　根据辩证唯物主义的观点，规律是客观事物发展过程中的本质联系，具有普遍性、必然性的特点。它是事物本身所固有的、深藏于现象背后并决定或支配现象的方面。规律是反复起作用的，只要具备必要的条件，合乎规律的现象就会重复出现。世界上的事物千差万别，它们都有各自不同的规律。新闻传播史是人类社会整体历史的重要组成部分，与人类社会共始终。一方面，社会整体的历史决定了新闻传播史演化的空间；另一方面，新闻传播一定水平的发展又是社会维系和进化的基本条件。和人类社会整体历史或其他专门史的演进一样，新闻传播史也有其自身的进化规律。我们"必须承认它具有连植物也具有的那种为我们所承认的东西，即承认它具有自己的内在规律，这种规律它不能而且也不应该由于专横暴戾而丧失掉"①。这一规律，表现为各种新闻历史现象的重复性与常规性。只有深刻地认识新闻传播史进化的规律，尊重这一规律，才能顺势推动新闻传播的发展，促进社会的整体和谐和文明进步。笔者以为，新闻传播史演进过程中的本质联系，主要体现在三个方面。

一　共性与个性统一的规律

　　一部人类新闻传播的历史，纵横数万里，上下千万年，波澜壮阔，气

---

① 《马克思恩格斯全集》第 1 卷，人民出版社，1956，第 190 页。

象万千。具体在不同民族、不同国家以及不同时间、不同地域上演的新闻历史话剧，虽然异彩纷呈、个性鲜明，但是透过复杂的新闻传播现象，在媒介演变、人事兴替以及环境互动方面，还是可以看见一些普遍的、共同的规定性，这种共性贯穿于人类新闻传播史的始终。换言之，新闻传播的历史，实际是共性与个性辩证统一的运动过程。

新闻传播历史运动的共性，从人类历史的全过程着眼，至少有如下表现。首先是历史发展阶段的同一性。不同国家、民族的新闻传播历史，在历史起点上可能完全不同，在不同时期的发展水平也会表现出迥然的差异，但是几乎所有国家、民族的新闻传播，其发展历程经历了大致相同的发展阶段：口头传播时代、手书传播时代、印刷传播时代、电子传播时代和网络传播时代；在不同的历史阶段，其主流的传播手段也基本相同；传播媒体服务的对象同时也经历了小众—大众—分众的阶段性演变。从尼罗河流域的古埃及文明，到地中海沿岸的古希腊、古罗马文明，再到东亚黄河流域的中华文明，其新闻传播历史的演进，无不验证了这一普遍的共同规定。

其次是市场、技术对新闻传播发展水平的决定性影响。不同地区、不同国家、不同民族新闻传播的发展水平，都受到市场条件和传播技术的制约。一个市场规模偏小的国家或地区，其新闻传播事业发展的空间就比较有限，即便其经济发展水准高、人均 GDP 高，其印刷媒体的发行量、广播电视媒体的收视群体，必然会受到先天不足的市场约束。这便是经济大国能成为传播强国的根本原因。传播技术的发展水平，也会在很大程度上制约新闻传播事业的发展。一个国家、一个地区拥有发达的传播科技，其在接收工具的生产成本方面，就有绝对性的优势。性能相同的接收工具，在技术发达的国家与技术落后的国家中，其市场销售价格是完全不同的，从而决定了不同技术条件下信息消费的门槛，这必然会反过来决定同一信息传播工具在不同地区、国家普及程度上的差异。

再次是新闻传播媒介的自由竞争必然导致媒介的集中垄断。在世界新闻传播史上，几乎所有国家的新闻媒介，其早期的历史都经历了从自由竞争到集中垄断的转化。就报业而言，在自由主义政治制度建立起来后，报业赢得了自由发展的宽松环境。自由的市场环境必然导致媒介主体的自由竞争，在消息采集、广告和发行环节进行竞争，这种自由竞争又必然会在媒介领域带来优胜劣汰和所有权的转移，于是充满活力、具有竞争力的媒介通过兼并弱小的媒介日益强大起来，最终建立起强大的媒介集团，或者是跨不同媒介领域的超级传媒集团。这是欧美自由主义国家新闻传播发展的普遍现象。其他新闻媒体也是如此，广播电视在其初始阶段，也处于宽松的自由竞争阶段，但没有多久，就迎来了广播网、电视网时代。即便是在社会主义国家，也由于实行市场经济，不同媒介之间的竞争导致了优胜劣汰的结果，胜者占领了更多的市场份额，败者要么臣服于胜者，要么退出历史舞台。

最后是新旧媒介的共生关系。新闻传播历史发展的不同阶段，其主导性媒体是大不一样的。随着历史的进化，新的时代取代旧的时代，新的主导媒介取代旧的主导媒介。印刷传播时代，报纸代替手抄新闻书成为主导性传播媒介，电子传播时代，广播电视取代印刷媒介成为主导性传播媒介。但是主导性传播媒介的轮替，不等于旧的主导性媒介完全退出历史舞台。在新的传播格局下，新的主导媒介和旧的主导媒介是可以共生共存的。在印刷传播时代，手抄新闻书并没有消失，电子传播时代，报纸仍是传播领域不可或缺的重要成员。尽管新旧媒介之间存在矛盾和竞争，但它们之间不能够彼此完全替代，而是"共同演进与共同生存"[1]。如果每一个新媒介的产生都导致一种旧媒介的死亡，那么目前丰富多彩的媒介结构就不可能存在了。新旧媒介共存，是新闻传播历史的普遍景观。

新闻传播历史演进的共性是客观存在的，而且是显而易见的。但是，同一类型的传播现象、传播媒体、传播事件、传播思想或流派，往往会因人而异、因地而异、因时而异，所以在不同的民族、国家，不同的文化空间，新闻传播历史的演进还会呈现出千姿百态的个性，新闻传播媒介的功能和活动空间，也会表现出极大的差异。以历史发展的阶段性而论，虽然不同民族、国家的新闻传播历史进化，都经历了口头传播时代、手抄传播

---

① 〔美〕罗杰·菲德勒：《媒介形态变化——认识新媒介》，明安香译，华夏出版社，2000，第20页。

时代、印刷传播时代、电子传播时代和网络传播时代，而且这种顺时进化的态势是不可逆的，但是在不同的民族、国家，这些阶段进化的时程先后有别。在绝大部分地区，手抄传播的历史在距今一万年左右就开始了，但是在非洲、大洋洲的一些原住民部落，直到被文明社会发现前，一直以口头传播为其基本的交流手段。近代报刊的起源也是如此，在16世纪末17世纪初，欧洲地区就诞生了近代报纸，而在亚洲、美洲、大洋洲等地区则要晚一两百年。到20世纪80年代，欧美主要国家、包括亚洲、大洋洲地区大部分国家，都已进入电视时代，可是在非洲的一些落后国家和地区，还没有建立起自己独立的电视体系。

除此之外，新闻传播历史演化的个性还有许多表现。在不同的国家，新闻传播媒介的活动空间、社会功能及其表现风格也大不相同。在当今社会，几乎所有国家的新闻传播媒介都有舆论监督的功能，但是在具体的监督对象上，却有相当的差别，有的国家媒介只能监督层次较低的官员，即所谓"打苍蝇不打老虎"；而另外一些国家的新闻传播媒介则"眼中无王侯"，连国王、总统也可以监督、攻击。在一些国家，特别是自由主义社会，新闻媒介的社会功能涉及政治经济文化各个层面；可是另外一些国家，主要是社会主义国家，新闻媒介的功能主要集中在意识形态领域，其政治作用受到重视的程度远大于其他方面的影响。在一些国家，新闻传播媒介活动的空间相当广阔，现实无禁区、历史无空白，什么都可以报道、都可以评论；可其他一些国家的新闻传播领域，雷池遍布、法网恢恢、动辄得咎。在一些国家，不同的新闻媒体充满活力，在表现形式上，各张异帜、色彩斑斓；而另外一些国家，媒介的表现形式相当单一，显得呆板、枯燥，缺乏吸引人的外在魅力。新闻传播历史演化的多样性，充分反映了人类新闻传播现象极其复杂的内部矛盾，以及人类思维的张力和创造性，也增强了新闻传播史吸引人们兴趣的魔力。

新闻传播历史演化的个性差异，由来于新闻传播所置身的外在环境和不同主体间的差别。以新闻传播为主体的外部世界，便是传播系统赖以生存与发展的客观环境。一部新闻传播的历史，实际是在传播与环境的互动之中实现的。新闻传播发展的动力及其个性既在传播活动与传播媒介自身，又与传播置身的环境有关，它直接来源于传播与环境的互

动。新闻传播系统自身的变革因由是传播发展变化的内在根据，而环境
状况则是决定传播发展及其个性特质的外部条件。离开环境，传播将无
由产生；只有从环境与传播的互动关系之中，才能全面揭示传播发展的
全部真相。另外，主体的特质也会在不同程度上赋予一定的传播系统以
特殊的品格。在现实社会，所有的传播从业者都生活在一定的国度，其
民族性和文化传统不仅会影响传播从业者自身，也会给该国的传播系统
打上深刻的民族烙印。

新闻传播过程中共性与个性的矛盾贯穿于新闻传播历史的全过程。一
部新闻传播的历史实际就是共性（统一性）和个性（特殊性）的辩证统
一。新闻传播现象的共性与个性是统一的，新闻传播历史的共性存在于复
杂的多样性之中，而新闻传播的多样性又自始至终地暗含着历史共性、统
一性。它们虽然性质不一，但互不排斥、彼此包含，形成了共性和个性矛
盾的统一体。

二　纵向与横向发展统一的规律

新闻传播历史还是纵向演进和横向发展的有机统一。横向发展赋予纵
向演进以丰富的历史内涵和现实空间，而纵向演进则给横向发展以历史的
深度。所谓"纵向发展"，是指在传播技术发展的基础上传播方式与传播
系统的变革及由此引起的社会形态由低级向高级的更迭。[①] 这种更迭的进
程与单向度的时间流逝咬合在一起。在时间上，历史从过去走到现在，并
且趋向未来。人类正是搭乘时间之舟实现了文明从低级向高级的发展。这
是就新闻传播历史的一般进程而言的，在社会的各个专门领域，或者某一
国家某一地区的历史发展方面，这种纵向演进的特性更是明显。马克思恩
格斯对此也有精辟的论述："历史不外是各个世代的依次交替。每一代都
利用以前各代遗留下来的材料、资金和生产力；由于这个缘故，每一代一
方面在完全改变了的环境下继续从事所继承的活动，另一方面又通过完全

---

① 李植枬：《世界历史是历史发展的结果》，《武汉大学学报》（人文科学版）2003 年第
4 期。

改变了的活动来变更旧的环境。"① 这里所谓的世代交替，和后代对前人成就的利用，是在由过去通向未来的时间隧道中实现的，也就是说，历史正是随时间而变得成熟、丰富起来的。所以，对于历史学家而言，遵循时间顺序，"根据时间箭头把事件一个接一个地连在一起"，"确定事件发生的日期和事件在时间中的前后序列"，是"最重要的"②，也是极其自然的事情。

所以，我们能够看到的以前的历史学家及其作品，几乎一致地将人类历史看成一个纵向的线性发展过程。从社会形态上是原始社会—奴隶社会—封建社会—资本主义社会—共产主义社会；在生产力方面是石器时代—青铜器时代—铁器时代—机器时代；从信息传播的演进来看，是口头传播时代—手书传播时代—印刷传播时代—电子传播时代—网络传播时代。应该说，历史的发展是沿着时代的长河纵向推演的，但是历史在向纵深推进的同时，也有一个横向拓展的问题。从家庭到村庄再到部落，从部落到城邦进而到多民族统一国家，从单一国家到以主权国家为主体的国际社会。人类在文明进化的征途上不断跋涉的同时，其活动的舞台也随之扩展，视界也随之开阔。

这就是说，历史的纵向发展是绝对的，但是这种纵向发展总是有内涵的发展，每一个时期的社会生活总有它的横截面。这种横截面是特定时期人类生活的完整画卷。这种画卷是以纵横交织、密不透风的丝网构成的，它是一个整体，而不是"零零碎碎""片片断断"的东西。我们要考察人类历史，必须把"人事看作一个整个的，互为因果，互有连锁的东西去考察他"③。这里的互为因果、互有连锁，就是历史横向发展的主要内容。横向发展的直接结果，一方面表现为人类的生活空间不断拓展，视野日益开阔，其活动舞台也逐渐扩大。维柯在《新科学》中，从爱的延伸角度分析了这一现象。"人在野兽状态中只爱它自己的幸福；娶妻生子之后，他在爱自己的幸福的同时也爱其家人的幸福；进入社会生活之后，在爱自

---

① 《马克思恩格斯选集》第1卷，人民出版社，1995，第88页。
② 〔法〕雷梦·阿隆：《论治史——法兰西学院课程》，冯学俊、吴泓缈译，生活·读书·新知三联书店，2003，第92页。
③ 李守常：《史学要论》，河北教育出版社，2000，第17页。

己的幸福的同时也爱社团的幸福；在统治扩展到多个民族之后，他在爱自己的幸福的同时也爱国民的幸福；当诸国民由于战争、和约、联盟和通商结合在一起之后，他在爱自己的幸福时，也爱整个人类的幸福。"① 另一方面，这种结果还表现为各国家、地区联系的日益紧密、不断加强。特别是在经济方面，"世界经济越来越相互依赖：它的任何部分都受到整体的左右；同样，任何部分出现的动荡和变化也都会影响整体"②。经济上的紧密依赖导致了各地居民对域外（境外）信息更迫切的需求。这两方面的结果交会在一起，最终促成了世界历史的形成。"各个相互影响的活动范围在这个发展进程中越是扩大，各民族的原始封闭状态由于日益完善的生产方式、交往以及因交往而自然形成的不同民族之间的分工消灭得越是彻底，历史也就越是成为世界历史。"③ 横向发展是历史进化的大趋势，联系和互动则是其基本的内容。所以历史学家不能满足于纵向地叙述一个个孤立的事件，而是应该通过对人事及不同主体间的相互联系和影响的揭示，来重建或再现一种文明或文化。

推动新闻传播历史横向发展的基本动力，是生产力的发展和传播技术的进步，在当代社会则表现为大工业的发展和全球性新闻传播网络的形成。正是"大工业……创造了交通工具和现代化的世界市场……它首次开创了世界历史，因为它使每个文明国家以及这些国家中的每一个人的需要的满足都依赖于整个世界，因为它消灭了以往自然形成的各国的孤立状态"④。战争也是推动历史横向发展的重要因素，如果没有战争，古代小国林立的格局就不会被打破，就不会有多民族统一国家的出现，就不会有殖民活动和民族间的杂居。虽然战争使人类付出了难以计量的生命代价，但是它在推动世界历史形成过程中的作用是不能忽视的。还有一个非常重要的因素，那就是宗教、文化和新闻信息的交流。这种交流，借助于全球性的传播网络渗透了人类社会生活的各个角落，将不同地区、不同国家的人民紧

---

① 〔意〕维柯：《新科学》，朱光潜译，人民文学出版社，1986，第 141 页。

② 〔法〕埃德加·莫林等：《地球祖国》，马胜利译，生活·读书·新知三联书店，1997，第 18 页。

③ 《马克思恩格斯选集》第 1 卷，人民出版社，1995，第 88 页。

④ 《马克思恩格斯全集》第 3 卷，人民出版社，1960，第 67~68 页。

紧地联系在一起。这是打破民族、国家壁垒，推进民族融合的基本武器。

可见，人类新闻传播的历史实际上包含了纵向演进和横向发展两个不可分割的方面，或者说人类社会历史存在两条主要线索或途径，即纵向发展和横向发展。所以李大钊告诫我们对人类社会既要纵着看，也要横着看。这是因为："历史就是人类的生活并为其产物的文化……是进步的，发展的，常常变动的；所以换一句话，亦可以说历史就是社会的变革。这样说来，把人类的生活整个的纵着去看，便是历史；横着去看，便是社会。"① 这两条线索或途径，并不是并行不悖、互不相关的，而是相互联系、相互影响、彼此制约的。它们有着共同的发展基础，这就是生产力和传播技术的发展水平，以及由此决定的人类交往的发达程度。但是这两者在其基本指向上又存在明显的差异。纵向发展是人类社会沿着时间的阶梯向上攀爬，不断地实现由低级向高级的飞跃；横向发展则使人类的生活空间日益扩大，视野日渐开阔，实现从家庭—村庄—部落—城邦—国家—国际社会的过渡，实现从民族史、地区史、国家史到世界史的发展。横向发展在时间系列中实现了它的终极价值，纵向发展则为横向发展指明了方向。没有横向发展的依托，纵向演进的深度和高度是非常有限的；同样，没有纵向发展的积累，横向发展的空间也会受到制约。德国历史哲学家赫尔德做了一个十分精彩的比喻："人类历史就像是一条河流。它从一眼小泉发源，逐渐增大，……终于越来越长，越来越宽，越来越深。"② 不难看出，横向发展正是在纵向发展中实现的，而纵向发展又赋予了横向发展以历史意义。今天环球一体化的现实，既是纵向发展的结果，也是横向发展的结果。所以，新闻史学家在建构自己的历史体系时，在关注历史的纵向演进时，切莫忽略了历史的横向发展。

三　螺旋式进化发展的规律

新闻传播史并不是一些杂乱无章的偶然事件的简单堆积，而是一个具

①　李守常：《史学要论》，河北教育出版社，2000，第4页。
②　转引自李秋零《德国哲人视野中的历史》，中国人民大学出版社，1994，第141页。

有内在逻辑的由低级到高级的螺旋式进化发展的辩证运动过程。一个新的时代取代旧的时代，不是前者对后者的完全否定，这种取代应该是一种扬弃，前者在吸纳后者的精华后，再实现对后者的超越，因而新时代总会包含旧时代的传统。一种新的媒体取代旧的媒体在媒介系统中的主导地位，前者也不可能消灭后者继续存在的根据，而是在一种新的格局下，实现新媒体与旧媒体的和谐共存，其中新媒体也不得不以旧媒体的某些方式履行其部分职能。一种新的传播方式取代旧的传播方式，一种新的传播理念取代旧的传播理念，都会出现类似的情形。孔子说："殷因于夏礼，所损益可知也；周因于殷礼，所损益可知也。其或继周者，虽百世，可知也。"①这就是讲的历史进化发展的规律，这一规律对于新闻传播史也同样适用。新闻传播的螺旋式进化发展规律，在具体的历史发展情景中有三种不同的表现形式。

首先是历史的相似与重复。在不同国家新闻传播历史发展过程中，或在不同的社会历史领域，经常会出现惊人的相似情形，即某段历史时期出现的历史现象，似乎是此前某一阶段类似现象的再现，或者是现今的新闻传播发展，与历史上某个时期的新闻传播现象十分相似。如发生在 19 世纪 30～50 年代欧美发达国家的报纸大众化潮流，在 150 年后，以惊人相似的方式出现在中国；20 世纪末 21 世纪初期的中国媒介集团化浪潮，与 19 世纪末期欧美主要国家发生的媒介垄断化进程是何其相似。英国著名历史学者汤因比曾专门论述这种相似性或重复性："当我们浏览现有关于人类（个人和集体）活动和经验的历史记录时，我们确实看到，重复现象不仅次数繁多，而且有时还影响重大。有关的资料俯拾皆是。这是不能轻描淡写、一笔带过的，而且反而使人相信，在人类生活的某些方面，将来还可能发生同样的事情。但是，如果以这些观察为依据而断言，必然而永恒的轮回论完全适用于人类历史，那就大错特错了。虽然某些事情会重复发生，甚至多次发生，但是这种情况并不能使人得出结论说，这本来是

---

① 《论语·为政》。

注定会重复发生的。"① 相似性或重复性是历史学的重要魅力所在，也是历史学经世致用的基本依据。但是这种相似不等于同类历史现象的简单重复或者再生，更不能因为这种相似性的重现得出历史循环的结论。事实上，相似的新闻传播史现象的背后，可能潜藏着根本不同的本质。即便是对以前历史现象的重复，它也是在更高层次上或在条件改变了的情况下重复，两者是不能同日而语的。"自从我们脱离人类的原始状态即所谓石器时代以来，情况的重复是例外而不是通例；即使在某个地方发生这样的重复，也决不是在完全同样的状况下发生的。"② 所以，"极为相似的事情，但在不同的历史环境中出现就引起了完全不同的结果"③。但是只要秉持历史发展的眼光，把这些发展过程中的每一个相似的部分加以研究，并置身于当时特定的环境，然后再把它们加以仔细的比较，我们就会很容易地找到理解这种现象的钥匙，从而获得在其他学科领域无法领悟的历史智慧。

其次，新闻传播历史永恒的进化发展与局部、暂时的曲折、退步并存。和其他社会领域的历史发展一样，新闻传播历史也是沿着上升的轨道进化，从低级阶段上升到高级阶段，从幼稚阶段过渡到成熟阶段，这是一个不可逆转的历史过程。但是，在新闻传播进化发展的过程中，不排除在某一个特殊的阶段或特殊的历史条件下，会出现暂时的、局部的曲折，甚至暂时的倒退。从历史发展的大势来看，出版自由作为一项基本人权，其逐步获得是一个不可逆的历史过程。但是在西方传播史上，英国资产阶级革命时期，关于检查制度、特许出版制度，就有过多次废除、重建的反复；法国大革命时期，也有过多次民主与专制、自由与控制的轮回颠倒，大革命初期由"人权宣言"所昭示的出版自由，多次失而复得，又得而复失。这种短暂的曲折，甚至倒退，在新闻传播史上随处可见。鉴于客观的历史事实，我们不能把一部新闻传播史设想为在田园牧歌伴奏下的一马平川，没有坎坷，没有起伏，没有曲折。列宁曾专门告诫我们，如果

---

① 〔英〕阿诺德·汤因比：《历史研究》（修订插图本），刘北成等译，上海人民出版社，2000，第 427 页。
② 《马克思恩格斯选集》第 3 卷，人民出版社，1995，第 429 页。
③ 《马克思恩格斯全集》第 19 卷，人民出版社，1963，第 131 页。

"把世界历史设想成一帆风顺的向前发展，不会有时向后作巨大的跳跃，那是不辩证的，不科学的，在理论上是不正确的"①。

最后是新闻传播史加速度发展的规律。从世界新闻传播史演进的轨迹可以看出，在进化发展的历程中，虽然免不了坎坷、曲折，甚至是暂时的倒退。但是新闻传播发展的大趋势，既是一个线性的永恒向前的进化过程，它不断地实现从不发达到发达，从落后到先进的飞跃；同时它又是一个从少到多扩散的演进过程，它酷似一把折扇，从原点出发，愈向前，其涉及的面愈广。一部人类新闻传播的历史，几乎重演了从溪流到长江的历程。其发端处，细流潺潺，流速缓慢，愈向前，流量愈大，流速愈高，再向前，还会吸纳新的支流，携带着自上而下的动能，裹胁着更多的泥沙和漂浮物，呈加速度的态势浩荡东行。当人类社会刚刚形成，原始信息传播活动诞生时，传播活动十分单一，而且进化的速度十分缓慢，历经百万年才走完口头传播时代；其后的手抄传播时代，传播活动开始丰富起来，口头传播之外，又有手抄传播，而且口语传播的形式也日趋多样化，人类走完这段行程花了近一万年的时间；印刷传播时代起始于活字印刷术的发展，终结于广播电视的出现，连绵八九百年，其间传播形式、传播内容的丰富与复杂程度更过于手抄传播时代，历史进化的脚步在此匆匆加快了。20世纪初期，广播电视随着无线电技术的发展，在不到一百年的时间里迅速普及，覆盖了以往百万年传播发展所造就的辉煌。到20世纪末期，计算机网络技术催生了网络时代，其狂飙突进的态势压住了广播电视的风头，其迅猛增长的潜力将颠覆人类现有的传播格局。可以说，没有哪一个专门的社会领域的历史发展，能够像新闻传播这样，呈现加速度的发展态势，这种加速度携带的势能会推动或牵引人类社会的整体进步。

总之，人类新闻传播的历史虽然看似一系列偶然事件的无序的堆积，实则有其内在逻辑与规律可循。从新闻传播与人类社会历史互动的宏观视野来看，一部新闻传播的历史实际是一个从低级到高级的继续不断的螺旋式进化发展过程。在这一持续进化的过程中，在不同的国家、不同的民族、不同的历史时期，既表现出千姿百态的个性，又蕴含着本质性的共同

---

① 《列宁选集》第2卷，人民出版社，1972，第851页。

特征；这一过程既是一个线性的纵向演进的时间链，又是伴随着时间延续不断拓展的文明之扇。在时间的推动下，新闻传播历史的内涵越来越丰富，新闻传播的水平越来越高，新闻传播发展的速度越来越快，其在社会整体发展过程中的作用也越来越显著。这是新闻传播历史演进的本质规定。

（本文发表于《新闻大学》2008 年第 2 期）

新闻史家的使命及其素养

万事万物皆有历史。历史的积淀搭建了现实的平台，预示了未来的轨迹。它不仅可以提供确立现实坐标的参照系，而且能够为主体的处世为人提供借鉴。自然如此，社会如此，人事也是如此。正是在这个意义上，英国学者卡尔·贝克尔声称每个人都是自己的历史学家。"每个普通人，同你我一样，记忆种种说过做过的事情，并且只要没有睡着也一定是这样做的。……正常地说来，这位'普通先生'的记忆力，当他早晨醒来，便伸入过去的时间领域和遥远的空间领域，并且立刻重新创造他努力的小天地，仿佛把昨天说过做过的种种事情联系起来。没有这种历史知识，这种说过做过事情的记忆，他的今日便要漫无目的，他的明日也要失去意义。"[①] 一个社会的运行，要保持明确的目的性，要拥有光明的未来，更需要明智的历史学家。在古希腊、古代中国，都有专门的史官设置，历史研究成了一种专门的职业。经过千百年的积累，历史学成了一门最为成熟的学科，并成为其他学科的基础。新闻传播作为一个不断扩张的专门的社会领域，需要对其自身历史进行梳理；新闻传播学作为一个完整的学科体系，更需要新闻史学来强固其根基。新闻史学建设既是新闻传播事业发展的要求，也是新闻学科自身进化的必然。新闻史学科的发展，一切都取决于人，取决于具有崇高使命感和职业精神的新闻史家。

---

① 〔美〕卡尔·贝克尔：《人人都是他自己的历史学家》，转引自张耕华《历史哲学引论》，复旦大学出版社，2004，第153~154页。

一 历史与新闻史家的使命

从广义上讲，历史是一切事物以往的运动发展过程。按照事物的不同性质，人们一般将其划分为自然发展史和人类社会发展史。但无论是在哪一种文化背景下，无论是在哪一时期，"历史"总有其双重的意义：一方面，它指的是发生在过去的按一定时间顺序排列的事件；另一方面，与上述意义不可分割的是，"历史"还指对该事件的报道，以阐明该事件对人类诠释自我和诠释世界所具有的意义。"前者涉及的是事件的时间顺序，而后者涉及的是这些事件的叙事性再现。"① 在德国哲学家洪堡看来，这就是历史学家的基本任务。历史学家的本职工作就是客观、全面地描述过去已经发生的事情，建构既往历史进化的时间链环和媒介与社会互动的空间架构。"他越是纯粹地、完备地进行描述，就越是完美地完成了这一任务。简单地描述是他的业务的第一个不容逃避的要求，同时也是他能够提供的最高的东西。"② 自历史学产生以来，衡量历史著述的重要标准，就是这种叙事性再现与客观存在的历史的一致性程度。新闻史也是如此，评价新闻史成果的基本指标，也是新闻史家对以往发生的事件的陈述与客观存在的历史事实的偏差指数。这种偏差是客观存在的，也无法绝对地予以消除。

具体而言，新闻史家的使命有三。第一是在坚持客观性、真实性的前提下，展现新闻历史演进的真相。"解构披着历史外衣的政治和社会神话，长期以来一直是史学家职业义务的一部分，是不依赖他们的同情心的。"③ 要履行史学家这一神圣的使命，史学家本身必须视真实为生命，将真实置于高于一切的位置。广泛地占有第一手资料，经过认真细致的甄别，由表及里，去伪存真。中国古代史学家司马迁为了撰写第一部纪传体通史，全心投

---

① 〔德〕约恩·吕森：《历史思考的新途径》，綦甲福、来炯译，上海世纪出版集团，2005，第 12 页。
② 李秋零：《德国哲人视野中的历史》，中国人民大学出版社，1994，第 247 页。
③ 〔英〕埃里克·霍布斯鲍姆：《史学家——历史神话的终结者》，马俊亚、郭英剑译，上海人民出版社，2002，第 316~317 页。

入，"网罗天下放失旧闻，考之行事，稽其成败兴坏之理"①，终于向世人展现了自黄帝以来数千年的中华文明史。新闻传播史的演进，也存在着同样的情形。虽然传播作为社会的黏合剂，与人类社会同生共存，但是漫长的历史长河，淘尽了千古英雄，淹没了无数的新闻史迹，也留下了许多披着文化和政治外衣的新闻历史神话。新闻史学者有责任、有义务通过自己的努力，解构这些神话，展现新闻史进化的真相。

第二是揭示新闻历史演进的规律，服务现实社会发展的需要。司马迁撰写《史记》，就是为了"究天人之际，通古今之变，成一家之言"②。这种对历史规律的探讨，不仅有利于厘清历史进化的基本脉络，而且对于理解复杂的社会现实、服务于当时社会的客观需要，具有重要的意义。正在这个意义上，英国历史学者卡尔·贝克尔说："历史家的任务既不是喜爱过去，也不是脱离过去，而是控制和了解过去，作为了解现在的关键。"③ 一代明君唐太宗所谓的"以铜为镜，可以正衣冠；以古为镜，可以知兴替；以人为镜，可以明得失"④，其目的也是借助于历史来匡辅时政，已成为千古佳话。德国历史学者约恩·吕森认为，从事历史研究工作的人，必然会在一定的程度上影响到社会的文化生活导向，而对社会的实际目标负有一定责任。在此之外，"历史的回忆有助于对现在的生活秩序作出评价，并使其合法化"⑤。新闻史家也要以自己独有的视角，解读新闻与社会、自然界的互动关系，揭示决定新闻传播发生、发展、进化的基本规律，分析不同地区、不同国家新闻史的异同，探讨不同性质新闻媒介的特点及其共存关系，这是新闻传播发展的需要，是社会和谐进步的要求。

第三是把握现实，引领未来。根据一些历史决定论者的理解，通过对过去发展趋势的分析，对未来进行某种程度复杂的推断，一直是方便而且

---

① ［汉］司马迁：《报任安书》。

② ［汉］司马迁：《报任安书》。

③ 转引自王尔敏《史学方法》，广西师范大学出版社，2005，第108页。

④ ［唐］吴兢：《贞观政要·任贤》。

⑤ 〔德〕约恩·吕森：《历史思考的新途径》，綦甲福、来炯译，上海世纪出版集团，2005，第212页。

流行的预测方法。也就是说，未来的轮廓在一定程度上是可以通过寻求过去发展过程的线索加以认识的，正是在这个意义上，我们越是希望创新，历史就越是成为揭示未来的关键。这种理解是有一定道理的。因为，过去就是现在或者未来的模型，它"是打开遗传密码的钥匙，凭借遗传密码，每一代才能复制其后代并确定它们之间的关系。这就是老人的意义，他们象征着智慧，这不仅仅因为他们经历之长、也因为他们记忆了事情的来龙去脉并因此可以判断事情是怎么回事以及应该如何加以解决"①。必须肯定的是，历史学家不是未来学家，他不可能完整准确地预示将来的事件。但可以肯定，对过去的理解有助于揭示未来的趋向。这是因为，"人类生活乃是一个有机体，在它之中所有的成分都是互相包含互相解释的。因此对过去的新的理解同时也就给予我们对未来的新的展望，而这种展望反过来成了推动理智生活和社会生活的一种动力"②。这种回顾和展望的双重历史观，几乎成了所有历史学家的共识。不论是通史研究，还是专门史研究，回顾对于展望的影响都是显而易见的。

历史学者的使命最终实现与否，取决于他是否能够如实地、纯粹地、完整地描述以往发生的事件。能够实现历史描述与历史实在的完美契合，是历史学者梦寐以求的至上境界。但是历史学本身的历史表明，要达到这一境界，是非常困难的。迄今为止，我们能够看到的这样那样的历史著述，都存在不同程度的失真现象。德国学者席勒从四个方面分析了人们的历史认识为什么不可能完全符合历史真实。"首先，无数多的历史事件或者是由于没有目击者，或者是由于没有借助某种符号记载下来而失传。人类自身及其语言产生之前的历史事件就属于此列。……其次，即使语言产生并因此有可能表达和继续传播已发生的事件，这种传播最开始是以口头传说这种不可靠的和经常变化的方式进行的。'活的传统或者口头传说对历史而言是一种很不可靠的原始资料。因此，使用文字之前的所有事件对于世界历史而言也差不多可说是失而不可复得了。'……再次，文字自身

---

① 〔英〕埃里克·霍布斯鲍姆：《史学家——历史神话的终结者》，马俊亚、郭英剑译，上海人民出版社，2002，第29页。

② 〔德〕恩斯特·卡西尔：《人论》，甘阳译，上海世纪出版集团，2003，第280页。

也不是永恒的。无数多的古代文物都由于年代久远或各种偶然事件而失传了。印刷术发明后人们抢救出的文物只是极少数……最后，在保存下来的史料中，'大部分又由于其撰写者的激情、无知、往往甚至是由于其天才而被弄得面目全非，不可辨认。'"① 席勒的剖析具有相当的说服力，在他所指出的四条理由中，至少前三条是无法辩驳的。至于第四条，我们可以进一步深入探讨。

席勒对于历史学者的"激情、无知"甚至是"天才"，抱有强烈的不信任感。这种不信任，得到了业内外人士的普遍认同。因为，历史学家在面对纷繁复杂的历史事件时，不可能做到有闻必录，他必须做出选择。英国现代著名史学家汤因比透彻地解释了这一问题："假使某人掌握着单独一天之内在全世界出版的所有报纸，并假设他得到保证说所有报道的每一个字都是像福音一样的真理，那么他拿着这些报纸能干些什么呢？他又如何组织它们呢？再进一步假设他认为所有的事实都是同样重要的——可他就是无法写成一部掺和所有这些事实的单独一天的历史。他不得不进行选择，而且，即使他把所有事实都转载出来，他也只能突出一些事实，并贬低另外一些事实。"② 这种选择自有史官的时候就开始了。一部历史，始终伴随着"记载和忽略、记忆和遗忘"③。"重要""次要""无关紧要"的尺度始终在支配着史学家的书写。历史学者主观判断的差异，决定了有多少个历史学家就有多少种不同的历史著述，哪怕是针对同一时代或同一事件。

在决定选择取舍的过程中，许多因素在不同的层面影响着历史学者的判断。首先，每个历史学者都有自己观察问题的视角。"每个史学家都有自己的一生，都有观测世界的个人角度。这种观测角度大概会与其他类似情况的人相同，……当某人不是研究古代或 19 世纪、而是写作他自己生活的时代的时候，这些时代的个人经历不可避免地塑造了我们看待它们的

---

① 转引自李秋零《德国哲人视野中的历史》，中国人民大学出版社，1994，第 181 ~ 182 页。

② 〔英〕汤因比、厄本：《汤因比论汤因比》，王少如、沈晓红译，上海三联书店，1997，第 14 页；转引自张耕华《历史哲学引论》，复旦大学出版社，2004，第 26 页。

③ 葛兆光：《中国思想史》第 2 卷，复旦大学出版社，2000，第15 页。

方式，甚至塑造了我们评价证据的方式。"① 观测角度不同的人，其评价事实、看待问题的方式、尺度自然不同。其次，即便标榜超然、公正的历史学者，在从事历史著述时，也免不了受到自己主观目的的影响。就连中国的至圣先师孔子，在其编纂《春秋》时，也"时或为目的而牺牲事实"②。梁启超在反思中国古代历史研究时说："我国人无论治何种学问，皆含有主观的作用，搀以他项目的，而绝不愿为纯客观的研究……惟史亦然，从不肯为历史而治历史，而必侈悬一更高更美之目的，如'明道'、'经世'等，一切史迹，则以供吾目的之刍狗而已。其结果必至强史就我，而史家之信用乃坠地。此恶习起自孔子，而二千年之史无不播其毒。孔子所修《春秋》，今日传世最古之史书也。宋儒其谓'寓褒贬，别善恶'；汉儒谓其'微言大义，拨乱反正'；两说孰当，且勿深论。要之，孔子作《春秋》别有目的，而所记史事，不过借作手段，此无可疑也。"③ 作者的功利目的，有意无意会影响历史著述的客观和公正。再次，是历史学者置身的时代环境。西方史学界有句名言，"一切历史都是当代史"。换言之，一切历史著作的撰写，都受到当时时代风潮的影响。在这个意义上，所有的历史著作都是穿着不同装束的当代史，它至少体现了当代的历史价值观。"杰出的西奥多·莫姆森笔下的罗马帝国，是同样反映了新的德意志帝国的、1848 年代的一部德国自由史。在尤利乌斯·恺撒的背后，我们看到了俾斯麦的身影。罗纳德·塞姆的研究更是这种类型。他所写的恺撒，就是法西斯独裁者的身影。"④ 其四是社会环境的影响。历史学者也置身于社会之中，集中承担了各种复杂的社会关系。"在每一历史时期或者史前时期，每一个人总是生在一个社会里的，而且从他出生的最早时期起就是由那个社会塑造的。他所说的语言不是个人的天赋，而是从他生长于其中的那个社会集体得来的。语言和环境这两者都有助于决定他的思

① 〔英〕埃里克·霍布斯鲍姆：《史学家——历史神话的终结者》，马俊亚、郭英剑译，上海人民出版社，2002，第 265 页。
② 梁启超：《中国历史研究法》，华东师范大学出版社，1995，第 20 页。
③ 梁启超：《中国历史研究法》，华东师范大学出版社，1995，第 44~45 页。
④ 〔英〕埃里克·霍布斯鲍姆：《史学家——历史神话的终结者》，马俊亚、郭英剑译，上海人民出版社，2002，第 263 页。

想特征；他的早期的思想是从别人那里来的。"① 历史学者也是如此，其基本的价值观和判断是非的标准，都会在不同程度上受到社会环境，特别是政治、党派和利益的制约，从而对其历史著述产生这样或那样的影响。

可见，历史学者，包括新闻史学者，其著述、其成就，能否达致理想的境界，实现历史著述与历史实在的完美契合，不仅与其置身的时代、社会环境息息相关，更与他们自身的历史观、价值观及其现实的功利目的直接相联。所以，要想向社会奉献至上的精品——信史，历史学者本身必须排斥现实的利益纠葛、坚守职业精神、强化专业素养、坚持真理、超越自我，只有这样，历史学者才能履行自己的使命。

二 新闻史家的修养

历史学家是时代的记录者，其基本职责就是凭着自己练就的一双慧眼，以中正持平的态度，秉持理性客观的精神，用自己的笔，如实、全面地再现客观的历史。"古之所谓良史者，其明必足以周万事之理，其道必足以适天下之用，其智必足以通难知之意，其文必足以发难显之情。然后其任可得而称也。"② 很显然，并不是所有的人都能胜任史家这一角色。唐代史学家刘知己曾感叹，自古文士多而史才少；清代学者章学诚更是直言"千古多文人，而少良史"③。新闻史学也是如此，既往治新闻史者，多来自文学或新闻专业，来自历史学专业者甚少，故对于史学的基本价值和职业精神的理解，不如一般史学家那般透彻深刻。新闻史家要担当历史的责任，必须具备如下几方面的素养。

第一，要有强烈的好奇心。几乎所有的传播学说都认为，人类的好奇心是催生新闻传播的重要因素。其实，好奇心的作用远不止于此，它对于历史研究同样重要。英国著名史学家汤因比说："好奇心是人类特有的一种冲动。它是意识的一种产物。人类有了意识，就必然会思考各种现象。

---

① 〔英〕爱德华·霍列特·卡尔：《历史是什么？》，吴柱存译，商务印书馆，1981，第29~30页。

② 〔宋〕曾巩：《南齐书目录序》。

③ 〔清〕章学诚：《文史通议·史德》。

这些现象显然仅仅是现实的片断,肯定是很表面的东西,而且无论这些现象怎样变化,都很可能是骗人的。好奇心就是驱使人们通过现象来探索现象所掩饰的现实的那种冲动。除非达到了目的,在此之前好奇心是永远不能满足的;因此,虽然它可能开始只是出于好玩,但是一旦它变成了一种执着的追求,就会最终变成一种宗教经验。""没有好奇心的刺激,就不可能有任何智力活动。"① 在这个意义上,好奇心是人们从事某一工作或做出某一决策的重要动力。因此,没有对人类新闻历史的强烈兴趣,没有对新闻传播的过去、现在及未来的难以遏制的好奇心,是难以在枯燥的新闻史研究领域长期驻足的。

第二,要有深远的视界和宏观思维。在历史走向世界历史的进程中,新闻传播本身成为推动历史横向发展和纵向延伸的重要机制。新闻史也是在宽广深远的社会历史背景下展开的,在新闻史领域,集中融合了各种自然和社会力量的交互作用。所以单纯地从新闻的视角来审视新闻的历史,是难以得出正确的结论的。新闻史家必须从深广的视野和宏观思维来探索新闻自身的历史。否则,"他们便会有回到知识孤立主义中去的危险,必然会阻碍他们更加深刻地认识西方世界和非西方世界的历史发展过程"②。如果史家满足于狭隘的经验,"局限于国家、民族史的狭小范围内,其种族的、政治的与国家的偏见,不可避免的使他陷于泥淖之中,无法真正了解自己所研究的历史,因他无法与其他国家的历史相会通。许多史学家缺乏公平,不是由于有先入之见,而是由于知识的不足。沉湎于欣赏自己的民族,必然夸大其创造性,而将本为模仿来的,认为系其独创。对其他民族不公正,是由于不了解其他民族,知识闭塞,易于为情绪所建立的偶像所欺骗。比较方法使历史以真面貌出现。原来被认为的高山,不过一丘陵,原来被引为荣耀的民族天才创造的事件,不过模仿精神的表现"③。

---

① 〔英〕阿诺德·汤因比:《历史研究》(修订插图本),刘北成等译,上海人民出版社,2000,第429页。

② 〔英〕杰弗里·巴勒克拉夫:《当代史学主要趋势》,杨豫译,上海译文出版社,1987,第163~164页。

③ 转引自杜维运《史学方法论》,台北:华世出版社,1981,第330~331页;转引自范达人等《比较史学》,湖南出版社,1991,第41~42页。

只有超越狭隘的民族、国家、阶级的局限，在深广的历史视野下，本着宏观思维和立体透视，新闻史才能实现从经验到科学的转换。

第三，要有一定的想象力。历史是客观的，但历史著述则是史学家想象力的产物。这与新闻学理论中所反对的"合理想象"是完全不同的。历史学者在建构历史体系时，面对两方面的苦恼，一是历史事件的繁杂多样，不知从哪着手；二是历史链条的断裂，某些没有见证、没有记录的事件淹没在历史长河之中，或者某些事件的细节缺损。如果不从历史发展的内在逻辑出发，发挥自己的想象力进行必要的缝合，历史就是不完整的，或至少不是生动的。在这个意义上，可以说"历史是一种想象的产物，是属于个人所有的一种东西；这种东西是我们每一个普通人从他个人的经验里塑成，以适应他实际的或情绪上的需要，并且把它尽可能地好好地加以修饰来适合他审美的口味"。甚至可以说，历史"势必是与幻想的动人的混合物，是对真实事件的一种神秘的附会"①。所以，"一个完美的历史学家必须绝对具有足够的想象力，才能使他的叙述既生动又感人，但他必须绝对地掌握自己的想象，将它限制在他所发现的材料上，避免添枝加叶，损害其真实性。他必须既能进行深入而巧妙的推论，又具有充分的自制力，以免将事实纳入假说的框架。凡是能够恰当地估计这些困难的人，都不会奇怪，每个历史学家都有可能失足——或者是在叙述领域或者是在思辨领域"②。也就是说，想象力对史家来说是必需的，要充分地发挥想象力的作用，但是又不能放开想象的翅膀，更不能离开历史事件来发挥文学上的想象力。

第四，要有执着的专业精神和强烈的使命感。自历史学产生以来，史家就是一个崇高的职业。其究天人之际、通古今之变的诉求和经世致用的功能，吸引了无数的学人投身于此。司马迁在《太史公自序》中说，"先人有言：'自周公卒五百岁而有孔子。孔子卒后至于今五百岁，有能绍明

---

① 〔美〕卡尔·贝克尔：《人人都是他自己的历史学家》，转引自于沛《历史认识中的"历史事实"问题》，《史学理论与史学史学刊》（2002 年卷），社会科学文献出版社，2003，第 55 页。

② 〔英〕麦考莱：《论历史》，转引自张耕华《历史哲学引论》，复旦大学出版社，2004，第 69 页。

世，正《易传》，继《春秋》，本《诗》、《书》、《礼》、《乐》之际？'意在斯乎！意在斯乎！小子何敢让焉"①。在这里，司马迁面对历史责任当仁不让的情怀跃然纸上。由于史家的职业要求是秉笔直书、不避讳、不隐恶，当面对权贵暴力威胁时，能否抵抗强权，就成为衡量良史的重要标志。春秋时代的襄公二十五年，齐国的崔杼杀了国君，"大史书曰：'崔杼弑其君'崔子杀之。其弟嗣书，而死者二人。其弟又书，乃舍之。南史氏闻大史尽死，执简以往。闻既出矣，乃还"②。其中大史及其弟弟，还有南史氏，为了职业理想，宁折不弯、视死如归，其精神实在是令人感佩。如果有了这些连死都不怕的职业史家，新闻历史的研究当然会有美好的将来。

第五，要有杰出的表述才能，用史学家的话来说就是史才。刘知己所谓的"才学识三长"，其中以史才尤为难得。"史有三长，才、学、识。世罕兼之，故史者少。夫有学无才，犹愚贾操金，不能殖货；有才无学，犹巧匠无楩柟斧斤，弗能成室（《新唐书·列传》）。"③ 也就是说，即使有丰富的学识，掌握了大量的第一手资料，如没有杰出的剪裁工夫，没有恰当的梳理，没有一流的表达能力，即没有史才，也不会有杰出的历史作品，犹如愚蠢的商人空守大量的金银而赚不到钱。同时，如果史家有史才，但没有史识，没有史学，没有掌握基本的历史素材，巧妇也难为无米之炊。可见，史才、史学、史识只有结合在一起，才能交互为用。由于本处主要强调史才，所以在表述方面要多着些笔墨。要锻就一流的史才，必须对"语言的、诗意的和修辞的手段有更深刻的理解"，为了展现当时的情景，"理论的和实际的理智也是修辞学的规则，它们规定了该怎样谈到那些为了应对自己、世界和与自己生活在一起的他者而需要历史的人们"。④ 对于修辞的原则，刘知己也有明确的表述，"夫国史之美者，以叙事为工，而叙事之工者，以简要为主"。"夫能略小存大，举重明轻，一

---

① 王汉民编著《太史公自序注译》，青海人民出版社，1988，第32~33页。
② 李学勤主编《十三经注疏·春秋左传正义》，北京大学出版社，1999，第1016页。
③ 金毓黻：《中国史学史》，河北教育出版社，2000，第319页。
④ 〔德〕约恩·吕森：《历史思考的新途径》，綦甲福、来炯译，上海世纪出版集团，2005，第227~228页。

言而巨细咸该，片语而洪纤靡漏。"① "苟爱而知其丑，憎而知其善，善恶必书，斯为实录。"② 史家只有掌握历史修辞的这些原则，才能编纂出垂之千古的历史作品。

第六，要有激情但又不能为激情所伤。激情是相对于理智而言的。人们一般崇尚理智，而对激情抱有负面的态度。其实，激情对于人们从事的任何一个职业都是强大的动力源。一个理智的人在面对历史时，固然有难得的清醒、冷静，但过于理智会伤害历史作品应该蕴含的人文精神。"对激情的世界——政治的野心，宗教的狂热，以及经济和社会的斗争——了无所知的历史学家，只会给予我们非常枯燥抽象的历史事件。但是如果他想要获取历史真理的话，他本人就不能逗留于这个世界。他必须赋予所有这些激情的材料以理论的形式；而这种形式，像艺术品的形式一样，决不是激情的产物和结果。历史学确是一部关于激情的历史，但是如果历史学本身试图成为激情，那么它就不再是历史。历史学家本人一定不能表现出他所描述的那些激情，那些暴怒和疯狂的情绪来。他的同情是理智的和想象的，而不是情感的。我们在一部伟大历史学家著作的字里行间感受到的个人风格并不是情感的或修辞学的风格。"③ 否则，史家的激情只会扭曲历史，伤害历史的真实。中国近代著名史学家、著名报人梁启超曾在其《中国历史研究法》第五章中反思道："吾二十年前所著《戊戌政变记》，后之作清史者记戊戌事，谁不认为可贵之史料？然谓所记悉为信史，吾已不敢自承。何则？感情作用所支配，不免将真迹放大也。"④ 能够影响史家的情感，涉及民族、国家、个人诸方面，它会驱使史家投身于史学研究，这并不是坏事，但如果在其运思创作的过程中，激情成了支配性的原则，这时情感这匹野马就需要理智来驾驭了。

第七，要有卓越的史识。所谓史识，主要指的是对历史事件的判断、鉴别能力，相当于对历史的认知判断。历史研究有三大层次：第一个层次是事实判断，第二个层次是认知判断，第三个层次是价值判断。根据林甘

---

① ［唐］刘知己：《史通·叙事》。

② ［唐］刘知己：《史通·惑经》。

③ 〔德〕恩斯特·卡西尔：《人论》，甘阳译，上海译文出版社，2003，第300页。

④ 梁启超：《中国历史研究法》，华东师范大学出版社，1995，第125页。

泉的理解，认知判断是"在占有了大量真实可靠的史料之后，你怎样认识一些历史事件的因果关系，透过历史现象看本质和一些深层次规律性的问题。在这个层次上，马克思主义与非马克思主义历史观和方法论的分歧就呈现出来了"①。这种透过历史现象看本质的能力，就是史识。其重要性远甚于"学问文章，聪明才辩"，能使史家"持世者，存乎识也。所贵乎识者，非特能持风尚之偏而已也，知其所偏之中，亦有不得而废者焉。非特能用独擅之长而已也，知己所擅之长，亦有不足以该者焉"②。史识的形成，赖于史家的实践，由来于深厚的史学根底。卓越的史识，能够使史家的长才发挥到极致。

第八，要有高尚的史德。史学家作为一种职业要有基本的职业道德。那么史德的内涵为何，章学诚认为是"著书者之心术也。夫秽史者所以自秽，谤书者所以自谤，素行为人所羞，文辞何足取重。魏收之矫诬，沈约之阴恶，读其书者，先不信其人，其患未至于甚也。所患夫心术者，谓其有君子之心，而所养未底于粹也。……而文史之儒，竟言才、学、识，而不知辨心术以议史德，乌乎可哉？"③章学诚把史德简约为史家之心术，要求史家把心术摆正，心术不正，其作品文辞再好，也不足取重，如魏收、沈约之流，其败德之行最终会累及他们的作品。这是非常深刻的。其实新闻史的研究，也存在一个史德问题。新闻史家要本着君子之心，坚持理性与公正的原则，开阔坦荡、善恶必书、无所偏私，这才是良史之所当为。新闻史家之史德，乃是其职业行为的方向舵，只有具备高尚的史德，其成果才能经世致用；否则一个无德或德行不彰的史家，其在作品中耗费再多的心血，也难得到世人的认可。

总之，新闻史学建设既是新闻传播事业发展的要求，也是新闻学科自身进化的必然结果。而新闻史学科的发展，一切取决于人，取决于具有崇高使命感和职业精神的新闻史家。在媒介化社会，新闻史家肩负着重要的社会责任。他必须如实、全面地描述过去已经发生的事情，建构以既往历

---

① 林甘泉：《关于史学理论建设的几点意见》，瞿林东主编《史学理论与史学史学刊》（2002年卷），社会科学文献出版社，2003，第7~9页。

② 转引自王尔敏《史学方法》，广西师范大学出版社，2005，第105页。

③ ［清］章学诚：《文史通议·史德》。

史进化的时间链环和媒介与社会互动的空间架构。具体而言，新闻史家要在坚持客观性、真实性的前提下，展现新闻历史演进的真相；揭示新闻历史演进的规律，服务现实社会发展的需要；帮助人们把握现实，引领未来的方向。这些使命的实现，不仅与时代、社会环境相关，更与新闻史家自身的修养有直接或间接的联系。新闻史家要履行自己的责任，必须加强自身的专业素养，熔铸独立公正的职业精神，本着强烈的使命感和责任感，拓宽视野、深化史识、提升史才、发扬史德，只有这样，才能编纂出真正的信史，回报社会的期待。

［本文发表于《现代传播》（中国传媒大学学报）2007 年第 6 期］

世界新闻通史体系刍议

　　所谓历史，从广义上讲，指的是一切事物以往的运动发展过程。按照事物的不同性质，人们一般将其划分为自然发展史和人类社会发展史。我们通常意义上使用的历史概念，主要指的是人类社会发生、发展的历史，即与自然界相互依赖、相互制约的人类社会以往的运动发展过程。根据马克思主义的历史观，人是社会历史的主体。"人们通过每一个人追求他自己的、自觉期望的目的而创造自己的历史，却不管这种历史的结局如何，而这许多按不同方向活动的愿望及其对外部世界的各种各样影响所产生的结果，就是历史。"① 历史学则是对人类以往历史过程的记录、对于人类以往历史经验的总结和对于历史发展规律的探讨。这种记录、总结和探讨，乃是社会科学赖以确立的基础。由于人类的历史在沿着螺旋式上升的轨道进化，历史科学的体系亦愈来愈丰富、愈来愈完善。新闻史学正是历史学发展到一定的阶段，随着近代报业的出现而形成的历史科学之树的一个新的分支。另外，对于新闻学来说，新闻史学又是新闻学学科体系的一个重要组成部分。人们一般把新闻学看成由理论新闻学、应用新闻学和新闻史学三大板块组成的知识体系，而且新闻学作为一门科学，又是从新闻史的研究开始的。可见，新闻史学是一门典型的交叉学科。通过新闻史学将新闻学与历史学紧密地联系起来。新闻史学的发展进步，有利于提升作为其母学科的历史学、新闻学的整体水平；而历史学、新闻学奠定的学术

---

　　① 《马克思恩格斯全集》第 21 卷，人民出版社，1965，第 342 页。

基础，又制约着新闻史学的发展空间。

自工业革命以来，特别是进入 20 世纪以后，历史学和新闻学实现了空前的发展。就历史学而言，国别史、地区史和专门史的研究取得了丰硕的成果。随着历史向世界历史转变，世界通史体系逐步建立并且日趋完善。新闻学的起步虽然很晚，但是电子传播媒介和通信卫星的出现，尤其是计算机网络技术的发展，实现了全球范围的同步传播。世界的空间距离大大缩短，全球村庄由梦想变成现实。新闻理论、新闻实务紧跟新闻实践的步伐迅速发展。新闻史研究虽然也有了长足的进步，在国别史、专门史、地区史方面取得了可喜的成就。但是相对于历史学、新闻学奠定的学术基础和新闻传播全球规模的发展所提供的可能性，新闻史学有待于进一步的突破。具体而言，时代期待着一种全新的新闻史研究范式，即世界新闻史研究的出现。创建世界新闻史体系既是新闻事业跨世纪发展的要求，又是健全、完善新闻学学科体系的需要。本文将从两个方面就世界新闻史体系问题略做探讨。

一 当前新闻史研究的基本格局

作为新闻学知识体系的一个不可或缺的组成部分，新闻史学研究已成为新闻学术的重要领域。应该说，自新闻学诞生以来，人们在新闻史学方面的研究成果丝毫不亚于在新闻理论和新闻实务的研究。仅就国内新闻史学研究的情况而言，其成果之丰硕、水准之高，绝不在新闻学的其他研究领域之内。从专业研究人员的组成、大学新闻专业课程的设置及研究成果来看，当前我国新闻史学研究总体上呈现中（中国新闻史）外（外国新闻史）分治的基本格局。至于以包容中外于一体，以整个世界全局为对象的世界新闻史研究，还没有引起学术界的普遍关注。

1. 中外分治的基本格局

学术界对中国新闻史的研究，具有相当长的历史，并且取得了举世瞩目的成就。其代表作主要有：戈公振著的《中国报学史》、蒋国珍著的《中国新闻发达史》、曾虚白著的《中国新闻史》、丁淦林著的《中国新闻事业史》以及方汉奇主编的多卷本《中国新闻通史》。还有为数众多的专门史著作，如赵玉明编著的《中国现代广播史》、郭镇之著的《中国电视史》、胡太春著的《中国近代新闻思想史》等。这些专著及大量论文的出版、发表，对于提升中国新闻学术的整体水平具有重大意义。

至于外国新闻史研究，既有国别史，又包含了地区史；既有专门史，又有综合新闻史。总的来说，学术界对外国新闻史的研究，大体上有以下四种模式。

第一种模式是，A 国新闻史＋B 国新闻史＋C 国新闻史＋D 国新闻史+……＝外国新闻史。这一模式缘起于日本学者小野秀雄所著的《内外新闻史》（台湾地区译本名为《中外新闻史》）。台湾政治大学教授李瞻的《世界新闻史》的体例，就来源于小野秀雄。大陆学者陶涵主编的《世界十国新闻史纲要》、中国社会科学院新闻研究所编辑的《七国传播事业》等，从其内容、体例上看，均应属于这一模式。

第二种模式是，各国报纸史＋各国广播史＋各国电视史＋各国通讯社史＝外国新闻史。此种模式实际是地区新闻史研究。这一模式的典型代表，有张隆栋、付显明主编的《外国新闻事业史纲要》、梁洪浩主编的《外国新闻史》和张允若、高宁远所著的《外国新闻事业史新编》等。

第三种模式是专门史研究。如苑子熙著的《外国广播电视事业史简编》、国际广播电台研究室编辑的《世界广播电视：变革和发展》、徐耀魁主编的《西方新闻理论评析》和王泰玄著的《西方著名报纸概要》等。

第四种模式是国别史研究。这一研究主要表现为对外国研究成果的翻译，国人自己独著的较少。其代表性的作品有，日本山本文雄等著的《日本大众传播工具史》（青海人民出版社，1984）、美国埃德温·埃默里等著的《美国新闻史》（新华出版社，1982）及刘有源著的《美国新闻事业概况》（人民日报出版社，1984）等。

应该指出的是，国内出版界近年来也推出了好几本带有"世界"字样的新闻史著作，如李瞻著的《世界新闻史》、李明水著的《世界新闻传播发展史》、法国彼·阿尔贝著的《世界新闻简史》等。但这些著作严格说来，都不能算是世界新闻史。因为，它们要么是几个国家新闻史简单的叠加，要么是以欧美各国为中心而把中国排斥在该书的体系之外。

2. 中外分治格局的优越性

新闻史研究中外分治的基本格局，是由客观的社会历史条件所决定的。在既有的条件下，这一研究格局有力地促进了新闻史学的深度发掘，至少表现出其独有的三大长处。

第一，中外分治的研究格局，特别是"A国新闻史+B国新闻史+C国新闻史+D国新闻史+……=外国新闻史"的研究模式，有利于逐个地厘清各个主要国家新闻传播产生、发展、演变的历史脉络。因为在陈述各个国家新闻史时，不必过多地顾及与此相关的其他国家的横向联系及相互影响，因而能够集中精力于该国新闻历史的探讨。特别是在对本国之外的其他国家的新闻传播接触不多、了解不深的情况下，逐个研究个别主要国家的新闻历史，可以说是唯一可行的办法。以此为基础，才谈得上对世界新闻传播全局的综合研究。

第二，在厘清各主要国家新闻传播产生、发展、演变脉络的基础上，研究者才能深入地分析、把握、支配各主要国家新闻传播演进的特殊规律。在世界范围内，由于地理环境、历史传统、民族心理、政治经济制度等因素的差异，各个国家的新闻传播不仅表现出了丰富多彩的个性结构，而且在媒介的功能、运作及新闻工作者的活动空间，甚至在新闻传播演变的途径上，也大不相同。是什么决定了各个国家的新闻传播存在种种差别？其原因当然应该从各个不同国家新闻历史本身去寻找。

第三，中外分治的新闻史研究格局，还有利于在国别史研究的基础上，对不同国家、不同地区的新闻历史进行深入的比较研究。如前所述，由于每个国家所置身的地理与历史文化环境及政治经济制度的不同，每个国家新闻传播发展、演变的道路也大不一样。那么，各个国家新闻传播历史的独特性何在？为什么又会产生这些独特性？这些问题，仅仅通过对单一国家新闻历史的了解，是不可能得到满意的答案的。只有把相关的国家放在共同的社会历史背景中，做综合的比较研究，才能得出合理的解释。而比较研究的前提，是对比较对象历史与现实的全面把握。这一前提正是通过国别史、地区史研究的展开，而得到了圆满的解决。

3. 中外分治研究格局的缺陷

中外分治的新闻史研究格局，尤其是新闻国别史、地区史的研究，虽然有上述种种长处或优点，但是相对于新闻传播事业和新闻传播学发展的客观需要，相对于世界通史的研究水准，还存在一些差距，或者说还有一些不可忽视的缺陷。

其一，研究视野偏狭，不利于了解世界新闻历史发展的全貌。在中外分治的基本格局之下，新闻历史研究总体上是以国家为本位的。在对象国家之外，其他国家的新闻历史是不在研究者关注的范围之内的。这样，经过长期的研究、积累，研究者对于若干主要国家，或自己感兴趣的若干地区的新闻史可能有相当深刻的了解，至于其他的国家和地区则付之阙如。这一点可以从当前看到的大量新闻历史著作中得到证实。事实上，我们生活于其中的世界，比目前的一些新闻历史著作所展现的要大得多，要丰富得多。仅仅掌握几个主要国家或地区的情况，远远谈不上对整个世界的了解。在现代传播科技迅猛发展，世界各地经济文化联系日趋紧密的情况下，过去被人们看成是广袤无边、遥不可及的地球，变成了可以瞬间共享信息资源的全球村庄。世界已不再是几个国家、几个地区松散的聚合，而是一个完整的有机体。要全面地认识、把握当今的新闻传播，就必须深入了解世界新闻传播历史的全貌。

其二，相对封闭的历史体系，难以解释各个不同国家的新闻历史在空间上的相互关系。由于中外分治，许多新闻史研究者习惯于把各个国家、各个地区的新闻传播看成一个独立、封闭的系统，满足于对它做纵向的、线性的描述。而不是或很少把它放在世界新闻传播的宏观背景之中，从局部与局部、局部与整体的横向联系中，考察各国新闻传播的历史演变。马克思主义者认为，在世界历史进程中，一个国家内部的社会结构及经济文化水平，除了取决于其自身的生产及生产力的发展程度以外，还取决于这个国家与外部世界的交往程度。因此，历史学家在关注历史的纵向发展时，还必须注意历史的横向发展。所谓横向发展是就历史由各个地区的相互封闭到逐步开放，由彼此分散到逐步联系密切，终于发展成整体的世界历史这一客观过程而言的。[①] 所以，历史学者要想揭示一个国家发展演变

---

① 参见吴于廑《世界历史——为〈中国大百科全书·外国历史卷〉作》，《吴于廑学术论著自选集》，首都师范大学出版社，1995，第62~63页。

的根本原因，在追述其历史轨迹的同时还必须从空间上做横向的考察。这一原理对新闻历史同样是适用的。如果孤立地研究国家、地区的历史，就无法揭示各个国家、各个地区新闻传播在世界历史宏观背景中的空间关系，从而难以全面地解释其发展变化的根本原因。

其三，难以把握对象国家在世界新闻历史上的地位。在世界历史舞台上，每个国家、地区因其对世界文明进化的贡献有大小，而占有不同的位置。这种贡献或地位，不仅是相对于其他国家、地区而言的，还必须从世界全局出发进行综合的权衡。因此，要把握各个国家新闻传播在世界新闻通史中的具体方位，中外分治的新闻史研究是无能为力的。

其四，专注特殊，不利于把握世界新闻传播的普遍规律。由于研究者以各个国家、地区为基本的研究单位，以厘清该国家、地区新闻演变的历史脉络为主旨，便利于了解、把握决定其新闻传播产生、发展、演变的内在特殊规律。但是任何国家、地区都不可能独立于统一的世界体系之外，而只能作为世界整体的一个重要组成部分。生活于世界大家庭的各个国家和地区成员，其历史背景、文化传统、民族心理及政治经济制度千差万别，从而决定了其新闻传播多种多样的复杂结构。每个国家都有自己的特殊情况，但是在不同的国家、地区及其不同的发展阶段，总是存在彼此相同的共性、普遍性或者说是普遍规律。这种普遍规律不仅丝毫不排斥各个国家、地区的特殊性，"反而是以此为前提的"①。中外分治的格局，却在一定程度上增加了认识普遍规律的困难。认识各个国家的特殊性，固然是把握世界普遍规律的重要条件；只有认识了普遍规律，才能更深刻地把握各个国家的特殊性。

其五，就新闻论新闻，忽略了新闻传播所置身的社会背景。当研究者以国家、地区作为基本的研究单位时，更多地将精力集中于新闻传播本身的历史演变过程。至于上演新闻传播活剧的舞台——社会历史背景，则在较大程度上被忽略了。马克思主义者认为，历史研究者的任务，不仅在于揭示历史是怎样的，还应该说明它为什么是这样的。要完成这样的任务，单纯地从新闻传播本身来探讨，是无法得出我们所需要的结论的。只有将

---

① 《列宁选集》第 4 卷，人民出版社，1995，第 776 页。

新闻传播放在广阔的社会历史背景中，把新闻传播作为社会大系统的一个重要组成部分，从局部与整体、部分与部分的关系上，才能从根本上解决"为什么会是这样的"这一重大问题。

可见，新闻历史研究中外分治的基本格局，作为新闻传播学术发展到一定历史阶段的产物，既有其客观的必然性，又有一定的历史局限性。它适应了新闻传播事业和新闻传播学术发展的客观需要，有利于梳清各个国家新闻历史演变的脉络，有利于把握各个国家新闻传播发展的特殊规律，同时还有利于推进新闻传播的比较研究。但是，这一格局也存在上述诸多缺陷。要克服这些缺陷，只有期待一种能够涵盖中外，以世界新闻传播全局为对象的世界新闻通史体系出现。

二 时代呼唤建立世界新闻通史体系

如前所述，建立世界新闻通史体系乃是时代的要求，是提高新闻学术整体水平的需要，是新闻史学研究适应"地球村庄"而形成的必然发展趋势。在新闻学术迅速发展、历史科学更加成熟、新闻事业日趋全球化的情况下，世界新闻史体系的建立不仅是一种必要，而且成为可能。

1. 建立世界新闻史体系的基本条件及尝试

首先是世界历史的形成及世界一体化逐步加强的趋势。马克思主义者认为，"世界史不是过去一直存在的；作为世界史的历史是结果"①。原始时代的人类彼此隔绝，互相封闭。随着历史的进步，"各个互相影响的活动范围在这个发展进程中愈来愈扩大，各民族的原始闭关自守状态则由于日益完善的生产方式、交往以及因此自发地发展起来的各民族之间的分工而消灭得愈来愈彻底，历史就在愈来愈大的程度上成为全世界的历史"②。也就是说，人类历史由原始的彼此闭塞的人群的历史演变为世界历史，其自身经历了一个漫长的发展过程。正如苏联《世界通史》一书导言中所说的，"世界史不但是人类发展的一般合乎规律的过程，而且还是这个过

① 《马克思恩格斯选集》第 2 卷，人民出版社，1995，第 28 页。
② 《马克思恩格斯全集》第 3 卷，人民出版社，1960，第 51 页。

程的结果"①。人们一般认为，这一过程开始于地理大发现，至19世纪中期工业革命的浪潮席卷全球时，出现了统一的全球市场，世界历史即告形成。到19世纪末乃至20世纪，随着经济的集中化，跨国垄断的规模不断扩大，信息传播技术迅速进步，世界各大洲、各地区的联系空前紧密，全球的政治、经济空间日趋缩小，世界的一体化程度不断得到强化。这一进程自然会在历史学研究领域得到反映。研究者们开始以全球的眼光、宏观的思维，以全人类及其共同的生活空间——地球为研究对象。其最直接的表现，就是世界通史研究的繁荣。此间出版了不少优秀的代表作。如英国学者赫·乔·韦尔斯著的《世界史纲》，英国剑桥大学出版社出版的多卷本"剑桥三史"，即《剑桥上古史》、《剑桥中古史》和《剑桥近代史》，苏联科学院主编的多卷本《世界通史》，还有美国学者斯塔夫里阿诺斯著的《全球通史——1500年以前的世界》和《全球通史——1500年以后的世界》等。这些通史著作，以其宏观的研究视野和对于人类历史全局的精确把握，不仅把历史学的研究推到了一个崭新的阶段，而且在方法论和基本史料方面，为世界新闻通史体系的建立准备了必要的条件。

其次，新闻史研究成果的积累，为世界新闻通史研究的展开奠定了基础。如前所述，到目前为止，我国学术界对新闻历史的研究，已经取得了丰硕的成果。但是从研究方法及研究对象的地域范围来看，仍然受到中外分治格局的影响，基本上停留在国别史、地区史和专门史研究阶段。国别史、地区史、专门史，固然不等于世界史，但是世界史必须建立在国别史、地区史、专门史的基础之上。世界是由不同的国家、地区组成的，而人类社会赖以维系的新闻传播也包含了诸多性质不同、功能各异的新闻媒介。如果我们对于每个国家或地区、对于各种不同的新闻媒介的历史演变缺乏基本的了解，缺乏必要的资料积累，世界新闻通史研究就将成为一句空话，即使勉强建立起世界新闻史的框架，充其量那也只能是一个空壳，而不会有任何实在的内容。事实说明，新闻国别史、地区史和专门史的研究，已经积累了大量资料，世界新闻通史体系的基础业已奠定。现在的任

---

① 转引自吴于廑《世界史学科前景杂说》，《吴于廑学术论著自选集》，首都师范大学出版社，1995，第45页。

务，只是从宏观的全局出发，对这些成果进行有机的整合。

最后，改革开放的政治环境及与国外新闻学术界的交流，不仅开阔了我们的眼界，改变了我们对世界的认识，而且还开辟了新的资料来源。社会存在决定社会意识，人们对于现实世界的认识，一方面直接受制于认识对象，另一方面还要受到其自身地位及置身环境的制约。一个人生活在封闭的环境中，不闻世事，我们很难设想他有一个完整、正确的世界观。而改革开放的国策为人们自由地认识世界提供了政治保障。至于与国外学术界同行的学术交流，包括人员往来、参观考察、学术会议、资料交换及留学生的派遣等，更是为收集研究资料和吸收、借鉴国外同行的成果，开辟了直接的渠道。

20 世纪 80 年代中后期以来，学术界推出了一些以世界新闻传播全局的演变为对象的代表性著作。在国外，有美国著名传播学者威尔伯·施拉姆撰著的《人类传播史》。该书作为施拉姆生前的最后一部著作，初版于1988 年。台湾远流出版社于 1994 年推出了该书的中文版。该书的一个最重要的特点，是以跨时间（从石器时代到电脑时代）、跨空间（包括中国与外国）的宏观思维，对于"传播基素（语言、文字等）、工具（印刷、电视等）及机制（教育、新闻等）的发展史"[1]，在大架构的前提下，进行了系统的整合，从而初步地展现了世界新闻通史的雏形。在国内，笔者曾于 1994 年出版了《简明世界新闻通史》。本书亦以整个世界新闻历史的全局为对象，试图以跨时间、跨空间和综合多种传播媒介的研究思路，构建以贯通古今、融合中外为主旨的世界新闻历史体系。在某种意义上，我们可以把这些著作的出版看成世界新闻通史研究的开端或尝试。但是，由于历史条件的局限，特别是这些著作本身都是作为大学新闻专业的教材编写的，其篇幅、体例都受到很大的限制。所以这些著作的分量都不是很重，根本无法与方汉奇先生主编的多卷本《中国新闻通史》相比。无论从其内容还是结构来看，它们都只能算是一本世界新闻简史或者史纲，其内容还有待于进一步充实，其研究领域也有待于进一步开拓。

---

① 〔美〕威尔伯·施拉姆：《人类传播史》，游梓翔等译，台湾远流出版社，1994，第 7 页。

2. 世界新闻通史体系的内容和特点

如果以世界通史为参照，同时借鉴国别史、地区史和专门史编撰的成功经验，世界新闻通史不应该是从前那种"被时间地点所局限的历史片断"①。其涵盖的内容，应该从如下三个方面把握。

第一，从空间上看，世界新闻通史涵盖的范围，应该是整个世界或者说是整个地球，换言之，它必须包容中国和其他几乎所有的"外国"。这并不是说，世界新闻通史就是各个不同国家新闻历史的简单的相加，"A国+B国+C国+D国……"并不等于世界。所谓世界，乃是由不同国家、不同地区在全球舞台上，以类似于有机体各部分密切相关的方式，联系而成的一个有机整体。没有个体固然就没有整体，但个体的生命价值只有在整体中才能得到完全的体现，个体的充分发展也有赖于整体及与此相关的其他个体。因此，世界新闻通史在空间上必须注意国家与国家、地区与地区，以及国家、地区与世界整体的横向联系，关注新闻历史的横向发展，把世界看作一个不可分割的整体。

第二，从时间上看，世界新闻史还应该古今贯通。历史是以往的事物运动发展的过程，是对过去事物发展、演变轨迹的追记，是对决定历史演进过程的内在规律的阐释。但是，事物的发展变化是绝对的，正如时间的广延性是绝对的。历史的长河变动不居，奔腾向前；历史是过去的现实，今天则是明天的历史。不认识过去，就无法了解现在；只有把握了现在，才能准确地预测将来。所以，历史研究不能仅仅满足于探索人类遥远的过去，不能为历史而历史。必须把新闻历史研究与对现实新闻传播的关照紧密地结合起来，通过时间链条把古与今贯通起来，在口语传播时代与当今的电子传播时代之间架设一座桥梁，从而展现出新闻传播产生、发展及其演变至今的完整脉络。只有这样，世界新闻史研究才能成为今日之镜鉴，才能成为我们利用历史规律和前人智慧的载体。

第三，从研究对象上看，世界新闻史体系应该涉及新闻事业、新闻制度和新闻观念三个层次。以往的新闻历史研究，主要停留在新闻事业的层面，以探索各种新闻传播媒介，如报纸、广播、电视、通讯社演进的历史

---

① 《马克思恩格斯全集》第 1 卷，1956，第 657 页。

为主旨。至于新闻传播置身于其中的社会政治制度，及新闻传播本身的制度框架和结构模式，则在很大程度上被忽略了。而正是这一点，决定了传播媒介的功能和活动的空间。此外，任何一个国家、地区的新闻传播，都是在一定传播理论的指导下进行的。传播理念决定了传播行为。要揭示并且正确地阐释新闻传播演进的历史，就应该把新闻事业、新闻制度和新闻观念有机地综合起来，变单维的新闻史为多维的新闻史，变平面的新闻史为立体的新闻史。

相对于国别史、地区史、专门史而言，世界新闻通史具有如下三大特征。

其一是大视野。过去的新闻国别史、地区史研究，均以国家或地区为本位，站在国家或地区的高度。在国家、地区之外，别无其他重要的存在。而专门史的研究，也局限于特定的对象媒体。我们无法看到研究对象所置身的更为广阔的全球性的社会背景。世界新闻通史则不然，它要求研究者站在世界和人类的高度，胸怀世界全局。在全球舞台上演绎人类新闻传播的历史。正如英国学者赫·乔·韦尔斯的《世界史纲》，不仅把人类在历史中的演变和人类在自然中的演变连接起来，而且把天地之间的地球的演变和作为生物之一的人类的演变连接起来，从而实现了宇宙和人的统一。世界新闻通史也应该在人类的演变与自然界的演变之间，在新闻历史与社会历史之间，架设一座现实之桥。在此基础上构建的，将是以大视野为其主要特征的宏观的世界新闻通史体系。

其二是大综合。世界新闻通史的研究对象包容了各个主要国家、地区的各种不同性质的新闻媒体演进的历史过程。除此之外，它还十分重视新闻传播与社会整体的关联，从局部与局部、局部与整体的横向发展中，探求新闻历史的纵向演进规律。这就决定了世界新闻通史体系不仅在全球的层面综合研究各个不同的国家、地区新闻传播演进的历史，在信息产业的层面综合研究各种不同性质的传播媒体，在新闻传播系统的层面来综合研究新闻事业、新闻制度和新闻传播观念，在整个社会的层面来综合研究新闻因素和各种非新闻因素。这种超越国家、地区、媒介，超越事业、制度、观念，超越新闻因素与非新闻因素的综合研究，是世界新闻通史体系的又一特征。

其三是系统性。和外国新闻史的著述一样，世界新闻史不是若干国家、地区新闻历史的简单相加，也不等于若干不同的新闻媒体的历史之和。世界新闻史是一个由众多子系统有机地组合而成的大系统，是一个多层次的有机结构。这些子系统包括不同国家、地区的不同新闻媒介，不同新闻制度和不同新闻观念等。系统和子系统的关系是相对的，组成系统的要素本身也是一个子系统。系统、子系统、要素，层层递进。而新闻传播系统本身又是社会大系统的一个子系统。所有的系统既是不断进化的，又是开放的，通过与外部系统物质、信息、能量的交流，促进系统有序地发展。世界新闻史研究的主要目的，就是在新闻系统与社会系统的交互关系中，在新闻系统的各个子系统的相互关系中，在新闻系统自身的演化过程中，考察新闻传播产生、发展、演进的历史过程。

综上所述，新闻历史研究随着历史学、新闻学及现代新闻传播事业的发展，而进入了一个全新的发展阶段。原有的中外分治的新闻历史研究格局，已不能满足时代的要求。"全球村庄"的现实，要求我们突破既有的格局，建立世界新闻通史体系。正如世界通史研究是历史学发展到一定阶段的产物，其现实基础是国别史、地区史、专门史的研究成果。世界新闻通史体系的建立也离不开新闻国别史、地区史、专门史研究所奠定的现实基础。另外，作为不同于中外分治的一种全新研究范式，其宏观的视野、系统的方法和大综合的特征，可以为国别史、地区史、专门史研究所借鉴。但是，世界新闻通史又不能够替代，更不能说它高于国别史、地区史、专门史的研究。在某种意义上，世界新闻通史和新闻国别史、地区史、专门史，同是新闻史学的分支学科。在史学的范畴内，它们可以并行不悖、相互支持。在目前阶段，世界新闻史研究更多地有求于后者。但是，随着世界新闻通史体系的逐步完善，它必将对新闻史学研究做出越来越大的贡献。

（本文发表于《国际新闻界》2001 年第 1 期）

环境要素对传播史演进的影响

　　长期以来，在新闻传播史研究领域，人们习惯于将新闻传播演变的动力归结为传播自身发展的逻辑。学者们一直是从单一的传播视野去勾画传播产生、发展及演进的脉络，探索传播的客观规律的。这种研究虽然取得了丰硕的成果，但是在揭示传播历史的全部内涵及传播发展的动力机制方面，其结论难以说服大多数读者。笔者以为，人类社会是一个包罗万象的大系统，而传播就是构成这一系统的子系统之一。以新闻传播为主体的外部世界，便是传播系统赖以生存与发展的客观环境。一部新闻传播的历史，实际是在传播与环境的互动之中实现的。新闻传播发展的动力既在于传播活动与传播媒介自身，又与传播置身的环境有关，它直接来源于传播与环境的互动。传播系统自身的变革因由是传播发展变化的内在根据，而环境状况则是传播发展的外部条件，犹如鸡蛋孵小鸡之需要适宜的环境温度。离开环境，传播将无由产生；仅从传播的视野是无法全面地理解人类社会的传播现象的。只有从环境与传播的互动关系中，才能全面揭示传播发展的全部真相。

一　环境与传播

　　环境是相对于中心事物而言的。与某一中心事物有关的周围事物，就是这个事物的环境。环境科学研究的环境，是以人类为主体的外部世界，即人类赖以生存和发展的物质条件的综合体，包括自然环境和社会环境。①
本文所指的环境，显然不是在一般意义上使用的。本文所用的环境指的是
围绕着人类信息传播的外部空间，以及其中可以直接、间接影响传播活动
的各种因素的总体。在这个意义上，我们可以称其为传播环境。传播环境
中有自然的环境因素，但更多的是人类长期的社会劳动所创造的社会环
境，社会环境是人类物质文明和精神文明发展的标志，并随着人类社会的
发展不断演变。

　　环境作为传播历史发展的外部条件，在不同的层级上有不同的内涵。
如果仅就某一单个的媒介而言，那么环绕在其周围的其他传播媒介也是其
生存环境的重要组成部分；如果就整个传播系统来说，其环境的内涵无疑
要很大地扩展，将能够直接、间接影响传播发展的各种自然的、社会的环
境因素囊括于其中，如政治、经济、文化、地理、人口等因素。换个视角
来看，探讨传播环境，在微观的层面有地区级（以城市为中心）的环境；
就主权国家的控制能力和领土空间来说，传播环境仅限于国家的范围；但
在全球化浪潮如火如荼的今天，影响传播发展的各种环境因素，早已超越
了国家的政治地理界线，而达到了世界级的水平。

　　虽然传播（主要是媒介）自身的生存、发展及演变始终是我们关注
的中心，但是传播或媒介的发展绝对离不开其置身的环境，它必须从周边
环境不断地吸取各种物质资源，与环境实现物质、能量与信息的交换。没
有环境的物质支持和需求拉动，传播活动、传播事业的发展进化是难以想
象的。传播与环境构成了更大的社会系统，这个系统的内在平衡，决定了
该系统所能支撑的传播事业的有限容量和传播工作者的活动空间。一个社
会的传播事业发展能够达到什么样的水平，媒介及接收工具的普及率达到
什么程度，传播媒介及其传播行为对社会生活渗透的边界，传播工作者活
动空间的大小，不完全是由传播自身决定的。传播系统作为历史与社会主
体，虽然有其自我意志，在社会系统中具有拓展生存空间的无限冲动，具
有独立成长、奋涌弥漫的不竭张力，但是传播历史的创造，并不取决于传

---

① 　参见曲格平等编《中国大百科全书环境科学卷选编：环境科学基础知识》，中国环境科
　　学出版社，1984。

播自身的意志。而是由包括传播系统在内在的"许多单个的意志的相互冲突中产生出来的，而其中每一个意志，又是由于许多特殊的生活条件，才成为它所成为的那样。这样就有无数互相交错的力量，有无数个力的平行四边形，由此就产生出一个合力，即历史结果，而这个结果又可以看作一个作为整体的、不自觉地和不自主地起着作用的力量的产物。因为任何一个人的愿望都会受到任何另一个人的妨碍，而最后出现的结果就是谁都没有希望过的事物"①。每个主体的意志虽然都达不到自己的愿望，而是融合为一个总的平均数、一个总的合力，然而从这一事实中绝不应做出结论，说这些意志等于零。相反地，每个意志都对合力有所贡献，因而是包括在这个合力里面的，从而对历史产生一定的影响。显然，属于环境的诸多因素在不同程度上影响着传播历史的演进，制约着传播活动的空间和社会能量的释放，这乃是不容否认的客观历史现实。

二　环境要素与环境系统

从传播史的视角来看，影响、制约传播发展的环境因素，涉及自然与社会各个层面。就自然环境而言，包括地理环境和人口构成；就社会环境而言，则包括政治制度、经济发展、文化教育和技术条件。所有这些因素，虽然各有其自身的特点和独立发展演化的历史，在社会系统中可以视为独立的单元；但是这些性质不同的单元之间，存在着各种不同的千丝万缕的联系，它们彼此作用、相互制约，共同形成了一体化的环境系统。

在影响传播发展的各种环境因素中，地理环境的重要性是显而易见的。地理环境包括气候温度、地形地势、交通条件、土地物产等，这是影响传播发展的物质因素。一个国家、地区传播事业的发展，绝对离不开这些物质因素。在美国纽约，格里利在 19 世纪 30 年代创办的第一份大众化便士报没有存活下来，就是因为其创刊期间纽约街头连绵数日的暴风雪。暴风雪扼杀了世界历史上第一家便士报。太平洋岛国在发展传播事业的战

---

① 《马克思恩格斯选集》第 4 卷，人民出版社，1995，第 697 页。

略决定上，更多地优先考虑电子媒介，而不是印刷媒介，其原因在于印刷媒介需要陆路便利的交通条件和邮政事业，而电子传播手段能够穿越山河的阻隔，缩短传授双方的空间距离。同样，一定范围内土地的出产，也会在一定程度上影响传播媒介的发展。埃及尼罗河流域的纸草、两河流域的黏性泥土，成了当地居民传播信息的主要手段。

作为自然环境之一部分，一定地域的人口构成，也会给该地传播事业的发展打上特殊的烙印。人是历史的创造者，是社会的主人，也是传播活动的主体。在一个特定的社会共同体中，不同的人口构成如人口的性别结构、年龄结构、种族结构、职业结构以及与此相关的地域分布、收入差距等，会在相当的程度上影响到当地传播事业、传播活动的基本状貌。单一民族与多民族国家，老年社会、中年社会与青年社会，有产阶级、中产阶级与无产阶级，乡村与都市，工人、农民、军人、商人、学生与一般市民等，所有这些社会学上重要的统计要素，都会对社会传播系统提出自己的独特要求，他们对不同媒介的选择及其参与传播的活动，会赋予该社会传播事业与传播活动特殊的内涵。

政治制度也是影响传播发展演进的重要环境因素。一个社会的政治法律制度，不仅规定了社会的治理形式，还确定了作为社会黏合剂的传播系统的政治法律地位、传播媒介及其从业者的活动空间、权力系统与传播系统的互动关系。一个政治文明程度比较高的国家，传播媒介及其从业者总是享有较高程度的言论自由、出版自由，权力系统加诸传播媒介及其从业者的限制总是止于最低的必要限度，各种传播媒体发展迅速，达到较高的普及水平。另外，传播媒介及其从业者对社会政治的参与、对社会政治进程影响所受到的制约则相当有限，在这种情况下，传播媒介的独立地位得到法律制度和政治惯例的保障，与此直接相关的是传播媒介及其从业者公信力的确立。相反，在那些奉行野蛮专制主义的国家，法网恢恢，雷池遍地，传播媒介沦为政治权力的仆役，被权力所绑架，丧失了独立的法律地位，成为政府权力的御用工具，于是传播媒介及其从业者的公信力扫地以尽；同时，由于权力系统的压迫，传播事业的发展受到极大的限制。正是在这个意义上，梁启超断言，报业发达程度是衡量国家强弱、政治文明的基本指标，所以"欲觇国家之强弱，无他道焉，则于其报章之多寡良否而已矣"①。谭嗣同也说："各新闻纸为绝精之测量仪器，可以测其国，兼可分策其人。国愈盛者，出报必愈多……人至极暗陋，必不阅报。"② 在现代信息社会，传播媒介已渗透社会政治体制的核心，而政治权力对媒介系统的影响和制约也达到了前所未有的水平③，这乃是不争的事实。

一个国家的经济发展水平是支撑该国新闻传播发展的最重要的物质因素。衡量一个国家经济发展的指标，如人均国民收入、与信息传播有关的国家基础设施（交通、电讯、邮政事业）、工业、商业与广告业的发展水平、整个社会的市场化程度等，直接决定了该国传播事业的现实基础。因为传播事业的发展总需要一定的物质支持，纸质媒体要求受众具备起码的消费能力，即便是电子媒体不收费，也要求受众付出闲暇的时间，也就是说，只有那些既有钱又有闲的人才能成为传播媒介的受众。在媒介产业迅猛增长的情况下，相关产业如交通、电信、机械制造、造纸等行业的发展，成为传播事业的前提条件。由于媒介市场化的进展，传播媒介仅靠发行费远不足以维持自己的生存，于是广告成为传播产业可持续发展的重要的造血机制。媒介的市场空间基本上是由所在国家的经济发展水平决定的。只有经济大国，才可能成为传播强国。一个经济落后、市场萧条或没有市场化的社会，是不可能支撑起发达的传播事业体系的。

如前所述，人自始至终是传播的主体，有生命、有意识的现实的人的存在乃是新闻传播史的基本前提。人作为社会成员，与作为传播要素的传播者或者受众，不是抽象的，而是具有实际的社会文化内涵的。人自出生，经过社会化过程，实现从生物意义上的自然人到社会人的转变，逐步地具备了不同程度的文化素养。这种文化素养对于新闻传播的发展具有重要意义。它不仅直接地表现为受众既有的知识水准、对外来信息刺激的理解能力、接受偏好和特别的信息需求，还会影响所在社会的文化习俗、宗教倾向和政治态度。正是在这个意义上，一定社会的文化教育状况也是能

---

① 梁启超：《〈清议报〉一百册祝词并论报馆之责任及本馆之经历》，《饮冰室合集·文集》第 3 册第 6 卷，中华书局，1989。

② 蔡尚思、方行：《谭嗣同全集》（增订本上册），中华书局，1981，第 262 页。

③ 参见张昆《媒介发展与政治文明》，《新闻大学》2006 年第 3 期，第 6~13 页。

够左右传播发展的环境要素。

最后必须指出的是，技术条件作为环境要素的影响力。科学技术是第一生产力，不仅对整个社会进化而言是千真万确的，对于信息传播事业及其历史演进来说，也具有同样意义。麦克卢汉认为，媒介是人体延伸，而技术是人体的延伸。传播技术的进步不仅能够不断地给人们提供新的传播手段，降低信息消费的门槛，还能够超越人类置身的地理空间，消除物理上的各种阻碍，实现全国乃至全球范围内信息资源的及时共享。所以，谁拥有发达的信息传播技术，谁就可能在传播市场的激烈竞争中立于不败之地。

总之，地理环境、人口构成、政治制度、经济水平、文化教育和技术条件等环境要素，不仅在性质上迥然不同，而且在历史进程中几乎都能独立地扮演制约传播发展的重要角色。我们通过对中外新闻传播历史的考察，不难发现这些环境要素与传播事件、媒介发展的因果链接。但是，从横向的历史发展观考察，从宏观的视野审视环境整体，又不难发现，各个独立的环境要素之间，存在千丝万缕的联系，彼此相互依赖、相互制约，并且服从于整体演化的基本规律。如技术进步、经济发展可以改造地理环境，缩短传播与接受者之间的空间距离，地理环境尤其是气候条件会影响到人的性格和思维方式①，文化教育又制约着技术的进步，政府的政策选择能够有效地促进经济发展和教育的普及，传播的发展不仅会拉动经济，而且会成为促进政治改革的重要诱因。可见，各种环境要素彼此紧密联系着，构成了一个不可分割的整体——环境系统。环境系统的内在本质在于各种环境因素之间的相互关系和相互作用过程。这一系统中的各种要素，在地球自然演化和生产力发展的综合作用下，不断地进行着物质、能量的流动和交换，从而使系统本身保持着动态的平衡，从而持续地对传播发展起着决定性的作用。

影响传播发展的环境系统，其范围可以是全球性的，也可以是局部性

---

① 孟德斯鸠认为："在寒冷的国家，人们对快乐的感受性是很低的。在温暖的国家，人们对快乐的感受性就多些；在炎热的国家，人们对快乐的感受性是极端敏感的。气候是用纬度加以区别的，所以我们多少也可以用人们感受性的程度加以区别。"参见〔法〕孟德斯鸠《论法的精神》（上册），张雁深译，商务印书馆，1995，第229页。

的。当我们从国家的立场出发研究主权国家范围内的传播发展时，环境系统局限于国家有效治理的领土范围；反之，如果我们研究的是全球范围内的传播现象，这时的环境系统显然会超越国家的领土空间。不同范围的环境系统，对应着不同层次的传播系统，它们彼此相互作用、相互依赖，共同演出了一幕幕令人荡气回肠的历史话剧。我们在这里提出环境系统的概念，基本意图在于把以传播为中心的外部环境作为一个统一的整体看待，避免人为地把环境分割为互不相关的支离破碎的各个组成部分。这对于完整地理解环境与传播的互动具有重要意义。

三 环境系统对传播发展的制约

环境作为传播发展进化的外部条件，作用于传播系统的自身逻辑，影响着传播系统的生成、发展和演变。环境要素对传播系统的制约主要表现在如下三个方面。

一是客观环境为传播系统提供了生息的舞台和大量的看客，这些看客和舞台本身会给传播系统打上特殊的烙印。法国启蒙学者孟德斯鸠在《论法的精神》中，就环境与法律的关系做了精辟的论述。"为某一国人民而制订的法律，应该是非常适合于该国的人民的；如果一个国家的法律竟能适合于另外一个国家的话，那只是非常凑巧的事。""法律应该和国家的自然状态有关系；和寒、热、温的气候有关系；和土地的质量、形势与面积有关系；和农、猎、牧各种人民的生活方式有关系。法律应该和政制所能容忍的自由程度有关系；和居民的宗教、性癖、财富、人口、贸易、风俗、习惯相适应。最后，法律与法律之间也有关系，法律和它们的渊源、和立法者的目的，以及作为法律建立的基础的事物的秩序也有关系。"[1] 这一见解对我们理解新闻传播的历史具有重要的启示。一个国家的传播事业必须与这个国家的人民相适应，就像法律与国民性、政府体制与人性的密切关系，它不会从石头中长出来，而只能从人们的习惯、性格

---

① 〔法〕孟德斯鸠：《论法的精神》（上册），张雁深译，商务印书馆，1995，第6~7页。

中孕育而成。① 同时，传播事业的活动舞台也与其主体实际控制的地理空间相联系，一个小国无论其政治结构、经济水平如何，其传播事业的影响力绝对无法与全球性大国相抗衡；反之，大国的传播媒介尤其是其权威媒介，在全球化的背景下，想不影响国际社会也难。

二是客观环境决定了传播系统的资源输入与产品的输出，从而制约了不同国家、地区传播事业的发展规模和水平。从传播活动到传播事业的演变，不仅在时间上经历了漫长的锤炼过程，更是环境输入、消耗大量物质资源的直接结果。另外，日益强大的传播事业的可持续发展，又仰赖于环境对媒介信息产品和服务的消化接受。正是在这个意义上，只有强大的经济体，才能支撑强大的传播事业；在一个环境资源有限、媒介市场狭小的国家，是不可能拥有发达的信息传播事业的。美国、日本、德国、英国是当今世界最强大的经济体之一，拥有发达的交通、邮政、电信事业，广阔的商品市场和广告市场，设施完备的城镇和良好的教育系统，城镇居民的集中度较高，他们不仅有较多的可支配收入，而且有相当多的闲暇时间。政治上实行民主制度，从外部加诸传播媒介的控制比较少，公民个人或法人涉足传播产业的门槛比较低，在这种情况下，各种传播媒介能够在遵循经济法则和传播规律的前提下，从环境源源不断地获取其发展所需的各种资源，自主经营，充分竞争。于是在那里出现了世界上最大的传媒集团，在效率化的背景下，民众能够得到媒介提供的良好的信息服务。换在其他发展中国家，如印度、印尼、越南、尼日利亚等国，经济上的贫穷、物质资源的匮乏、城乡失衡的居民结构、教育普及率的低下、交通电信等基础设施的严重落后等，是无法承担起一个强大的传播事业体系的。

三是外部环境尤其是政府的政策导向能够直接地促进或阻碍传播事业的发展。传播系统作为社会系统的组成部分，虽然具有一定的独立性，有自己的主观意志，并且遵循着自身的逻辑生长、发芽、开花、结果，但是环境要素，主要是政治权力的意志能够在相当的程度上影响、干预传播自身演化的正常进程。尤其是当政治权力掌控国家经济命脉时，权力裹挟着

---

① 〔古希腊〕柏拉图：《理想国》，郭斌和、张竹明译，商务印书馆，1995，第 122～123 页。

其他物质资源，鲜明的政策导向对传播媒介的运营具有极大的影响力。这种影响力既有正向的，也有负面的。从 17 世纪到 19 世纪中期，英国率先完成了资产阶级革命、工业革命，成为首屈一指的世界工厂，但是英国近代报业特别是大众化报纸的发展远远落后于欧美一些相对落后的资本主义国家，如美国、法国。究其原因，乃在于英国浓厚的封建传统以及英国政府在 1712 年开始执行的印花税法案。该法案决定对所有的报纸征收印花税，所有的报纸均须向印花税局注册，每期报纸均须注明发行人的姓名和住址，如不照章纳税，就取消其出版权。政府的目的十分明确，那就是寓禁于征。可印花税的后果是，既消除了反动派报纸，又摧毁了御用报纸。在 19 世纪 30 年代美国、法国大众化报纸异军突起时，英国报界仍苦于印花税的压榨，苟延残喘。相反，美国在建国之初，就采取了迥然不同于英国的政策。国务卿杰弗逊从五个州挑选了五家报纸给予资助。但是需要联邦政府津贴资助的呼声强烈至极且为数众多，无法仅仅限于几家报纸。于是国会于 1799 年修订了这项法律，规定国务卿至少在每个州要选择一家报纸，如果一家报纸不够，可以选择三家。历史记载，当时政府对报纸的资助体现在邮费上。"1792 年至 1845 年期间，寄信的邮资根据距离远近从 6 便士到 25 便士不等，但对一份报纸来说，不论距离远近，最高金额只有一便士半。"① 明治维新时期的日本政府也与此类似。政府对报纸基本上采取支持、扶助政策。具体措施有：政府机构订报；在邮政资费政策上优待报纸；发展文化教育培养新一代读者等。② 这些扶持措施，能够有效地利用社会资源，实现传播资源的最优化配置，从而有力地促进了当时传播事业的发展。

四 传播发展对环境系统的影响

传播系统作为社会系统的重要组成部分，其发展受到环境——社会系

---

① 〔美〕J. 赫伯特·阿特休尔：《权力的媒介》，黄煜、裘志康译，华夏出版社，1989，第 79 页。

② 〔日〕山本文雄等：《日本大众传播工具史》，刘明华译，青海人民出版社，1984，第 13~15 页。

统其他部分——的制约，但是传播作为社会的黏合剂，其每一进步乃至变革，都会对环境和除传播之外的其他社会系统产生重要的影响。传播与环境的互动，是传播历史的重要内涵。从历史的视角看，传播本身的发展进化，对环境系统主要有三大影响。

首先，从狭义的理解出发，传播媒介本身就是环境的一部分，是完整的环境系统的一个子系统。当传播系统逐渐演变为一个无所不包的综合信息产业时，传播系统本身积蓄的物质能量和社会能量，与其置身的环境完全融会在一起了，很难把传播与社会、媒介与环境区分开来。传播媒介本身就是一股强大的经济力量，以大众媒介为核心的综合信息产业在整个国民经济中占有的份额日益提升，其吸纳社会劳动力和创造的社会财富，已经到了人们绝对不能忽视的程度；大众媒介还是政治生活的重要参与者，它不仅是治人者与治于人者之间的桥梁，还是捍卫公平正义、履行社会监督的重要角色，在建设政治文明、实现社会和谐的进程中，传播媒介的作用应该得到高度的评价；大众媒介还是文化建设的主力军，它不仅是传承文化的主要载体，更是滋润文化的肥沃土壤。在当代信息社会，以大众媒介为主体营造的媒介文化，成为与精英文化相对应的重要文化力量，在个体社会化的进程中，发挥了重要的作用。如果我们的目光只是关注于某一特定的传播媒介，环绕在周边的其他不同性质的媒介，就成了与政治、经济、人口及地理等一样的环境要素，这时，传播媒介与其他环境因素就会纠缠在一起，剪不断、理还乱。即便跳出这一狭隘的圈子，从传播系统的角度来审视传播与环境的关系，或者从主权国家甚至国际社会的宏观视野来考察，传播媒介与环境要素彼此的独立性也远远少于它们的相关性，其平行的互动关系比其纵向的因果关系要显著得多。在高度系统化、一体化的信息社会，重新理解环境与环境系统、界定传播系统与环境系统的关系就显得十分必要。

其次，传播事业的发展有利于引导人们对环境的适应，实现人与环境的和谐共处。传播媒介就其实质性功能而言，乃是社会的哨兵，环境监测的变化，乃是其基本的社会职能。人生活在环境中，环境制约、影响着人类生存、发展的状态。而环境作为物质世界的一部分又是变动不居的，变动的环境可能给人类带来福音，但也可能带来灾难。了解环境的变化，是人类采取正确因应措施的前提，是人类延续生命、种群的必要条件。大众媒介就是人类了解环境、监测环境的重要手段。普利策曾形象地比喻："倘若一个国家是一条航行在大海上的船，新闻记者就是船头的瞭望者。他要在一望无际的海面上观察一切，审视海上的不测风云和浅滩暗礁，及时发出警告。"① 正是在这个意义上，传播学者威尔伯·施拉姆认为，"用社会雷达来比拟传播的社会功能是不错的"②。因为，一艘船的船长在夜雾中必须知道船的具体位置：对面是谁？岩石暗礁在哪里？驶向安全港湾的行道在哪里？在陆地生活的人们，也同样有监测环境的必要。人不仅生活在各种社会关系之中，更生活在客观的物理环境之中，对面那个人是谁？是朋友还是敌人？是本地人还是外地人？是危险还是机会？近来气候如何？物价将会怎样演变？地震、蝗灾、旱灾的实际情况怎样？等等。这些都是社会雷达探测的范围，也是人类急切的心理需求，满足这种需求，有利于人们适应社会环境。在信息传播越来越发达的当代社会，大众媒介对人们适应环境的影响日益增强，只有主动地适应环境，才有可能与环境和谐共处。人是如此，传播系统也是如此，只有适应媒介所置身的环境，才能充分地利用环境提供的各种资源，以最大限度地推进传播事业的发展。

最后，传播事业的发展还能引导、帮助人们对环境的改造活动。如前所述，传播和人一样，也必须适应环境。但传播事业的发展，会在一定程度上导致环境的改变。在传播还处于自在而不是自为的阶段时，人类社会的生活空间是相当狭小的，人类能够有效治理的领土空间仅限于眼睛、声音所及的范围。正是因为如此，亚里士多德才说，一个城邦要想得到理想的治理，其人口不能太多，也不能太少，而应该以适度为限。"倘若组成一个城邦的分子太少，这在生活上就无法自给自足，而城邦的目的却在自给自足。一个城邦，如果像一个民族国家那样，人口太多了，虽然在物质需要方面的确可以充分自给，但它既难以构成一个真正的立宪政体，也就

① 张国良：《新闻媒介与社会》，上海人民出版社，2001，第 64 页。
② 〔美〕威尔伯·施拉姆、威廉·波特：《传播学概论》，陈亮等译，新华出版社，1984，34～35 页。

终于不能成为一个真正的城邦。为数有那么多的群众，谁能做他们的将领而加以统率？除了具有斯顿笃那样的嗓音，又谁能给他传令？"至于领土的范围也要适度，也就是说，"关于人口方面所说'观察所能遍及'的条件，对土地方面也一样合适"①。亚里士多德这种观点，今天看来实在难以令人苟同。其根本原因就在于当时信息传播技术的限制。如今，随着资讯传播技术的进步，地球村的梦想终于变成了现实。地球乃至整个宇宙的空间距离大大缩短，以至于人类的传播效率、社会生产力和治理能力得到极大的提升，由此导致的环境变化更是远非昔日所能比的。

总之，传播史的发展演进，不全是由传播系统自身进化的逻辑所决定的。围绕着传播媒介、传播活动的外部环境及组成环境的各种要素，是传播发展演进的外部条件，传播系统自身的变革因由则是其内在根据。环境为传播系统提供了生息的舞台，决定了传播系统的资源输入与产品的输出，从而制约了不同国家、地区传播事业的发展规模和水平。没有环境要素的支持，传播不可能实现从自在状态向自为状态的过渡，不可能实现从传播活动向传播事业的飞跃。但是，传播历史的每一进步，都会在不同程度上实现传播系统与环境系统的融合，促进历史主体——人类——对环境系统的改造。在这个意义上，可以说一部人类传播的历史，实际是在传播与环境的互动之中实现的。

（本文发表于《新闻学论集》第 20 辑，经济日报出版社，2008）

---

① 〔古希腊〕亚里士多德：《政治学》，吴寿彭译，商务印书馆，1997，第 354～355、357 页。

横向发展——新闻史研究的新维度

历史，从广义上讲是指的一切事物以往的运动发展过程。按照事物的不同性质，人们习惯于将其划分为自然发展史和人类社会发展史。我们通常意义上使用的历史概念，主要是指的人类社会发生、发展的历史，即与自然界相互依赖、相互制约的人类社会以往的运动发展过程。历史学家的主要任务，"就是描述已发生的事情。他越是纯粹地、完备地进行描述，就越是完美地完成了这一任务。简单地描述是他的业务的第一个不容逃避的要求，同时也是他能够提供的最高的东西"①。要完成这一崇高的任务，他必须与事实打交道。"没有事实的历史学家是无根之木，是没有用处的；没有历史学家的事实则是一潭死水，毫无意义。"正是在这个意义上，英国历史学者爱德华·霍列特·卡尔把历史看成历史学家与事实的对话，"是历史学家跟他的事实之间相互作用的连续不断的过程，是现在跟过去之间的永无止境的问答交谈"②。历史学家的学术成就与他对事实的态度直接相关。所以在两千多年前，古希腊和中国的学者们就提出了处理历史事实的基本原则。中国《说文解字》称，"史，记事者也，从又持中。中，正也"。这一记述反映了古代中国人对于信史的无上企盼。这种信史，必须如实地描述人类社会发展演进的完整过程。应该说，东西方几千年的文明史传承下来的历史著作，汗牛充栋，不可胜数，其对历史的描

---

① 李秋零：《德国哲人视野中的历史》，中国人民大学出版社，1994，第247页。
② 〔英〕爱德华·霍列特·卡尔：《历史是什么？》，吴柱存译，商务印书馆，1981，第28页。

述，无不渗透着历史学家追求中正的职业精神。这是我们认识过去、把握现实、展望未来的主要依据。

但是，由于历史的局限，以前的历史学家及其作品，几乎一致地将人类历史看成一个纵向的线性发展过程。社会形态上是原始社会—奴隶社会—封建社会—资本主义社会—共产主义社会；在生产力方面是石器时代—青铜器时代—铁器时代—机器时代；从信息传播的演进来看，口头传播时代—手书传播时代—印刷传播时代—电子传播时代—网络传播时代。应该说，历史的发展是沿着时代的长河纵向推演的，但是历史在向纵深推进的同时，也有一个横向拓展的问题。从家庭到村庄再到部落，从部落到城邦进而到多民族统一国家，从单一国家到以主权国家为主体的国际社会。人类在文明进化的征途上不断跋涉的同时，其活动的舞台也随之扩展，视界也随之开阔。所以，仅仅关注历史的纵向演进是远远不够的。历史学者必须将精力适当分配到历史的横向发展方面，将纵向演进与横向发展有机地结合起来。

一　纵向发展与横向发展的统一

人类社会的历史是纵向演进和横向发展的有机统一。横向发展赋予纵向演进以丰富的历史内涵和现实空间，而纵向演进则给横向发展以历史的深度。所谓纵向发展，是指在生产力发展的基础上生产方式的变革及由此引起的社会形态由低级向高级的更迭。① 这种更迭的进程与单向度的时间流逝咬合在一起。在时间上，历史从过去走到现在，并且趋向未来。人类正是搭乘时间之舟实现了文明从低级向高级的发展。这是就人类社会历史的一般进程而言的，在社会的各个专门领域，或者某一国家、某一地区的历史发展方面，这种纵向演进的特性更是明显。马克思恩格斯对此也有精辟的论述："历史不外是各个世代的依次交替。每一代都利用以前各代遗留下来的材料、资金和生产力；由于这个缘故，每一代一方面在完全改变

---

① 李植枏：《世界历史是历史发展的结果》，《武汉大学学报》（人文科学版）2003 年第 4 期。

了的环境下继续从事所继承的活动，另一方面又通过完全改变了的活动来变更旧的环境。"① 这里所谓的世代交替，和后代对前人成就的利用，是在由过去通向未来的时间隧道中实现的，也就是说，历史正是随时间而变得成熟、丰富起来的。所以，对于历史学家而言，遵循时间顺序，"根据时间箭头把事件一个接一个地连在一起"，"确定事件发生的日期和事件在时间中的前后序列"，是"最重要的"②，也是极其自然的事情。

历史的纵向发展是绝对的，但是这种纵向发展总是有内涵的发展，每一个时期的社会生活总有它的横截面。这种横截面是特定时期人类生活的完整画卷。这种画卷是以纵横交织、密不透风的丝网构成的，它是一个整体，而不是"零零碎碎""片片断断"的东西。我们要考察人类历史，必须把"人事看作一个整个的，互为因果，互有连锁的东西去考察他"③。这里的互为因果、互有连锁，就是历史横向发展的主要内容。所谓横向发展，指的是与社会生产力不断提高相适应的社会分工和交换交往的发展，各民族、各地区之间由闭塞到打开闭塞，由彼此隔绝到相互交往，终于变历史的分散发展为整体发展。这种横向发展的直接结果，一方面表现为人类的生活空间不断拓展，视野日益开阔，其活动舞台也逐渐扩大。维科在《新科学》中，从爱的延伸角度分析了这一现象。"人在野兽状态中只爱它自己的幸福；娶妻生子之后，他在爱自己的幸福的同时也爱其家人的幸福；进入社会生活之后，在爱自己的幸福的同时也爱社团的幸福；在统治扩展到多个民族之后，他在爱自己的幸福的同时也爱国民的幸福；当诸国民由于战争、和约、联盟和通商结合在一起之后，他在爱自己的幸福时，也爱整个人类的幸福。"④ 另一方面，这种结果还表现为各国家、地区联系的日益紧密、不断加强。特别是在经济方面，"世界经济越来越相互依赖：它的任何部分都受到整体的左右；同样，任何部分出现的动荡和变化

---

① 《马克思恩格斯选集》第1卷，人民出版社，1995，第88页。
② 〔法〕雷梦·阿隆：《论治史——法兰西学院课程》，冯学俊、吴泓缈译，生活·读书·新知三联书店，2003，第92页。
③ 李守常：《史学要论》，河北教育出版社，2000，第17页。
④ 转引自李秋零《德国哲人视野中的历史》，中国人民大学出版社，1994，第66页。

也都会影响整体"①。这两方面的结果交汇在一起，最终促成了世界历史的形成。马克思恩格斯在《德意志意识形态》中揭示了这一现象："各个相互影响的活动范围在这个发展进程中越是扩大，各民族的原始封闭状态由于日益完善的生产方式、交往以及因交往而自然形成的不同民族之间的分工消灭得越是彻底，历史也就越是成为世界历史。"② 横向发展是历史进化的大趋势，联系和互动则是其基本的内容。所以历史学家不能满足于纵向地叙述一个个孤立的事件，而应该通过对人事及不同主体间的相互联系和影响的揭示，来重建或再现一种文明或文化。

推动历史横向发展的基本动力，是生产力的发展，在当代社会则表现为大工业的发展。正是"大工业……创造了交通工具和现代化的世界市场……它首次开创了世界历史，因为它使每个文明国家以及这些国家中的每一个人的需要的满足都依赖于整个世界，因为它消灭了以往自然形成的各国的孤立状态"③。在组织工业生产方面，资本主义生产方式是最为成功的。"资本主义企业必然超出村社、地方市场、地区以至国家的界限。……资本主义破坏了旧时经济体系的孤立和闭关自守的状态（因而也破坏了精神生活和政治生活的狭隘性），把世界上所有的国家联结成统一的经济整体。"④ 战争也是推动历史横向发展的重要因素，如果没有战争，古代小国林立的格局就不会打破，就不会有多民族统一国家的出现，就不会有殖民活动和民族间的杂居，虽然战争使人类付出了难以计量的生命代价，但是它在推动世界历史形成过程中的作用是不能忽视的。还有一个非常重要的因素，那就是宗教、文化和新闻信息的交流。这是打破民族、国家壁垒，推进民族融合的基本武器。

可见，人类社会历史实际上包含了纵向发展和横向发展两个不可分割的方面，或者说人类社会历史存在两条主要线索或途径，即纵向发展和横向发展。所以李大钊告诫我们对人类社会既要纵着看，也要横着看。这是

---

① 〔法〕埃德加·莫林、安娜·布里吉特·凯恩：《地球，祖国》，马胜利译，生活·读书·新知三联书店，1997，第18页。

② 《马克思恩格斯选集》第1卷，人民出版社，1995，第88页。

③ 《马克思恩格斯全集》第3卷，人民出版社，1960，第67~68页。

④ 《列宁全集》第3卷，人民出版社，1984，第50页。

因为："历史就是人类的生活并为其产物的文化……是进步的，发展的，常常变动的；所以换一句话，亦可以说历史就是社会的变革。这样说来，把人类的生活整个的纵着去看，便是历史；横着去看，便是社会。"① 这两条线索或途径，并不是并行不悖、互不相关的，而是相互联系、相互影响、彼此制约的。它们有着共同的发展基础，这就是生产力的发展水平以及由此决定的人类交往的发达程度。但是这两者在其基本指向上又存在明显的差异。纵向发展使人类社会沿着时间的阶梯向上攀爬，不断地实现由低级向高级的飞跃；横向发展则使人类的生活空间日益扩大，视野日渐开阔，实现从家庭—村庄—部落—城邦—国家—国际社会的过渡，实现从民族史、地区史、国家史到世界史的发展。横向发展在时间系列中实现了它的终极价值，纵向发展则为横向发展指明了方向。没有横向发展的依托，纵向演进的深度和高度是非常有限的；同样，没有纵向发展的积累，横向发展的空间也会受到制约。德国历史哲学家赫尔德打了一个十分精彩的比喻："人类历史就像是一条河流。它从一眼小泉发源，逐渐增大……终于越来越长，越来越宽，越来越深。"② 不难看出，横向发展正是在纵向发展之中实现的，而纵向发展又赋予了横向发展历史意义。今天环球一体化的现实，既是纵向发展的结果，也是横向发展的结果。所以，历史学家在建构自己的历史体系时，在关注历史的纵向演进时，切莫忽略了历史的横向发展。

二　新闻历史的横向发展

新闻历史是历史学的重要组成部分，是历史科学之树的一个重要的分支。正如历史的发展包含了横向发展和纵向发展两个不可分割的方面，新闻历史也是纵向发展与横向发展两种力量共同作用的结果。关于新闻历史的纵向发展，历来是学界探究的重点。事实上，到目前为止，几乎所有新闻历史专著，都是以新闻历史纵向发展的梳理为主旨的，并且取得了很大

① 李守常：《史学要论》，河北教育出版社，2000，第4页。
② 转引自李秋零《德国哲人视野中的历史》，中国人民大学出版社，1994，第141页。

的成就。但是关于新闻历史的横向发展，学界同仁却着力不深。这对于建构完整的新闻历史体系，特别是世界新闻历史体系，是十分不利的。新闻历史的横向发展，就其本质而言，应该包括如下三个层次的内容。

1. 新闻系统中不同媒介之间的互动关系

无论是从民族、国家，还是从世界新闻历史的视角来看，一部新闻历史总是表现为从少到多、从小到大，是不断累积的发展过程。传播媒介从单一到多元，传播对象从少到多，信息含量和覆盖范围从小到大，几乎是所有国家、地区新闻发展的一般趋势。在包罗万象的新闻媒介系统中，报纸、杂志、广播、电视、通讯社、网络等是重要子系统。媒介系统既是一个开放的系统，也是一个发展的系统。其有效的运行，依赖于子系统之间，以及媒介系统与社会系统之间的互动。媒介系统具有三大特性。一是层次结构。具体来说，媒介系统中有报纸系统、广播系统、电视系统及最近出现的网络媒体等。这些子系统又由次一级子系统组成，如报纸包括了综合性报纸、经济类报纸、体育报纸、军事报纸、都市报、晚报等，这些不同的报纸又是由更次一级的系统要素构成的。二是相互依存。相互依存的概念意味着新闻媒介系统中某一子系统要依赖其他子系统才能顺利地运行，离开了大系统或与此相关的其他子系统，犹如手臂之离开人体。三是开放性或可渗透性，即媒介系统拥有可供信息和物质进出的可渗透的边界。① 开放性或可渗透性与相互依存的特性密切相关。这种相互的依存是建立在媒介系统与社会系统、媒介子系统与子系统之间进行的物质、能量与信息交换的基础之上的。如大众媒介系统必须从社会获取市场与资本，后者则必须从前者获得信息服务；报纸、广播电视必须从通讯社获取信息资源，通讯社的生存依赖于报纸、广播电视支付的经费。不同性质的媒介之间既有共同合作的基础，同时也存在竞争，因而不可避免地会出现此消彼长的关系。自报纸诞生到广播问世，在长达三百多年的时间里，报纸一直是人们获知信息、交流思想的基本媒介。20 世纪初，广播出现后，报纸的地位一度面临了挑战，但广播声频传播特性不足以压倒具有悠久历史的报纸。所以直到 20 世纪 50 年代，报纸与广播在信息传播领域基本上是

---

① 〔美〕凯塞琳·米勒：《组织传播》（第 2 版），袁军等译，华夏出版社，2000，第 64 页。

平分秋色。20世纪60年代后，电视迅猛崛起，其声像兼具的优势，给报纸、广播造成了巨大的压力。20世纪70年代以来，西方发达国家，相继进入了"电视时代"。电视在越来越大的程度上成为人们了解世界的主渠道，观看电视节目也成了人们基本的生活方式。报纸广播电视三强角力的局面在20世纪末宣告终结。其原因是网络的勃兴。网络作为大众媒介的优势，使大众冷落了传统媒介。媒介体系中各种媒介的力量对比发生了新的变化。

在考察新闻媒介系统的历史时，我们会发现新媒介并不是自发地和独立地产生，而是从旧媒介的形态变化中逐渐产生的。当比较新型的媒介产生时，老的媒介并不会立即死亡，而是继续在变化了的媒介体系中适应和发展。电视的兴起给报纸、杂志和电影行业带来了深刻的生存危机，前者似乎要完全取代后者一统天下。但是事实表明，"一个个被宣布为没有能力去与电视的及时性和形象性竞争而行将死亡的媒介，一个个却被证明比想象的要更富有活力和更具有适应性"。在新的媒介不断涌现时，一切媒介，不管是新媒介还是旧媒介都紧紧地交织在一起，尽管在不同的媒介之间存在着矛盾和竞争，但他们之间不能够彼此替代，而是"共同演进与共同生存"①。如果每一个新的媒介的产生都导致一种旧的媒介的死亡，那么目前丰富多彩的媒介结构就不可能存在了。不同媒介所以能够在同一环境下共同生存和发展，而不是你死我活、相互代替，原因在于大众的多种兴趣和需要。单一媒介无法完全满足这些需要和兴趣，只有同时通过多种不同的媒介，才能最大限度地满足大众的要求。因此在媒介系统之中，对媒介资源进行有效的整合，以发挥新闻资源的最大效益，是完全可能的。系统运行的基本原则是整体大于部分之和。媒介系统的组成要素，依各自特性和环境的要求，结合成为一个有机整体，不仅可以产生远大于要素之和的量变，而且还能够导致系统的质变。整合媒介系统资源的直接途径就是推进跨媒介经营和媒介集团化。在媒介集团的范围里，大众媒介体系的资源得到有效的整合，资源的效益将得到充分的发挥。

---

① 〔美〕罗杰·菲德勒:《媒介形态变化——认识新媒介》，明安香译，华夏出版社，2000，第20页。

新闻媒介系统作为社会系统的有机组成部分，在历史上总的来讲是沿着从不完善到完善，由简单到复杂，由幼稚到成熟的方向发展的。具体来说，这种发展表现为速度上从慢到快，信息量上从小到大，信息产品的品质从模糊到清晰，信息符号从单一到多元，媒介手段从少到多[1]；人们与外界的交往也由依赖单一媒介到多种媒介并用；而任何一种新闻媒介自身都经历了由上流社会走向大众社会的过程。在新旧媒介的关系上，两者并非替代关系，而是依存共处关系。"当比较新的形式出现时，比较旧的形式就会去适应并且继续进化而不是死亡。""一切形式的传播媒介，以及媒介企业，为了在不断改变的环境中生存，都被迫去适应和进化。它们仅有的另一个选择，就是死亡。"[2] 因此，新闻媒介进化的历史，不是单一的线性的历史，而是扇形的从小到大的历史，是不同媒体之间，是媒介系统与社会系统之间互动发展的历史，是越来越多的历史。

2. 媒介系统与社会系统的互动关系

人类社会实际上是一个各部分密切相关的开放性的大系统。在某种意义上，我们可以把这个系统看成一个"处在经常发展中的活的机体（而不是机械地结合起来因而可以把各种社会要素随便配搭起来的一种什么东西）"[3]。它处于持续的发展过程之中，不断地从一种比较低级的状态过渡到一种比较高级的状态，生生不息，进化不止。柏拉图在其《理想国》中表述了类似的思想，他认为社会系统的各类参与者完成各自的活动，从而对达到社会总体的和谐做出自己的贡献。[4] 英国近代社会学家斯宾塞也赞同把社会看成一个统一的有机体。正如生物机体在自然演化过程中形成了营养系统、循环系统和神经系统，人类社会也有履行类似职能的三大系统，这就是相对于生物体营养系统的保持系统，具体表现为社会的生产部门；相对于生物体循环系统的分配系统，具体表现为商业贸易和运输系

---

① 张国良：《新闻媒介与社会》，上海人民出版社，2001，第22~23页。

② 〔美〕罗杰·菲德勒：《媒介形态变化——认识新媒介》，明安香译，华夏出版社，2000，第25页。

③ 《列宁选集》第1卷，人民出版社，1972，第32页。

④ 〔美〕梅尔文·德弗勒、桑德拉·鲍尔-洛基奇：《大众传播学诸论》，杜力平译，新华出版社，1990，第34页。

统；相对于生物体神经系统的调节系统，具体表现为政府和信息传播系统。这三大系统各司其职，相互协调，社会机体才得以延续。随着现代系统论的发展，人们对社会系统和媒介系统的认识更趋深入。有人主张将社会系统划分为政治系统、经济系统、文化系统和信息传播系统等，这种划分实际是把政治系统与信息传播系统视为社会大系统之下同层次的平行的子系统；还有人主张在社会系统的背景下，第一层次的子系统有政治系统、经济系统、文化系统等，而大众媒介系统则是从属于政治系统的次级子系统。虽然第二种看法比较接近于当代新闻媒介与政治系统关系的现实，但专业主义理念使我们宁愿相信第一种观点。

新闻系统与社会系统特别是政治系统、经济系统的互动关系，也是新闻历史横向发展的重要内容。在当代社会，"大众传播可被列为社会结构中不可或缺的组成部分。没有这一组成部分，我们所知的现代社会将无法继续"。它"不仅影响我们社会每日的运转"，而且还能够对"社会平衡做出某种贡献"①。新闻媒介系统不仅会极大地影响社会系统，而且会和其他的社会子系统相互依赖、相互渗透，彼此都希望获得对方控制的资源。比如政治系统，新闻媒介系统就是与政治系统关系密切的、能够予其以重大影响的平行的系统组织。一方面，政治系统的有序运行有赖于媒介系统的参与，政治人物或政党、团体只有通过新闻媒介才能将自己的主张和声明列入公众议程，媒介系统功能的发挥也会直接地影响到政治系统的运行，如媒介的监督有助于建立廉洁高效的政府，媒介在政府政策的贯彻落实方面扮演的角色也日益重要等。另一方面，新闻媒介系统也在越来越大的程度上受到政治系统的制约，在某种意义上，媒介系统从属于政治系统。古希腊学者柏拉图认为，政治家和诗人、故事作者、悲喜剧作家一样，既是职业，也是一种专门的技艺。但政治家的技艺作为"管理有生命的人类的技艺"②，是最高的技艺。其他的技艺及其主体如诗人、故事作者——最早的信息传播工作者——虽然十分重要，但是根本不能与国王

---

① 〔美〕梅尔文·德弗勒、桑德拉·鲍尔-洛基奇：《大众传播学诸论》，杜力平译，新华出版社，1990，第36页。
② 〔古希腊〕柏拉图：《政治家》，黄克剑译，北京广播学院出版社，1994，第114页。

的技艺相提并论，它们都从属于政治家的技艺，是国王权力的仆役。这一见解与两千多年后的列宁不谋而合。后者也倾向于新闻媒介应该从属于政治系统，党报应该服从于党的组织：党报不是与党的事业无关的个人事业，而是全党工作的重要组成部分，是一部"统一的、伟大的、由整个工人阶级的整个觉悟的先锋队所开动的社会民主主义机器的'齿轮和螺丝钉'"①。可见，媒介系统与政治系统两者是相互依赖、相互影响的。前者渗透到了政治运行的全过程，不仅决定了社会的议程，而且影响到政治主体的决策和政治行为；后者则直接地制约了新闻媒介的活动空间，决定了新闻媒介功能实现的程度和范围。此外，媒介系统本身不仅在越来越大的程度上成了一种赢利产业，而且能通过强调产品和商业服务，影响到整个社会经济体系的运行，成为社会经济体制的核心部分；它还因为强调供家庭消费的娱乐和通俗文化，成为当今社会家庭体制的重要因素；在自由主义社会，电子媒介布道越来越普遍，电视大学的影响也不断加强，由此，新闻媒介体系逐渐成为现代宗教体制和教育体制的重要组成部分。"简而言之，媒介已渗透到我们社会体制的核心"②，成为影响其他社会系统变化、发展的不可忽视的力量。探究媒介影响力的释放形式及社会对媒介的制约，将会极大地丰富新闻历史的内容。

3. 新闻系统跨地域的互动关系

从全球一体化的角度来看，各个国家、各个民族只是世界大家庭（或世界系统）的一个成员（或子系统）。在生产力低下的古代社会，各个国家领土范围比较狭小，由于地理因素（如沙漠、山脉、河海等）的阻隔，彼此相距遥远，或咫尺天涯，相互联系的手段很少，而且也缺乏这种必要。古希腊政治学者亚里士多德曾经指出，国家的领土不要太大，人口也不能太多，大了多了，就难以实现有效的治理。其原因就在于当时没有发达的信息传播和处理系统。所以，国家之间、部落之间、民族之间，缺少必要的沟通和往来。如果能够站在太空，俯视大地，古代各个国家、

---

① 《列宁选集》第 1 卷，人民出版社，1972，第 647 页。
② 〔美〕梅尔文·德弗勒、桑德拉·鲍尔-洛基奇：《大众传播学诸论》，杜力平译，新华出版社，1990，第 140 页。

部族就像是孤立地存在的点。由于人口数量和活动范围的不同，这些点小的面积几十平方公里，大的面积几百平方公里。在一个相当长的时间内，人类社会的发展，主要表现为各个国家、民族遵循自身的发展逻辑，不断地由点到面的拓展，即生活圈子或国家版图的逐渐扩大，其动力在于人口的繁衍、生产力的提高和交往手段的革新。各个点自身的拓展、扩大达到一定的程度，必然会和相邻的其他的点的范围——国家或部落——发生碰撞、接触。这种接触、碰撞的结果，要么是各个国家按照彼此可以接受的行为准则，和平共处（这种情形实际很少），要么是"原来各自孤立的邻近的几个点可能会合并为一个更大的点，使地球上孤立的点的总数减少"①。人类社会从原来那些相互离散的点上发展到布满地球上可以占用的整个陆地球面，由各自独立发展到通过交往而同步发展，其历史也逐渐地由各自独立的氏族的、部落的历史，变成相对独立的民族的历史、国家的历史。当环球航行和全球贸易把整个地球上各民族、各国家都联系起来时，人类历史就开始变成世界历史了。

在推动各个国家、民族相互融合的各种因素中，新闻媒介的作用尤其不能忽视。新闻媒介在不同的民族之间、国家之间，架设了一条了解、沟通的精神桥梁。在新闻历史上，英国最早的定期刊物《每周新闻》就深受荷兰新闻书的影响，或者说就是荷兰新闻书的翻版，虽然缺少原创性，但是对于英国人了解欧洲大陆的情况提供了现实的渠道。随着欧洲向非洲、美洲的大量移民，在 17 世纪，美洲、非洲、澳洲，后来在亚洲，出现了第一批由欧洲人出版的报刊，到 20 世纪五六十年代，一些发迹于北美、澳洲的报业资本，以巨大的财力为后盾杀回了欧洲，建立了覆盖自由主义世界的媒介集团。19 世纪跨大西洋海底电缆的敷设，实现了欧亚大陆与美洲大陆之间信息的同步传递，20 世纪 60 年代通信卫星的发展，促成了全球村庄的出现。在全球化的背景下，不同国家之间新闻传播或媒介之间的互动，不限于一般的信息交流，它还具有更多的政治和文化含义。作为主权国家，可以利用新闻媒介传播本国的主流文化，塑造本国的完美

---

① 李延明：《在历史的序列中——对人类社会发展阶段的探讨》，中国人民大学出版社，1989，第 59 页。

形象，争取最大的国家利益，所以发展国家的对外传播事业，或者支持本国新闻集团的全球性扩张，已经成为一些大国的基本国策。中国为了加入WTO，必须承诺加大进口美国电影大片的力度，并且设定外国媒体进入中国市场的时间表；与此同时，中国政府又加大了支持对外传播的力度，力使中国声音传播得更广、更远，能够为更多国家的人们所接受。所以，研究新闻历史，特别是当代新闻史，跨越不同地域主要是不同国家的媒介体系的互动关系，应该成为我们关注的焦点。跨国新闻集团的全球性兼并活动，主权国家的新闻传播政策，新闻媒介的对外传播行为，不同国家媒介在重大国际问题上的论战，信息产品的全球贸易，世界新闻传播新秩序的建构等，是全球化时代新闻历史研究的重要内容。只有把握了这些内容，才能客观、全面地描述当代新闻历史的横向发展，才能深刻地揭示新闻历史纵向演进的社会内涵。

三 横向发展观对新闻史研究的意义

在新闻历史研究中，在致力于探索历史纵向演进规律的同时，树立横向的历史发展观，注重新闻系统内不同媒介之间、新闻系统与社会系统之间、不同国家民族的新闻系统之间的互动关系，既是新闻传播本身发展的需要，也是提升新闻史学学术水平的需要。新闻传播对社会生活的全面渗透，新闻媒介的全球化发展，多种媒介彼此依赖相辅相成的共存关系等，使得单一线性的纵向描述，远远不能解释迄今为止丰富多彩的新闻历史。当然，以前的新闻历史研究，已经在一定程度上探讨了横向发展所涉及的内容，并且在相关著作中有所反映。但是这种探讨大多不是有意识地进行的，横向发展和纵向发展有机统一的历史观还没有成为新闻史研究者的指导思想。树立横向发展观，对于新闻历史体系的建构，具有重要的指导意义。

首先，它有利于研究者确立完整的、立体的新闻历史观。一部新闻历史不应该仅仅表现为新闻传播形式线性的纵向演进。各种媒体的兴替消长、各种人物的登台谢幕及传播形式的量变质变，固然是新闻历史的重要内容，但绝不是其全部的内涵。新闻传播乘时间之舟，在经由溪流、小河、大江，直奔大海的过程中，其本身也实现了由简单到复杂，由少到多，由小到大的发展。媒介的种类不断增加，媒介的覆盖面不断扩张，媒介的服务对象不断增长，媒体的活动舞台随之延伸，媒体对社会的影响也日益加深。也就是说，从表面上看，新闻历史的发展不仅意味着新闻传播链条的纵向延长，这根链条还随着时间的推移、随着社会生活的复杂化、随着新闻传播本身的发展，不断地变得粗壮起来。新闻历史的内涵日益丰富，传播媒体、传播形式日趋多样化，新闻媒介对社会生活的渗透也与日俱增。这才是新闻历史的基本趋势，是新闻历史的真实景观。只有意识到这种横向的发展趋势，才能够建立起完整的、立体的新闻历史观。

其次，它有利于揭示世界新闻历史形成、发展的过程。由于资料的限制及新闻传播发展水平的制约，过去人们研究新闻历史，基本上是以国家或地区，以新闻媒介自身为基本的研究单位。致力于探讨某一国家、地区新闻传播产生、发展、演进的历史，或新闻媒介自身发展进化的历史，如本国新闻史、其他主要国家的新闻历史，以及报业史、广播电视史等，得到了比较深入的探究，勾勒了其纵向演进的基本线索，揭示了决定其发展进化的特殊规律，为新闻传播的比较研究打下了坚实的基础。但是，从这种研究中，我们只能把握决定新闻传播发展的内在原因，而看不出决定性的外部因素。事实上，新闻系统的外部因素，不仅是作为其参照系存在的，而且还是其发展的外部条件。虽然内因始终是事物发展变化的根据，但在某些情况下，外因也能起决定性的作用。比如，要解读现代发展中国家的新闻政策，仅从发展中国家新闻传播发展自身是找不到合理的解释的。如果能够将发达国家在国际传播领域的强势地位和不平等、不均衡的国际交流秩序结合起来，就能够做出令人信服的说明。要理解当代报业的历史演进，无视电视媒体、网络媒体的崛起及其影响，也是万万不行的。但是基于国家、地区，基于媒介自身的新闻史研究，使我们难以理解，或根本看不出新闻系统中不同性质的新闻媒体之间，不同国家、民族的新闻媒体，以及新闻系统与社会系统之间的横向的互动关系，以至于无法理解媒介之间的融合，国家与国家的交流、接触与融合，无法解释世界新闻历史形成的过程。

最后，它还有利于确立国家、民族新闻传播发展的历史坐标。新闻历史是永不枯竭、奔腾不息的时间之河。每个国家、民族的新闻传播都可以在其中找到自己相应的位置。这种位置是由经线和纬线的交织而确定出来的。致力于纵向演进探索的新闻史研究，为其历史位置的确立准备了经线，确立了对象行进于其中的时间系列，这是很重要的，比如社会的发展阶段，奴隶社会或手书传播时代，但是这一时间系列并不能说明其社会价值。只有同时提供反映横向发展的纬线，才能实现经线和纬线的交织，进而确立对象在历史时空中具体的坐标点。这一坐标既有时间含义，又有空间含义；既能反映对象的历史发展水平，又能衡量它的社会价值。在这个角度看，横向发展观的确立，对于寻找民族、国家新闻传播发展的历史坐标，对于提出科学的评价标准，其重要的指导意义是不能忽视的。

（本文发表于《新闻与传播研究》2004 年第 4 期）

秉史家笔法，记录中国新闻传播教育的当代史

作为一项全国规模集体协同的大制作，《中国新闻传播教育年鉴》2016、2017 版①，在学界业界的期盼中相继出版，2018 版也即将推出。这是中国新闻传播教育史上的重要事件，是新闻传播教育入史的基础工程，也是中国新闻传播教育趋向成熟的基本标志。因为这本年鉴的持续出版，中国新闻传播教育史研究才有可能在全面翔实的史实基础上成为信史。

一　内容宏富体系完备的大制作

年鉴是一种具有及时性、全面性、权威性、政策性、资料性的大型工具书。《中国新闻传播教育年鉴》以记录当代历史、反映新闻传播教育实态为职志。其 2017 版在 2016 版的基础上，推陈出新。编辑部会集国内新闻传播教育界的人力资源，协同努力，在体系结构、史实校订方面，达到了比较高的水平。《中国新闻传播教育年鉴》2017 版（以下简称"2017 版"）延续了 2016 版的一些成熟的栏目，如院系巡礼、行业组织和相关学会介绍、学科专业建设、教育家研究、口述史研究、本科人才培养、研

---

① 中国新闻史学会新闻传播教育史研究委员会编《中国新闻传播教育年鉴 2016》，武汉大学出版社，2016；《中国新闻传播教育年鉴 2017》，武汉大学出版社，2017。

究生与博士后流动站、新闻教育研究。总体上再现了中国新闻传播教育界2016年的整体情况。① 在文献解读和数据采集方面，在对象选择和材料甄别方面，也坚持了学界认同的基本准则，不仅维系了年鉴编纂的历史传统，而且在准确、客观性上达到了相当高的标准。

在内容和体系建构方面，2017版还大胆地做了一些改进。其一，将年鉴的首篇由大跨度历史综述改为年度综述，从新闻传播教育的宏观视野，全面勾勒了中国新闻传播教育界在2016年间的各种进展及存在的问题，因为关注的时间短，犹如使用了显微镜，对细节观察更透彻。其二，增加了一个新的专栏"新任院长施政方略"，邀请2016年新上任的四位著名高校新闻学院的院长，请他们纵论治院方略，在重视历史传承的同时，着眼于当代的最新发展。新任院长的发言，拉近了年鉴与新闻教育实践的距离。其三，2017版还以学术地图的形式，勾勒各大行政区（以各省级行政区组成的大区域，如华北、东北、西南等区）新闻传播教育的总体概况。其四，2017版还以"他山之石"为栏目名称，介绍国外一些著名新闻传播院系在媒介融合背景下适应社会和行业需求的改革新举措，为当下中国各高校的新闻教育改革提供了借鉴。尤其要指出，2017版还设置了一个新的专栏"新闻传播教育史钩沉"，请当代中国新闻传播教育史的见证人和亲历者，就新闻传播教育史上重大的历史事件、重大问题、重要人物、重要过程，在基于事实的基础上，撰写回忆文章，再现历史真相。

与《中国新闻传播教育年鉴》相似的出版物，在国内还有三种，分别是《中国新闻年鉴》《中国广播电视年鉴》《中国新闻传播学年鉴》，三者相映成趣，实现了优势互补。第一本《中国新闻年鉴》，是新闻传播领域出版历史最为悠久的年鉴，创刊于1982年。由中国社会科学院新闻与传播研究所主持编纂。由于是第一部新闻年鉴，虽然是以报刊广播电视行业为主体，但还是包罗万象，广泛涉及新闻教育、新闻学术等领域。后来随着《中国广播电视年鉴》出版，其核心内容开始专注于报刊行业，

---

① 张昆：《新闻传播教育年鉴编纂的必要性论析》，《现代传播》2016年第11期，第141~144页。

属于行业性年鉴。随后对新闻教育、新闻学术的重视也日益淡化。第二本《中国广播电视年鉴》，顾名思义，该年鉴主要面向广播电视行业，由国家广播电影电视总局《中国广播电视年鉴》编辑委员会编纂，编辑部设在中国传媒大学，专注于广播电视行业的发展变化，在性质上与《中国新闻年鉴》相似。第三本《中国新闻传播学年鉴》，首部《中国新闻传播学年鉴 2015》由中国社会科学出版社出版于 2016 年。这部年鉴不同于前面两部，其主要宗旨是记录 2014 年中国新闻传播学学术研究、学术交流的进展、变化，兼及新闻传播教育尤其新闻传播院系的动态，对于新闻传播行业的演进基本上没有涉猎。该年鉴亦由中国社会科学院新闻与传播研究所编纂。2016 年，《中国新闻传播教育年鉴》出版后，与《中国新闻传播学年鉴》充分沟通协作，确定了彼此的重点领域与合作的空间。《中国新闻传播学年鉴》主要领域在新闻传播学学术研究、交流领域，尽量不进入新闻传播教育领域，即便涉及，也做概略性的呈现；而《中国新闻传播教育年鉴》则聚焦新闻教育领域，虽然难以与新闻传播学术剥离，但是涉及学术层面时，仅限于新闻教育研究，其他研究则以概述或统计的方式表现。这样一来，在新闻传播领域，四部年鉴同时并存，可谓四星连珠，各有擅长，彼此互补。每本年鉴都有不可替代的价值。新闻传播教育和新闻传播学术的发展，于此可见一斑。①

　　总的来看，2017 版相对于同类性质的其他年鉴，表现了自己的特点。首先，全球视野，国家本位。顾名思义，《中国新闻传播教育年鉴》是书写、记录当今中国新闻教育界的故事。中国是年鉴编纂者基本的对象范围。但是在全球化的今天，中国已经深深地融入了全球体系中，彼此血肉相连，不可须臾分离。没有中国，世界不可能完整；脱离世界，中国也不可能独善其身。年鉴的编纂者站在世界的高度，本着内外一体的整体思维，厘清当代中国在世界体系中的坐标，在讲述中国新闻教育界故事的同时，还给新闻教育界同仁提供了一个可以比较、参详、研究的参照系。"他山之石"专栏的开设，其意图即在于此。

---

① 张昆：《新闻传播教育年鉴编纂的必要性论析》，《现代传播》2016 年第 11 期，第 141~144 页。

其次，广泛搜罗，资料翔实。新闻传播教育年鉴的出版为一部多维、全息的新闻教育史奠定了坚实的基础。十年树木百年树人，教育是百年大计，关系国家兴衰，文脉传承。新闻传播教育更是如此。新闻传播教育自成体系，包括政府政策、学校环境、经费来源、专业设置、课程体系、教材建设、实践环节、教育理念、目标定位、师资队伍、公众期待、教育技术、科学研究、学术交流、学生工作、学生心态、媒体关系等，这一切要素都是新闻传播教育年鉴关注的要点。收录于其中的不仅是那些"有意"的史料，即那些原作者"有意"想以自己的文字左右时人和后人的视听的文献，还有那些人们平时并不在意或者无意中留下来的，但是对于后来者了解这段历史至关重要的资料、档案。"前者虽然具有相当的价值，但在历史研究者看来，后者更为可靠。"[1] 这些历史资料对于建构基于新闻教育的社会文化史，具有重要的学术价值。

再次，人事一体，点面结合。恩格斯指出，"任何人类历史的第一个前提无疑是有生命的个人的存在"，"这是一些现实的个人，是他们的活动和他们的物质生活条件，包括他们得到的现成的和由他们自己的活动所创造出来的物质生活条件"[2]。新闻传播教育也是如此。中国新闻传播教育年鉴的编纂最初的立意即是为中国当代新闻教育书写历史，为新闻教育工作者树碑立传。人，主要是教师是新闻传播教育的主体。学生则是学校新闻传播教育的中心。这些人都是有意识、有情感的。用梁启超的话说，"历史为人类心力所造成，而人类心力之动乃极自由而不可方物，心力既非物理的或数理的因果律所能完全支配，则其所产生之历史自亦与之同一性质"[3]。在师生之外，或者由师生演绎的各种故事，也是中国新闻传播教育年鉴关注的重要内容。没有一个个具体的事件，没有一件件具有人性的教育故事，人只是抽象的枯燥的人。在叙述教育故事的时候，年鉴还注意到鲜活的个案，一个个鲜活的个人，一个个承载教育使命的院系，一个个充满活力的团队，一门门生动演绎的课程，都会在年鉴中得到生动的展

---

① 〔法〕马克·布洛赫：《为历史学辩护》，张声和、程郁译，中国人民大学出版社，2006，第 9 页。

② 《马克思恩格斯全集》第 3 卷，人民出版社，1960，第 23 页。

③ 梁启超：《中国历史研究法》，华东师范大学出版社，1995，第 151 页。

示；同时，以地区、国家为本位的新闻教育的宏观叙事，包括综述、表格、数据，如年度综述、历史回眸、教育地图的绘制，以及专业、学位点、各类学生的统计等，它们与一个个丰满的个案相结合，使当今中国新闻教育的再现显得那么富有质感、富有深度，引人入胜。

最后，由表及里，动静相宜。新闻传播教育年鉴呈现给大家的是中国新闻传播教育丰富多彩的现实，多维、多元主体演绎的话剧，这期间既有一眼就能够看到、能够看透的人与事、各种引人注目的现象，也有对现象背后的原因、对事件前后左右因果关联的解读，这则是一般人所看不见的。年鉴通过生动、翔实的叙事，提供了一个认识当代中国新闻传播教育的最好视角。而且这种叙事所呈现的不是静态的，而是动态的，是进化、变化、发展的。正如辩证唯物主义告诉我们的，世界万事万物无时无刻不在运动变化之中。这种变化可以从宏观角度来观察，一年一本的年鉴，叠加起来，就可以展现出新闻传播教育发展演进的轨迹，正如我们看电影，由于人类视神经的滞后效应，每秒钟看到几幅相近画面的连放，就可以意识到画面的运动感；也可以从微观角度来审视，一年之内，新闻传播教育的各个要素、各个主体、各个环节本身也会有阶段性的发展与变化。新闻传播教育的发展演变是绝对的，但是在一个特定的时间段内，它又有相对的稳定性。一个政策、一种传统、一种风格，不可能在一天形成，也不可能在一天内完全改变。变动与稳定的统一，是历史的规律，也是新闻传播教育发展的规律。

二 年鉴成为信史的可能与问题

《中国新闻传播教育年鉴》作为以记录现实为主旨的权威性工具书，其作用当然体现在当下，对于当今的新闻传播教育界能够起到参照、资鉴的作用。但是它的主要价值还不在今天，而在于将来。犹如一坛陈年老酒，埋藏的时间愈长，醇香愈盛；历史越久，其沉淀的价值就越大。设想几十年后，数十本年鉴整齐并列在一起，一部完整的中国新闻传播教育史就展现在我们的面前。可以说，今日年鉴，即为明日信史。年鉴何以能够成为他日的信史？

其一，年鉴是作者亲身经历，亲眼所见，属于当事者自己书写的历史，在相当程度上保证了年鉴记录的客观性、真实性和公信力。《中国新闻传播教育年鉴》的编纂者就是活跃在新闻传播教育界的生力军，他们是老师、主任或院长，是中国当代新闻传播教育历史的创造者，也是历史的亲历者、见证者。他们所讲述的是他们亲身参与、经历或看到的历史。一般而言，历史发生的时间越早，离作者生活的时代越远，由于时间的磨损，许多事件湮没无闻，这时要想完整地再现历史，就显得十分困难了。所以，古代史家理想的境界就是当事人、当代人记当代事。这时历史的陈述没有中间环节，在一定的程度上消除了误解、曲解的可能。古希腊史学家修昔底德名著《伯罗奔尼撒战争史》便属同时之记。修氏曰："予所记者，乃亲历之事，或闻之于亲历者，而加以证实者。"罗马史家塔西佗亦亟称"今日之事"。近世意国哲人克罗齐亟言："真实之史乃当代史耳。"① 亲身经历的、当代的历史便于做到真实，也必须真实。因为当事者众，他们都还健在，他们都是历史的活证人，任何记录的错误都能够随时得到纠正，史家要维持自己的公信力必须以严肃公正的态度，秉笔直书。清代戴名世就讲明了这个道理："夫与吾并时而生者，吾誉之而失其实，必有据其实而正之者，吾毁之而失其实，其人必与吾争辩，而不吾听也，若乃从数十百年之后而追前人之遗迹，毁之惟吾，誉之惟吾，其人不能起九原而自明也。"② 这说明，作为当事者、亲历者编纂的当代历史记录，其可信度应该得到肯定。

其二，年鉴的编纂，实际上是属于"及时史"或"当代史"的范畴。因为研究对象离今天时间近，而且还能请当事者说话，其叙事的真实与客观容易得到保障。对于及时史，法国史学者有过精辟的论述。"'即时史'这一略带刺激性的用语，在 60 年代初得到普及并成了常用语，它不仅试图缩短社会生活与对这些社会生活所作的初步解释之间的时间差距，还试图让这段历史的参与者说话；它不仅要求快速反映历史，还要依靠这些作

---

① 〔美〕汪荣祖：《史传通说——中西史学之比较》，中华书局，1989，第 206~207 页。

② 〔美〕汪荣祖：《史传通说——中西史学之比较》，中华书局，1989，第 208 页；参见〔清〕戴名世《南山集》卷 1，第 13 页。

为活资料的参与者来建立这一史学。"① 这正是年鉴的魅力所在。意大利历史学者克罗齐则将这种"及时史"纳入当代史的范畴。在它看来，"'当代史'通常是指被视为最近过去的一段时间的历史，不论它是过去五十年的、十年的、一年的、一月的、一日的，还是过去一小时或一分钟的。但是，如果我们严密地思考和精确地叙述，则'当代'一词只能指那种紧跟着某一正在被做出的活动而出现的、作为对那一活动的意识的历史"②。这里的时间单位中包括了一年，很显然这正是年鉴对应的时间刻度。这种时间刻度，离事件发生的时间节点既近又远，说近，事件刚刚结束，大家记忆犹新；说远，事件或过程已经完结，当事者激动的心情已经平复。这是研究事件、解析过程的最佳时间节点。法国史学家梯也尔提出："写史的可谓理想时刻，也许是历史的参与者从当时的活动中脱身出来，并摆脱了曾经激励过他的激情，但对一系列自己曾影响过其进程的事件记忆犹新的时刻。"③ 这种时间特质，在一定程度上保证了叙事的客观与真实。

其三，从完整的意义来看，相对于正史而言，年鉴其实只是一种半成品。与完全意义上的历史作品还不一样。《中国新闻传播教育年鉴》的及时性和资料特性，使得这部年鉴还不是一部正史，充其量只是一部关于新闻传播教育演变的资料长编。说它是资料长编，丝毫没有贬低它的历史价值。而是说它由于没有经过过多的加工，在更大的程度上保留了历史的原汁原味。就像矿冶工程，对某种矿石提纯度越高，它原本带有的其他元素就会被剔除得越多，它就越不像原来的矿石。《中国新闻传播教育年鉴》作为一种半成品，或许会保留不少用处不大的"杂质"，但说不定这个杂质在将来会提炼出更加宝贵的物质。在条件不成熟的情况下，尤其是在离历史事件时间距离太近的情况下，沉淀不够，或者与事件或当事人之间的各种关联，可能会影响到我们对它的认知和判断。所以半成品有半成品的价值，甚至比成品的价值更高。其最大的价值就是其本身包含了原汁原

---

① 〔法〕J. 勒高夫等主编《新史学》，姚蒙编译，上海译文出版社，1989，第200页。
② 〔意〕贝奈戴托·克罗齐：《历史学的理论和实际》，道格拉斯·安斯利英译，商务印书馆，1986，第1页。
③ 〔法〕J. 勒高夫等主编《新史学》，姚蒙编译，上海译文出版社，1989，第203页。

味，为后来者著述信史奠定了坚实的史料基础。德国历史哲学家席勒曾对历史学者们抱有强烈的不信任感。在他看来，那些好不容易保存下来的史料中，大部分又由于其撰写者的激情、无知甚至是由于其天才而被弄得面目全非，不可辨认。① 所以，在暂时无法求得真相、获得正解时，保留原始资料，不要勉强地对这些资料进行深加工，是一种正确的选择。

但是，我们说今日年鉴，明日信史，不是一种绝对的判断。这只是一种可能，一种很大的可能。只是说年鉴的编纂为后来治史者提供了丰富的资料，保存了大部分历史的原汁原味，以便后来者感受到历史的真切。同时也要指出，年鉴与信史还有不小的距离，要成为他日信史，还面临着诸多的问题。这些问题不解决，年鉴与信史之间就难以画上等号。

第一，如前所言，年鉴编纂处理的对象属于"及时史""当代史"的范畴。对象离编纂者时间近是件好事，事情刚刚结束或正在进行，还有一定的热度，大家没有淡忘，还记忆犹新。但也正是因此，会滋生出一些其他的问题。距离太近，处理太快，历史还来不及沉淀，也就无法或很难看清真相；或者由于事件或过程还在进行中，远未终结。所以"无法预见或不可能知道结局，也就是说，研究'即时'史的学者常常不知道他所研究的那段时期会有怎样的结局"②，虽然这种无知也能够成为一种美德，但是如果硬要勉强地扮演历史判官的角色，就历史人物、事件或过程来做出结论，那就有风险了。中国古代所以提倡隔代修史，这也是其中一个重要的原因。

第二，如上所述，年鉴编纂者、叙事者多是历史的当事者、见证者，换言之，他们都是历史的局中人。局中人往往会有当局者迷的一面。古人云，不识庐山真面目，只缘身在此山中。同时，既然是局中人，而局中人总会有自己的立场、态度或诉求，譬如说党派、学派立场，或某种程度的利益相关性，这种立场和利益关联会或多或少影响到

---

① 转引自李秋零《德国哲人视野中的历史》，中国人民大学出版社，1994，第 181～182 页。

② 〔法〕J. 勒高夫等主编《新史学》，姚蒙编译，上海译文出版社，1989，第 211 页。

编纂者的叙事态度。这和其他社会科学的研究完全相同。"过去的科学尤其是社会科学不能与党派偏见分开，并不能证明党派偏见有益于这些学科，而恰恰说明党派偏见是无可避免的。只有在党派偏见促进了科学进步的情形下，它才是有益的。"① 但是事实表明，历史叙事、年鉴编纂者的学派背景、政治立场，常常"使研究过程和研究结果从属于研究者意识形态或政治倾向的需要而从不考虑这究竟意味着什么，包括研究者本人受意识形态或权威的支配，如果没有这些支配，那些研究过程和研究结果可能与意识形态或权威的需要产生很大的矛盾"②。对于学者而言，其隶属的学派或学缘关系，其对于某一学术旨趣和风格的偏好，也会在一定程度上引发其在学术上的偏见，从而影响到其最终的研究结果。在这个意义上，对历史的叙事和判断，局外人可能更有说服力、公信力。

第三，编纂者主观目的的影响。人是有意识、有情感的动物，其一切行为都有其内在的动机和目的。不管这种动机或目的具有什么样的正当性，当这种目的或动机成为支配事实判断或选择的依据时，则可能影响到历史叙事的公正、客观。孔子在中国历史上被视为万世师表，史称"孔子作春秋，乱臣贼子惧"。但其编纂《春秋》时，"时或为目的而牺牲事实"。梁启超在反思中国史学传统时称："我国人无论治何种学问，皆含有主观的作用，挟以他项目的，而绝不愿为纯客观的研究……惟史亦然，从不肯为历史而治历史，而必侈悬一更高更美之目的，如'明道'、'经世'等，一切史迹，则以供吾目的之刍狗而已。其结果必至强史就我，而史家之信用乃坠地。此恶习起自孔子，而二千年之史无不播其毒。孔子所修《春秋》，今日传世最古之史书也。宋儒其谓'寓褒贬，别善恶'；汉儒谓其'微言大义，拨乱反正'；两说孰当，且勿深论。要之，孔子作《春秋》别有目的，而所记史也。"③ 孔子尚且难以保证《春秋》的中正客观，而其崇高的目的竟是原因之一，实在难以接受。《中国新闻传播教育年鉴》

① 〔英〕埃里克·霍布斯鲍姆：《史学家——历史神话的终结者》，马俊亚等译，上海人民出版社，2002，第155页。
② 〔英〕埃里克·霍布斯鲍姆：《史学家——历史神话的终结者》，马俊亚等译，上海人民出版社，2002，第142页。
③ 梁启超：《中国历史研究法》，华东师范大学出版社，1995，第44~45页。

的编纂者学养深厚、品格卓越，自然会有自己的目的和动机，而且绝大多数是高尚的、纯粹的，这些动机有些源自于自身，有些是外部强加的。作为凡夫俗子，我们自然也会犯孔夫子也回避不了的错误。

第四，选择之难。《中国新闻传播教育年鉴》以记录事实为本，依靠事实说话。但是事实本身并不会说话，只有历史学家、记录者想让他说话时，"它们才能说；让哪些事实登上讲坛说话，按什么次第讲什么内容，这些都是由历史学家决定的"①。年鉴编纂者面对着去年发生的种种事件，各种现象，万千人物，绝对不可能做到有闻必录。他必须进行选择，分清主次轻重。史学家葛兆光对此有过精辟的论断："从有史官的时候开始，历史就在不断筛选它应当记载的东西，记载和忽略、记忆和遗忘始终相伴，因为历史时间中曾经发生的事情和曾经存在的人物太多，历史学家没有办法一一登录在案，就连给皇帝写'起居注'的官员也不可能事无巨细地笔笔入账。预设里'重要'、'次要'与'无关紧要'总是在支配着书写，思想史只记载激动人心的时代便是因为它对某个时代感到'激动人心'以及觉得它应当继续'激动人心'。"② 在编纂年鉴时，编纂者们都希望尽可能全面、尽可能客观、尽可能公正，即便经过自己的筛选，其最后展现出的应该与原来的总体大体上保持一致。这种愿望其实很难实现，因为支配他们选择的因素太多，诸如世界观、政治意识、新闻价值、历史观、学缘学脉、知识结构、情感好恶等，他们实在难以排除这些因素的影响，而做出完全中正、客观的判断。

三　秉持史家精神打造教育信史

如前所述，年鉴并不必然会成为他日的信史。从年鉴到信史之间还有很长一段路要走。要实现编纂者最终的目的，满足新闻传播教育界的期待，还应该从如下几个方面努力。

① 〔英〕卡尔·贝克尔：《历史是什么？》，第6、19页；转引自张耕华《历史哲学引论》，复旦大学出版社，2004，第31页。

② 葛兆光：《中国思想史》第2卷，复旦大学出版社，2000，第15页。

第一，坚持专业精神，臻于良史境界。

对于年鉴编纂者来说，应该秉持史家的精神，而臻于良史的境界。这并不是每个编纂者能够做到的。唐代史学家刘知己曾感叹，自古文士多而史才少，清代学者章学诚更是直言，"千古多文人，而少良史"①。那么良史何在？什么样的人才称得上良史？宋代史学家曾巩说，"古之所谓良史者，其明必足以周万事之理，其道必足以适天下之用，其智必足以通难知之意，其文必足以发难显之情。然后其任可得而称也"②。这个境界实在太高，我们编辑部同仁实在难以企及。但是我们可以将此作为一种追求、一种向往，尽一切努力尽可能接近这一目标。

为此，首先要有一种强烈的使命感、责任感。司马迁在《太史公自序》中说，"先人有言：'自周公卒五百岁而有孔子。孔子卒后至于今五百岁，有能绍明世，正《易传》，继《春秋》，本《诗》、《书》、《礼》、《乐》之际？'意在斯乎！意在斯乎！小子何敢让焉"③。在这里，司马迁面对历史责任当仁不让的情怀跃然纸上。由于史家的职业要求是秉笔直书，不避讳、不隐恶、不阿谀，当面对权力威胁时，能否抵抗强权，坚持专业的信仰，甚至牺牲生命，就成为衡量良史的重要标志。春秋时代，齐国的崔杼杀了国君，"大史书曰：'崔杼弑其君'。崔子杀之。其弟嗣书，而死者二人。其弟又书，乃舍之。南史氏闻大史尽死，执简以往。闻既出矣，乃还"④。其中大史及其弟弟，还有南史氏，为了职业理想，宁折不弯，视死如归，其精神实在是令人感佩。如果年鉴编纂者也具有慷慨赴死的职业精神，何愁年鉴不成？！其次，要秉持中立、公正的原则。《说文解字》这样解释史字，"记事者也。从又持中。中，正也"。吕谦举说："史官的地位崇高，是由于史职的重要。'史为宇宙之公器'，史官必须秉持天下之大公，而记载公是公非。"⑤ 这表明古人对历史记事的要求是中

---

① ［清］章学诚：《文史通议·史德》。

② ［宋］曾巩：《南齐书目录序》。

③ 王汉民编著《太史公自序注译》，青海人民出版社，1998，第32~33页。

④ 李学勤主编《十三经注疏·春秋左传正义》，北京大学出版社，1999，第1016页。

⑤ 王尔敏：《史学方法》，广西师范大学出版社，2005，第101页；参见吕谦举《中国史学思想的概述》，《人生》（半月刊）第342期，第2~11页（香港，1965年）。

正客观，无所偏袒，善恶必书。再次，编纂者对于历史和编纂工作本身，应该心存敬畏。余英时说："学历史的人，至少应该有严肃感、尊严感，对生命有严肃感的人，才能真正懂得历史，有严肃感的人，对他的时代必须密切地注意，绝不能将自己关在书房里，只管自己书桌上的事情。"①

第二，大量占有资料，强化事实的核实与甄别。

对于历史学者来说，史料搜集是一个非常艰巨的任务。在这方面，年鉴编纂者要学习司马迁。司马迁为了撰写第一本纪传体通史，全心投入，"网罗天下放失旧闻，考之行事，稽其成败兴坏之理"②。在这里，广泛地搜集资料只是第一步，资料汇集起来后，还要加以核实，在此基础上稽其成败兴衰之理。人们说历史研究困难，其实难就难在事实的核实方面。科林伍德在研究古希腊史学发展时，发现"希罗多德或者修昔底德的著作，大体上都有赖于历史学家与之有过接触的那些目击者的证词。而历史学家作为一个研究者的技巧就在于这一事实，即他必须反复追究那些事件的目击者，直到他在报道者本人心目中能唤起一副这些事件的历史图画，远比报道人能为自己所自动提供的任何历史图画更加完备、更为一致为止"③。这里的"反复追究"是资料核实、甄别、考证的另外一种表述。很显然，在历史学家搜集的庞大资料库里，经过反复核实，最终能够被纳入历史著述中的只是其中极少一部分，而这正是其最可靠的基础。只有将历史叙事建立在确定无疑的事实的基础之上，年鉴才有成为信史的可能。

历史资料的核实、甄别和考证，不仅有很高的技术含量，而且还需要排除各种私心杂念，尤其是感情因素的影响。美国一位历史学者曾这样描述核实、甄别文献资料的情形。"我们会核实引用的每一条公开资料（剔除手稿资料仅仅是因为我们无法得到它们），首先看看是否引语和注脚是精确无误的，接着看看是否每条引语或释义都是忠实于资料的本意和语境的；是否资料本身是值得信赖的且不偏不倚的（或者不这样的，是否被

① 王尔敏：《史学方法》，广西师范大学出版社，2005，第103页；参见余英时《史学、史家与时代》，《幼狮月刊》第39卷第5期，第2~11页（台北，1974年）。
② 〔汉〕司马迁：《报任安书》。
③ 〔英〕科林伍德：《历史的观念》，何兆武、张文杰译，商务印书馆，2004，第57~58页。

作者考虑到了）；是否作者从资料中得出了恰当的推论；是否每条重要的或有争议的情境中的事实是基于相关的和可靠的来源；而且是否有着其他的相关且可靠的来源，它们没有被参考或引用，但它们也许支持着其他的事实和结论。"① 当然希梅尔法布的方法对于年鉴的编纂未必完全适用，年鉴编纂所需要的资料与正史的资料存在一定的差异，但是它们对待资料严谨求实的精神则是完全一致的。

排除各种感情因素的影响也非常重要。汪荣祖说："岁远易诬，言古史之异同难明；时近多诡，言近史之恩怨多乖。所谓恩怨多乖者，盖因代近则人情有以干扰史事也。"② 梁启超在《中国历史研究法》第五章中说："吾二十年前所著《戊戌政变记》，后之作清史者记戊戌事，谁不认为可贵之史料？然谓所记悉为信史，吾已不敢自承。何则？感情作用所支配，不免将真迹放大也。"③ 这两位学者所言，在年鉴编纂中确实普遍存在。因为年鉴记录的是当代史或及时史，事主多为今日新闻传播教育界的当红主角，客观上与编纂者存在各种各样的联系（利害关系），或师承同源，或同校学友，或志同道合，或院校同僚，或衣食单位，编纂者在撰述相关内容时，是难以完全排除感情因素的影响的，但是年鉴编纂者至少应提醒自己，秉持中正的史家精神，将感情的影响降至最低的限度。

第三，既综合又分析，坚持整体与片段的统一。

在中国教育界，新闻教育系统自成一体。它由一个一个要素、片段，或子系统有机组成。对这一系统的历史记录，不能满足于整体的笼统呈现，而应该在整体呈现的基础上，进行解剖式的探究和展示。英国历史学者汤因比主张："人们必须把现实分解成无数孤立的片段，才能理解现实。这种分解和分类的过程无疑会错误地呈现现实，但这又是有意识思考的不可避免的后果，否则就只能像神秘主义者那样完全消极地凭直觉感受

---

① 〔英〕格特鲁德·希梅尔法布：《新旧历史学》，余伟译，新星出版社，2007，第 22 页。
② 〔英〕汪荣祖：《史传通说——中西史学之比较》，中华书局，1989，第 203 页。
③ 梁启超：《中国历史研究法》，华东师范大学出版社，1995，第 125 页。

神圣的统一。"① 他的结论是："思想只要一启动，就会把现实打碎，但马上又会把现实加以组合。"②

我们可以在年鉴的体系建构方面科学地解决这种条分缕析与综合统一的关系。对于年鉴而言，整体性叙事是不可或缺的，这种叙事既可用综述性文字，亦可用图表数据来呈现，以宏大叙事来满足行业、学界了解新闻教育全局的需要。在此基础上，还需要做进一步的深入分析，以地区、学校、专业、教学、实践、科研，或以教育过程的各个环节，以显微的方式来放大展示新闻教育的各个片段、细节以及相互关系。其最终目的还是在细分、解剖的基础上的重新整合，是更高层次的整合。

第四，发掘教育界的潜力，完善信息采集网络。

年鉴的编纂是一个涉及面广、投入巨大、耗时费力的系统工程。虽然有中国新闻史学会新闻传播教育史研究委员会作为组织基础，但是相对于这一浩大工程的要求，年鉴编辑部能够支配、提供的人力物力资源仍十分有限。要做好这件大事，有三个重要的抓手。其一，建立健全年鉴编辑部的职能。《中国新闻传播教育年鉴》每版百万字篇幅，图文并茂，涉及面广，涵盖了新闻传播教育各个要素、各个环节、各个层次、各个院系、各个专业、各个学科、各个地区、教师学生等，包罗万象。编辑部作为整个编写工程的神经中枢，不仅要联系编委会和各作者、各院系、各社团，还承担着对稿件的编辑、整理工作和出版事务等。所以，年鉴编辑部的职能还需要进一步拓展和强化。其二，要拓展、完善信息采集网络，将年鉴编辑部的神经末梢延伸到全国新闻教育界的各个角落。当今中国新闻传播教育仅本科层面的专业点就有 1244 个，办有新闻传播教育的高校近 700 所；高校在校新闻传播专业学生约 23 万人；专业教师近 7000 人。目前编辑部的信息网络还不够强大，还需要进一步延伸、覆盖到所有的新闻教育机构，无所遗漏。编辑部的信息采集行为也应常态化、制度化，以确保数据信息的及时供给。其三，需要各新闻教育主体、高等教育管理部门的支

---

① 〔英〕阿诺德·汤因比：《历史研究》（修订插图本），刘北成等译，上海人民出版社，2000，彩图 87 解说。

② 〔英〕阿诺德·汤因比：《历史研究》（修订插图本），刘北成等译，上海人民出版社，2000，第 423 页。

持。《中国新闻传播教育年鉴》的编纂不仅是新闻传播教育史研究委员会的事情，更是整个中国新闻传播教育界的事情。需要新闻教育界各主体、各成员的一起努力，共襄盛举。

总之，《中国新闻传播教育年鉴》虽然是一本大型工具书，但又不是一本普通的工具书。这本年鉴的编纂是一个浩大的学术工程，它不仅对新闻传播学科、新闻传播教育、新闻传播行业具有重要的意义，其作用还波及广泛的社会文化领域，是政治经济历史的重要注脚。这本年鉴不仅呈现了中国新闻传播教育界的集体记忆，而且影响到新闻传播教育以什么姿态进入历史。所以，年鉴编纂实际是一项重要的学术使命，是一个不可推卸的职业责任。我们应该秉持史家的专业精神和使命意识，来指导年鉴的编纂工作。唯其如此，才能克服我们的认知偏差，解除各种利益、情感的羁绊。于是今日之年鉴，方能成为明日之信史。

（本文系张昆教授为《中国新闻传播教育年鉴 2017》作的序言，以《秉史家笔法，记录中国新闻传播教育的当代史》为题发表于《出版发行研究》2018 年第 10 期）

从世界新闻史的视野
看中国报业的集团化

20 世纪 80 年代以来，随着思想解放运动的展开和改革开放政策的推进，中国报纸也实现了重大的变化。其最突出的表现，便是新闻传播媒介开始逐渐由政治宣传工具演变为信息传播工具，由事业单位演变为企业法人。新闻工作人员所追求的不仅是宣传目的，经济效益也成为新闻媒介追求的目标。报纸的种数和发行量持续上升，其普及水平日益提高，报纸越来越朝着产业化的方向发展，并且在此基础上出现了集团化的趋势。这一趋势在 21 世纪的一个相当长的时期内，将会决定中国新闻传播事业的整体格局，因而值得人们关注。

一　世界新闻媒介产业化
集团化的历史背景

当代中国报纸的产业化、集团化趋势的出现，并不是一个偶然的现象，而是中国新闻传播事业发展的必然结果。要深刻地把握这一现象，必须把它放在世界新闻历史的宏大背景中去考察。

从世界新闻史的发展过程来看，新闻媒介（初期主要是报纸）的产业化出现于 19 世纪 30 年代。其具体的背景，主要有三。一是政治民主化的完成，从 17 世纪中叶到 19 世纪初，经过近 200 年的奋斗，在欧美主要国家，相继建立起与主权在民相标榜的立宪民主制度。思想自由、言论出版自由成为受到宪法保障的基本人权。报纸的第四等级、第四权力的地位，使其成为社会政治生活的重要因素。二是工业革命的进展。大机器生产创造了巨大的物质财富，同时也使更多的人卷入市场的旋涡。交通技术的进步和印刷技术的革新，使报纸在短期内大量印刷和迅速发行成为可能。三是城市化进程。工业的发展使越来越多的人口涌入城市，城市不仅是政治、经济中心，而且也成为社会的文化中心和信息中心，从而为商业化报纸的发展提供了巨大的市场空间。

1833 年，美国纽约出现了历史上第一家成功的大众化报纸，紧接着在美国及欧洲各主要国家的重要城市，亦涌现出众多廉价的大众化报纸。大众化报纸不同于此前政党报纸的重要特征，表现为如下几点：（1）几乎所有的大众化报纸都标榜自己的超党派独立立场；（2）大众化报纸都维持了经济上的独立，发行和广告成为报社的两大基本的收入来源；（3）为满足中下阶层的需要，大众化报纸拓宽了报道领域；（4）通俗易懂，平易近人；（5）价格低廉。大众化报纸的繁荣，标志着报纸产业化时代的来临。

报纸产业化的结果必然是集团化、垄断化。到 19 世纪 70 年代，首先在美国，接着在欧洲其他发达的资本主义国家，相继出现了控制多家报纸的垄断报团。进入 20 世纪后，广播电视相继登上了历史舞台。在许多国家，广播电视一开始就是作为商业企业加入竞争激烈的新闻市场的，自然会成为新闻媒介集团化进程中的重要角色。经过一百多年的发展，新闻媒介集团化在质和量两个方面，均实现了很大的突破。总体而言，这一过程可以划分为三个阶段。

一是单一媒介的集团化。此阶段始于 19 世纪 70 年代，至 20 世纪 20 年代，媒介的集团化仅限于报业领域。

二是跨媒介跨行业的集团化。此阶段始于广播的出现止于 20 世纪 50 年代。其重大特点是新闻垄断集团不仅拥有不同性质的新闻媒介（报纸、电台、电视台、通讯社、出版社等），而且还将经营的触角延伸到新闻传播之外的其他行业。

三是 20 世纪 50 年代以来的超国界的集团化。拥有不同性质新闻媒介的新闻集团不仅涉足于新闻传播之外的其他行业，而且将其势力范围扩张到了世界的规模。崛起于 20 世纪 50 年代初期的加拿大人罗伊·赫伯特·汤姆斯创办的汤姆斯新闻集团是超国界集团化的始作俑者。20世纪 80 年代以来，出生于澳大利亚的默多克创办的国际新闻公司，成为超国界集团化的典范。20 世纪 90 年代以来，随着互联网络的兴起，跨媒介与跨行业的集团化在质和量两个方面均实现了根本的突破。在今年初发生的美国在线和时代华纳公司的合并，创造了有史以来企业合并金额的新纪录。

二　中国报业集团化的进展及局限

从中国新闻历史演进的客观过程来看，报纸的产业化进程并非始于今日。早在 20 世纪初，就出现了把报纸作为产业经营的成功报人。如《申报》的史量才，《大公报》的吴鼎昌、胡政之、张季鸾等，都在这方面做了有益的探索。

但是，由于各种各样的原因，自新中国成立以来，直到 20 世纪 70 年代末，中国新闻传播领域的泛政治化现象极为严重。报纸、广播电视等新闻媒介被看成一种政治斗争工具和宣传舆论工具，无须顾及发行与广告的收益，无须考虑经营的成本效益问题。报社、电台和电视台在经营上的亏空，可以由政府的财政补贴来填补。为维持新闻传播再生产所必需的经费投入，亦可在计划范围内得到政府的财政拨款。新闻媒介变成了完全依附于政府和执政党，以"皇粮"为生的事业单位。

20 世纪 80 年代以来，中国新闻传播领域发生了一系列重大的变化。新闻媒介的事业单位性质虽然没有改变，但是必须按照企业化的原则来经营。社会效益和宣传目的固然是新闻工作者追求的直接目标，但它也要开始维持自己的生存，为此它必须追求经济效益。这一变化的发生，与改革开放的历史环境是分不开的，而改革开放的前提条件又是思想解放。在这个背景之下，经济领域改革的成功经验也开始为新闻界所接受。成本效益观念、竞争观念、市场观念开始进入新闻媒介经营管理者的头脑。人们逐步意识到，在利益的追求方面，报纸、电台、电视台与其他企业其实并没有根本的区别。

长期以来，国内新闻界、理论界一直认为，报纸的集团化是以生产资料私有制为前提的自由主义社会无政府状态的反映。随着经济改革的不断深入和社会主义计划经济向社会主义市场经济的转变，报业的集团化也成为新闻界、理论界的热门话题。1996 年，广州日报报业集团宣告成立，成为经新闻出版署正式批准的国内第一个报业集团。以此为契机，新的报业集团不断涌现。到目前为止，国内经正式批准的报业集团已达 16 个。

报业集团化的出现，使中国报纸的经济规模扩张到了前所未有的程度。一些大的报业集团的年经营收入接近 20 亿元人民币。但是，如果与国外报界进行横向对比，中国报业的集团化程度充其量也只能算是初级阶段。目前西方发达国家的一些大的报业集团，多为上市公司，其资本市值及年实际收入都在数十亿乃至百亿美元以上。这些差距固然与中国现在整体的经济水平直接相关，但报业自身及与此相关的一些政策因素，也是一个重要的原因。从世界报业集团化的整体水平及一般趋势来看，中国报业的集团化在目前还存在如下三方面的局限。

其一是地方性。到目前为止，中国报业集团化基本上都局限于地区的范围。虽然报纸的发行不受地方的限制，但在所有权的转移（兼并、联合）方面，却障碍重重。以至于广东的报业集团不能收购、合并浙江的报纸，或者在浙江创办新的报刊。反之亦然。这不仅是一个地方保护的问题，更重要的还是报刊对地方党政系统的依附问题。此种依附和地方保护，严重地限制了报业集团化的发展空间。

其二是单一性。此种单一性在传统媒介中表现得尤其显著，它意味着集团化只能在同一性质的媒介间进行。也就是说，报业集团不能涉足广播电视领域。同样，电台电视台也不能创办综合性报纸。这种人为的限制，使得传统媒介之间隔行如隔山。不仅无法发挥媒介之间的互补效应，也造成了新闻资源的浪费，从而增加了新闻传播的成本。20 世纪末兴起的网络媒介，对传统媒介提出了严峻的挑战。为了迎接这一挑战，报纸、电台、电视台一方面进行深刻的改革，另一方面则纷纷上网，以至于出现了传统媒介与网络媒介融合、互补与竞争的态势。

其三是行业垄断性。根据通行的新闻理论，报纸是宣传工具，必须由政治家办报。报纸虽然也要实行企业化运作，追求经济效益，但应该以社会效益优先。在根本性质上，报社与一般的商业企业不能同日而语。所以，新闻媒介可以经营其他行业，而其他行业不能涉足报业、广播电视业。这就使新闻传播的扩大再生产难以得到其他行业资本的支持，从而限制了报业集团的规模及其发展的速度。

除此之外，还有一些报业集团徒有集团之名，而无集团之实，与组建集团之前没有什么区别；有的是由于行政干预，而不是自然生长而成。

以上种种局限，使中国报业的投资渠道单一，报业的经济规模偏小，在一定程度上制约了速度的提升，可以说，这正是当前中国报业集团化进一步发展的主要障碍。

三 报业集团化发展必须解决的问题

当我们跨进新千年的门槛时，网络媒介迅速崛起，WTO 也在向我们招手，中国经济的新一轮增长期也拉开了序幕。展望中国报业集团化的前景，不能不重新审视当前报业置身的政策环境。如前所述，中国报业的集团化存在单一性、地方性、行业垄断性的局限，要促进报业的进一步发展，扩大报业的经济规模，提高其经济效益和社会效益，必然要求打破这些局限。具体而言，应包括如下几个方面的内容。

第一是打破媒体之间的界限。当前中国报业的集团化主要集中于同一性质的媒介内部。由于政策的限制，报纸不可能涉足广播电视事业。这与中国现代条块分割的行政体制是分不开的。中央政府有什么职能部门，在国内从上到下必然有与之相应的战线。正如此部门与彼部门之间互不统属，各条战线井水不犯河水。新闻传播领域也是如此。报纸属新闻出版部门，广播电视属广播电视部门，彼此独立，相互设限。这一方面不利于媒介之间的优势互补，另一方面则容易造成新闻资源的严重浪费。如果打破媒介之间的界限，撤除藩篱，推进不同性质媒介之间的融合，不仅有利于壮大新闻集团的势力，还有利于在新闻集团内部统一调配人力财力，充分地利用各种资源，降低经营成本，从而减轻读者的负担。

第二是打破行业的界限。根据中国现行的新闻政策，报纸可以经营其他的行业，如商业零售、旅游观光、房地产等；可是其他行业的资本却不能经营报业。限制其他行业的资本流入新闻传播行业，大概是基于新闻媒介的意识形态性质。新闻媒介作为生产精神产品的企业，不能与其他生产物质产品的企业相提并论。同时在新闻传播领域还禁止设立合资合作企业。不仅禁止外国资本，本国的资本也是如此。这其实是过于担心了。因为在新闻传播领域，是完全可以把编辑权和所有权分开的。如果说，外国资本介入报业，不利于政治的稳定和国家的安全，那么限制本国其他行业资本的介入则不仅是多余的，而且不利于报纸的发展。在科技迅速发展、高度商业化的当代社会，报业的维持与发展需要大量的投入，仅靠报纸自身的积累是远远不够的。打破行业的界限，容许其他行业投资报纸，是推进报纸产业化、集团化的重要手段。

第三是打破地域的界限。如前所述，中国报业的集团化至今仍局限于地区的范围。甲地的新闻集团要想侵占乙地的报业市场，必须面对乙地严密的地方保护，其困难是难以想象的（至于电视媒介，则由于频道资源的有限性，更有利于地方保护。如不少省份的有线电视网就是不播湖南卫视的节目，因为与本省的电视节目相比，湖南卫视的节目更受本地观众的欢迎）。各个地方的报业集团尽管在发行上存在一定程度的竞争，但是在总体上仍然俨如独立王国。必须打破地方壁垒，撤销地方保护措施，建立全国统一的报业市场。使各地报纸在国内统一的报业市场中平等竞争。为此必须解除地方报纸与当地党政系统严格的依附关系，正如银行系统的改革，除中央银行外，地方不设与当地省政府同级的分行。所有的中央和地方报纸都直接接受党中央和中央政府的政策指导。它不仅没有否定党政机关对报纸的领导，还会使党的领导变成一种道德上的权威，使地方报纸在坚持党性原则的范围内，拥有更大的活动空间，这对于报纸集团化的发展是十分有益的。

第四是在坚持国家控股的前提下，实现投资来源的多元化。应该允许新闻传媒企业上市融资，吸纳民间资本，并且在一定的范围内向外资开放，其前提是确保国有资产的主体地位。只有这样才有可能在较短的时间内，把我们的新闻事业做大做强、增强实力、提高竞争力。

总之，中国报纸的产业经营和集团化的水平虽然不高，但是有了一个很好的起点。随着社会主义市场经济体制在中国的最终确立，随着新闻改革的进一步发展及人们对报纸性质、使命、功能认识的深入，报纸的产业发展和集团化必将实现突破性的发展。

（本文发表于《新闻记者》2000 年第 7 期）

关于中国县域报纸命运的思考

对于中国报界来说，2003 年是一个具有重要意义的年份。随着中共中央办公厅、国务院联合下发的《关于进一步治理党政部门报刊散滥和利用职权发行，减轻基层和农民负担的通知》（中办发〔2003〕19 号）以及《关于治理报刊摊派实施细则》的执行，约 300 家县级党报退出历史舞台，中国长期以来的中央、省、地市、县四级办党报的基本格局宣告终结。

一　报刊整顿，取消县级党报的必要性

改革开放以来，中国报业取得了飞速的发展，报纸种数增多、普及率不断提高，与此同时，报纸结构不合理、党政部门报刊散滥、质量下降、利用职权强行摊派的现象也日益普遍，基层和农民负担十分严重。为了落实"三个代表"重要思想，实践"立党为公，执政为民"的宗旨，中共中央、国务院联合下发了《关于进一步治理党政部门报刊散滥和利用职权发行，减轻基层和农民负担的通知》（以下简称《通知》）。《通知》规定"县（市、旗）和城市区不再办报刊，已办的要停办。对个别影响大、有一定规模的县市报可由省级党报或地市级党报进行有偿兼并，或改办为地市级党报的县市版"。国家新闻出版总署在随后颁行的《关于治理报刊摊派实施细则》（以下简称《实施细则》）中补充规定，"对解放前由我党创办的报纸，民族自治县（市、旗）的报纸及民族文字报纸，予以保留"。对于《通知》规定的"影响大、有一定规模的县市报"，"实

施细则"明确地界定为"人口50万以上，国内生产总值在100亿元以上，社会消费品零售总额在30亿元以上的县（市、旗）所办的报纸"，其广告收入还必须每年达到400万元以上。根据这两个文件的规定，全国300余家县市报纸中，约90%的必须停办，符合有偿兼并或改变为地市级党报县市版的，不过10%。从此，县报作为中国报刊体系的一个重要环节，作为中国报业金字塔基础的县报层次正式消失。中国报业的中央、省、地市、县四级结构一下转变为中央、省、地市三级结构。

之所以要取消县级党报，其首要原因是减轻基层和农民负担。这一点在《通知》和《实施细则》中表述得非常清楚，此不赘述。

其次，目前的县级党报无论是从内容还是形式上，都不能看成能够满足中国基层组织和广大农民需要的精神产品。从形式上看，县级党报是中央、省级党报的更低层次上的翻版，也是同级党委的机关报。版面不大，一般是对开8版或四开16版，麻雀虽小，五脏俱全。许多报纸和上级党报一样，从政治到经济，天上人间，一样不落；国内新闻中，从中央、省、地市，到本县，面面俱到，绝大部分内容与上级党报雷同或重复；本县新闻中，绝大部分是县委书记、县长的活动，涉及基层和农民生产、生活的消息极少。在报社内部结构上，也是上级党报的克隆，编辑部、广告部、发行部、党委、行政等样样不少，成本居高不下。版面、信息量少，官气足，自然得不到百姓的青睐，发行量上不来；没有发行量，广告也上不去。只好将负担转嫁给基层和农民，于是采用行政力量，强行摊派，以致怨声载道。

再次，这种不受基层和农民欢迎的县级党报，在现有的权力格局下，在强行摊派上比上级党报拥有更大的优势。上级党委机关报固然拥有较高的政治权威，但是，它毕竟不是基层和农民的直接领导，而县级党报挟县委、县政府的政治权力资源，可以直接影响到基层组织和农民的切身利益。不订县级党报比不订上级报纸将面临更多难以预料的后果。这就决定了县级党报的存在与发展，会在一定程度上"挤压党报党刊的市场空间"，一旦取消这种县级党报，将有利于中央、省、地市党报的正常发展。所以，复旦大学李良荣教授预言，县级党报的取消，在短期内将使地市级党报发行量扩大 2~5 倍。① 这个数字是否完全可信并不重要，重要的是，县级党报的取消肯定会在较大的程度上，缓解地市级、省级和中央党报发行上的压力。

可见，在当前阶段，进行报刊整顿，取消县级党报乃是顺天应时之举。它不仅可以在一定程度上减轻基层和农民的负担，排除地方政治腐败的一个可能的温床，还有利于促进主流报刊的发展，扩大主流报刊的影响力，强化中央、省、地市党报在意识形态领域的主导地位。

二 县级党报取消后县域单元的市场空白

报刊整顿的直接结果是县级党报的消失，中国报刊结构体系由中央、省、地市、县四级转化为中央、省、地市三级报刊结构体系。如上所述，这样做的效果是非常明显的。但是，在中国行政体系中，县是一级重要的行政区划。从行政建制、历史沿革和未来发展来看，我们不仅可以把县看成一个比较完整的政治区域，而且可以把它当成一个完整的区域经济板块或区域经济单元。一个拥有数十万乃至百万人口的区域政治经济板块，在客观上是需要一种具有地方特性的报纸为其服务的。县级党报取消后，中央、省、地市报刊体系能够充分地满足县域板块居民的精神需要吗？

应该说，中共中央和国务院的《关于进一步治理党政部门报刊散滥和利用职权发行，减轻基层和农民负担的通知》，已经在一定程度上考虑到了县域居民新闻信息需求的问题。该通知规定，"对个别影响大、有一定规模的县市报，可由省级党报或地市级党报进行有偿兼并，或改办为地市级党报的县市版"。该通知还要求，"对农村地区，重点党报可发行版面较少、价格较低、针对性和实用性较强的农村版"。至于将有规模的县级报纸改为地市级党报的县市版，有较大的可行性。这样做有不少好处，可以实现资源的优化配置，避免新闻资

---

① 《三级办报增强活力的明智之举》，中国网，2003 年 10 月 31 日，http://www.china. com.cn/zhuanti2005/txt/2003-10/31/content_ 5433080.htm。

源的浪费，也可以减轻基层和农民的负担。同时，由于接收了县市报的人力物力资源，地市报关于县域社会问题的报道就会更具有地方性、针对性、贴近性。但是，根据《通知》及《实施细则》的基本精神，能够享有改办为地市报县市版的县市报纸，在将要取消的县级党报中只是极少的一部分，也就是说，只有很少的县域政治经济单元的读者能够享受到地市报为他们准备的县市版。至于农村版，正如现在一些中央大报已经推出的，以一种版式面对全国的农村读者，虽然照顾到了中国农村的经济社会特性，但是它没有也不可能照顾到千差万别的县域政治经济单元的地方性要求。

因此这就意味着目前中国的报业市场上，在满足县域政治经济单元居民的信息需求上，还存在一个较大的市场空白。事实上在县级党报取消之前，这个空白就存在，不过由于县级党报的强制摊派发行，有市场空白、有信息需求，就有机遇，就有县域报纸生存、发展的空间。在世界范围横向比较的角度上看，中国县域报纸的生存空间实在是太大了，它给中国报界提供了巨大的发展机会！

三　时代呼唤新型县域报纸

开放的发展中的中国需要面向市场的充满活力的县域报纸。这种县域报纸是推进中国城镇化进程、推动中国县域经济社会发展、缩短城乡信息差距的重要手段。

首先，发展县域报纸是推进中国城镇化进程的需要。城镇化是指随着经济、社会的发展，人们的生活方式从农村生活向城镇生活升级转化的过程。中国作为世界第一人口大国，同时也是城镇化水平最低的国家之一。根据有关方面的统计，目前发达国家的城镇化水平已经达到70%~90%，一般发展中国家也达到了40%左右。我国的城镇化水平到2001年只有37%。虽然近年来城镇化水平有所提高，但在总体上仍然滞后于工业化进程。推动城镇化进程，已是全面繁荣农村经济，促进城乡经济协调发展，加快全面建设小康社会的客观要求。具体而言，推进城市化有利于优化城乡的经济结构，充分地发挥城镇的聚集效应和辐射作用；同时有利于为经济发展提供广阔的市场和持久的动力。根据中国的现实国情，发展小城镇是推进中国城镇化的重要途径。通过发展小城镇吸纳大量剩余的农村劳动力，能够在一定程度上缓解大中城市已经比较严重的就业、交通及住房困难，同时也适合小城镇紧密联系城乡的特性，有利于发挥小城镇的对周边农村的辐射功能。在发展小城镇的过程中，县域报纸乃是必要的条件。县域报纸是塑造城镇文化、凝聚市民共识、引导市镇舆论、帮助进城农民适应城镇生活和继续社会化的不可或缺的工具，是城镇居民的精神家园。

其次，县域报纸是发展县域经济的需要。没有农民的小康，就没有中国的现代化。党的十六大提出发展县域经济，是全面建设小康社会的必然选择。所谓县域经济就是"城乡一体化经济"，是指"在县域范围内小城镇发达，有效发挥聚集优势生产要素和带动辐射周边农村经济发展的功能，大量农民合理流入小城镇，促进二、三产业的发展"，在这个意义上，县域经济就是中国特色的"区域经济"。① 要发展中国的县域经济，必须建立三大服务体系以为支撑，一是销售体系，二是信息服务体系，三是科技教育培训服务体系。其中信息服务体系、科技教育培训服务体系的职能，在很大程度上可以由县域报纸来履行。县域报纸可以为县域经济发展提供功能强大的信息服务平台，开展科技培训和各项咨询活动，提供针对性的广告媒体，引领地方消费，拓展县域商品市场。

再次，发展县域报纸还是缩短城乡信息差距的需要。中国现时的城乡差别，不仅表现在社会地位、经济收入、文化教育层面，而且体现在信息消费的层面。城市居民可以利用的信息渠道远远多于乡村的农民，其每天消费的信息量更是远非后者所能比。在这种情况下，乡村更有可能成为大众媒体特别是纸质媒体覆盖的死角，一些通过行政权力强行摊派的上级报纸虽然可以发到农民手中，但是根本不对他们的胃口。于是乡村居民的信息需求转化为信息饥渴，而城市居民则置身于海量的信息洪流之中。县域报纸的草根性特质，有利于展开面向县域居民的针对性服务，增强贴近性，从而有利于缩短城乡居民之间的信息差距。

---

① 袁纯清：《县域经济：全面建设小康社会的必由之路》，《经济日报》2003 年 12 月 14 日，第 3 版。

需求决定生产，有需求就有发展的空间。但是需求、空间是一回事，条件则是另一回事。那么在中国目前的情况下，以县域经济文化发展的现实水平，是否足以承载一张相当规模的县域报纸呢？回答应该是肯定的。一般认为，报纸的发展须具备三个重要的物质前提。一是文化教育的普及。这一点，应该说中国现有的基础是相当深厚的。根据《2000 年全国教育事业发展统计公报》，全国小学适龄儿童入学率达到 99%，小学 5 年巩固率 94.5%，小学毕业升学率为 94.89%，初中毕业生升学率为 51.1%。① 官方统计数字表明，中国九年义务教育普及率已经达到了 90%。当然，由于基层普遍存在的假报现象，实际普及率可能要低于这个数字，但即使是最保守的估计，九年义务教育普及率也应该达到 70%。教育的普及、文盲的扫除，为县域报纸准备了大量潜在的读者群。二是城镇化的进展，城镇不仅是人口聚集中心，而且是生产中心、消费中心和信息中心，大量农村富余劳动力涌入城镇，他们需要认识城镇，了解城镇的生活方式及其规则，及时捕捉可信度高的招工信息，于是县域报纸成了他们的首选。19 世纪末 20 世纪初，美国著名报业巨头斯克里普斯发展自己的报业集团，就是选择在发展中的小型工业城市创办新报，与其他报刊扩张的思路截然不同。② 三是商品经济的发展，对于县域广告媒介的需求。现在一般的县城的人口数，大约 5 万，加上周边的乡镇，其辐射的范围在 20 万人上下。这是一个不小的消费市场。而这一市场的消费水平，对商品和服务的具体要求，又明显不同于大中城市的居民。所以那些立足于大中城市的媒体，包括报纸、广播电视及综合网站，即使能够覆盖县域单元的居民，其有效性也是令人怀疑的。因此，那些适应县城、建制小城镇及乡村居民消费水平的商品和服务的提供者，就迫切需要具有地方草根特性的县域媒体，包括报纸。而得到广告主支持的报刊，又有可能降低报价，以争取更多的读者，进入良性的循环。

---

① 《2000 年全国教育事业发展统计公报》，中华人民共和国教育部，2001 年 6 月 1 日，http：//www.moe.gov.cn/s78/A03/ghs_ left/s182/moe_ 633/tnull_ 843. html。
② 〔美〕德温·埃默里等：《美国新闻史》，苏金琥译，新华出版社，1982，第 356~358 页。

四　新型县域报纸的特性

中国当代县域经济发展以及城镇化进程急切需要的县域报纸究竟应该是什么样的？笔者以为，当代中国迫切需要的县域报纸，起码应该具备三大特性。

首先是市民性。县域报纸应该是市民报纸，面向乡镇居民，急居民之所急，想居民之所想，代表居民的利益。县域报纸也要讲政治，但不能像上级机关报或现在的一些县级党报那样讲。县域报纸的政治性主要表现在对政治体系基本认同的前提下，根据新闻传播的规律，进行新闻信息传播和各项社会服务。县域报纸的政治性不是挂在口头上的、表面的、教条式的，而是不经意地表现在日常的传播活动之中。县域报纸应该有高度的亲和力，有丰富细致的人情味，它还应该关注社会新闻，同情弱势群体，监督政治权力，只有这样它才能够自然地被乡镇居民视为自己的报纸，视为居民自己的公共论坛和精神家园。

其次是服务性。县域报纸的价值表现在对居民的服务上，即通过信息传播活动，服务于乡镇居民的工作和生活，便利于他们的社会适应和政治参与，便利于他们利用丰富的信息资源改善自己的境遇。这种服务是平等的、互动的，读者是否接受则取决于他们自己的判断。报纸借细致周到的服务赢得读者的认同，引起读者的订阅欲望和购买行为，增加报纸发行量，从而保证自己的存在；而居民读者也因此种服务，变得眼界更开阔、信息更灵通、选择更多样、应对更自如。县域报纸的服务性与政治机关报的指导性是截然不同的，指导是自上而下的，是单向的，采用的是教训的口吻，该干什么、必须干什么、不该干什么，机关报的表达非常鲜明、干脆。正是这种自上而下的、教训的指导口吻，拉开了机关报与读者的距离。

最后是知识性。县域报纸的读者对象，主要是县城及建制镇的市民和周边的农村居民。在决定中国未来发展的社会转型过程中，他们面临着大城市市民感受不到的环境震荡，他们的职业、收入、家庭、居住等，都面临着无法预测的不确定性。为了在变幻的环境中生存，他们必须不断地学习，学习农业科技、商业知识和职业技能，掌握城镇生活的基本规则，了解社会变迁的趋势，只有这样才能保证自己的生活水平不致下降。所以，面向乡镇读者的县域报纸必须充分地发挥其教育的职能，充当乡镇居民继续教育的工具。在报道时事、反映社会发展的同时，致力于各项实用知识的传播，为读者因应社会的变迁打下坚实的基础。当然，县域报纸毕竟不是学校，其知识性内容的传播并不具备系统性、整体性，但是经过一段时间的累积，点滴的知识信息就会转变为读者的物质力量。

县域报纸的市民性、服务性、知识性特征，决定了县域报纸不可能按照过去县级党报的模式来办，县委机关报的政治身份和现实利益关系，无论如何都不能使它放下身段，与乡镇居民读者做平等的交流和沟通。县域报纸的主办主管部门绝不应该是县委县政府，而应该是地市或地市以上的党委和政府。只有这样，它才能够摆脱现实的政治利益关系纠缠，才能够在比较彻底的意义上在代表党的利益的同时也代表市民的利益，才能对县级政治权力进行比较有效的监督，才能不至于重新落入只有依靠权力干预、强行摊派才能生存的地步。

（本文系张昆教授与周芳合著，以《关于中国县域报纸发展的思考》为题
发表于《新闻记者》2004 年第 3 期）

论传播发展的八个维度

从历史演进的视角看，传播发展既是社会整体发展的必然结果，又是促进社会进步的重要因素。在任何一个共同体中，信息传播都是社会系统不可或缺的组成部分。虽然社会的主体自始至终都是人，但由于人的本性是社会关系的总和，而社会关系的维系绝对离不开信息沟通。在这个意义上，信息传播是社会的黏合剂，信息传播与人类社会同生共存，传播发展与社会的文明程度呈明显的正相关。一方面，传播发展受到社会整体发展水平的制约，另一方面，传播发展又能够促进整个社会的全面进步。

我们应该怎样理解传播发展？笔者以为，传播发展指的是与社会发展相适应或超前于社会系统的信息传播事业的整体性发展。它包括在充分发挥了传播技术潜力以及充分利用社会制度空间的前提下，各种传播工具结构合理并且得到最大限度的发展，各种媒体具有相对独立的政治、法律、经济地位，具有一定的公信力，接收工具高度普及，媒介功能完全发挥，以及大众信息需求的最大满足等。具体而言，考察传播发展可从如下八个维度着眼。

一　相对独立的政治地位

在任何一个政治共同体中，传播事业的发展，都有赖于宽松的政治法律环境。一个媒体，不论它具有什么性质，如果没有相对独立的政治法律地位，或者臣服于政治权力的淫威，或者屈服于资本的压力，将会处处仰人鼻息，失去独立的报格、台格、人格，无法自主地展开业务活动。这样的媒体数量再多，发行量再大，都难以履行媒体本身的社会责任。

对于独立地位的追求，是职业新闻工作者数百年来强烈的愿望。西方资产阶级标榜的"无冕之王""第四权力""第四等级"，就是他们急于摆脱专制权力束缚、实现政治独立意志的体现。马克思主义者也是如此。马克思早年主张，报刊不仅是社会舆论机关，还是社会的第三种因素。所谓第三种因素，乃是指治人者与治于人者之间的因素。在他们看来，"这个因素应该是政治的因素，而不是官方的因素，这样，它才不会以官僚的前提为出发点；这个因素应该是市民的因素，但是同时它不直接和私人利益以及有关私人利益的需求纠缠在一起。这个具有公民的头脑和市民胸怀的补充因素就是自由报刊。在报刊上治人者与治于人者同样可以批评对方的原则和要求，然而并不是在从属关系的范围内进行这种批评，而是作为公民——已经不是作为个人，而是作为理智的力量，作为合理的观点的体现者——在权利平等的情况下进行这种批评"①。也就是说，人民报刊不仅能够公正地、理智地站在公众的利益上考虑问题，成为统治者和被统治者之间沟通的桥梁，而且能够不通过任何官僚的中介将人民的生活状况直接呈现在国王的面前，让统治者能够直接听到人民的呼声，但这种呼声并不直接与个人的利益和私人的需求纠缠在一起。报刊的这种纯理性特征凌驾于社会之上，遵循自身发展规律，摆脱权力的束缚，切断利益的纠葛，超越阶级、集团的壁垒，用事实说话，为真理呐喊，为正义助威，这便是第三种因素的内涵。

独立是自由的前提，没有独立的政治法律地位就没有出版自由。"自由者，权利之表证也"②，"奴隶之对待也"，"天下之公理，人生之要具，无往而不适用者也"③。梁启超认为，自由是相对于奴隶性而言的，是"使人知其本性，而不受钳制于他人"。而奴隶性则不然。在他看来，"中国数千年之腐败，其祸及于今日，推其大原，皆必自奴隶性来，不除此

---

①　《马克思恩格斯全集》第 1 卷，人民出版社，1956，第 230~231 页。

②　梁启超：《十种德性相反相成议》，《饮冰室合集·文集》第 2 册第 5 卷，中华书局，1936。

③　梁启超：《新民说·论自由》，《饮冰室合集·专集》第 2 册第 4 卷，中华书局，1936。

性，中国万不能立于世界万国之间"①。因此，"天下第一大罪恶，莫甚于
侵人自由，而放弃己之自由者，罪亦如之"②。出版自由是人类文明进步
与信息传播发展的重要成果，也是衡量媒介发展程度的重要标尺。在历史
与现实的意义上，虽然不可能有绝对的、普遍的出版自由，但出版自由绝
对是一个客观的存在，它包括采访自由、报道自由、评论自由等。对传播
媒介而言，出版自由的程度不仅决定了媒介及其从业者的活动空间，而且
直接影响到不同媒介影响力的大小。一个没有出版自由的国家，绝对不可
能有发达的新闻传播事业。

但是，独立的政治法律地位，并不意味着媒介及其从业者完全脱离政
治，与权力斩断一切关系。权力与媒介的关系是剪不断、理还乱的。完全
离开权力、不受权力影响的媒介是不可能存在的；但完全从属于权力或者
与权力一体化的媒介，既不符合媒介自身的利益，社会的利益，也不符合
根本的政治利益。媒介与权力的关系，犹如太阳与地球，不可太近，也不
可太远，太近了，会被过热的阳光灼伤；太远了，会流落于深寒缥缈的宇
宙深处。在相对独立前提下的出版自由，也不可能是绝对的自由，而应该
是在法律范围里的自由，是以承担一定的社会责任为前提的自由。只有这
种出版自由和独立地位，才能成为媒介发展的基本条件。

二 开放多元的媒介结构

任何一个传播事业高度发达的国家，都有多元、开放的媒体结构。在
一个文明的社会，或正在走向文明的社会中，社会的构成必然呈现明显的
多样化特征，即便是社会主义阶段，即便是在剥削阶级作为一个阶级被消
灭的情况下，社会目标的统一并不能否定多元利益主体的存在。自由主义
社会更是如此。虽然社会的总体目标是追求终极的和谐，但和谐不是产生
于单一，只有在多样、多元的对立和统一之中，才能实现和谐。正如黑格

---

① 丁文江、赵丰田：《梁启超年谱长编》，上海人民出版社，1983，第235页。
② 梁启超：《自由书·放弃自由之罪》，《饮冰室合集·专集》第2册第2卷，中华书局，
1936。

尔所说的："对立的东西产生和谐，而不是相同的东西产生和谐。" 也就是说，社会的多元、多样，不仅是不容否认的客观存在，更是和谐、进步、文明的前提。

社会如此，传播系统也是如此。大凡一个政治文明程度较高的社会，其信息传播系统都会呈现出多元的结构，不同的阶级、集团，不同的利益主体，不同的文化类型，不同的社区范围，不同的性别与年龄类型等，都会拥有相应的媒体以为其代言人，满足其信息消费的需求。即便是最强大的社会势力（如统治阶级），也无法完全垄断全社会的信息传播系统。在这种情况下，执政党与在野党、资产者与无产者、精英与大众、主流文化与亚文化等，都能够在一定程度上支配属于自己的媒介系统，以保证社会多样性的延续。当今中国虽然处于社会主义的初级阶段，但阶级矛盾已不再是社会的主要矛盾，整个社会已由早期的两元对立渐次演化为十大社会阶层的和谐共存。建设社会主义和谐社会已经成为全体社会成员的共同目标。但是社会构成的多样性，利益主体的多元化，客观上要求多元开放的媒介系统。中国执政党和政府虽然在政治上领导着几乎全部的信息传播媒介，但真正意义上的党委机关报在整个报业系统中，无论是市场份额和影响力都比较有限，而市场导向的非机关报刊，如市民化报刊和专业性、对象性报纸越来越受到欢迎。随着中国不断地融入国际社会，随着全球化进程的加深，国外媒体的进入也将成为现实。于是，主流媒体与非主流媒体并存，国内媒体与外资背景的媒体同台竞技，综合性媒体与专业性媒体的竞争，将成为和谐社会的一道亮丽景观。可以想见，一个日益多元的社会，将会因一个多元而开放的媒介系统，而日益和谐，不断地提高其文明程度。

三　较少的报道禁忌与较大的监督空间

根据美国著名报人普利策的说法，传播媒介及其从业者是漂流于汪洋大海的轮船上的特殊水手，他立于桅杆之上，瞭望四周，把握方向，及时发现可能的危险。这与后来的传播学者对媒介的定位不谋而合。媒介及其从业者是社会的守望者、哨兵，担负着监测环境的重要职能。为了社会的整体利益，为了全船的生命财产安全，必须赋予他守望、监测社会环境的权利。也就是说，其目光所到之处，不应该有任何死角，不应该有任何雷池。在社会整体利益的旗帜下，媒介及其从业者视野中，应该是历史没有空白、现实没有禁区。这当然是媒介工作者的理想状态，此景只应天上有。在任何一个现实的社会中，都不可能做到如此的纯粹、彻底。但是经过努力，绝对能够尽可能地缩小报道的禁忌范围，尽可能地削减报道雷区，不断地拓展报道空间。只有这样，媒介及其从业者才能履行自己的社会责任。

同时，发达的新闻传播事业，还意味着传播媒介作为社会发展的一股建设性力量，对社会监督的加强。媒介发展及其影响力不仅表现在数量方面，还表现在质量方面。这里的质，主要指的媒介代表公众进行的社会政治参与，对于公共权力、对于社会现象的监督。西方自由社会所谓的"第四权力"就是对权力监督而言的。19世纪末20世纪初日本著名报人黑岩泪香标榜自己"眼中无王侯，手中有斧钺"，展示了报人蔑视权威的大无畏气概。中国近代史上则将其演绎为"铁肩担道义，妙手著文章"或"铁肩担道义，辣手著文章"。媒介及其从业者对于权力腐败、社会不公、低俗之风的抨击，既是其自身的职责所在，也是民主社会健全发展不可缺少的要件。媒介及其从业者的监督空间有多大，取决于该社会的政治文明程度，也会反作用于社会。当媒介监督的空间得以拓展，不仅意味着社会民主化程度的提升，也说明了媒介影响社会的能量在加强。如果媒介监督仅仅流于形式，"小骂大帮忙"或"打苍蝇不打老虎"，不仅其影响相当有限，而且媒介本身发展的水平也难以得到较高的评价。

四　经济自给

传播媒介既要在政治权力的面前维持一定的自主性，也要在资本面前捍卫自己的独立与尊严。在市场经济条件下，媒介本身演变成为一种产业，它必须从外部源源不断地吸取各种资源。在制约媒介发展的各种因素中，资本是绝对不能忽视的。这不仅表现为资本对媒介产业的投资，更重要的是资本对媒体的广告投入。随着商品经济的发展，广告收入日益成为现代传媒的血液，越来越多的迹象表明，广告主能够在相当的程度上影响媒体的报道和言论倾向。一个对资本持敌视态度的媒介，是很难得到广告主的支持的；但是如果媒体完全屈从于广告主、屈从于资本，必然会背离新闻的职业精神，从而失去大众。来自权力系统的补贴也是缓解媒介经营危机的手段，但是这种补贴不是没有代价的，在更多的时候，是以牺牲基本的政治立场为交换条件的。这是怀抱专业理想的媒介从业者们难以接受的。

正是在这个意义上，传播媒介在经济上的自立或自给自足，乃是媒介扮演建设性角色的前提。所以，社会责任理论提出自由报刊的六大任务之一是"维持财政的自给自足，使报刊能够不受特殊利益的压迫"①。事实上，早在19世纪中期，当伦敦《工人机关报》在经济上无法坚持时，马克思就断言："这家报纸依靠自己的资金维持不了多久了；因此，它会依赖资产阶级的贷款，从而失去自己的性质。"② 即使是作为党的报纸，即使在经济上依赖于党和在政治上服从于党，马克思恩格斯也持有一种保留的态度。恩格斯在致倍倍尔的信中说："依赖他人，即使是依赖一个工人政党，也是一种痛苦的抉择。"③ 同样的看法，在梁启超的文章中也有多处表述。梁启超认为，要实现言论出版自由，首先就得在经济上谋求自立。"办报固为开通社会起见，亦必须求经济可以独立维持"④，然后乃可言出版自由。辛亥革命后，他又公开表示："吾侪从事报业者，其第一难关，则在经济不易独立。报馆恃广告维持其生命，此为天下通义。在产业幼稚之中国，欲恃广告收入以供一种完善报纸之设备，在势既已不可能。"故"办报者非于营业收入以外别求不可告人之收入，则其报殆不得自存"。然而金钱自何方而来，"必自势力，无论受何方面金钱之补助，自然要受该方面势力之支配，最少亦受其牵制"。所以，为保证新闻自由，无论经何种困难，报纸都不应该与"势力家发生一文钱之关系"⑤。

---

① 〔美〕韦尔伯·斯拉姆等：《报刊的四种理论》，中国人民大学新闻系译，新华出版社，1980，第85页。
② 《马克思恩格斯全集》第31卷，人民出版社，1972，第226页。
③ 《马克思恩格斯全集》第38卷，人民出版社，1972，第525页。
④ 丁文江、赵丰田：《梁启超年谱长编》，上海人民出版社，1983，第384页。
⑤ 梁启超：《时事新报五千号纪念辞》，《饮冰室合集·文集》第13册第36卷，中华书局，1936。

这一见解，可以说点到了问题的实质。

传播媒介要做到经济上的自给自足，所求于社会者实在不多。无非是公平竞争市场环境的营造，撤除过多的行政干预，使媒介能够在遵循经济规律和传播规律的前提下，合法地实现其经济利益的最大化。当然媒介产业不同于其他行业，媒介产品具有商品和意识形态的双重属性，媒介产业承担着公益事业的职能。所以，媒介工作者的眼中不能只看到经济利益，在经济利益与社会效益之间，必须达致一定的平衡。只有这样，媒介在经营上的成功，才能为其报道自由与独立地位奠定坚实的基础。

五 媒介具有一定的公信力

在一个正常而健全的社会，新闻传播系统应该具有高度的公信力。所谓公信力，是指传播媒介发布的新闻或意见在社会公众中产生的影响力和信赖程度。公信力被视为新闻传媒内在品格和专业素质的综合表现。[1] 其核心诉求是新闻传媒的"信用"问题。在一定的程度上，公信力被认为是决定媒介生存与发展的核心竞争力，特别是在市场竞争激烈的条件下，传播媒介有无公信力，是其能否生存与发展的关键因素。

一般而言，媒介公信力的构成，主要涉及四个因素。其一是报道的客观性传统，即在一个相当长的时间内，媒介形成了真实客观的传统风格，实事求是，不虚夸、不造假，真实地反映社会现实，从而成为公众可以信赖的信息来源。其二是权威性。权威不等于权力，一个没有权力背景的媒介，其报道言论可能有很高的权威性；反之，作为权力的御用工具或喉舌，虽然能在政坛上呼风唤雨，但其权威不一定能得到公众的认可。媒介的权威，是靠其长期的专业历史积淀，不是依傍权力凭风借势所能成就的。其三是指导性。传播媒介的报道言论能够给接收者提供重要的信息，使其把握环境的变化，而且能够引导其行为的趋向，将受众最终纳入社会整体趋向的轨道。其四是贴近性。媒介的报道言论唯有贴近受众、接近受

---

[1] 参见王晓枫《传媒公信力的提升》，《新闻采编》2006 年 5 期，第 12~13 页；参见沈世纬《公信力：传媒的立身之本》，《新闻记者》2005 年 2 期，第 10~12 页。

众，从他们的生活实际出发，其报道言论才有针对性，才有说服力，才能以事实与逻辑的双重力量使接受者心悦诚服。

在媒介化社会，几乎所有的传播媒介都梦想拥有高度的公信力，能够赢得公众的普遍信赖。但是，实际的情况却不然。无论是新闻传播事业发达、奉行自由传播制度的西方发达国家，还是标榜党性原则的社会主义社会，传播媒介大多都面临着公信力下降的困扰。究其原因，不外乎以下几点。一是假新闻、有偿新闻流行，新闻传播的真实性、客观性原则遭到践踏。这是最重要的原因。真实是新闻传播的生命，作为社会的监测者，其提供的消息直接关系到社会的安宁和人民的福祉。虚假的报道、捏造的新闻会直接损害人民的切身利益，从而影响到民众对媒介的信赖。二是低俗、庸俗的表现形式，耸人听闻的煽情手法，肆无忌惮的新闻炒作，会降低媒介的品格，影响到民众对媒介的观感和评价。三是媒介从业者的素质。从业者的形象折射着媒介的精神面貌，而从业者的形象归根到底是由其综合素质决定的。如果媒介工作者对其报道领域具有专深的知识储备，业务能力突出，还拥有强烈的社会责任感、公益心，就容易为媒体赢得大量的受众，反之，媒介在受众心目中将会信誉扫地。所以，要维护媒介的公信力，必须处理好客观性与倾向性的关系，新闻与宣传的关系，社会效益和经济效益的关系，同时加强媒介工作者的自身修养，唯有如此，媒介的公信力才能得以维持不坠。

六　从业者的职业意识和专业精神

传播媒介是由具有自主意识、能够独立思考的人——媒介从业者——来运作的，媒介从业者是新闻传播活动的主体。由于传播在越来越大的程度上成为一种专门的职业，具有相对独立的社会地位和强大的社会渗透力，媒介从业者也和律师、会计、医师等职业一样，形成了自己的专业精神和职业操守，这种专业精神和操守，不仅影响到传播媒介履行其社会责任的程度，而且直接关系到社会的整体和谐。

在媒介从业者的专业精神中，最重要的应该是对客观性原则的坚持。新闻报道必须真实，真实是新闻的生命，是传播媒介的力量之源。基督曾告诫人民："你们不可散布谣言；也不可与恶人一起做假见证诬害别人。"柏拉图也提醒我们："必须把真实看得高于一切。"因为"上当受骗，对真相一无所知，在自己心灵上一直保留着假象——这是任何人都最不愿意最深恶痛绝的。"[①] 美国著名报人约瑟夫·普利策甚至说："报纸的准确性就如妇女的贞操那样重要！"巴金老人去世时，人们对他最难忘怀的，就是他讲真话的勇气。一个诗人这样写道："在急流中探求幸福，在寒夜中追寻光明，他告诉历史，敢说真话，才是大写的人。"媒介从业者也应该成为一个大写的人，一个诚实的人，坚持客观，面对现实，敢讲真话。其次是对公平正义的执着。在任何一个成熟的公民社会，传播媒介应该是公平正义的守护神。路见不平，拔刀相助；为了伸张社会正义，不惜牺牲自己的利益乃至生命。传播媒介及其从业者有了这种执着，就能不卑不亢，"虽千万人，吾往矣"。不仅能使邪恶遁迹，妖魔现行，再造朗朗乾坤，而且能够增强自己的道义力量。其三是对公共利益的追求。在市场经济条件下，传播媒介作为利益主体固然不能回避其自身的利益，媒介要发挥影响社会的潜力，必须首先能够保证自己的生存。但是媒介还是社会公器，其承担的社会责任使其决然不同于一般的企业，它必须将社会公共利益置于个人利益、媒介利益之上，舍小我就大我。媒介从业者不是一般的读书人、一般的职业，而是公共知识分子，他理应拥有开阔的胸襟和悲天悯人的情怀，在他的心目中，应该是社会效益优先于经济效益，公共利益优先于个人利益。其四是坚持人格独立。媒介从业者应该具有独立的人格，不屈服于权贵，也不制约于财神。面对纷繁复杂的大千世界，能够独立思考，坚持己见，而不是人云亦云。只有这样的专业精神，传播媒介才能善尽社会责任，在推进文明进程中，扮演建设性的角色。

七　媒介结构合理与较高的普及水平

传播发展还表现为各种媒介达到一定的数量而且结构合理、不同媒介接收工具的高度普及。在任何国家或社会，媒介的发展总会表现为一定数

[①] 〔古希腊〕柏拉图：《理想国》，郭斌和、张竹明译，商务印书馆，1995，第88页。

量上的繁荣。如果媒介种数不多，结构失衡，与所在国或社会的人口结构和经济社会发展水平不适应，无论如何也不能将它归入传播事业发达的类型。因为这种数量至少说明，该国的制度安排或经济发展，存在妨碍媒介发展的诸多因素。如媒介市场准入的门槛和媒介经营的成本过高，权力系统的管理越位等，以致媒介难以利用经济社会发展造就的资源潜力。所以，媒介发展并非总是与社会经济发展同步，19世纪上半期英国经济独步全球，但其报纸种数及其发行规模远远落后于其早期的殖民地美国，其主要原因，就在于其封建政治传统妨碍了报纸的自然成长。

与种数规模和结构平衡同等重要的是各种接收工具的普及水平。在工业时代，报刊等传播媒介之所以被视为大众传播媒介，原因在于其接收工具的高度普及，以至于成为绝大多数乃至近乎全体社会成员的信息媒介。接收工具的高度普及，一方面意味着媒介市场的极大拓展，另一方面则说明了媒介产业的大工业生产性质。报纸发行、广播电视接收机的高度普及所造成的庞大市场，促进了媒介的集约化经营，提高了媒介的广告价值，从而降低了媒介的经营成本，其结果是诱致媒介的良性循环。媒介经营的高效益，有利于媒介受众以更低的代价接受媒介提供的高品质的信息服务，而这种廉价的高品质服务，又会进一步争取更多的接受者，从而实现媒介利益的最大化。在这个意义上，媒介发展无论如何不能不以一定的数量为前提。如果各种媒介接收工具的普及率低，以至于该国的民众中只有很少的一部分人（往往是社会精英）能够享受到媒介的信息服务，这种媒介不仅带有极强的贵族性质，而且在经营上的效益也受到制约，其市场空间及社会影响自然是有限的。

八 受众信息需求的最大满足

信息传播的主体自始至终都是人，但这个人是谁，过去一直认为是媒介从业者，这不错，但又不全对。根据传播学理论，在传播过程中，还存在着另一个主体——受众。他们虽然只是信息的接受者，但绝不是被动地接受，而是有意识地选择，有时甚至拒绝媒介的传播（这种情形在媒介化社会越来越普遍），如果不对受众的选择意向做出积极的反应，传播媒介将难以赢得受众的继续认同。所以成功的媒介从业者莫不承认受众在传播过程中的主体地位，尊重受众选择的权利，根据受众的兴趣和接受能力、习惯，组织传播内容，以最大限度地满足受众的信息需求。

需求决定市场，媒介能够在多大的程度上满足受众的需求，就能够开拓出多大的信息市场。但是长期以来，统治精英们一直认为，不能一味地满足人们的需求或欲望。因为需求或欲望既有合理的，又有"非必要"的或者是"非法的"。出于政治、道德教化的目的，媒介及其从业者应该倡导自我克制，引导受众克制内心的渴望，特别是不必要的欲望。现在看来，这种在信息传播上的顾虑纯粹是多心了。虽然不排除低俗、色情、暴力的内容在满足受众"不正当"的需求时，会引起部分受众不自觉的模仿，但各种调查认为这种模仿仍属于个别例外的性质。这是因为，社会及媒介的多元结构，报道内容与方式的多样化，使不同媒介、不同内容之间能够实现某种程度的彼此互补或彼此消解的机制。即便是在单一化的媒介环境下，媒介自身也能通过自我修正过程（约翰·密尔顿），引导受众择善而从。何况时下的受众，其理性的成分远高于非理性的成分。媒介传播的消极内容在引发主体自身的宣泄功能之余，还有助于恢复其动态的心理平衡。所以，既没有必要担心受众的选择和鉴别能力，也没有必要主动地为受众代为过滤。满足受众的信息需求是媒介及其从业者的本分。

总之，传播发展是一个现实的动态的历史过程。在人类早期历史发展阶段，当新闻传播还没有发展成为一种社会事业时，对处于自在状态的新闻传播活动显然不能以上述八个指标去衡量。正如罗马城不是一天建成的，人类传播发展也经历了一个漫长的进化过程。在这一过程的不同阶段，逐渐达到了不同指标所要求的维度。在今天的媒介化社会，某个国家的传播事业在发展水平上要得到学界、业界的公认，以上八个指标的要求是不可缺少的。当然由于不同的制度安排及历史文化传统的差异，对于不同国家的新闻传播事业，这八个维度的轻重次序可能不尽相同，甚至不一定要全部适用这八个维度指标。同时这八个维度之间，存在着明显的交织和互动，甚至互为条件、互为因果。随着资讯传播科技的进步、人类信息需求的变化和传播事业的发展，要考察未来新闻传播的发展水平，也许还会产生新的理解维度。既然传播发展是动态的历史过程，象征传播发展的具体指标、考察传播发展的维度，就不会固定不变，而是会与时俱进。我们在这里表述的八个维度，仅仅适应于今天的传播现实。但是对于过去的历史和未来的发展，绝对有一定的参考价值。

[本文系教育部重点文科基地武汉大学媒体发展研究中心招标课题"中国媒介改革与政治文明建设研究"研究成果之一。本文分别发表于《上海交通大学学报》（哲学社会科学版）2008 年第 1 期、《新华文摘·论点摘编》2008 年第 13 期]

中国报纸的两极化格局及未来走势

改革开放以来，中国社会经历了一场前所未有的变革。在这场以开放和市场化为导向的改革中，新闻事业作为整个社会系统的一环，不仅生动地反映了社会变革，其自身也是这一进程的参与者与受益者：媒体总量不断增长，传播质量不断提高，新闻传媒从单一的政府宣传部门转变为具有企业性质的市场主体。然而，就是在这场深刻的变革中，以党报为代表的主流报纸却走上了"下行线"，非主流的大众化报纸却在其诞生不久就表现出咄咄逼人的上升势头。这两种不同类型的报纸像一把打开的剪刀，呈现"剪刀差"式的发展轨迹，中国报纸的两极化格局越来越显著。

一 日益鲜明的两极化格局

近十年来，中国报界呈现了鲜明的两极化现象。以各级党委机关报为代表的主流报纸，从发行到广告在不断地萎缩，而新生的都市类市民报纸如旭日东升，焕发出旺盛的活力。

根据《中国新闻年鉴》提供的统计资料，1995～2001年，中国几乎所有的党委机关报在发行上均出现了不同程度的下降。其中《人民日报》的发行量由217.17万下滑到177.25万，下降幅度为18.38%；《北京日报》由44.32万下降到38.01万，下降幅度为14.24%；《解放日报》由56.08万下降到40.96万，下降幅度为26.96%；《湖北日报》由30万下降到21.86万，下降幅度为27.13%；《四川日报》由40.31万下降到

30. 91 万，下降幅度为 23.32%；《陕西日报》由 28.61 万下降到 17.56 万，下降幅度为 38.62%。① 也就是说，以《人民日报》为代表的主流报刊的市场份额在下降，而且下降的幅度很大，少则百分之十几，多则近百分之四十。

与此相反，那些创刊不到十年的都市类市民报纸，利用市场经济条件下加速推进的城市化进程，获得了长足的进展。这些都市报，大多数是作为省级党委机关报的子报创刊的，其目的是为了克服在与城市党报竞争中的劣势地位。在创办之初，都市报只不过是省级党报的附属物，可是，没有多久，作为子报的都市类市民报纸在发行上开始与母报平起平坐了，后来更是超越了母报。1995 年，《南方日报》日均发行 85.18 万份，当时还没有《南方都市报》，六年后，《南方日报》的发行降了 10 万份，可是作为其子报的《南方都市报》却白手起家，在几年间创下了日发行 117 万份的家业。1995 年，《湖北日报》总发行量为 30 万份，当时也没有《楚天都市报》，到 2001 年，《湖北日报》降到 21.86 万份，可是《楚天都市报》从无到有，日均发行量突破 107 万份。

发行上的差距直接反映到广告收入方面。在报业市场化改革的初期，《人民日报》等党委机关报在广告收入方面仍占有优势地位。但随着市场化进程加快，党委机关报的强势地位日益削弱，如今，在全国报纸广告经营额排行前 10 至 20 位中省级以上党委机关报的数量较以前大幅度下降。如在 2002 年上半年，广告排名前 10 位的报纸依次是《广州日报》《南方都市报》《羊城晚报》《北京青年报》《北京晚报》《深圳特区报》《新民晚报》《今晚报》《扬子晚报》《成都商报》；2002 年上半年内，全国综合都市报的广告投放额达到 123.48 亿元，占市场份额的 67.25%，而党报只占 14.07%，仅仅达到 25.83 亿元。② 其中仅在 2002 年 2 月份广告收入前 20 位的报纸中，除《广州日报》外，其余大部分均为都市类报纸，《人民日报》仅以 573.45 万元排在当月广告收入排行的第 81 位。以党报为代

---

① 根据《中国新闻年鉴 1996》《中国新闻年鉴 1998》《中国新闻年鉴 2000》《中国新闻年鉴 2002》相关统计数字整理而成。

② 姚林、邢冬杰：《2002 年上半年全国报刊广告走势分析》，《国际广告》2002 年第 1 期。

表的主流报纸在广告收入上遇到的尴尬为报纸两极化做了直接的注解。

广告收入的下降，使省级党委机关报的经济实力也遭到削弱，进而在日益激烈的全方位报业竞争中处于被动的地位：采访条件得不到保障，报纸内容无法吸引读者，虽然有行政力量作依靠，发行量不断下滑的势头也难以扭转。更为严重的是，党报是通过各级党委、政府层层下达指令性计划发行的，绕开了市场，发行计划最后大都落实到县级以下机关来完成。这就造成在党报的发行量中，有很大一部分是在县以下（包括镇和乡村）来实现的，而不是在文化层次和收入水平相对较高的城市。未能占领这一主流市场，党报即使拥有较大的发行量，也无法凝聚其核心的主流受众——机关干部、知识分子和舆论领袖，从而难以产生政治系统期望的影响力。

二　导致两极化的现实原因

中国报界的两极化格局，乃是不容否认的客观事实。这种格局的出现是一个偶然现象呢，还是历史发展的必然？如果是后者，那么造成这一趋向的原因何在？笔者以为，报纸两极化的发展，不是偶然的现象。推动这一趋向的原因主要集中于以下几个方面。

1. 社会环境的变迁，改革开放的环境和市场经济体制的形成

报纸的两极化趋势当然应该从报业自身去寻找，但是中国报业的两极化发生于改革开放的社会历史环境之中，两极化实际是报业与环境互动的结果。也就是说，除了报业自身发展的逻辑和变化规律外，社会环境的变迁往往具有更重要的决定意义。

新的社会环境对传播内容与形式提出了新的要求。由于竞争是市场经济的本质属性，而平等则是竞争的基础，这一点从客观上要求信息的透明化和快速、合理的流通。于是信息和知识成为社会大众的主要消费需求之一。随着市场观念的深入人心，受众出于对自身利益的关切和消遣娱乐的需要，将更多的注意力投向以实用信息为主要内容的大众化报纸。而那些"用庄重的'新华语'式的语言"，自上而下宣达政令的党委机关报，逐渐地偏离了广大受众选择的渠道。受众的选择倾向，改变了信息流动的内

容和方式。

与经济改革相伴随的是政治改革。经济的市场化提出了民主化、法制化的要求。而民主化的前提是社会成员对公共事务的了解，即公众的知情权。在市场观念、竞争意识的浸润下，个体作为"社会人""政治人"的角色定位和权利意识已经深入人心，并且日益凸显。随着民众的日益富有，他们需要对国家事务有更多的了解，希望在介入公共事务上有更多的权利。这些都要求"社会最为重要的资源——公共信息资源——实现进一步的社会共享"，使"传媒业的宏观政策的价值支点正在向着实现老百姓的知情权、最大限度地保障人民群众在社会生活中的信息获知权的方向转移"①。

同时，由于"先富带动后富"的理论引导，中国的社会结构朝着多层次分化的方向发展。当代中国的阶层结构已经变为由国家与社会管理者、经理人员、私营企业主、专业技术人员、办事人员、个体工商户、商业服务业员工、产业工人、农业劳动者和城乡无业、失业、半失业者等十大阶层为主体。② 但是社会财富主要集中在具有较高消费权和话语权的"精英阶层"，收入差距的拉大使占国民人口绝大多数的产业工人、农业劳动者和失业人员成为社会的弱势群体，也出现了被边缘化的现象。处在这种结构中的各个阶层在经济利益和社会利益多元化的现实格局下，话语的多元表达成为一种必然。新闻事业在激烈的市场竞争中自然要正视不同受众的信息需要和利益诉求，也就是说，在报业与社会环境的互动中，社会结构的分化以及话语多元表达的需求使中国报业也走上了分化的格局。

2. 新闻改革和报业市场化的进程

新闻改革作为社会整体变革的主要环节，不仅反映和推动了社会改革的历史进程，其自身也成为社会系统变革的一部分。在以市场化为取向的新闻改革中，主流与非主流报纸由于体制的原因迈出了不同的步伐。非主流的大众化报纸——都市类市民报纸，从诞生伊始就以贴近读者生活为新

①　喻国明：《中国传媒业的历史方位与现实趋势》，《中国传媒报告》2003 年第 4 期，第 12 页。

②　《社会阶层篇：富裕阶层在召唤》，搜狐财经频道，2003 年 3 月 27 日，http://business. sohu. com/18/90/article207729018. shtml。

闻生产的指向标，尽管不可能也无法完全满足读者多样化的要求，但其以"软些，再软些"的新闻内容迅速占领了报刊市场。这些在经济上壮大起来的"新贵"为了更大的发展，不断从业务操作等微观层面打破新闻报道内容和体制的禁区，挤占主流报纸的市场份额，使其渐次被边缘化。另外，以党委机关报为主体的主流媒体作为中国政治系统的宣传部门，其承担的社会责任使其难以有较大的改革动作；过于严谨的版面和说教式的语言使其缺乏必要的亲和力，因而难以获得受众的青睐。在与市民报纸的竞争中，党委机关报的优势地位日益受到冲击。

从根本上说，主流报纸的尴尬局面与中国新闻改革的不彻底直接相关。在中国社会的整体变革和经济市场化不断深入的情况下，计划式的指令依然束缚着主流报纸的创新。政府主管部门对于新闻事业的实际发展情况缺乏必要的了解，因而很难使自己掌握的新闻调控手段跟上新闻事业发展的实际步伐，由此形成了实际操作中的"显规则"和"潜规则"。这种管理方式极大地束缚着新闻事业自身的创新能力，"怕犯错误"成为媒体负责人的心理常态，新闻管理日趋微观化，最终导致作为主流报纸的党委机关报在与非主流报纸的竞争中，与生机勃发的市民报纸相比，显示出越来越大的反差。

3. 城市化进程

城市化是中国走向繁荣富强的必由之路，它不仅能为社会带来大量的工作岗位，提高城市消费需求，增加社会财富总量，促进文化教育事业的发展，加快国家的现代化步伐，而且与新闻事业的繁荣密切相关。因为城市规模的扩张，不仅提高了社会对于信息交流的需要，也为报业的发展准备了更多的潜在读者。伴随着城市化的进程，大量的农民涌向城市寻找高于农业收入的工作机会，他们迫切需要有关城市和工作的信息以尽快适应新的环境。然而这些新的城市建设者和一般的城市市民大多数没有受过良好的教育，其信息取向只是集中于工作信息、劳资纠纷和娱乐消遣等内容，对主流报纸几乎没有任何需求。而非主流的大众化报纸正好迎合了这些读者的选择倾向，从而在这一市场占得先机。也就是说，中国的城市化进程为报业提供的大量新读者，基本上为都市类市民报纸所吸纳，主流报纸所得甚少，这也在一定程度上加剧了中国报纸的两极化现象。

除此之外，中国报纸的两极化还有一些微观层面的原因。如生活节奏的加快，人们对于软性新闻即时消费的需求大于硬性新闻，因为后者需要较长时间的理解和关注；娱乐泛化的时代，人们的心理也转向了对新闻事件的调侃式接受，整个社会的浮躁心态使人们难以静下心来分析事件的前因后果，对新闻信息的要求由"求知"变为"求果"和"求趣"；新传播技术的使用和推广扩展了受众接收信息的方式和渠道，传统媒体没有迅速报道的新闻信息，手机短信和网络媒体会以最快的速度将其传播到社会的各个角落。这些因素不仅扩大了报纸两极化的差距，更对中国整个新闻事业的未来发展产生了深远的影响。

三　两极化格局的未来走势

两极化是中国报业的现实格局。随着改革开放的深入，随着报业自身的市场化改革，这种格局在未来发展中将会呈现什么样的趋势？从世界报业发展的一般规律来看，笔者以为，目前两极化的报业格局，在未来至少有如下几种演变的可能。

1. 两极化定格，两类报纸的"剪刀差"越来越大

这一发展趋势就是在现有两极化格局的基础上，按照目前的"剪刀差"画延长线，即都市类市民报纸占有的市场份额越来越大，而党委机关报的市场地位不断地受到削弱。这种趋势既不利于中国报业的健康发展，也不利于中国社会的稳定。主流报纸是以宣解党和政府的方针政策，指导现实工作，并在国际社会上宣扬中国声音，这种功能定位在当下的社会大格局中只能提升不能削弱，它不仅关系到执政党和政府在社会中的地位和影响力，也关系到社会的稳定、和谐与持续繁荣。事实上，中国政府正在采取积极措施关注弱势群体，缩小收入差距，力求实现各个社会阶层利益的整体平衡，也就是说，这一趋势产生的现实基础将随着政府的有效施政而逐步削弱。既然报纸的两极化格局是社会利益格局两极分化的必然结果，那么随着两极分化情形不断地得到遏制，这种愈演愈烈的报纸两极化或"剪刀差"趋势将会得到一定程度的削弱。

2. 两类报纸差距不断缩小、互相接近乃至于合流

为了实现社会的整体和谐，平稳地推进社会转型，政府宏观决策管理部门必然采取相应的措施扭转主流报纸的下行曲线，主流报纸的大幅度市场化将成为可能的选择之一。这就意味着对主流报纸的管制可能出现较大的松动，新闻体制的改革可能出现跳跃式的发展。一旦"解缚"，为了尽快摆脱在竞争方面的劣势，主流报纸必然会大量地借鉴或采用非主流报纸的运作方式，甚至不惜代价来吸引读者的注意力。出于建设精神文明和政治文明的目的，非主流报纸的媚俗现象必然也会受到一定的遏制。在这种情况下，传统的主流报纸会在一定程度上改变过去僵化的面貌，而都市类市民报纸也不再是过去的市民报纸。整个报业格局将朝着一个新的方向发展，即两种不同类型的报纸互相接近，彼此取长补短，乃至于"合流"。这种倾向与日本近代报业发展的轨迹有一定的相似之处。

日本报业的最大特点就是综合性报纸是报业市场的主体，以《朝日新闻》、《读卖新闻》和《每日新闻》为首的三大综合性日报横扫日本报业市场，前两者日发行量均在千万份以上，对日本社会具有举足轻重的影响力。从数量上看，这是典型的大众化报纸；但是从其内容而言，它又十分的严肃，关注社会焦点、热点问题，立论公允，绝少煽情，分明又是高格调的严肃报纸。在世界报界，很少有像日本这样把报业市民性和政治性结合得如此完美的国家。如果深入地考察日本的报业历史，就会发现在明治维新时期，日本的报界也存在着高级报纸和大众化报纸的两极格局。但是在后来的发展过程中，高级报纸鉴于高端化道路走不通，而不得不采用大众化报纸的经营策略；而大众化报纸虽然取得了经济上的成功，但是被社会公众视为不负责任的经济上的暴发户，为了提升品位，不得不向高级报纸靠拢。于是出现两类报纸合流的趋向，最终形成了当今日本"中报"独霸天下的局面。应该说，这种合流的发展趋势是以两类报纸的彼此适应为前提的。换言之，主流报纸必须牺牲一定的原有功能，而非主流的市民报纸则可能要牺牲一定的经济利益。在中国目前的环境下，只要重新认定报纸的社会角色，实行有力的政策引导，这种合流的趋势应该是可以期待的。

3. 两极化的延续、平行发展的趋势

由于主流报纸的特殊地位，它必须在改革中走上良性发展道路，以保

证执政党和政府掌握意识形态领域的主阵地。另外，非主流报纸在市场化运作中所取得的成绩不能轻易否定，它在客观上壮大了中国报业的整体实力。所以，按照现实的政策导向，这两类报纸维持现有的格局，保持平行发展的态势，也是中国报界未来演进的一种趋势。

随着中国社会开放力度的不断加大，大众化报纸的市场空间必将得到进一步的扩张。但是与此同时，部分高端受众的信息需求必将突破非主流报纸的实用信息范围。初级加工的资讯已经不再是市场上的"稀缺资源"，如何将资讯的传播价值进一步深加工，创造它的高附加值，以及精细化的深度掌握社会的"注意力资源"，势必取代过去单纯资讯的初级加工和单纯地通过掌控和经营传播渠道的方式，来获得市场竞争的"价值支撑点"。① 尽管中国目前存在贫富差距，但是随着城市化的进一步推进，中间阶层的崛起，社会有机化程度不断提升，加之社会转型的要求，社会对于中观与宏观环境的监测要求日益强烈，而满足这一环境守望要求的正是重大时政新闻和主流资讯。所以，在未来的传媒竞争中，谁能更好地满足社会对于时政新闻和主流资讯方面的环境守望诉求，谁就会成为新时期的媒体英雄。而仅靠社会新闻和实用资讯，已经很难满足社会大众的需求了，这种情形，在客观上为主流报纸的发展预留了空间。

4. 在分化中催生新的报纸类型

由于国家传媒政策还没有新的重大突破，在坚持媒体意识形态性质的前提下，推进报业的市场化是新闻改革的基本方针。市场力量、媒体责任的驱动会迫使报纸主动或被动地不断突破禁区，这种情况将有可能催生并发展出一种介于主流与非主流报纸之间的新的报纸类型，以此来平衡两极化的报纸格局。这类报纸以国内外的各种重大事件为报道内容，以明快、流畅和轻松的版面和语言向读者展示环境的变化，并以有中国特色的市场化模式进行经营和管理，也就是结合主流与非主流报纸各自的优势，以折中的办法来缓解主流报纸的萎缩压力。其典型莫过于《人民日报》社主办的《环球时报》，它聚焦于包括中国在内的全球政治、经济、文化与军

---

① 喻国明：《2004 中国传媒业发展大势推想》，《南方论坛》2004 年第 1 期，第 28～31、46 页。

事等硬性新闻内容，通过软化的版面和语言手段，尤其是标题的明快化处理吸引了大量读者，发行量一路飙升至 150 万份，出现了超越母报的趋势。这类报纸的报道内容大都以事件的政治、经济和历史文化背景分析为主，缺少读者急切需要的舆论监督内容；即使国内影响较大的《南方周末》，其监督对象也多在县市以下（包括村镇）级别，缺乏公众论坛权力监督的大气。另外，这类报纸大多以中央或地方实力雄厚的媒介集团为依靠，其本身的力量无法与主流报纸抗衡，充其量只能算是报界的支流，其发展并不足以改变报界两极化现象。

四　改革是引领未来走势的基本动力

为了促进中国报业格局健康有序的发展，新闻管理部门必须根据中国社会的发展实际，尊重新闻传播规律，深化新闻领域的改革，使新闻体制的变革能够与社会转型的总体步伐保持一致，以实现两极化报业格局未来演进的最好的可能性。从 20 世纪 80 年代到 21 世纪初，中国社会已经发生了全局性的变化：国民生活整体实现小康水平，人们自我意识增强，寻求公平的愿望更加强烈，多元化的价值取向也日益需要足够的生长空间；法制观念深入人心之后，必然要求体制能够代表公正的声音；政治民主的进步，将最大限度地降低社会不确定因素；日益涌现的中间阶层，不仅有利于平衡社会财富的不合理分布，还是社会稳定发展的推进器。这样的社会环境和趋势是制定新闻改革措施时必须面对的现实基础，它决定了保障社会公众知情权和舆论监督权是中国社会对传媒业的现实要求。因为"对于一个开明的政府来说，把当下社会所发生的事情、把民众的生活实际展现在阳光下，表明了社会的自信和政府的自信。这样的政府有勇气为自己的行为承担责任，并接受社会的监督与批评。同时，这样做也有利于民众对政府行为、政策决策程序及未来发展有更好的了解，从而加强对政府行为的监督"[1]。这就要求媒介体系与政治体系，既要维持密切的联系，

---

[1] 《新闻改革带来社会活力》，安徽省广播电视局，http://www.gdj.ah.gov.cn/content/article/43646023。

又要保持适度的张力。维持密切的联系，主要是在尊重新闻规律的前提下，维持政治体系对报纸的调控；而适度的张力，则是赋予报纸作为独立法人在报道、经营的自主权。

从近二十多年来的发展历程来看，中国报业的改革一直是以边缘带动中心的方式进行的，传媒领域的改革创新最为活跃的因素和表现，总是发生在远离中心的边缘性领域和单位。既得利益者往往是非主流性报纸，而主流党报则被排斥在各种优惠待遇之外。以至于掌握在党和政府手中的主流媒体在这场变革中发展迟缓。过去"抓大放小"的改革方略管理方式在表面代价较低，但事实上它是以阻碍社会和传媒的主流化发展的双重效应为代价的。[①] 因此，适当放松对主流报纸的行政管制，使主流报刊与非主流报刊的权利与义务大致相等，应该成为现实环境下报业改革的指导思想。它不仅有利于促进主流报纸转变工作作风，激发其创新的能力，使其在内容、发行和市场运作等方面具有更大的灵活性，而且有利于主流报纸作为市场主体在激烈竞争中与非主流报纸处于同等的地位，从而改变主流报纸在与非主流报纸竞争中的不利地位，以阻止两极化继续扩展的态势。在这种情况下，维持主流报纸与非主流报纸的大致平衡，实现两者的平行发展，或者促进两者的相互接近，乃至于逐渐合流，就是可以期待的愿景了。

（本文系张昆教授与杨林合著，发表于《今传媒》2004 年第 S1 期）

---

① 喻国明：《中国传媒业的历史方位与现实趋势》，《中国传媒报告》2003 年第 4 期，第 15 页。

解读新闻观念历史的路径

我们今天生活在一个信息弥漫的空间系统之中，信息成了联系个体、汇聚社会的黏合剂，它影响到社会系统的有序运行，关系到个体的生存与发展；它决定了社会共同体的感知觉及思维的边界，我们无法想象一个没有信息、没有传播的社会。事实上，就历史观点而言，传播与社会是同生共存的，彼此互为条件，相辅相成；没有传播的社会，与没有社会的传播同样是不可能的。我们要认识自我，解读社会，辨析真假，适应环境，断乎不能离开信息传播。新闻与传播成了当今时代的一大显学，势所当然。

人们关注传播现象，研究传播的历史，探索传播的规律，已有千百年的历史，但是作为社会科学一个相对独立的领域的新闻传播学的诞生，还是最近一百年来的事情。总体而言，人们对新闻传播的研究，涉及新闻传播历史、新闻传播理论、新闻传播实务三个大的方面，其中对于历史的研究又是一切研究的起点。正如人们经常念叨的，万事万物都有其历史，对历史梳理是认识现实的前提，只有准确地把握了现实，才能科学地预示未来。因为历史认识的重要性和学界、业界同人的关注，在新闻传播学术史上，新闻传播历史的积累最为丰厚。新闻传播史涉及新闻事业、新闻制度和新闻观念三个层次。以往的新闻历史研究，主要停留在新闻事业的层面，以探索各种新闻传播媒介如出版、报纸、广播、电视、通讯社及网络新媒体演进的历史为主旨。至于新闻传播置身于其中的社会政治制度，以及新闻传播本身的制度框架和结构模式，则在很大程度上被忽略了。而正是这一点，决定了传播媒介的社会功能和活动空间。此外，任何一个国家、地区的新闻传播，都是在一定的传播理论、职业理想和专业意识的指导下进行的。主观决定客观，理念影响行为。要全面地揭示并且正确地阐释新闻传播演进的历史，就应该把新闻事业、新闻制度和新闻观念有机地综合起来，建构包容事业、制度、意识的整体的三维空间，变单维的新闻史为多维的新闻史，变平面的新闻史为立体的新闻史。

在通常的意义上，思想观念的历史描述的是思想观念伴随着时间流程而从无到有，乃至发生变异、定型的连续性历史。但是，思想史学者葛兆光主张把思想史理解为，"固有的思想资源不断地被历史记忆唤起，并在新的生活环境中被重新诠释，以及在重新诠释时的再度重构这样一种过程"①。我倾向于认同这一见解，试图站在今天的生活环境中，唤起新闻传播历史上这段被尘封的记忆，并且予以新的诠释，在此基础上重构新闻传播思想演变的过程。

新闻传播思想史虽然受到整体新闻传播史及其他子系统的制约，但相对于其他领域，也有其独特的发展演变规律。这主要表现在以下三个方面。一是新闻传播思想史演进的节奏往往快于新闻传播事业和新闻传播制度的变化。纵观人类新闻传播的历史，人类思想者对新闻传播现象的思考往往走在新闻传播事业、新闻传播制度的前面。当新闻传媒处于专制制度的重压之下时，当权力钳制媒体被视为当然时，约翰·密尔顿喊出了出版自由的口号；美国建国历史上，有一个普遍认同的结论，即美国独立战争早在莱克星屯第一枪打响之前，就已经在思想上完成，后来在战场上的较量不过是为了捍卫前期提出的思想原则。二是新闻传播思想从幼稚到成熟、从模糊到清晰的发展过程。这是思想史的一般发展规律，"一种政治理想和一个社会纲领，开始时总是处在比较模糊的、潜在的状态，后来通过发展才变得明确起来"②。这是由于思想观念最终来源于现实，思想观念的成熟程度与相应的社会实践水平直接相关。人类新闻传播实践的发展经历了从自在的传播活动到自为的传播事业阶段，人类对传播现象的认识、理解当然也要经历一个从感性到理性的飞跃过程。经过这一过程，新

---

① 葛兆光：《中国思想史》第 2 卷，复旦大学出版社，2000，第 21 页。
② 〔德〕恩斯特·卡西尔：《人论》，甘阳译，上海译文出版社，2003，第 284 页。

闻传播思想从相对模糊进入相对清晰、从相对幼稚到日臻成熟。三是类似于有机体的演进规律。梁启超曾就一般思想史的演进做过精辟的论述："无论那派，当一大师创造提倡之时，气象发皇，有似草木在夏天。其先慢慢地萌芽、长叶、含苞、吐蕊，有似草木在春天。其后落华取实，渐至凋落，有似草木在秋天。又后风采外谢，精华内蕴，有似草木在冬天。比如第一主系的先秦，各家都忙于创作，未暇做整理的工夫。其先当然是酝酿时期，没有急遽的进步；其后到西汉，各家都不去创作，专事整理。在前人未入完成的部分，经这期的人加添润饰，果熟蒂落。在前未应用到社会的部分，经这期的人一一实现到社会应用上去，社会都受其赐了。"① 也就是说，任何学派、思潮，都有其生长、繁荣、成熟乃至退潮的周期。新闻传播思想的发展，也犹如草木，其消长荣枯，无不因应自然界春夏秋冬之交替。

对于这部悠久绵长的新闻传播思想史，每个研究者都有自己独特的解读。通过他们的研究呈现在我们面前的相关历史记忆，可谓千人千面。这是因为"每个史学家都有自己的一生，都有观测世界的个人角度。这种观测角度与其他类似情况的人相同，……当某人不是研究古代或19世纪，而是写作他自己生活的时代的时候，这些时代的个人经历不可避免地塑造了我们看待它们的方式，甚至塑造了我们评价证据的方式"②。在塑造历史学家的各种因素中，"他的出生、他的父母、他的同胞姐妹、他的饮食、他的家庭、他的学校、他的经济和社会地位、他的第一职业、他的第一位恋人，以及所有与这些固有的可变因素组成了不可思议的纲领、个性，然后又与其他一系列可变因素相结合，这些可变因素则包括国家、气候、时间和历史环境等"③。这些因素以不同的比例混合，造成了具有不同个性、不同立场、不同见解的历史学者。所以，对于历史人物、历史过

① 梁启超：《中国历史研究法补编》，《中国历史研究法：外二种》，河北教育出版社，2000，第320页。

② 〔英〕埃里克·霍布斯鲍姆：《史学家——历史神话的终结者》，马俊亚等译，上海人民出版社，2002，第265页。

③ 〔美〕塔奇曼：《历史能指导未来吗？》，转引自张耕华《历史哲学引论》，复旦大学出版社，2004，第113页。

程、新闻思潮、专业精神，不同史学家可能会做出完全不同的描述，得出完全不同的结论。有的研究者通过自己的诠释，能够在新的生活环境中完整、准确地重构新闻传播思想进化的历史过程。但这样幸运的研究者似乎并不多。在追溯历史本源时，在更多的情况下，"人们并不一定真的是准确地反本复初，沿着来路回头寻找自己的系谱中描述的祖先。……有时候会找错了门牌号码，有时候会认错了亲戚祖宗，当然，也有时候是有意地忘掉穷亲戚而攀附阔远亲，甚至干脆找一些死无对证的老名人来为家族挂帅领衔"①。在新闻传播思想史领域，这种找错门牌号码、认错祖先的情况比比皆是。有时为了现实的某种需要，有意识地忘记某些历史记忆或者有意地利用前人片段的论述加以曲解，来加强自己的合法性、合理性。其根本原因就在于研究者的出发点、方法论及其动机的差异。

研究历史，包括新闻传播史、新闻传播思想史，是一个崇高的职业，应秉持客观、公正、中立的专业精神，以太史公的笔法，通古今之变，成一家之言。绝不能为一时的现实利益驱动，而摒弃良史的品质和史家的职业追求。要正确地诠释、构建新闻传播思想发展进化的客观进程，笔者以为，必须从如下四个方面努力。

第一，要瞻前顾后、东张西望，简言之，要有宽广的视野和辩证的发展观。研究一个时期特定地域的新闻传播史，特别是新闻传播思想史，必须首先确定这一对象在新闻传播历史上的具体方位或具体坐标。从横向看，一定时期特定地域的新闻传播思想总是在特定的社会环境之中演进的。其学科边界相对比较模糊，而且总是与社会政治、经济、文化及各种传统咬合在一起，总是与新闻传播制度、新闻传播事业密切相关，受到他们的制约，同时也反作用于后者。研究新闻传播思想史固然要立足于思想史本身，但绝对不能在此止步。研究者必须要有宽广的视野，或者跳出新闻传播史这个圈子，在更为宏大的背景下审视新闻传播思想与新闻传播事业、新闻传播制度的横向互动关系，把握新闻传播思想与社会政治、经济、文化及传统的互动关系，阐释社会背景对新闻传播思想史的决定性形塑作用，揭示特定时期新闻传播思想的社会文化内涵及其放射性影响。从

---

① 葛兆光：《中国思想史》第 2 卷，复旦大学出版社，2000，第25 页。

纵向看，一定时期的新闻传播思想，不会是从天上掉下来的，它总有其历史的渊源，总是在继承、扬弃前人思想基础上合乎逻辑的发展。同时，一定时期的新闻传播思想一旦形成定格，总会对以后的同类思想产生这样或那样的影响，在一定程度上决定着后继者发展的趋向。在这个意义上，研究新闻传播思想史，在时间的纵向意义上，要瞻前顾后，在空间的横向意义上，则要东张西望，这样才能把新闻传播思想史体系的大厦建立在一个坚实的平台上。

第二，改变传统的研究范式，拓展研究空间，从单纯重视精英到精英与大众并重。"传统史学所注意到的几乎只是个人，社会上的最高阶层人物及其精英（国王、政治家、大革命家等）和事件（战争、革命等），或由这些精英控制的制度（政治的、经济的、宗教的等）。"① 思想史学者朱学勤在他的《思想史上的失踪者》一书中也表达了同样的见解："与历史学的其他部类一样，思想史从来是也只能是文字记载的历史。它历来势利，只认变成铅字的文字。除此之外，它又聋又哑，听不见也看不见旷野里的呼唤。所谓思想史的长河，只不过是一条狭长的小溪。在这条小溪的两边，是望不见尽头的无字黑暗。一代思想者失踪，迷失在思想史这一边或者那一边的黑暗里，不会引起思想史长河的一声叹息。它连一个涟漪都不会泛起，不动声色地、熟视无睹地继续向前滑淌。思想史上大规模、小规模、集体性、个人性的失踪事件，几乎每一代都发生过，已经发生过无数次了。"也就是说，过去研究新闻传播思想史尤其如此，学者的注意力主要集中于精英——政治人物、思想家及著名报人——的思想观念的发展演变。精英的思想固然重要，但精英的思想绝不是决定新闻传播事业、新闻传播制度发展演进的唯一因素。新闻传播的历史是新闻人创造的，首先是由在新闻传播第一线的新闻从业者及作为受众的信息消费者创造的。新闻从业者对传播活动的直接感悟、体验，他们的专业意识和职业精神，信息接收者对传媒的角色期待，在某些时候甚至比精英的思想更加重要。可是他们的痕迹在思想史上基本上消失了，几乎是无影无踪。在这个意义上，我们完全有必要引进社会史的研究范式，拓展我们的视野，对于社会

---

① 〔法〕J. 勒高夫等主编《新史学》，姚蒙编译，上海译文出版社，1989，第172页。

权力中心外缘的普通大众，对于那些受到权力支配的新闻从业者及社会大众的精神、感受、期待，进行必要的梳理，从而搜寻思想史上的失踪者。只有将精英与大众两者结合起来，才能实现观念史研究空间的实质性拓展，才能在总体上把握新闻传播思想史的基本脉络、基本轮廓。遗憾的是，拙著《传播观念的历史考察》（第2版）的内容仍限于对新闻传播历史上精英思想的探讨。但是在下一步，我会将新闻传播思想史研究聚焦于新闻从业者和普通社会大众，以拓展新闻传播思想史的研究空间。

第三，站在古人当时的高度，处于他们相同的境界，重演、感悟他们当时的经验，求得对古人思想观念的全面理解。国学大师陈寅恪在论及研究古人哲学思想的问题时说："盖古人著书立说，皆有所为而发。故其所处之环境，所受之背景，非完全明了，则其学说不易评论。而古代哲学家去今数千年，其时代之真相，极难推知。吾人今日可依据之材料，仅为当时所遗存最小之一部，欲借此残余断片，以窥测其全部结构，必须备艺术家欣赏古代绘画雕刻之眼光及精神，然后古人立说之用意与对象，始可以真了解。所谓真了解者，必神游冥想，与立说之古人，处于同一境界，而对于其持论所以不得不如是之苦心孤诣，表一种同情，始能批评其学说之是非得失，而无隔阂肤廓之论。"① 历史哲学家柯林武德在其名著《历史的观念》中，也在近似的意义上提醒历史学家："假设他正在阅读狄奥多修斯法典，而且在他面前有着皇帝的某一敕令，仅仅阅读这些文字并且能翻译它们，并不等于懂得它们的历史意义，为了做到这一点，他就必须看清楚这个皇帝正在企图对付的那种局势，而且他必须看它就像这位皇帝看它那样，然后他必须为他自己看出这样一种局势如何加以对付，正好像那个皇帝所处的局势就是他自己所处的那样；他必须看到各种可能的选择以及选定这种而不是另一种的理由，这样，他就必须经历皇帝在决定这一特殊办法时所经历的过程。因此，他就是在他自己的心灵中重演那个皇帝的经验，而且只有在他做到这一点的时候，他才对那个敕令的意义具有真正

---

① 陈寅恪：《金名馆丛稿二编》，上海古籍出版社，1980，第247页。

的历史知识，而不同于单纯的语言学知识。"① 不难看出，要正确地理解古人的思想，必须试图了解古人当时的环境、背景，设身处地，并且在心灵上重演古人的经验，发挥自己的想象力，神游冥想，思古人之所思，这样才能与古人处于同一境界，体会他们的苦心孤诣，正确解读他们的思想观念。

第四，我们还要有一定的想象力。历史是客观的。人们的常识是，历史是过去发生事情的客观记录。但历史著述则是史学家想象力的产物。这与新闻学理论中所反对的"合理想象"是完全不同的。历史学者在建构历史体系时，面对两方面的苦恼，一是历史事件的繁复多样，不知从哪着手，二是历史链条的断裂，某些没有见证、没有记录的事件淹没在历史长河之中，或者某些事件的细节缺损，如果不从历史发展的内在逻辑出发，发挥自己的想象力进行必要的缝合，历史就是不完整的，或至少不是生动的。在这个意义上，可以说"历史是一种想象的产物，是属于个人所有的一种东西；这种东西是我们每一个普通人从他个人的经验里塑成，以适应他实际的或情绪上的需要，并且把它尽可能地好好地加以修饰来适合他审美的口味"。甚至可以说，历史"势必是与幻想的动人的混合物，是对真实事件的一种神秘的附会"②。所以，"一个完美的历史学家必须绝对具有足够的想象力，才能使他的叙述既生动又感人，但他必须绝对地掌握自己的想象，将它限制在他所发现的材料上，避免添枝加叶，损害其真实性。他必须既能进行深入而巧妙的推论，又具有充分的自制力，以免将事实纳入假设的框架。凡是能够恰当地估计这些困难的人，都不会奇怪，每个历史学家都有可能失足——或者是在叙述领域或者是在思辨领域"③。也就是说，想象力对史家来说是必需的，要充分地发挥想象力的作用，但是绝对又不能放开想象的翅膀，更不能离开历史事件来发挥文学上的想象力。

行笔至此，我不禁想起当代史学家林甘泉对于历史研究的深刻理解。

---

① 〔英〕柯林武德：《历史的观念》，转引自张耕华《历史哲学引论》，复旦大学出版社，2004，第 63 页。

② 〔美〕卡尔·贝克：《人人都是他自己的历史学家》，转引自于沛《历史认识中的"历史事实"问题》，《史学理论与史学史学刊》（2002 年卷），社会科学文献出版社，2003，第 55 页。

③ 〔英〕麦考莱：《论历史》，转引自张耕华《历史哲学引论》，复旦大学出版社，2004，第 69 页。

林先生认为，历史研究有三大层次，"第一层次是事实判断，这是历史研究的基础和出发点。傅斯年讲的有一份材料讲一份话，近代历史学就是史料学，照我的理解就是这个层次。中国传统的考据学，也是属于这个层次。在这个层次上，要解决的是史料和史实（包括人物、事件、制度等）的确认问题。这在很大的程度上取决于你掌握材料的多少和真伪"。"第二个层次……可以叫认识判断。在占有了大量真实可靠的史料之后，你怎样认识一些历史事件的因果关系，透过历史现象看本质和一些深层次规律性的问题。""第三层次是价值判断，即探讨各种历史事件和历史人物在当时所起的作用及其对后代的影响。"① 如果能够在这三个层次同时有所成就，那就达到了史学研究的最高境界。正所谓古人所称的"良史"。曾巩在《南齐书目录序》中说，"古之所论良史者，其明必足以周万事之理，其道必足以适天下之用，其智必足以通难知之意，其文必足以发难显之情。然后其任可得而称也"②。这种境界显然是吾辈在目前阶段难以企及的。笔者在《传播观念的历史考察》（第2版）中进行的探讨，基本上停留在第一层次和第二层次，在描述新闻传播思想史的基本状貌，揭示新闻传播思想演进的历程及其与周边环境、与新闻传播事业和新闻传播制度的互动因果关系方面，做了一些基础性的工作，主要是资料性的工作。在新闻传播思想史的建构方面，尝试着解决了一些事实判断和认识判断问题。至于高层次的价值判断问题，笔者有意去做，但由于自己的思想深度有限、理论学养不足以及方法论的局限，很少地做，有时即使做了，也差强人意，这是该书留下的最大遗憾，也是我今后应该进一步努力的方向所在。希望能够继续得到各位专家、读者的鼓励、鞭策。

（本文收录于《传播观念的历史考察》第2版

武汉大学出版社，2015）

---

① 林甘泉：《关于史学理论建设的几点意见》，瞿林东主编《史学理论与史学史学刊》（2002年卷），社会科学文献出版社，2003，第7~9页。

② ［宋］曾巩：《南齐书目录序》。

中国传统新闻学的反思

　　从中国共产党十一届三中全会的召开，到 20 世纪 80 年代末期，随着经济改革、政治改革的逐步深入，新闻改革也被提上日程。但是与前者的成果相比，后者却要逊色得多。尽管人们讲了十多年的新闻改革，并进行了一些尝试，但都属于枝节末叶的范围，没有根本性的突破。究其原因，主要是没有一个令人信服的、足以指导新闻改革的科学的新闻理论，而这种科学的新闻学理论，显然只有在对中国传统新闻学深刻反思的基础上，才能建立起来。

　　那么，什么是中国传统的新闻学？笔者认为，所谓传统新闻学，即是以报刊等印刷媒介为主要研究对象，偏重于在新闻理论、新闻业务、新闻历史三块板上展开研究的新闻学体系。就其阶级性质而言，又可以称之为中国无产阶级新闻学。传统新闻学形成于 20 世纪 40 年代初期。由于它本身就是总结当时新闻工作经验、扬弃国内外新闻学术理论的结果，因而在历史上对新闻事业的发展起到了很大的推动作用。但是万物皆变，在新闻事业迅猛发展和实行对外开放、对内搞活的现时代，新闻工作及其现实环境都发生了根本的变化。在这种情况下，曾是促进过新闻事业发展，并且现在仍在很大程度上指导着我国新闻传播实践的传统新闻学，在许多方面已落后于时代的节拍，远远不能满足新闻事业日益发展的客观需要。有鉴于此，笔者打算从以下三个部分，即中国传统新闻学的历史回顾、中国传统新闻学的重大缺陷及其根本出路，对中国传统新闻学进行深入的反思。

一 中国传统新闻学的历史回顾

中国传统新闻学诞生于 20 世纪 40 年代，并不是一个偶然的事件，而是中国近代新闻事业、世界新闻学术空前发展的必然结果。它一经产生，又以独特的性格，给中国现代历史以重大的影响。20 世纪 40 年代至 50 年代中后期，是中国传统新闻学的早期发展阶段，而 20 世纪 50 年代中后期至 70 年代末，则是传统新闻学的蜕变时期。如果说，在前一阶段，传统新闻学的作用主要是正面、积极的，那么后一阶段，它的作用就既有正面又有负面，既有积极意义又有消极意义了。

传统新闻学得以诞生，首先取决于中国近现代新闻事业的发展。众所周知，我国汉唐的邸报和古罗马的《每日纪事报》并称为世界古代报纸的源流。但就近代报纸而言，中国落后于西方 200 多年，而且中国最早的近代报纸，也是由西方殖民者创办的。① 19 世纪末至 20 世纪初，由于维新运动和资产阶级革命的进行，近代报刊事业得到了很大的发展。1912 年，全国报刊总数达 495 种，为 1901 年的 4 倍。十月革命后，中国无产阶级开始走上政治舞台，无产阶级报刊事业也开始发展起来。20 世纪 20 年代后期，国民党北伐成功，基本上实现了全国统一，从而确立了大地主大资产阶级对新闻的统治地位。但为了顾全民主的面子，它还允许一些民办报刊的存在；与此同时，在红色革命根据地，还存在着众多共产党的报刊。抗日战争时期，中国共产党在重庆、延安分别发行了《新华日报》《解放日报》。这样在三四十年代，中国新闻事业空前繁荣，各派政治势力及私人利害关系者都拥有自己的报刊。新闻事业的发展，迫切需要对此前新闻工作的基本经验和新闻观点，做出科学的归纳，以指导当前及今后的新闻实践。

与此同时，东西方各主要国家的新闻学研究已兴盛发达起来。早在 1845 年，德国的普尔兹就写出了世界上第一部新闻学专著《德国新闻史》。1895 年，科赫教授在德国创办了第一个新闻研究所，它标志着新闻

---

① 李龙牧：《中国新闻事业史稿》，上海人民出版社，1985，第 9~10 页。

学作为一门独立的学科在欧洲兴起。大约也是在这个时期，美国密苏里报业公会也向密苏里大学提出了建立新闻学院的建议。但是由于种种原因，此项建议直到 1908 年才得以实现。① 四年后，普立策又捐巨资于哥伦比亚大学设立了新闻学院，由此在世界范围内，出现了欧洲、北美两大新闻学研究中心。这两大中心在研究的重点、方法上大不相同。欧洲中心秉着德国重思辨、轻实践的文化传统，侧重于新闻理论、新闻史的研究；与此相反，作为实用主义哲学策源地的美国，却表现出了重实际应用、轻理论思辨的倾向。如其他科学一样，新闻学一经形成，便开始了其世界性的发展过程。1899 年，日本的松本君平根据美国新闻界的实况，以美国新闻学入门书为基础，写出《新闻学》。② 四年后，这本书又在中国翻译出版，成为中国新闻学术史上第一本专著。1918 年，北京大学成立了第一个新闻学术团体，其宗旨为："研究新闻学理，增长新闻经验，以谋新闻事业之发展。"③ 1920 年我国第一个大学新闻系在上海圣约翰大学设立。随着《新闻学纲要》（徐宝璜著）、《实际应用新闻学》（邵飘萍著）、《中国报学史》（戈公振著）、《新闻学概要》（黄天鹏著）的出版，中国资产阶级新闻学体系已基本建立起来。中外资产阶级的新闻学术成果，又成了中国传统新闻学的直接渊源。

此外，中国国内革命战争及抗日战争的现实环境，也为传统新闻学提供了肥沃的土壤。早在北伐战争时期，中国共产党的主要领袖就曾专门地探讨过报刊宣传问题。十年内战时期，随着根据地报刊事业的发展，中国共产党又接受了马克思、列宁关于党报的基本思想。抗战时期，在中国共产党新闻事业大发展的基础上，也就自然地提出了下面的问题：党报该怎么办，无产阶级报刊和资产阶级报刊有什么区别，什么是无产阶级的新闻学观点等，这些问题，在马克思、恩格斯、列宁，包括毛泽东的著作中，都没有系统的论述。出于战争的需要，建立无产阶级新闻学也就是势所必然了。

---

① 李瞻：《世界新闻史》（增订版），台北：三民书局，1993，第 784~787 页。
② 〔日〕和田洋一：《新闻学概论》，吴文莉译，中国新闻出版社，1985，第 227 页。
③ 陆彬良：《我国第一个新闻学研究团体——北京大学新闻学研究会始末》，《新闻与传播研究》1980 年第 3 期，第 124~129 页。

1942 年，各抗日根据地的新闻工作者响应延安整风运动的号召，对报刊工作进行了改革。而改革的重大成果，就是中国传统新闻学的形成。1942 年 3 月 16 日，中共中央宣传部发出了《为改造党报的通知》，4 月 1 日，《解放日报》根据通知精神进行了改革，从而使报刊宣传与抗日根据地军民斗争的实际紧密地结合起来。之后，《解放日报》又相继发表了一系列关于新闻工作的社论和文章，如《新闻必须完全真实》，《把我们的报纸办得更好些》，《报纸与新的文风》，《党与党报》，以及陆定一撰写的《我们对于新闻学的基本观点》等。这些社论和文章从理论的高度概括、总结了新闻事业的发展规律，以及无产阶级新闻工作者必须遵循的各项原则，论证了无产阶级的唯物主义新闻观和资产阶级唯心主义新闻观的根本区别，发扬了列宁的全党办报思想。它们的发表，标志着中国传统新闻学体系的初步形成。

由于新闻事业发展水平的限制，传统新闻学的研究对象主要是报刊事业及其内在规律。虽然这时的延安已出现了广播，但其地位远远不如报刊重要。其研究方法也主要是定性研究，其成果大多是对新闻工作的经验总结，因而缺乏理性的思辨色彩。这些成果主要表现为无产阶级新闻观点的确立，至于新闻业务、新闻史的研究，由于缺乏直接的现实意义，还没有引起足够的重视。

尽管如此，传统新闻学一些基本观点的确立，对于中国共产党新闻事业的发展，还是具有十分重要的意义的。这些观点可以归纳为：第一，关于新闻的本源，认为新闻是"新近发生的事实报道"[1]，因而新闻必须真实；第二，认为"报纸是党的宣传鼓动工作的最有力的工具……把报纸办好，是党的一个中心工作"[2]；第三，"报纸的主要任务就是要宣传党的政策，贯彻党的政策，反映党的工作，反映群众生活"[3]，也就是说，报

---

① 陆定一：《我们对于新闻学的基本观点》，转引自中国社会科学院新闻研究所编《中国共产党新闻工作文件汇编》下，新华出版社，1980，第 188 页。

② 中宣部：《中宣部为改造党报的通知》，转引自中国社会科学院新闻研究所编《中国共产党新闻工作文件汇编》上，新华出版社，1980，第 126~127 页。

③ 中宣部：《中宣部为改造党报的通知》，转引自中国社会科学院新闻研究所编《中国共产党新闻工作文件汇编》上，新华出版社，1980，第 126~127 页。

刊要为党的中心工作服务；第四，"要使各地的党报成为真正的党报，就必须加强编辑部的工作……要使党报编辑部与党的领导机关的政治生活联成一气"①，党的报纸必须绝对地服从党的领导，而不能闹独立性；第五，要全党办报，群众办报；第六，要使党报成为富有战斗性的机关报，"就要有适当的正确的自我批评，表扬工作中的优点，批评工作中的错误，经过报纸来指导工作"②。这些基本观点自提出起，一直是中国共产党新闻工作的指导思想。

在传统新闻学的指导下，中国共产党的新闻宣传围绕着党的中心工作——抗日战争进行，为动员民众士气，最终战胜日本帝国主义创造了条件。抗战胜利后，经过短暂的和平，又开始了三年解放战争。随着国民党政府的垮台，中国共产党迅速接收了几乎所有的新闻机构，从而在1949年后的最初几年间，很快便在全国建立起了一元化的党报、党台系统，这个系统规模巨大，其基本结构一直持续到20世纪70年代末。

传统新闻学也随着无产阶级新闻事业，在抗日战争、解放战争的凯歌声中得到发展。1948年，毛泽东的《对晋绥日报编辑人员的谈话》和刘少奇的《对华北记者团的谈话》，又进一步充实了中国传统新闻学理论。新中国成立初期，传统新闻学研究出现了照搬苏联新闻理论的倾向。1954年至1955年，我国报纸、通讯社、电台都曾派出庞大的代表团去苏联学习取经，学术界则组织力量翻译了大批苏联新闻教材和新闻理论著作。不用说，这种引进是必要的。但是，由于这种引进完全是生吞活剥，结果是学会了别人的东西，却忘记了自己本身的特性。不过，这种学习没有持续下来。随着"双百"方针的提出，新闻界觉察到苏联新闻模式的弊端，1956年7月1日，《人民日报》针对当时报纸的弊端进行了改版。学术界也出现了活跃的气氛，许多人对新闻的商品性、时效性、新闻价值及读者问题进行了讨论。这种讨论本来可以将传统新闻学推到一个新的阶段，但是由于随之而来的反右运动，这一发展进程

① 中宣部：《中宣部为改造党报的通知》，转引自中国社会科学院新闻研究所编《中国共产党新闻工作文件汇编》上，新华出版社，1980，第126~127页。
② 中宣部：《中宣部为改造党报的通知》，转引自中国社会科学院新闻研究所编《中国共产党新闻工作文件汇编》上，新华出版社，1980，第126~127页。

被打断了。

在 1957 年开始的反右运动中，一些在此前发表过自己见解的新闻学者被划为"右派"，被剥夺了政治权利，于是新闻学研究基本上处于停滞状态；同时，"左"倾思想在新闻界滋生起来，以至于在"大跃进"时期，大刮浮夸风，践踏真实性原则，传统新闻学偏离了原来的轨道，开始了其蜕变的过程。至"四人帮"被粉碎时，我国的新闻事业和传统新闻学已是奄奄一息了。

"文化大革命"结束以后，党的十一届三中全会实现了拨乱反正，新闻学研究也出现了新的转机。1978 年，中国社会科学院成立了新闻研究所，此后几年间，全国约有 50 所大学相继成立新闻系（专业），新闻学术刊物和学术组织大量地创办起来。就学术成果的量和质而言，近十几年的研究，远远超过了传统新闻学诞生以来几十年的总和。可是，直到 20 世纪 80 年代末期，这些研究成果很少超出传统新闻学的体系范围。而现在的政治经济环境及新闻事业的发展程度，远非传统新闻学形成时所能比拟。这主要表现为以下五个方面。（1）共产党由在野的政党，变成了执政党；并且它还从过去封闭、割据的战争环境进到了统一、开放的和平环境。（2）党的主要任务，已由夺取政权转变为从事建设，因而新闻的任务也不能不发生改变。（3）媒介构成，已由过去印刷媒介一统天下，发展到报纸、广播、电视并存，不同媒介的多重覆盖已成为现代新闻传播的基本特点。（4）受众群由不同层次的干部扩展到广大的人民。（5）新闻从业人员的构成，新闻单位的内部结构，指导控制方式也发生了变化。对于这些重大的变化，传统新闻学无法做出科学的解释，而显得困难重重，缺陷迭出。时代需要传统新闻学有一个重大的突破。

从上述历史回顾中不难看出，传统新闻学相对于其产生的历史时代，是有其历史必然性的，而且在其形成后的早期历史阶段，对于中国新闻事业的发展起了很大的推动作用。但是随着反右斗争的进行，在此后 20 年间，传统新闻学基本上处于停滞状态，不仅没有得到发展，反而变为极"左"的阶级斗争理论。"十年动乱"结束后，新闻研究尽管有了发展，但其研究对象仍囿于传统新闻学的范围。相对于日益变动的社会环境和新闻事业，传统新闻学显得漏洞百出，远远不能满足形势发展的需要。

二　中国传统新闻学的重大缺陷

在新闻事业空前发展的现时代，传统新闻学暴露出了许多不利于自身发展的重大缺陷。这些缺陷，大致可以归纳为以下十条。

第一，满足于定性研究，忽视了定量分析。自20世纪初期以来，社会科学开始不满足于对研究对象的定性研究，而广泛地利用数学方法、统计方法，进行精密的定量分析，使之日益向着精确化的方向发展。可是直到20世纪80年代末期，传统新闻学仍然满足于定性研究，远远没有赶上这一精确化浪头。在我们能看到的传统新闻学著作中，除了少数精选的例证外，是很难找到足以证明其论点成立的精确数据的。这不能不叫人怀疑由定性研究所得出的"原则"的可靠性。列宁早就指出，"在社会现象方面，没有比胡乱抽出一些个别事实和玩弄实例更普遍更站不住脚的办法了。罗列一般例子是毫不费劲的，但这是没有任何意义的或者完全起相反的作用，因为在具体的历史情况下，一切事情都有它个别的情况。如果从事实的全部总和、从事实的联系去掌握事实，那末，事实不仅是'胜于雄辩的东西'，而且是证据确凿的东西"[1]。此处所谓"事实的总和""事实的联系"，显然是定量分析的别称。因此要提高新闻学的研究水平，就必须彻底地改变其满足于定性研究，忽视定量分析的研究方法，将定性研究建立在定量分析的可靠基础之上。

第二，满足于对现有新闻体制的论证，放弃了对现有传播体制的剖析和未来新闻传播的科学预测、设计。批判旧的过时了的资产阶级新闻传播制度，论证无产阶级新闻事业的进步性和优越性，对于一个完整的新闻学体系来说，是完全必要的。但是批判地研究历史、现实，不仅仅是为了现在，同时还是为了将来。因此科学的新闻学应将对过去的批判、对现实的分析与对将来的展望和谐地结合起来。历史是理解现实的钥匙，现实是展望未来的根据。三者相互联系，不可割裂视之。传统新闻学明确地将研究

---

① 《列宁全集》第23卷，人民出版社，1958，第279页。

范围限定在对过去的批判和对现实的论证上，而对未来新闻事业的特点及其变化趋势，则明显地忽略掉了。我们的生活是面向将来的，即使是安于现状的人们，也要将安于现状寄托在将来上。与此相反，现在则是瞬息间的存在。它正处在由过去向未来流动的过程之中，不可能有孤立的、静止的存在。在这个意义上，满足于对过去的批判和论证现实的传统新闻学，可以说是一种保守的理论。

第三，满足于对新闻工作的经验总结，缺乏理论思辨性。现代社会科学的重要特征之一，便是具有严密的逻辑结构和概念系统，这对于我们所研究的传统新闻学来说，并不完全具备。纵观传统新闻学的研究成果，其数量不可谓少，但在学术水平上却不敢恭维，因为它们大多数属于新闻工作的经验总结，而缺乏严密的科学论证。人们之所以说"新闻无学"或"新闻有术无学"，其原因即在于此。然而这并不意味着否定总结新闻工作经验的必要性，经验的总结升华为理论，乃是建立科学新闻学的重要材料。问题不在于是否总结经验，而在于是否升华。要改变人们对传统新闻学的看法，根本途径就是将经验型的新闻学改造为理性思辨型的新闻学。

第四，满足于孤立地分析新闻现象与新闻规律，忽视了新闻现象同现实背景及其他社会现象之间的相互关系。新闻现象不是一种孤立的存在。在严格的意义上，它乃是一种社会性的存在物。其内容、特征及作用，在很大程度上，是由其置身的社会背景及相关的社会因素决定的，并且只有在与它们的相互关系上才能表现出来。因此，科学新闻学不能仅限于就事论事，不能限于为新闻而新闻。传统新闻学的缺陷正好表现在这里，它不是或者很少把新闻放在广阔的社会背景中去考察，其结果，不是没有深刻地阐明新闻的本质、功能、作用，就是以偏概全、以点代面。尤其严重的是，由于它没有对社会的决定作用予以足够的重视，以至于在社会结构发生了重大变化时，仍是抱守残缺、原地踏步，最后导致落后于今天改革的现实。

第五，满足于新闻学本身的研究，忽视了交叉学科、边缘学科的建设。现代社会科学发展的另一重要特征，是高度分化和高度综合。所谓高度分化，是学科分工越来越细，其研究水平日益趋向新的高度和深度；而高度综合，则是指学科越来越综合，大量的交叉学科、边缘学科蓬勃发展。尤其是出现了一些综合性的大跨度的交叉学科，一些自然科学研究方法成了社会科学的基本方法。就传统新闻学而言，高度分化已经出现，在原有的新闻史、新闻业务、新闻理论三块板上，已经生长出了众多的分支学科。但是在高度综合，即在与其他自然科学、社会科学互相融合，建立交叉学科、边缘学科方面，还没有多大的进展。满足于自身深度的发掘，忽视交叉学科、边缘学科的建设，正是传统新闻学的重大缺陷之一。

第六，习惯于单独研究个别新闻媒介，忽视了对不同媒介的综合研究。在中国传统新闻学形成的当时，新闻事业的发展水平并不高，报刊在诸种媒介中占绝对优势。广播刚刚出现，电视则尚未问世，因而传统新闻学的研究对象不能不集中于报刊媒介。随着广播电视的发展，对它的研究也单独个别地进行起来，这种忽视综合研究的倾向，已经不能满足现代新闻事业的发展要求了。现在是多种媒介交叉复合传播信息的时代，而作为新闻媒介，在报刊、广播、电视、通讯社之间，实际上又存在一种互相依存、互相补充的关系。因此，应该把报刊、广播、电视及通讯社作为一个有机的系统来看待，进行综合的考察与分析，并努力消除其间的摩擦和抵消，使这个系统的运行活性化。

第七，满足于传者研究，忽视了受众分析。我们知道，作为传播者，绝不会只以所传信息到达接受者为满足，只有在所传信息引起受众发生传者所期待的反应时，才能说达到了传播的目的。在这个意义上，传播者和接受者在传播过程中具有同样重要的意义。但是传统新闻学一直将研究重点放在传播者方面。例如，在我国许多大学新闻系的课程表中，有编辑、评论、写作、采访课，却唯独没有一门关于读者、观众、听众的课程。满足于传播者研究，无视接受者，无视接受者的思想态度、兴趣爱好、接受能力、性格特征等，势必造成宣传的盲目性，从而减少新闻传播的社会效果。从学术的意义上看，忽视受众分析，还会使人们难以认识受众在传播过程中的地位、作用，使新闻学体系建设留下了一个难以填补的缺口。

第八，重视传播内容的研究，忽视了传播过程与效果分析。在传统新闻学体系中，传播内容的构成方法及基本要求，占有重要的地位。就报纸而言，报道言论的政治立场、文章的写作标准、不同文章的排列组合、标题的制作、图片的运用等，都是重要的研究课题，就目前的情况而言，这方面的成果也最多。但是上述传播内容是怎样到达受众处，其客观效果又是如何，则是一个薄弱环节。如果我们将新闻传播过程简化为新闻事件、传者、内容、媒介、受众五个环节，那么，从内容至受众的过程，对传统新闻学来说，就是一笔糊涂账了。至于来自受众的信息反馈，传统新闻学则更少涉及。这种忽视，大大地削弱了传统新闻学对于新闻改革实践的指导作用。

第九，过分强调新闻的政治性，忽视了新闻传播的其他属性与功能。长期以来，传统新闻学一直在论证报纸是阶级斗争的工具，"报纸不仅是集体的宣传员和集体的鼓动员，而且是集体的组织者"①。事实上，新闻媒介不仅是阶级斗争的工具，不仅具有政治性的功能，还有其他的属性和功能。新闻还是一种报道工具、教育工具、娱乐工具，与此相应地，它还具有守望功能、教育功能和娱乐功能。新闻还是一种商品，新闻媒介是一种以经营新闻为主要业务的企业。不过这种企业，是一种社会性很强的企业，它必须作为公益事业来经营。只有充分地认识这些属性、发挥这些功能，新闻事业才能克尽对于社会的责任。

第十，片面强调新闻工作的党性原则，忽视了新闻机构与党的正常关系的研究。马克思主义经典作家对新闻事业党性原则的论述，是传统新闻学的主要渊源，但是后者又明显地偏离了前者规定的方向。马克思恩格斯所说的党性原则，指的是党的报纸属于全党，而不是属于某些领袖人物；党对报纸的领导，是通过原则性的指导和道义的影响；党要努力使新闻工具在坚持无产阶级立场的前提下，充分发挥新闻工作者的主观能动性等。而我国传统新闻学，或者说在某一个时期内，总是有意无意地将党的报纸看成属于某个领袖人物的，它不是对全党负责，而是对个别领袖负责，将党对报纸的领导看成对具体的编辑过程，甚至连文章体裁、标题大小、版面安排都要进行干涉，完全无视新闻工作者的主动

① 《列宁全集》第5卷，人民出版社，1959，第8页。

性和创造性。至于党的机关与党报的关系，则一味地强调绝对服从，忽视了新闻工作者在坚持无产阶级党性原则的前提下，应该享有一定程度的自由，使新闻工作者难以发挥其主动性和创造性，这不能不说是传统新闻学的又一缺陷。

以上十大缺陷，是传统新闻学落后于我国新闻事业发展实际的重要原因。当然，这并不是说传统新闻学一无是处。实际上，正是传统新闻学的框架结构，奠定了现代科学新闻学的基础。然而，这个基础在今天看来并不是那么厚实，只有消除或克服上述缺陷，才能在强化传统新闻学的基础上，建立起科学新闻学的大厦。

三　中国传统新闻学的出路

如前所述，传统新闻学已不能再沿原来的路子走下去了。只有在克服自身缺陷的基础上，实现向现代科学新闻学的飞跃，才是传统新闻学的出路。那么，传统新闻学怎样才能实现这个飞跃呢？笔者认为，应该从以下四个方面着手：扩大研究范围、拓进研究深度、更新研究方法、加强研究的严肃性。

1. 扩大研究范围

这是决定传统新闻学能否实现质的飞跃的关键性因素。而研究范围的确定，大体又可以划分为三个层次。第一，从独立地研究单个媒介，扩大到对多种不同媒介的综合研究。如前所述，传统新闻学的缺陷之一，便是满足于孤立地研究个别媒介，而忽视了对不同媒介的综合研究，这就使它难以把握现代世界多种媒介复合传播信息的基本特点，以及不同媒介的补充、抵消关系。第二，从地域性角度，扩展到全球性角度。传统新闻学的研究对象，一般都限定在相对狭窄的地域范围内，即包括本国在内的几个主要的资本主义、社会主义大国。这种情况在国际联系不甚密切的过去，是有其客观的历史必然性的。可是现在的情况完全不同了。传播事业的发展，大大地缩短了时空距离，从而使广大的地球变成了一个鸡犬之声相闻的全球村庄，而地球村庄的形成，又使新闻事业的世界性竞争日益激烈。在这种情况下，对新闻的研究，仍囿于狭窄的地域范围，显然是不合时宜的。第三，从新闻本位主义到将新闻置身于宏大的社会历史背景之中。前面已指出，传统新闻学的缺陷之一，便是满足于孤立地研究新闻现象与新闻规律，而忽视了新闻现象同现实背景及其他社会现象之间的相互关系。要诊治这一缺陷，就应该跳出新闻自身的圈子，在新闻之外看新闻，从整个社会发展史的角度来看新闻是怎样产生、发展的，新闻与社会的关系如何，新闻事业与其他社会事业相比，又有什么特点等，这样就能大大地开阔眼界，从而避免就事论事的弊端。

如果新闻学的研究范围能够扩展至上述三个层次，那就会跳出传统新闻学的狭隘圈子，形成一种宏观的新闻意识和大新闻观念。在这种新闻意识和新闻观念的指导下，新闻事业将不再是与社会相脱离的、区域性的、无数大小媒介的简单累加，而是一个由各种媒介要素组成的有机整体（系统），就其与社会以及世界新闻事业的关系而言，它又是社会大系统和世界新闻大系统的基本要素（子系统）。这样一来，新闻学研究自然就会消除就事论事的弊端，加强新闻学术的厚重感。

2. 拓进研究深度

所谓拓进研究深度，就是不停留在新闻现象的表层，不仅仅限于对现象做肤浅的描述，而是透过复杂的新闻现象，深入传播过程，对传播过程的各个环节，进行科学的分析和研究。

根据现代传播学的成果，新闻传播过程大致可以简化为如下的模式：谁，说什么，通过什么渠道，对谁，在什么情况下，为了什么目的，取得了什么效果。传统新闻学所研究的，主要是传播者、传播内容和传播媒介三个环节，即谁？说什么？通过什么渠道？其中传播内容的研究属于定性研究，而传播媒介则是分别地、孤立地进行的。至于受众，即对谁、传播效果及反馈三个环节则很少涉及。众所周知，新闻传播的目的，是以带有一定倾向性的信息内容去影响受众的思想和行为。要达到这个目的，在传播之前，就得了解信息接受者的思想倾向、兴趣爱好、性格特征等情况，在进行传播时，又得把握受众对初传信息的反应：接受、怀疑还是反对，三者各在受众群中所占的比例，原因何在。为取得最佳效果，传播者得怎样根据反馈对传播内容做出相应的调整。怎样了解传播效果等所有这些内容，都是新闻学必须认真研究的课题。无视这些问题，对受众、效果、反馈三大环节视而不见，势必削弱新闻学对新闻实践的指导意义，从而增强新闻宣传的盲目性，减少新闻的社会效果。所以，传统新闻学要想成为指导新闻实践的科学的新闻学，就必须深入研究传播过程诸环节，尤其是要重视受众、效果、反馈三大环节。

3. 更新研究方法

传统新闻学的研究方法基本上是手工业式的，抄录卡片、收集剪报资料，在对这些资料归纳整理的基础上，进行定性分析，以典型事例证明自己提出的理论原则。这种手工业式的研究方法，显然落后于信息爆炸时代新闻学的发展要求。新闻事业的高度发展，要求新闻学使用全新的研究方法。而诞生于 20 世纪 40 年代的系统论、信息论、控制论的科学方法，正好满足了这一需要。所谓系统论，是研究系统的模式、原则、规律并对其功能进行数学描述的一门学科，其研究的核心问题有：宏观系统与子系统的关系，系统的层次观念以及系统的动态平衡等。信息论则是研究信息的本质，并且用数学的方法研究信息的计量、传递、变换和存储的一门科学。至于控制论，则是研究各种系统控制和调节的一般规律，它有两个基本的概念，一是信息，二是反馈。所谓"反馈"，是指一个系统，它的输出信息反过来作用于输入信息，这时反馈回来的信息将对输出信息起控制和调节作用。这三门科学从本质上讲，都是研究系统的理论，故简称为"系统理论"。不难看出，上述的宏观系统与子系统的概念、层次观念、动态平衡概念、信息观念以及反馈概念等，都可以引进新闻学研究。

更新研究方法，还表现为多角度，即从其他自然科学和社会科学角度或运用自然科学和社会科学方法，去研究新闻现象和新闻规律。新闻作为一种社会现象，有必要从社会学的角度进行研究；作为阶级的舆论工具，作为"第四权力"，有必要从政治学的角度去研究；作为一种经济实体，有必要从经营管理学的角度去研究；作为社会法律规范、伦理规范的被调节者，有必要从法律学、伦理学角度来研究；作为一种以传播信息、影响受众为目的的事业，也有必要从统计学、数学的角度来研究。此外，由于新闻信息是以语言文字为载体的，所以还有必要从语言文学的角度去研究。总而言之，新闻学不能囿于自我封闭状态，而应向其他自然科学和社会科学开放，借用一切可资利用的方法、手段，来研究新闻现象和新闻规律。

4. 加强学术研究的严肃性

既然新闻学是一门社会科学，那它就应该同其他社会科学一样，拥有作为一门学科所必须具备的独立、尊严和权威。新闻学是以新闻现象和新闻规律为对象的一门科学，要以科学的理智的态度进行新闻学研究，以增强新闻学研究的客观性、学术性和科学性。

综上所述，作为中国近代新闻事业和新闻学术国际化发展的必然结果，传统新闻学对中国现代新闻传播及中国革命和建设，都起到了很大的推动作用。但是在对外开放的现时代，传统新闻学已无法满足现代新闻事业发展的需要，它的出路在于革除自身缺陷，通过扩展研究范围，拓进研究深度，改进研究方法，以实现向现代科学新闻学的质的飞跃。这是中国传统新闻学本身发展的必然趋势，也是中国现代新闻事业发展的客观要求。

（本文发表于《新闻研究》1989 年第 1 期）

二　序跋及书评

《国家形象传播》导论

　　人是天生的社会动物。宣传与传播是人类社会特有的交流行为，是社会得以形成的基本条件。人们能否在社会中生活，取决于他能否与他人和平相处，彼此协作，互通有无。孤立地生活在社会之外的人是不存在的。人们能够寄身于社会，得益于他们独有的沟通技能。宣传、传播、接收和处理信息，是人们适应社会、迎接环境挑战的前提。正如个人是社会的组成分子，国家也是国际社会的基本成员。个人的生存状况受到其沟通技能的制约，国家作为国际关系的主体，其生存和发展，在很大的程度上也取决于它与其他成员（国家、地区）的关系。从国际社会运行的角度看，国家的宣传或传播行为，是世界体系得以延续的基础。正是国家之间、地区之间有效的信息沟通，加深了成员之间的相互了解，增进了彼此的互信，消除了彼此的隔阂，从而使冲突、战争的危险系数降到最低限度。不管是否承认，每个国家或地区在决定自己的内外政策时，事实上都会首先考虑实行这一政策的国际国内条件及其后果。在全球化浪潮的冲击下，任何国家、民族，哪怕是超级强权在决定国家的政策目标时，也绝对不能忽视其国际伙伴的态度和立场，以及由此引发的反应。在认识他人的基础上，让他人了解自己，是个人适应社会，也是国家适应世界的根本途径。所以，个人应该表现自我，国家也要表达自己的立场、诉求，展现自己的形象。对个人而言，需要张扬个性；对国家来说，离不开对外宣传与传播。对外宣传与传播是宣扬民族意志、展现国家形象、延伸政府外交、争取国际认同、维护国家利益的重要手段。科学地制定对外宣传与传播的战略与策略，事关世界的和平与稳定，事关国家、民族的生存与兴盛，事关人民的根本利益，绝不可漠然视之。

一　宣传与传播

本书探讨的主题是全球化背景下的国家形象传播，国家形象的建构离不开国家主体的对外宣传与传播，因而宣传与传播是本书的逻辑起点。那么，什么是宣传？什么是传播？这两者的关系应该如何理解？对此，学术界有完全不同的解读。

在中国，大约在东汉时期就经常可以看到宣传这个单词。在历史学者陈寿撰著的《三国志》中，就多次出现"宣传军事""宣传明教"，其含义为传达宣布。宣传的英文形式是 propaganda，它最早源自 1622 年罗马天主教皇格列高利十五世创立的"信仰宣传委员会"（Congregation for Propaganding the Faith），当时该委员会简称为 Propaganda，意思是通过传教士使用各种文字、语言符号传播教义。宣传一词的普遍使用，开始于欧美 18 世纪资产阶级革命时期。[1] 中国资产阶级维新运动以来，宣传的概念日益普及，资产阶级维新派、革命派，还有后来无产阶级的宣传实践活动，使得宣传成为社会大众耳熟能详的名词。

对于中国人来讲，宣传是一个中性的名词。每个社团或政治组织，都设有专门的宣传部门。在信息传播领域，新闻宣传、广告宣传使用得十分普遍，人们对此并没有异样的感觉。苏联及其他社会主义国家也是如此。苏联学者肖·阿·纳奇拉什维里说："所谓宣传工作，通常是指向听众传递一定的信息，这就要利用谈话、演说、报刊文章及其他手段。""宣传工作的目的是要影响人们的意识和行为。"[2] 现在中国比较流行的说法，也把宣传看成"运用各种符号传播一定的观念以影响人们的思想和行动的社会行为"[3]。张笃行进一步指出："宣传是为特定政治利益服务的，是

---

[1] 《中国大百科全书·新闻出版》，中国大百科全书出版社，1990，第 427 页。

[2] 〔苏联〕肖·阿·纳奇拉什维里：《宣传心理学》，金初高译，新华出版社，1984，第 1 页。

[3] 《中国大百科全书·新闻出版》，中国大百科全书出版社，1990，第 427 页。

通过各种传播媒介将特定阶级、集团（群体）或个人的政治主张、意图、观点晓之于众的过程。它是大众传播的一个内容。"① 从此处可以看出：宣传乃是一种信息传播行为；宣传是有目的的，这个目的就是影响对象的意识和行为；宣传所使用的媒介是各种符号。

对宣传概念的中性解读，在西方新闻传播界并没有赢得广泛的认同。20世纪以来，西方自由主义国家出现了这样一种趋势，即将越来越多的负面因素注入宣传的概念之中。美国传播学者拉斯韦尔在其《世界大战中的宣传技巧》中（1927年版）曾这样界定宣传概念："它仅指以有含义的符号，或者稍具体一点而不那么准确地说，就是以描述、谣言、报道、图片和其他种种社会传播形式来控制意见。"②《简明大不列颠百科全书》也做了类似的表述："宣传是一种借助于符号（文字、标语、纪念碑、音乐、服饰、徽章、发式、邮票及硬币图像等等）以求左右他人的信仰、态度或行动的有系统的活动。宣传均有明确的目的。为了达到目的，宣传家都以自己认为最有效的方式列举事实、陈述道理、施加影响。为了求得最大效果，宣传家可能抹杀一些事实或促使宣传对象只注意他的宣传而不理会其他的一切。"③ 不难看出，20世纪西方传播学者心目中的宣传，已经具备了传播谣言、抹杀事实的特征，其目的都是"控制意见""施加影响"。在这个意义上，宣传往往被视为说谎的代名词。所以，一些学者对于宣传唯恐避之不及。一些政治人物，哪怕是执政过程中不得不从事宣传活动，或利用宣传媒介影响民众，也要避免使用宣传（propaganda）这个名词。美国在第一次世界大战期间成立的宣传机构就不叫宣传部，而是称为"公共信息委员会"（Committee on Public Information），二战期间的宣传机构又称为"美国战时情报局"（U.S. Office of War Information）。

西方国家新闻传播界对宣传的负面解读已经在一定的程度上影响到中国同行。有人主张，弃用宣传，改用传播，特别是在对外宣传与传播领

---

① 张笃行、张力行：《社会宣传学》，上海社会科学院出版社，1987，第3页。
② 转引自张笃行、张力行著《社会宣传学》，上海社会科学院出版社，1987，第2页。
③ 《简明大不列颠百科全书》中文版第8卷，中国大百科全书出版社，第714~715页。

域，尤其要改对外宣传为对外传播。由于这个背景，中央有关部门在 20世纪 90 年代中后期决定，宣传一词的英语翻译不再用 propaganda，而是使用 publicity。同时，中国各级政府正式的对外宣传机构的名称也明显区别于执政党面向国内的宣传机构。执政党中央及各级党委负责宣传工作的机构仍称宣传部，而各级政府负责对外宣传的机构则称为"×××新闻办公室"，如国务院新闻办公室等。应该说，这种做法有其客观的必然性，它一方面可以与国际上的同类做法接轨，另一方面也可以在一定程度上消除 propaganda 在西方公众心目中业已形成的不良印象，提高对外宣传与传播机构的公信力，增强对外报道和说服活动的效果。

一般认为，宣传与传播在许多方面是相同的。所谓传播，《中国大百科全书·新闻出版》卷这样解释道："传播是英语 communication 一词的汉译，它的主要意思是思想、观念、意见的相互交流。Communication 一词源出于拉丁语 communis，意即共同分享。因此，传播就是与人共享信息、观念、意见的过程。"[1] 英国权威辞书《简明大不列颠百科全书》对传播的定义是："人们通过普通的符号系统交换彼此的意图。"[2] 在这里，传播作为信息交流或分享的过程，在表面上看来没有功利性目的。它不会给传播主体带来现实的利益。所以，传播行为比宣传具有更大的公信力和说服力。宣传与传播都是一种报道或交流活动，都以向对象提供信息（包括事实和意见）为直接目标。当然从逻辑关系而言，传播的内涵比宣传要广得多。在某种意义上，宣传与传播的关系，实际上是小概念与大概念的关系，是属与种的关系。宣传是传播的一种具体形式，所以宣传等于传播，传播却不能简单等同于宣传。唯其如此，宣传与传播有不少必须遵循的共同规律和运行规则；但是宣传与传播也存在着显著的差异，至少在一般人的印象中是这样。

宣传与传播的差异主要表现在如下三个方面。首先是目的方面的差异。宣传的目的是通过报道或说服活动来影响对象，使对象的思想和行为发生符合宣传者意图的改变，或者说是"控制意见""施加影响"。而传

---

① 《中国大百科全书·新闻出版》，中国大百科全书出版社，1990，第 67 页。
② 《简明大不列颠百科全书》中文版第 2 卷，中国大百科全书出版社，1985，第 302 页。

播的意图在表面看来，仅限于信息的分享和交流，而没有进一步的目的。但是，传播果真是没有目的、没有功利的纯自然主义的行为吗？事实并非如此。美国传播学者霍夫兰、欧文·贾民斯、哈罗德·凯利都认为传播是"某个人（传播者）传递刺激（通常是语言的）以影响另一些人（受传者）行为的过程。"传播学者戴维·伯罗也持这种观点，他认为，所有传播行为都旨在以特定人物（或曰群众）引出特定的反应。[①] 通过信息传播影响对象或控制对象的意见一直是传播行为的重要动机之一。事实上，在西方社会，传播本身就具有两重含义，一是信息共享，一是劝服。而这种劝服与宣传行为在本质内涵上是基本一致的。传播学术史上最早的经典作品《世界大战中的宣传技巧》，就是以宣传为研究的主体。宣传也是一种传播行为。至于宣传被看成抹杀事实、说谎的代名词，而传播的内容被贴上客观真实的标签，则有不切实际的一面。宣传固然免不了传播一些虚假的信息，但是假话绝不是宣传的全部。如果宣传家满口荒唐言，就会丧失其存在的价值；传播的内容在总体上是客观的，但是也不能完全排除虚假的内容。许多流言、谣言，就是通过传播渠道流传开来的。宣传与传播在目的上的差异，过多地体现在人们对它们的认知上，而不是宣传与传播活动本身。就活动实体而言，宣传与传播并没有那么大的区别，但是在人们的心目中，这种差异被极端地放大了。

其次是报道与说服方式的差异。在一般人看来，宣传总是采取自上而下的单向性的灌输形式，不重视对象的具体情况和亲身感受，忽视对象的兴趣和接受能力，所以在宣传过程中，只有宣传者一个主体，对象完全处于被动的地位。事实上，中国当前大众媒体面向国内的宣传活动，仍然没有摆脱这一窠臼。传播则强调传播者与受众的双向互动或交流，尊重对象选择的权利，重视来自受众的反馈，根据受众的态度、兴趣和接受情况来组织传播内容，讲究传播的艺术。在这个意义，传播过程不仅存在一个传播者主体，而且还存在着一个接受者主体或对象主体。相对于宣传活动，传播行为更具有针对性、贴近性和对象性，因而更容易取得预期的效果。

最后是落实在内容客观性上的差异。由于宣传的功利性目的，特别是

---

① 转引自戴元光、金冠军主编《传播学通论》，上海交通大学出版社，2000，第2页。

政治社会宣传系统从属于权力系统的现实，现实政治利益往往会支配宣传媒体的报道与选择倾向，一些政客为了目的可以不择手段，无所不用其极。中世纪意大利政治学者马基雅维里深信，目的总会证明手段正确，胜利者不受审判。他在《佛罗伦萨史》中借用一个起义工人的话说："胜利者不论是用什么手段取胜的，人们考虑到的只有他们的光荣。良心这个东西和我们毫无瓜葛，不必考虑它。"① 在某些时候，"虽然行为可以非难，结果却应使人原谅他；只要结果是好的——就像罗缪拉斯的结果那样——就总会被原谅"②。所以，宣传历史上随处可见制造弥天大谎的人。说谎者不但难以被揭露，而且总是能够找到善良的受骗者。相反，传播一词隐含了鲜明的专业主义的色彩，意味着更多地摆脱了权力制约，摆脱了现实利益的纠缠，报道与说服者具有较强的专业精神和职业理念，坚持客观性原则，严守价值中立，所以传播内容的客观性容易得到保障，在传播对象心目中，更有公信力。

笔者认为，"宣传"一词在西方社会已经被注入了过多的负面意义，被贴上了说谎的标签，其诱导、劝服的意图和功利性目的过于鲜明，所以，在与国外同行交流时，应该考虑到对宣传一词理解的差异，可以也应该尽可能与国际常规接轨。但是笔者又认为，在对外报道与说服领域实在是没有必要在字面上将宣传全部转换为传播，宣传本身就是传播，是传播的一种具体形式。宣传等于传播，但传播不等于宣传。将对外报道或说服活动，无论称为宣传还是传播，都有不尽合理之处。只称宣传，功利性目的过于明显，宣传过程中单向性灌输的特征鲜明，难以树立媒体的公信力，难以获得国外目标对象的认同和理解，难以与国际惯例接轨。反之，仅以传播称呼，固然能够与国际接轨，能够反映对外报道和说服活动的规律性，但是，过于彰显的专业主义理念和价值中立的原则，容易冲淡媒体承担的社会责任和国家使命感，似乎面向目标国家的传播可以超越国家、民族的利益，而达到全球大同的境界。

---

① 〔意大利〕尼科洛·马基雅维里：《佛罗伦萨史》，李活译，商务印书馆，1982，第146页。
② 〔英国〕昆廷·斯金那：《马基雅维里》，王锐生、张阳译，工人出版社，1985，第108页。

　　但是，将宣传与传播并称来描述国家主导的对外报道和说服活动，似乎更加符合中国的现实国情，更加符合传播的规律。第一，宣传与传播并称，既突出了宣传与传播的联系及共同特征，同时又在一定的程度上揭示了这两者在当前语境下的差异。宣传等于传播，但传播不等于宣传，两者有各自的活动空间及运行规律。第二，宣传与传播并称，还在一定的程度上凸现了对外报道与说服工作者承担的社会责任和国家使命，不能在专业主义的旗帜下淡化自己的社会责任和对国家、民族的义务。同时也提示对外报道与说服活动必须遵循信息传播的基本规律，不能以国家使命的借口公然违背传播的基本规律和基本的职业理念。第三，宣传与传播并称，有利于强调、尊重宣传与传播规律，在传播活动中或者以传播的方式，实现宣传的目的。为此，宣传与传播工作者应该尊重传播对象、认识传播对象，深入了解传播过程，避免简单的单向传播，避免自上而下的灌输，重视来自对象的反馈，善于根据反馈调整宣传与传播的内容与形式。在这个意义上，改变过去"对外宣传"的提法，而以"对外宣传与传播"代之，不是简单的形式上的变化，而是基本理念的转换。它意味着，对外宣传与传播的专业特性越来越为人们所认知，国家使命和传播规律已经在越来越大的程度上，成为指导专业工作者职业活动的基本因素。所以，本书尽管直接来源于国家"十五"社会科学基金项目"新世纪中国对外宣传策略研究"，但在出版时突破了原来的框架设定，将宣传与传播并列为本书的逻辑起点。

二　对外宣传与传播

　　对外宣传与传播是相对于对内宣传与传播而言的。一般来说，对内宣传与传播是面向国内的报道与说服活动，是一个文化系统自身面向内部的传播行为。其宣传与传播的对象是国内的公众，这些公众可以分布在全国的范围内，也可以局限在一定的地域，如省、市级行政区划等。在社会主义国家，对内宣传与传播一般是由政府或执政党系统主导的，其主要任务是宣传执政党和政府的路线、方针、政策，争取公众舆论对政治权力系统和社会主导政治文化的认同，营造有利于社会发展和政治运行的舆论环境，增强政治系统权力来源的合法性，推进公民的政治社会化，实现政治系统预定的目标。而在自由主义国家，对内宣传与传播系统在直观的意义上，是在权力系统之外独立运行的。虽然如此，媒介系统的运行总是难以摆脱权力，特别是经济权力的直接或间接的制约。

对外宣传与传播，是指一个主权国家或文化体系针对另一个主权国家或文化体系进行的宣传与传播活动。对外宣传与传播有广义、狭义两种理解。广义的对外宣传与传播包括商业贸易等经济交流活动，如邮件、电报、电传、电话交流；人际交流，如旅游观光、移民；教育及文化交流，如留学、召开国际会议、体育比赛；外交和政治交流，如国家首脑会晤、军事会议以及院外集团游说行为等。在这个意义上，对外宣传与传播是一个主权国家整体对外交流的有机组成部分。从狭义角度来看，对外宣传与传播主要是指借助于各种专门的信息媒介向目标对象国家进行的有计划、有目的的持续的报道和说服行为，也称为国际新闻报道或者国际传播活动，其目标对象为外国政府、组织和社会公众。[①]

与对内宣传与传播相比较，对外宣传与传播有其自身的特征。关于对外宣传与传播的特征，中国资深对外宣传与传播专家沈苏儒先生在其专著《对外传播学概要》第三章中进行了简要的归纳。他主张，对外宣传与传播的特殊性表现在三个方面，即对外宣传是跨国的传播、跨文化的传播、跨语言的传播。[②] 也有人将受众国际化、手段多样化及鲜明的目的性视为对外宣传与传播的特点。笔者以为，这种特征的归纳，过于重视对外宣传与传播的外在表现，而忽视了对外宣传与传播的内在本质。在笔者看来，对外宣传与传播的特征，主要表现为如下五个方面。

第一是国家利益至上。与面向国内的宣传媒介不同，维护国家利益是对外宣传与传播的出发点。国家利益从根本上讲，是全国人民的共同利益，自然包括对外宣传与传播媒介及其从业人员的利益。但是国家利益与传播媒介的商业利益及从业人员的个人利益是不尽一致的。在国内宣传与传播领域，驱动媒体传播行为的主要是其自身的商业利益或个人利益。因

---

① 参见郭可著《当代对外传播》，复旦大学出版社，2003，第1~2页。
② 沈苏儒：《对外传播学概要》，今日中国出版社，1999，第45~67页。

为在国内成功的宣传与传播行为，必然会带来丰厚的商业回报。收视率或发行市场的份额，与广告收入是直接相关的。为了追求利润的增长，必须提升报纸的市场份额和广播电视节目的收视率。与此不同，对外宣传与传播的成功，虽然能够为国家带来长期的战略效益，如改善国家形象、传播国家的意志、争取国际舆论、反驳敌对国家的诬蔑，乃至在一定的程度上影响到相关国家的政治决策等，但是这种收益很难转化为即时的商业利益。充其量，对外宣传与传播媒介或其从业人员只是作为国家的组成分子，与其他组成分子共同分享对外宣传与传播的成果。

第二是宣传与传播对象的确定性与模糊性。对外宣传与传播的对象是其他目标国家的社会公众，这是确定不疑的。但是，对象国家的人口结构如何，社会分层如何，不同社会群体的利益诉求怎样，他们的接受能力、欣赏趣味如何，他们的感情倾向和政治态度怎样，他们在价值观、人生观方面是否存在差异等等，对于置身于目标国家之外的对外宣传与传播媒介及其从业人员来讲，是模糊不清的。可是成功的宣传与传播是以对对象的充分了解为前提的。在不了解对象的情况下进行的宣传与传播，只能是盲目的宣传与传播，没有针对性的宣传与传播。这种宣传与传播注定是不会有什么效果的。所以，对外宣传与传播者面对不甚了解的外国目标对象，不能满足于对他们的模糊认识，必须明晰地把握不同类型、不同层次宣传与传播对象的个性和共性，如此，才能量体裁衣、因人而异，提高对外宣传与传播的针对性、贴近性，强化宣传与传播内容的说服力。

第三是宣传与传播手段的多样性。对外宣传与传播既是主权国家对外交往体系的重要组成部分，同时它又自成体系。在对外宣传与传播过程中扮演劝服者角色的，既有传统的新闻传播媒介，如报纸、广播、电视、书刊，又有新兴的网络媒体；既有专门的信息传播工具，又有其他的非专业性的沟通渠道，如政府外交、首脑会晤、旅游、商业贸易、院外压力集团的游说活动、留学生教育、体育比赛、政府和民间的国际会议、移民等。这些不同的手段在对外宣传与传播过程中，发挥的作用和影响不尽相同，但是对于实现国家的国际战略目标同样是不可或缺的。作为国际关系的主体，国家在拓展国际交往、发展对外交流的过程中，不能简单地依靠某种或几种宣传与传播工具，哪怕这些工具是卓有成效的。它必须充分地发掘所有的对外宣传与传播资源，利用一切可以利用的宣传与传播手段。只有这样，政府主导的对外宣传与传播活动，才能从平面的、一元的转换成立体的、多元的。来自不同方面的信息将汇集成强势的主导话语，形成有利于宣传与传播者的拟态环境，最终影响目标对象的信息选择和态度。

第四是政治权力的直接调控。对内、对外宣传与传播的不同，还表现在政治权力的调控上。一般而言，在自由主义社会，政治权力与传播媒介保持着一定的距离，不直接干预媒介编辑方针和具体的业务活动。这种情形与自由主义社会新闻媒介的产业属性和私人所有制息息相关。既然媒介属于私人所有，既然媒介也是一种产业，干预媒介就如同干预经济一样，难为自由主义放任原则所容。对外宣传与传播则不同，在自由主义国家，对外宣传与传播媒介绝大部分由政府创办，属于政府所有，其运行经费也由政府财政保障。宣传与传播媒介在经济上对政府权力的依附性，决定了它不可能逃离政治权力的掌控。在社会主义国家，对内、对外宣传与传播媒介都是执政党和政府的喉舌，其编辑方针和业务运作都置于执政党和政府的直接领导之下。但是相对而言，对内宣传与传播媒介除了受政治权力的调控外，市场这个看不见的手，对媒介的运行也发挥着重要的影响。对外宣传与传播媒介则不同，它在比较完全的意义上接受执政党和政府的领导，对外宣传与传播媒介的人事财务、报道政策、编辑方针等，无不受到执政党和政府的约束。所以，从媒介与政治权力的关系上，对外宣传与传播媒介受到的政治权力的制约，比对内宣传与传播媒介要直接、严格得多。

第五是相对弱势的声音。对于宣传与传播对象而言，在大多数情况下，他所接受的来自外国的信息，只是他所接触到的全部信息的一小部分，或者是作为国内信息传播媒介的一个补充。也就是说，一个国家的对外宣传与传播，即便是最大限度地动员了所有的宣传与传播资源，相对于目标国家的对内宣传与传播来讲，总是处于弱势的地位。当本国与目标国家根本利益一致、彼此关系友好时，这种弱势的宣传与传播也能起到一定的作用，它或者强化目标国家的主流声音，或者补充目标国家对内宣传与传播的不足。但是在目标国家与本国利益发生冲突，或处于敌对状态时，本国对外宣传与传播在目标对象心目中的弱势地位，使其难以与目标国家的主流声音相抗衡。在这种情况下，对外宣传与传播媒介要实现自己的目标，就只能以弱胜强，寻找目标国家主流意见的薄弱环节，集中火力，才能影响目标对象的思想、态度，形成有利于本国生存发展的舆论环境，进而影响目标国家的决策行为，从根本上维护、实现国家的利益。

三　对外宣传与传播的使命

对外宣传与传播不同于对内宣传与传播的最核心的内容，还是政治体系赋予它的具体使命。总的来看，对外宣传与传播的使命，集中表现在以下五个方面。

一是完整地展现国家形象。对外宣传与传播最重要的历史使命，就是在目标国家的对象面前，展现祖国的完整形象，让世界了解"我的"祖国。这就是所谓的"了解第一"原则。让世界了解中国，是中国对外宣传与传播媒介最重要的职责。只有让其他国家的公众了解中国，中国才能为他们所接纳，最终获得他们的认同。只有得到了国际社会的认同，中国才能够顺利地融入全球体系，利用和平的国际环境，充分地发展自己、壮大自己，以实现中华腾飞的战略目标。作为国家形象的主要构成因素，对外宣传与传播媒介首先应该向目标国家的对象传播本国的民族精神和历史文化传统，让目标对象了解中国人的精神风貌、思维方式和民族性格，了解中华民族在世界文明进化过程中的历史贡献。所谓"人之相交，贵在知心"，这种介绍就是在做推心置腹的工作，目标对象了解了我们的心，就容易与我们坦诚相待了。另外，对外宣传与传播媒介还应该向外国的目标对象介绍本国政府领导人，传播本国政府重要的路线、方针、政策，及本国在重大国际、国内问题上的基本态度。尤其是国家领导人，作为本国人民的代表，本身就是国家形象的体现。中国作为正在和平崛起的世界大国，其政治领导人应该表现出大国风范。此外，对外宣传与传播媒介还要向国外的目标对象介绍中国的基本国情，如中国壮丽的山河、丰富的物产、和谐共处的多民族、人口与宗教格局、经济发展的实际水平、基本政治制度等等。目标国家的对象如果能够从这些层面了解中国、把握中国，中国的负责任的世界大国形象就容易树立起来了。

二是传播国家的立场与主张。中国作为正在崛起的世界大国，尚处于社会主义社会的初级阶段，其人口占世界总数的五分之一，总的经济发展水平还很低，政治制度也不是很完善。为了解决经济与社会发展的问题，平稳地实现中国的社会转型，在国际事务中，在重大国际国内问题上，中国自然有自己独特的利益考量。绝不可能再现过去一边倒的现象，决不会人云亦云，随其他大国的指挥棒跳舞。在国际交流中，对外宣传与传播媒介应该表达中国自己的主张、自己独特的立场和态度，积极主动地为这些主张、立场、态度辩护，这是捍卫国家根本利益的前提。因为，作为国际关系的主体，国家的主张、态度和立场，只有为伙伴国家所了解，才能得到他们的尊重。对于重大的国际事务、重大的国际问题，一个国家的合法政府没有自己的态度，不发表自己的主张，这无论如何是说不过去的，更何况是一个正在崛起的具有全球影响力的世界大国。

三是驳斥敌对国家的攻击和诬蔑。正如在人际交往中，利益决定了人们行为的动机，在国际关系的舞台上，国家利益是主权国家国际交往的出发点。为了国家的根本利益，国家和国家之间难免发生矛盾和冲突，甚至爆发战争。至于主权国家之间通过信息传播手段进行的争论、攻击，更是十分普遍。当全球力量平衡状态被打破，国家之间的利益格局发生变化时，几乎所有新崛起的国家都会引起周边社会普遍的怀疑甚至敌视，随之而起的必然是大规模的妖魔化宣传：将新崛起的国家描绘为可怕的威胁，将力量格局变化视为万象纷乱之源，将新兴国家发展过程中出现的问题无限放大，而对它们取得的成就视而不见。于是，新崛起的充满活力的国家及其形象就会遭到敌对国家政府及宣传媒介的诬蔑、歪曲。有人说，21世纪是亚洲的世纪，更是中国的世纪。这说明中国的崛起将在很大的程度上改变世界的力量对比和全球的利益格局。在这个背景下，中国也成为某些西方既得利益国家宣传与传播媒介妖魔化的对象，什么"中国威胁论""中国输出通缩"，什么"人权状况""人民币币值重估"等，都是出于自身利益考量而对中国发起的无端攻击。对此，中国对外宣传与传播媒介当然应该理直气壮地、以确凿的事实依据进行有说服力的辩驳，还原事情的本来面目，向国外的公众展现中国社会发展的真相。

四是营造有利的国际舆论环境。在政治经济全球化的时代，每个国家的生存和发展在很大的程度上受到其置身的国际环境的影响。国际环境有广、狭二义。狭义的国际环境主要指物质环境，即国家之间客观存在的政治、经济及其他物质利益关系。广义的环境包括物质的硬环境和精神的软环境，舆论环境就属于国家生存和发展不可或缺的精神软环境。这种软环境，直接关系到主权国家在国际上被认可、接纳的程度，影响到国际舆论对主权国家的内政外交的评价。在"全球村"由梦想变为现实的情况下，每个主权国家都以开放和融入全球体系作为基本的政策取向。任何一个开放的国家，都会十分在意国际舆论对自己的态度，这种态度的性质意味着主权国家的政策实施将会遇到何等程度的困难，或实现国际战略目标的过程将是如何的顺畅。所以，每个国家都会赋予其政府支配下的对外宣传与传播媒介争取国际舆论的重任，以便营造有利于国家利益实现的舆论环境，增强本国在国际社会中的亲和力、可信度，展现本国和平崛起的真诚意愿，说明本国的崛起对维护世界和平及对象国家根本利益的重要意义。由于这些解释、说明，本国将容易被目标国家的宣传对象视为朋友，而不是敌人，视为利益与共的伙伴，而不是怀有恶意的竞争者。在这种情况下，本国的主张和立场，就容易得到国际社会的认同和支持。

五是影响相关国家的政府决策。对外宣传与传播的最高目标是维护和实现国家的根本利益。为此，对外宣传与传播媒介必须完整地展现国家的形象，传播国家的立场和主张，驳斥敌对国家的攻击和诬蔑，营造有利的国际舆论环境，从而最终影响目标国家的政治决策。目标国家的政治决策，虽然是由目标国家的政治领袖做出的，但是影响他们做出这一决策的因素有很多，其中关键的乃是目标国家民众的意愿。在西方自由主义国家，一般民众的意愿往往会落实到政府决策的议程上，因为国家权力机关、行政机关本身就是民意的产物。领袖任期届满时，民众还要就领袖的连任或更替做出选择。民众的政治态度，能够从根本上影响政治领袖的决断。没有任何一个政治领袖能够无视民众的意志而为所欲为，只要他还想继续掌权。特别是大选年，政治家无不以取悦选民为能事。因此，对外宣传与传播媒介如果能够让目标国家的普通选民认同自己的见解，赞同自己国家的立场和态度，视自己的国家为伙伴和朋友，就容易引导目标国家的政府做出有利于本国利益的决定。如果不是选举年，目标国家民众对政治领袖的压力相对就要小一些，在这种情况下，对于宣传与传播对象的定位可以做适当的调整，将宣传与传播集中于目标国家的政治精英，如国会议员、政府行政系统人员。在必要的时候，还可以利用自由主义国家权力制衡的政治架构，利用国会影响行政部门的决策。在这方面有很多经典的案例。在第一次世界大战之初，美国政府本身想置身于战争之外，但英国高明的宣传家利用血浓于水的民族亲情，首先说服美国的普通民众，再通过他们向政府施压，终于将美国拖入战争，免除了亡国之祸。

总之，在全球化时代，主权国家的对外宣传与传播肩负着多重的使命，其中最重要的是展现国家的形象，即让外国人民了解本国。这是其他使命得以实现的前提。目标国家的公众对本国的国情、对本国的文化传统不了解，对本国的政治经济现实一无所知，就难以理解、认同本国基本的立场和现实政策，就无法争取国际舆论的同情和支持，更谈不上影响目标国家的政治决策。但是，仅仅让目标国家的人民了解本国是远远不够的。了解最重要，但了解绝不是全部的目标。为了实现国家的根本利益，对外宣传与传播部门在目标对象了解本国国情的基础上，还要有更积极的追求，而其他的四大使命，正是了解本国前提下的合乎逻辑的发展。

四　对外宣传与传播研究的发展

对外宣传与传播是伴随着政治社会的出现，即伴随着国家的出现发展起来的。只要有两个以上的国家，就有国家间的关系，有国际关系就有国家主导的对外宣传与传播。从古代希腊诸城邦与波斯帝国的战争，到中国战国时期围绕着合纵连横进行的游说活动，以及汉武帝时期张骞出使西域的行动等，都可以看到国家主体在对外宣传与传播方面的强烈企图心。当然这些早期的对外宣传与传播主要是借助于原始的传播手段，其覆盖范围及其效果都是非常有限的。

现代意义上的对外宣传与传播，是随着近代报纸等媒体，特别是广播电视的出现而登上历史舞台的。18世纪以来，工业革命兴起，跨越地区、国界的商品市场形成，全球化浪潮一浪高过一浪。主权国家之间出于国家利益而进行的对外宣传与传播活动，因其手段的日益现代化而变得愈来愈频繁、愈来愈成熟。特别是在战争时期，尤其是地区性战争、全球性战争时期，对外宣传与传播成为交战国家之间进行全面对抗时的思想战线，对战争的结局发挥着重要的甚至是决定性的影响。20世纪上半期爆发的两次世界大战，使国家间的对外宣传与传播成为战争体系的重要组成部分，并且在很大的程度上影响到战争的结果。冷战时期，对外宣传与传播更是成为社会主义和帝国主义两大阵营角力的基本手段。历史学界普遍认为，苏联、东欧各社会主义国家的失败，在一定的程度上是西方帝国主义阵营成功地进行对外宣传与传播的结果。这种现实引起了学术界的高度重视。第一次大战结束后，美国政治学家、传播学的创始人哈罗德·拉斯韦尔专门就第一次世界大战中交战国之间的对外宣传活动撰写了一本学术专著《世界大战中的宣传技巧》（1927年版）①，这本书被看成传播学奠基之作。在第二次世界大战前夕，日本宣传学者小山荣三出版了《宣传技术论》，就对外宣传的策略与艺术进行了深入的探讨。第二次世界大战后，一个战时负责日本对外宣传的军官池田德真撰写了一本专著《宣传战史》，剖析了战争期间主要交战国对外宣传的特色，并就其成败得失进行了评析。

在中国国内，由于近代新闻传播事业的发展落后于西方发达国家，中国政府在利用现代传媒服务于国家的国际战略，争取国家利益最大化方面，比西方政府要逊色得多。维新运动时期，康梁诸君子就意识到对外宣传的重要性。孙中山更是利用对外宣传唤起外国友人的同情，争取国际资源，致力于国内的资产阶级革命。民国时期，中国政府在重庆创办了旨在对外传播的"中国之声"电台；在中国共产党控制的根据地，延安新华广播电台于1941年开始对外播音，虽然电台规模很小，但是在国际传播领域具有重要的意义。1949年新中国成立后，对外宣传与传播事业发展进入了正常轨道。20世纪50年代，出于向世界输出社会主义、解放全人类的目标，中国政府在发展广播电视事业方面，坚持先对外后对内、先中央后地方的方针。到20世纪60年代，中国国际广播电台在播音语种及规

---

① 〔美〕哈罗德·拉斯韦尔：《世界大战中的宣传技巧》，张洁等译，中国人民大学出版社，2003。

模方面，已经进入了世界前几名。改革开放以来，随着经济的迅速发展和综合国力的增强，中国对外宣传与传播事业的发展进入一个全新的阶段。

随着中国对外宣传与传播事业的发展和思想解放运动的推进，国内学术界对对外宣传与传播的理论与实践问题的关注与日俱增。对外宣传与传播学研究逐渐成为新闻传播学学科的一个重要的研究领域，并且出版了一大批重要的研究成果。其中段连城的《对外传播学初探》（中国建设出版社1988年版）是一部开创性的专著，在一定的程度上填补了国内对外宣传与传播研究的空白；王仲莘的《对外宣传初论》（福建人民出版社2000年版），沈苏儒的《对外传播学概要》（今日中国出版社1999年版），刘继南、周积华等的《国际传播与国家形象——国际关系的新视角》（北京广播学院出版社2002年版）等，也就对外宣传的理论与实践问题进行了比较深入、比较系统的研究，是国内对外宣传与传播研究方面富有价值的学术专著。郭可撰著的《当代对外传播》（复旦大学出版社2003年版）在前人研究的基础上，别出心裁，提出了不少独到的见解。还有沈兴大、刘义春编的《对外传播文选》（人民中国出版社1990年版）、刘继南主编的《国际传播——现代传播论文集》（北京广播学院出版社2000年版）、蔡帼芬主编的《国际传播与对外宣传》（北京广播学院出版社2000年版）以及中央对外宣传办公室研究室编辑出版的《对外宣传工作论文集》（五洲传播出版社1998年版），集纳了国内对外宣传与传播方面的研究文章，对于对外宣传与传播的含义和基本特征，主体和客体，基本任务和地位、作用，指导思想和方针原则，艺术和技巧，策略的掌握，时效与时机的要求，对外宣传与传播的效果，以及对外宣传与传播同对内宣传与传播的区别进行了较系统的研究。此外，新华社对外新闻编辑部编辑出版的期刊《对外宣传参考》、中国国际广播电台研究室编辑的《国际广播论文集》，作为对外宣传与传播研究的学术园地，在推进对外宣传与传播研究方面也功不可没。

应该指出的是，在上述学术成果之外，对外宣传与传播部门及学术界关于对外宣传与传播的专题学术会议日渐增加，其议题涉及国家形象、对外宣传与传播的战略和策略、中西对外宣传与传播的比较、外国媒体对华报道等。值得注意的是国务院新闻办公室于1998年初主办的"全国外宣工作理论研讨会",会议成果最后结集(《对外宣传工作论文集》)出版,在对外宣传与传播领域产生了重大影响。清华大学国际传播研究中心在1999年12月9日召开了"21世纪中国国际形象构建研讨会",来自海内外的60多名学者围绕国际传播和中国形象问题进行了深入的探讨。代表们主张,中国自身的发展是塑造正面国际形象的基础。当前国际媒体对中国的报道和分析往往是不公正、带有偏见的,同时西方媒体在国际传播界占有极大的传播优势,我们要掌握自身的形象制造权就必须打破西方媒体在塑造中国形象方面的思想模式和话语霸权。[①] 而要树立我国的良好国家形象,首先要树立我国媒体公正、可信的传播者形象。[②] 这些高水平的学术会议,对于改进中国当前的对外宣传与传播实践,重塑中国的国家形象,具有重要的现实指导意义。

拙著《国家形象传播——新世纪中国对外宣传与传播研究》试图在上述研究的基础上,站在国际传播的高度,结合中国对外宣传与传播的历史与现实,总结历史的经验与教训,就21世纪中国对外宣传与传播的战略与策略诸问题进行粗略的探讨,如果能够就相关问题给对外宣传与传播部门提供些许有益的建议,或在对外宣传与传播理论研究方面有所助益,则说明本书达到了笔者预期的目的。但是笔者深知,这本小书所进行的只是初步的探讨,所以真诚地期盼本书的出版能够进一步激发业界和学界的研究激情,促进中国对外宣传与传播理论的发展。

---

① 王希:《有关中国国际形象的思考》,《国际新闻界》2000年第1期,第5~8页。
② 司久岳:《传播者的形象和传播效力》,《国际新闻界》2000年第1期,第9~10页。

《国家形象研究丛书》总序

在全球化、信息化的背景下，国家与国家、国家与国际组织的关系，乃至人类未来的命运，在很大的程度上取决于各国公众对国际社会行为主体（国家）的认知判断和情感投射。在国际社会，一个国家如果能够得到国内外公众的普遍认同，其政策目标和施政行为能够得到国内外公众的理解、同情和支持，就不仅能够占据道义上的制高点，左右逢源，而且能够获得绵绵不绝的物质资源支持。国内外公众何以会认同、理解、尊重、支持这个国家，同时却反对、厌恶、鄙视那个国家，与当事国在国内外公众心目中的形象是分不开的。国家形象是国家在国际社会的口碑，是当事国的物质存在和精神气质在国内外公众心理上的投影，是国内外公众对当事国的历史、现实及其行为趋向的综合评价。

一　国家形象及其认知功能

在国际关系视域，国家形象直接影响到国家利益的实现与否。因为在国内外民众眼中，形象好的国家，大多是经济发达、民众富裕、社会文明、文化繁荣、政治民主、和谐包容、乐善好施、捍卫道义的国家。这些正面的形象表征对其他国家民众而言，往往具有一种道义上的影响力、感召力、公信力，所谓得道多助，失道寡助，在与其他国家进行角力竞争时，形象好的国家更容易得到国际舆论的同情、理解和支持。对于本国人民来说，本国的正面形象呈现，更是他们的自豪感、归属感、向心力、凝聚力的重要来源。绝大多数国民都会为自己祖国的成就而骄傲，都会热爱他引以为自豪的祖国。国家兴亡，匹夫有责。当祖国需要时，他们愿意慷慨赴死。国民这种正面的情感体验，对国家的治理和经济文化的发展，对国家在国际社会的竞争，对国家与国家的交流互动，都是一种不可或缺的积极因素。而一个形象糟糕的国家，一个只能给国内外公众负面观感的国家，既不能赢得国际舆论的尊重，又不可能获得国内公众的理解、认同和支持。

在认知功能上，国家形象如同个人的形象。古希腊著名哲学家柏拉图曾经说过，国家是个人的放大，个人是国家的缩小。国家的性格是由其人民的性格决定的。在全球化如火如荼的今天，个人往往被视为国家流动的名片，是国家的代表。诗人余光中说："当你不在中国，你便变成了全部的中国。"人们对个人形象的认知和对国家形象的认知，在心理机制上几乎完全相同。首先，形象基本来源于客观实在，在个人方面是这个人肉体本身及其内在气质，在国家方面则是国家的客观存在，包括其赖以成立的土地、人民、政府、军事、经济与文化，这个来源是先天的客观存在，是不以人的意志为转移的。没有这个客观存在，就不会有所谓的国家或个人形象。其次，形象还来源于媒介对国家或个人的报道，在极少数个别的场合，我们是与国家、个人相关的事件的见证人，我们直接看到事情在我们眼前发生，从而形成了我们对这个个人或国家的印象。但是由于世界广大，宇宙辽阔，我们不可能事事经历，在绝大部分场合，我们是通过媒介的报道来认识相关的国家或个人的。而媒介的相关报道总是有自己的立场、态度，总有自己的情感投射，不会是完全客观中立的。我们对国家或重要人物的认识，大多来源于这一并不完全可靠的媒体。最后，形象还来源于国内外公众的直接感知，如通过人际交往对某个人物形成认识，或通过留学、阅读、参观、旅游等方式亲身观察、体验某个国家，或者通过直接消费某个国家提供的产品或服务，从而形成对特定国家或个人的印象。这种感知与印象会因历史、文化、风俗的差异千差万别。同样一个人、一件事、一个过程，对不同的人可能具有完全不同的意义，因而会给人留下截然不同的印象。

由于国家形象对国家的重要意义，自有国家以来，各国政治精英和思想家们无不重视国家的形象呈现，都希望以理想的形象呈现赢得国内外的人心——毕竟得民心者得天下。一方面是得国内的人心。孟子说："桀、纣之失天下也，失其民也；失其民者，失其心也。得天下有道：得其民，斯得天下矣；得其民有道：得其心，斯得民矣；得其心有道：所欲与之聚之，所恶勿施，尔也。"① 如此方能强化国民的向心力、凝聚力，增强国民的归属感、认同感。另一方面是争取国际社会的人心。在国际关系上，孟子反对强权政治，反对霸道，崇尚王道，他明确地将王道和霸道对立起来，"以力假仁者霸，霸必有大国；以德行仁者王，王不待大"。② 这种理念与当今世界流行的软实力观念十分相似。占领道义上的制高点，就能够做到天下归心。这种道义化身，就是理想的国家形象，它对国内外民众的吸引力、影响力、感召力，是国家软实力的重要表现。软实力固然不同于硬实力，但在国际关系领域，对于一个国家根本利益的实现，软实力起到的作用往往不输于硬实力。

习近平就任中共中央总书记以来，一直重视中国理想国家形象的建构。2013 年 12 月 31 日，习近平在中共中央政治局第十二次集体学习时强调，"要注重塑造我国的国家形象，重点展示中国历史底蕴深厚、各民族多元一体、文化多样和谐的文明大国形象，政治清明、经济发展、文化繁荣、社会稳定、人民团结、山河秀美的东方大国形象，坚持和平发展、促进共同发展、维护国际公平正义、为人类做出贡献的负责任大国形象，对外更加开放、更加具有亲和力、充满希望、充满活力的社会主义大国形象"③。2014 年 7 月，习近平在韩国首尔大学演讲时，又从三个方面描绘了中国的国家形象。第一，中国将始终做一个维护和平的国家。中华民族是爱好和平的民族，过去是，现在是，将来也是。和平、和睦、和谐的追求深深植根于中华民族的精神世界之中。第二，中国将始终做一个促进合作的国家。中国坚持按照亲、诚、惠、容的理念，深化同周边国家的互利合作，努力使自身发展更好惠及周边国家。第三，中国将始终做一个虚心

---

① 《孟子·离娄上》。
② 《孟子·公孙丑上》。
③ 《习近平：建设社会主义文化强国　着力提高国家文化软实力》，新华网，http://www.xinhuanet.com/politics/2013-12/31/c_118788013.htm，2013 年 12 月 31 日。

学习的国家。有人认为发展起来的中国必然成为一种威胁，甚至把中国描绘成一个可怕的牛魔王。"我想告诉大家的是，这种看法是不正确的。好在真理是客观存在的，并不会随着这样那样的说法而改变。"① 从习近平的多处论述中，可以看出他心目中理想的中国形象应该包含以下几个重要元素：热爱和平、经济发展、文化繁荣、族群和谐、开放包容、政治清明、社会稳定、山河秀丽，在国际社会是维护公平正义的敢于承担的负责任的大国形象。

二 反思中国当下的国家形象传播

当今中国对国家形象的重视程度，可以说不亚于其他任何国家。最近30年来，随着中国改革开放国策的推进，中国经济长期以 9% 的年增长率提升，其经济规模的扩张、国民生产总值的增长和国民财富累积的速度，中国在国际社会话语权提升的速度，大大地超越了人民的想象。国家形象也因此发生了重大的变化，昔日的"东亚病夫"摇身变为强国，积贫积弱转变成繁荣小康，闭关保守变身为开放进取，尖锐的阶级对立演变为社会和谐，成功的中国模式在一些第三世界国家引起了羡慕和仿效。与此同时，在一些西方国家，由于意识形态及冷战思想余毒的影响，"中国威胁论"一时甚嚣尘上。反思中国国家形象建构的战略和策略，我们会发现，中国在对外传播和国家形象建构方面投入的资源甚多，从传统媒体到新媒体，在政治、经济、文化和国际关系诸领域，基本上建立起覆盖全球的传播体系。但客观地说，就国家形象建构与传播的效果而言，还很难令人满意，与国家和人民的期待相比，尚有相当大的差距。

何以会出现这种情况？究其原因，不外乎主观与客观两个方面。从主观方面看，我们的观念落实于现实，飞速发展的新闻传播实践把我们的僵化的思想意识远远地抛在了后面。首先，我们对新闻传播的认识仍然停留在战争年代，对于宣传或传播功能的理解，似乎仍沉湎在魔弹论的虚幻之

---

① 《习近平在韩国国立首尔大学的演讲（全文）》，央视网，http：//news.cntv.cn/2014/07/04/ARTI1404476721127749.shtm，2014 年 7 月 4 日。

中。在一般党政官员心里，新闻传播包括对外传播似乎法力无边，不怕做不到，就怕想不到。无限地夸大对外宣传的功能，其结果必然是期望泡沫的破灭，以及对传播效果的彻底失望。其次，由于对新闻传播功能的放大，自然地得出了一个荒谬的结论：我们做的工作一切都好，就是没有宣传好。国家形象的建构达不到预期，主要是宣传没有到位。如果国家形象不好，板子当然应该打在对外传播工作者的屁股上。这种观点完全背离了马克思主义的认识论，完全背离了物质第一、意识第二的基本哲学原理。最后，无视外国新闻传播工作者的职业操守，将外媒的报道即便是客观中立的报道也一概斥之歪曲、妖魔化。我们当然要正视西方社会少数不良媒体及其从业者的偏见，正视他们的国家利益和意识形态对其报道的影响。但也不能因此一竿子打翻一船人。事实上，外国传媒及其从业者中也有不少人是怀抱理想主义精神和职业良心的典范。在中国共产党自身的历史上，就曾经得到不少欧美优秀记者的关照，正是斯诺、史沫特莱、安娜·路易斯·斯特朗的报道，打破了国民党的宣传封锁，在西方社会成功地降低了国民党对中国共产党人的妖魔化宣传的影响。

从客观操作的层面看，当前中国传播领域的许多做法与传播规律及人们认知规律的要求相去甚远。理性地反思这些问题是改进对内对外传播方式、完善国家形象的不可或缺的选择。笔者以为，当前中国国家形象建构在操作层面上存在的问题，表现为以下几点。

第一，顶层设计和资源配置尚待进一步优化。国家形象建构千头万绪，是一个涉及面极广的系统工程。就党和政府职能部门而言，有中宣部、中央网管办、国务院新闻办、教育部、外交部、国防部、工业和信息化部、商务部、国家广电总局、文化和旅游部、国家体育总局、国家宗教事务局、国家文物局、国务院侨办、国家外专局等，这些部门的部分管理职能在不同的程度上都涉及国家形象；在信息传播媒介方面，涉及传统的报纸、期刊、出版、广播、电视、电影、网络新媒体、文物展览、体育赛事、商业贸易、旅游观光、艺术演出、留学生教育等等，这些媒介都会在不同的侧面投射国家的形象。要做好国家形象建构工作，应该对这些不同的子系统、不同的系统要素进行全面系统化的梳理，精密统筹，对涉及国家形象的物质与信息资源进行优化配置，以此发挥系统的集成效应，也就是一加一大于二的效应。应该说在当前阶段，我国在这个方面的工作刚刚起步，还有相当大的改进与提升的空间。如果在这些中央层级的职能部门之外，在那些众多的不同性质的媒介之上，有一个统筹协调的机构，能够在国家战略的层面进行顶层设计，科学高效地配置资源，就能在极大的程度上提升国家形象建构的绩效。

第二，官本位意识与官方媒介体系在一定程度上不利于理想国家形象的建构。官本位意识是中国传统文化的核心内容。中国传统文化倡导学而优则仕。官场是学人理想的归宿，也是庶民膜拜之所。长期以来，在国人眼中，官意味着正统，意味着权威。所以，党和政府的官员，党和政府的媒体，在一般国人心目中有较高的权威性，有很强的公信力。这在中华文化圈是一个不容否认的事实。但是在西方社会，特别是欧美资本主义国家，权利意识、民主观念深入人心，一般民众对政府和官员持有一种本能的怀疑心态，官方话语的权威性远不如东方的中国，民间的声音、没有官方背景的独立媒体的意见，反而能够得到民众的认同和信赖。中国当前的新闻传播系统是由执政党和政府完全主导的，这在国内看来是正常的，国内民众容易理解，也认同、接受党政机关媒体的观点。即便是中亚、南亚、非洲、中南美洲某些国家和地区，也在相当的程度上认同中国官方媒体。但是欧美主要国家，包括美国、英国、法国、德国、加拿大，还有日本等，其绝大部分民众已经形成了质疑官方立场的思维定式，批判思维决定了他们处理官方信息的基本取向，因此他们容易对中国官方媒体的正面信息做负面的解读。这对于树立积极正面的中国形象是不利的。在这种情况下，民间的传播机构、非正式的传播渠道，可能会收到正规渠道难以达到的效果。

第三，机械地理解、执行正面为主的宣传方针，在一定程度上消解了对外传播媒体的公信力。外交是内政的延伸，内政决定外交。作为内政的一个重要环节，宣传系统一直是政策宣传、社会动员的主要渠道。为了发挥宣传的引领、动员功能，国内新闻界一直遵循正面宣传为主的方针，以弘扬主旋律、提供正能量为宗旨。对国内而言，这当然是必要的，也是正确的。中国复杂的国情和社会稳定的急迫需求，决定了和谐与发展的极端重要性。但是在对外传播的时候，如果没有考虑到对象的差异，完全照搬对内的正面为主的方针，可能会出现反向效果。因为是对外，秉持"外事无小事"的宗旨，在执行这个方针的时候，可能更趋保守，在主次尺度的把握上会更加偏紧。于是，以正面宣传为主，可能演变为全部是正面的内容。可以想象，一个充满矛盾的世界，怎么可能只有光明而没有黑暗，只有成绩而没有缺点，只有英雄而没有懦夫，只有进步而没有倒退？如果我们的媒体只有正面、光明的东西，到处莺歌燕舞，它只会消解中国对外传媒的公信力，引发西方社会读者、观众的怀疑、反感，乃至逆反心理。

第四，片面地理解以我为主，忽略了对目标国家当地权威媒体的利用。在国际社会，国家形象的建构，一般是借由两个基本的传播系统来完成的。一是当事国自己的媒介系统，二是目标国家当地的媒介系统。当事国自己的媒介系统，操之在我，在对内对外传播方面，在讲自己的故事、传播自己的声音方面，得心应手。但也有难以解决的问题，那就是在目标对象国家难以落地，即使落地了，也难以为当地的民众所接受，即使被接受了也不一定被理解。笔者在2011年末，曾到英国格拉斯哥大学做过一个调查，在其新闻学院一个班级的学生座谈会上发现，这些学生没有一个人对中国的印象直接来自中国的权威媒体。他们的中国印象主要来源于当地的主流媒体，如BBC、《泰晤士报》、《卫报》，还有中国在当地举办的展览，如秦俑展、熊猫展等。这说明要在国际社会树立中国形象，主要应该利用当地的权威媒体，因为当地媒体与当地民众有千丝万缕的联系，具有天然的接近性、贴近性。对于当地权威媒体发布的有关中国的信息，他们基本上不会怀疑，其传播效果要远远好过中国官方媒体对当地的传播。所以，中国的当务之急，是学会利用当地的权威媒体，实现中国权威媒体与当地媒体的协同传播。

第五，无视地区、文化的差异。在中国对外传播领域，基本上沿袭了大工业生产的模式，以无差别的大批量信息生产面向几乎所有的外国的读者、听众、观众，基本上不考虑对象的地区、文化差异。也许同一传播内容在某一地区是成功的，得到了当地民众的认同、理解和接受，而在其他大部分地区，则可能是失败的，可能会引起当地民众的反感甚至遭到拒绝。近年来，国内外许多民意调查都证明了这一点。美国智库皮尤研究中心 2010 年 6 月 17 日公布的全球民意调查报告表明：在美国和西欧，不足一半的被调查者对中国持积极态度；大多数德国人（61%）和法国人（59%）还有土耳其人（61%）给中国"不喜欢"的评价；非洲肯尼亚 86%、尼日利亚 75% 的被调查者对中国持赞许观点；俄罗斯人（60%）对中国主要持积极态度；南亚的巴基斯坦（85%）和印度尼西亚（58%）的大多数被访者对中国持积极态度。何以会出现这样的情况？很显然，地缘政治，还有意识形态方面的原因，导致不同国家、地区的民众对于同样的信息内容做出了不同的反应。在国际社会要形塑理想的中国形象，就应该对不同国家、不同地区、不同文化背景下的民众，在内容组织上进行个性化的安排，以加强传播的针对性、贴近性，提高说服的效果。

要在国际社会成功地树立起理想的中国形象，必须妥善地解决以上的种种问题。而这些问题的解决，又是一个系统工程，涉及政治、经济、文化诸多层面。只有把这些问题纳入国家发展整体战略的高度，精心地进行顶层设计、统筹安排，才有彻底解决的可能。中国社会未来发展的路线图已经十分清晰。从邓小平的"三步走"战略，到中共十八大提出的"两个一百年"目标——即在中国共产党成立一百年时全面建成小康社会；在新中国成立一百年时建成富强民主文明和谐的社会主义现代化国家——都是致力于中国的和平崛起，实现中华民族的伟大复兴。而中国的崛起，必然会导致世界权力格局重新洗牌，建立于第二次世界大战结局基础之上的以美国为主导的西方世界的主导地位，可能会因此削弱。因此，中国的崛起过程绝不会一帆风顺，甚至可能会招致各种遏制或阻碍的行为，近年来美国甚嚣尘上的"亚太再平衡"战略，以及西方主流社会对"中国威胁论"的渲染，就是明显的迹象。美国总统特朗普奉行的美国优先和逆全球化战略，直接视中国为最大的威胁。为了确保美国的战略主导地位，甚至不顾国格，举全国之力封堵华为。未来一段时间，中美之间、中欧之间绝对少不了波折。所以，要实现中国的崛起，不仅需要高瞻远瞩的政治、经济、外交和军事战略，还要有与此紧密协调的传播战略，打破一些国家的妖魔化宣传，有效地传播中国的声音，讲述迷人的中国故事，在国际社会树立起和平、正义、民主、进步、富强和敢于担当的负责任的大国形象。

近年来，随着中国作为世界大国的崛起，中国融入全球体系的程度不断地加深，国际舆论、国际社会对中国的整体评价，也在越来越大的程度上影响到中国国家战略的实现。所以各界无不重视国际传播和国家形象建构的相关议题，不仅在物质层面加大投入的力度，建设覆盖全球的信息传播体系，发展和繁荣文化产业，保障内容的供给，同时集中人力资源和物质资源，在宏观、中观、微观不同视角，深入系统地探索国家形象建构的规律。其中最重要的途径就是国家和各部委社会科学基金的项目资助。最近 10 多年来，国家社会科学基金表示出对国际传播、国家形象的高度关注，通过对相关的研究课题给予经费支持，为国际传播、国家形象研究的深化提供了资源保证。由于综合国力的持续增长，教育科研经费的比例加大，这类基金资助的力度也越来越大。对国家及教育部社会科学基金的重大招标项目，其资助力度为 80 万元；对国家社会科学基金重点课题单项资助金额为 35 万元；其对一般课题、青年课题单项资助 20 万元。这些科研基金的资助，使国际传播、国家形象研究能够在坚实的物质基础上长期、有效地拓展和深化。从国家级社科基金的参与者来看，他们主要来自三大主体：其一是中央和地方高校，其二是新闻传播机构自身的科研部门，其三是党政机关的相关研究部门。中央和地方高校的新闻与传播院系，作为知识生产和理论创新的主力军，是许多国家级重大招标课题的承担者。从国家社科基金新闻学与传播学科中涉及"国际传播""国家形象"主题的中标项目数量看，2005 年至 2012 年相关主题的中标项目的数量整体上保持了稳定的增长，2005 年占新闻与传播类中标课题的 11.76%，2006 年为 12.12%，2007 年为 12.82%；2008 年至 2010 年出现小幅度的下降，分别为 10%、10.42% 和 8.45%。2011 年和 2012 年，"国际传播"又开始成为国家社科基金的热点议题，分别占新闻与传播类中标课题的 18.89%、15.38%，其中 2011 年重大招标项目为 2 项，2012 年重大招标项目为 3 项。由此可见，随着全球化趋势的增强和中国国际地位的提高，"国际传播""国家形象"研究已成为学界和官方日益关注的重点课题。

三　国家形象建构路径的新探索

　　笔者在 20 世纪末期就开始介入对外传播与国家形象建构的相关议题。

曾经主持过两个国家社会科学基金一般课题，研究主题都是对外传播策略与国家形象建构。围绕这个主题，笔者发表了一系列的论文，出版了专著《国家形象传播》（复旦大学出版社，2005），这本书还获得了 2009 年度教育部人文社会科学成果奖。2011 年，由我担任首席专家的华中科技大学研究团队成功地申报了国家社会科学基金重大课题——"跨文化传播中的中国国家形象建构研究"，研究团队成员不仅有自己的博士研究生、博士后，还有华中科技大学的优秀师资。近 10 年来，研究团队聚焦跨文化传播与国家形象建构，陆续发表了数十篇学术论文、报告，结集出版了《跨文化传播与国家形象建构》（武汉大学出版社，2015）。而且以这一研究团队为中心组建了华中科技大学国家传播战略协同创新中心，该中心于2018 年正式改组为华中科技大学国家传播战略研究院。在前期研究的基础上，研究团队将正式推出《国家形象研究丛书》（全套共 13 本），作为该重大课题的系列研究成果，分别是吴献举的《国家形象跨文化生成与建构研究》、刘晓程的《国家公共关系与国家形象建构研究》、徐明华的《中国国家形象的全球传播效果研究》、陈雅莉的《信息传播与隋唐时代的国家认同建构》、刘明周的《国家形象建构比较研究——以中英在非洲殖民主义指责下形象塑造为例》、陈薇的《香港商业报纸的中国形象建构研究》、陈欢的《涉华纪录片国家形象建构话语机制研究》、陈勇的《美国〈时代〉周刊中国形象演变实证研究》、周宏刚的《印度英文主流报纸中国形象生成实证研究》、钟馨的《英国精英大报〈泰晤士报〉中国形象生成实证研究——基于批评话语分析》、雷晓艳的《美国〈华尔街日报〉的中国形象建构研究——基于新闻生产社会学的视角》、赵泓的《英国〈每日电讯报〉的中国形象塑造研究》、谭渊的《德国〈明镜〉周刊中的中国形象（2000~2015）——"红色巨龙"与"黄祸恐惧"背后的话语操控》。这套丛书不仅是国家社会科学基金重大课题的研究成果，还得到了湖北省政府出版基金的重点资助。本来，在获得湖北省出版基金资助的2015 年，这套丛书就提交给了出版社，原计划于 2016 年正式出版。但由于种种原因，这一过程迟至 2018 年末才完成，所以这套丛书的最终出版也延后了 3 年。

这套研究丛书大体上围绕三个大的方向展开。第一个方向是国家形象建构的基本理论与方法论，有 3 本。广东财经大学吴献举教授的《国家形象跨文化生成与建构研究》立足于关于国家形象的基础理论，吸纳、融合了传播学、形象学、哲学、国际关系学、政治学、心理学等学科的相关理论，主要采用跨学科的、宏观考察与微观分析相结合的研究路径，在对国家形象概念进行重新定义的基础上，从主客体关系的角度探讨跨文化语境下国家形象的生成因素、生成过程以及国家形象的建构原则与路径等，试图建立国家形象生成与建构的理论框架，为我国国家形象建设实践提供科学决策的理论依据。

兰州大学刘晓程副教授的《国家公共关系与国家形象建构研究》遵循"实践变迁"—"跨学科勾连"—"概念化界定"—"理论正当性"—"理论中国化"的路径，以思辨研究为主，同时结合历史比较分析、个案研究，以及深度访谈等方法，对国家公共关系基础理论与实践做出研究思考。在此基础上结合中国的国家形象建构理论与实践，对国家公共关系的战略定位与策略选择进行了深入的研讨。

华中科技大学徐明华副教授的《中国国家形象的全球传播效果研究》，从全球视野出发，对全球各大主要文化地区的受众展开实证调研，描绘了我国国家形象的传播现状与效果。这种考察归根结底是为了了解他者眼中的中国，故其最终落脚点是"国际受众"。该书紧密围绕"国际受众眼中的中国国家形象"这一核心命题展开讨论，从多语种多文化国际受众的角度出发，采用多元且全面的量化和质化研究方法，总结我国对外传播工作的得与失，并分析其成因与后果，进而探寻提升我国对外传播能力的有效策略，以提高讲好中国故事的叙事能力。

第二个方向致力于不同国家、地区媒体关于中国形象呈现的个案研究，共有 6 本书。华中科技大学外语学院教授谭渊博士的《德国〈明镜〉周刊中的中国形象（2000～2015）——"红色巨龙"与"黄祸恐惧"背后的话语操控》，聚焦于 2000～2015 年《明镜》周刊涉及中国的各类报道，在定量分析的基础上，着重勾勒了《明镜》周刊所呈现的中国经济、文化、社会、政治、外交、科技、环境等 7 个方面的形象，此外还对封面上的中国元素、《沙粒原理》、《觉醒的巨人》、奥运系列报道等进行了重点剖析，尤其是对《明镜》涉华报道中的话语操控机制进行了深入分析。

最后，本书在总结 21 世纪以来《明镜》周刊涉华报道演变规律、形象特征、话语操控手段的基础上提出了相应的反制思路。

华南理工大学新闻与传播学院教授赵泓博士的《英国〈每日电讯报〉的中国形象塑造研究》以内容分析法和话语分析法为基本方法，以 2003 年 1 月 1 日到 2013 年 12 月 31 日《每日电讯报》关于中国的报道为研究样本，对新闻报道中的常规性议题文本进行编码设计，侧重对新闻报道内容、方法、态度、倾向的分析。同时，围绕近年涉及中国的重大事件，对其报道文本进行话语分析，考察中国国家形象在《每日电讯报》中的呈现情况。作者分析了该报在报道中国问题时所采用的新闻框架及其原因，探讨在新闻价值、文化背景、意识形态、商业利益、国际关系等因素的合力之下中国形象呈现存在的跨文化的误读现象。

湖南理工学院教授陈勇博士的《美国〈时代〉周刊中国形象演变实证研究》，通过对 1949 年 10 月 1 日至 2013 年 12 月 31 日期间美国《时代》周刊的中国报道进行框架分析和内容分析，以美国乒乓球队访华、中共中央原总书记胡耀邦逝世为标志，将 60 余年的报道划分为 3 个阶段。其间所呈现的中国形象，从最初的"风雨飘摇的邪恶帝国"的负面形象，转变为"在保守和改革的博弈中渐进"的相对平衡的形象，最后又退回到"崛起的威胁"的负面形象。作者研究发现，《时代》周刊的中国报道倾向最终由美国国家利益和主流意识形态决定。正是这两者的共同"折射"使《时代》周刊所反映的"中国镜像"发生了较为严重的扭曲和变形。

陕西师范大学新闻与传播学院副教授周宏刚博士的《印度英文主流报纸中国形象生成实证研究》以 3 家印度英文主流报纸《印度时报》《印度教徒报》《印度快报》为研究对象，抽取 2003 至 2011 年与中国相关的 4687 篇报道，采用内容分析和话语分析的方法，分析了 3 家报纸在政治、经济、军事等 7 大议题上的差异以及由此呈现出来的中国形象。《印度时报》采用二元对立的框架，把中国看成竞争者和敌对者，处处担心中国，反映出其自卑的心态。《印度教徒报》采用中印一体的框架，把中国看成友好的邻居，折射出其乐观自信的心态。《印度快报》采用对比的框架，既强调在经济上与中国合作，又在政治军事上高度警惕中国。作者最后从新闻生产的角度分析了影响报道框架的各种因素，包括国家利益、市场压力、政党政治、职业理念等。

湖南工业大学新闻与传播学院副教授雷晓艳博士的《美国〈华尔街日报〉的中国形象建构研究——基于新闻生产社会学的视角》以框架理论和新闻生产社会学为基础，运用问卷调查法、内容分析法和深度访谈法，探讨《华尔街日报》对中国形象的建构，集中回答了四个问题：（1）《华尔街日报》的涉华报道总体状况如何；（2）中美建交 35 年来《华尔街日报》塑造了怎样的中国形象；（3）《华尔街日报》的中国形象是怎样生产和形成的；（4）如何在新闻生产机制上缩小"媒介现实"与客观现实之间的差距。

湖北大学外国语学院副教授钟馨博士的《英国精英大报〈泰晤士报〉中国形象生成实证研究——基于批判话语分析》，围绕 2001~2010 年，英国《泰晤士报》如何生产作为一种知识和意义体系的中国形象这一逻辑主线，兼顾历时性与共时性两个维度，采用批判话语分析的研究范式，综合运用批判话语分析的多种研究模式，分别从宏观与微观两大分析层面，勾勒《泰晤士报》中国报道话语的宏观语义结构特征，剖析《泰晤士报》中国报道话语的互文性特征、文本语言学特征以及修辞论证特征等，揭示《泰晤士报》与权力结构共谋互建，语言、知识及权力复杂勾连，生产预期的、特定的中国形象——东方"他者"的具体过程。

第三个方向是历史与比较分析，共有 4 本书。江西师范大学副教授陈雅莉博士的《信息传播与隋唐时代的国家认同建构》以隋唐时期典型的政治传播和跨文化传播活动为研究对象，采用历史研究、比较研究、文本研究和案例研究等方法，探讨了隋唐时期有关信息传播与"中国"认同建构的关系，解决以下 3 个问题：其一，考查隋唐帝国治御之下的不同人群，客观上在实现族群凝聚、社会结构整合的同时，主观上形成"中国"这一共同体想象的演变模式；其二，将"中国"的认同问题，置于文化多样性的视角下和更为广阔的国家政治生活之中，进而深入分析"认同—传播"的关联模式和作用机制；其三，深入分析传统中国是如何在"我—他"互动关系中，实现"中华帝国"身份的对外传播的这一问题。

中南财经政法大学教授刘明周博士的《国家形象建构比较研究——

以中英在非洲殖民主义指责下形象塑造为例》，从建构主义的角度对中英形象建构的施动者、形象建构的实质内容、形象建构中的核心价值、形象建构中政府与媒体的关系、形象建构中的受众分类等方面，就两国在非洲地区的国家形象建构进行系统比较分析，努力阐明国家形象建构的知识生产过程。

湖北师范大学副教授陈欢博士的《涉华纪录片国家形象建构话语机制研究》，以 21 世纪以来英、日两国主流媒体制作播出的涉华纪录片为研究对象，在跨文化传播理论下，通过内容分析、话语分析和框架分析，对涉华纪录片建构的当代中国国家形象进行对比性的实证考察，以探究纪录片文本的话语结构与社会文化、权力结构之间的复杂关系，透视他国自我文化意识与中国形象建构之间的关联。作者将中国国家形象建构置于跨文化传播语境下，以中国与西方社会的历史文化交往为基础，探讨异质文化的交流与形象生成之间的关系，揭示了英、日两国主流媒体纪录片在中国政治经济、历史文化、生态环境等方面不同的形象建构和话语建构机制。

华中科技大学新闻与信息传播学院副教授陈薇博士的《香港商业报纸的中国形象建构研究》，通过对香港地区 3 份商业报纸《明报》《星岛日报》《苹果日报》在 2005 至 2010 年间关于中国内地的报道进行内容分析，来了解香港媒体对于中国报道的整体表现和差异性特点，从而检视由媒介所呈现的中国形象及话语策略，并分析影响这种形象塑造的因素。作者发现，在社会大系统的影响下，香港媒体在报道中运用强调、弱化、非政治意识形态的话语置换及策略性仪式等话语策略，来应对权力场的转换并与权力中心进行互动，从而影响中国报道的主题取舍、立场选择以及情感倾向，也使得由香港媒体所建构的内地形象多元而复杂。

以上 13 本书的作者，有些是我指导的博士研究生，有些是与我合作的博士后，也有我在华中科技大学的同事，他们都是我的课题组成员。近年来我们一直在国家形象研究的问题域进行着深入的合作研究，并结下深厚的友谊。说起来，我的这个重大课题能够顺利完成，得益于这些同人共同的努力。所以在这里我要首先感谢他们热情而富有创造性的研究，感谢他们对我的支持。

组织出版这套丛书，一方面希望能够对我主持的重大课题的研究做一个比较全面的小结；另一方面，则期待以集约的形式整合地推出我们团队的研究成果，也希望这些成果能够引起学界、业界同行的关注，借以对当下中国的国家形象建构起到一定的引领和借鉴作用。

这套丛书能够顺利出版，我和课题组成员要特别感谢华中科技大学出版社总编辑姜昕琪先生、杨玲女士：正是由于他们的鼓励和支持，我们这套丛书的编纂工作得以顺利推进；也正是由于他们辛苦地工作，周密地论证，这套丛书还得到了 2015 年度湖北省政府出版资金的重点资助。

我还要感谢为本课题研究提供过帮助和服务的华中科技大学新闻与信息传播学院、华中科技大学文科科研处的负责同志，感谢国家社会科学基金委的资助，感谢为这项研究做过基础资料工作的各位研究生——限于篇幅，名字我不一一列举，但是在我的心中，永远不会忘记他们的贡献！

（2019 年 5 月 23 日于北京京西宾馆）

《跨文化传播与国家形象建构》序言

在信息化、全球化的背景下，国家与国家的关系，乃至人类未来的命运，在很大的程度上取决于各国民众对国际社会各个行为主体（国家）的认知判断和情感投射。在国际社会，一个国家如果能够得到国内外民众的普遍认同，其政策目标和施政行为能够得到国内外民众的理解、同情和支持，就不仅能够占据道义上的制高点，左右逢源，而且能够获得绵绵不绝的驱动力。国内外民众何以会认同、理解、尊重、支持这个国家，同时却反对、厌恶、鄙视另外一个国家？这与当事国在国内外民众心目中的形象是分不开的。国家形象是国家在国际社会的口碑，是当事国的物质存在和精神气质在国内外公众心理上的投影，是国内外公众对当事国的历史、现实及其行为趋向的综合评价。

在国际关系视域，国家形象直接影响到国家利益的实现与否。因为在国内外民众眼中，形象好的国家，大多是经济发达、民众富裕、社会文明、文化繁荣、政治民主、和谐包容、乐善好施、捍卫道义的国家。这些正面的形象表征对其他国家民众而言，往往具有一种道义上的影响力、感召力、公信力，所谓得道多助，失道寡助，在与其他国家进行角力竞争时，形象好的国家更容易得到国际舆论的同情和支持。对于本国人民来说，本国的正面现象呈现，更是他们的自豪感、归属感、向心力、凝聚力的重要来源。绝大多数国民都会为自己祖国的成就而骄傲，都会热爱他引以为自豪的祖国。国民的这种情感体验，对于国家的治理，对于国家在国际社会的竞争，对于国家与国家的交流互动，都是一种不可或缺的积极因素。而一个形象糟糕的国家，一个只能给国内外民众负面观感的国家，既不能赢得国际舆论的尊重，又不可能获得国内外民众的理解、认同和支持。

在认知功能上，国家形象如同个人的形象。古希腊著名哲学家柏拉图曾经说过，国家是个人的放大，个人是国家的缩小。国家的性格是由人民的性格决定的。在全球化如火如荼的今天，个人往往被视为国家流动的名片，是国家的代表。诗人余光中说："当你不在中国，你便变成了全部的中国。"人们对个人形象的认知和对国家形象的认知，在心理机制上几乎完全相同。首先，形象基本来源于客观实在，在个人方面是这个人肉体本身及其内在气质，在国家方面则是国家的客观存在，包括其赖以成立的土地、人民、政府、军事、经济与文化，这个来源是先天的客观存在，是不以人的意志为转移的。没有这个客观存在，就不会有所谓的国家或个人形象。其次，形象还来源于媒介对国家或个人的报道，在极少数个别的场合，我们是与国家、个人相关的事件的见证人，我们看到事情在我们眼前发生，从而形成了我们对这个个人或国家的印象。但是由于世界广大，我们不可能事事经历，在绝大部分场合，我们是通过媒介的报道来认识相关的国家或个人的。而媒介的相关报道总是有自己的立场、态度，总有自己的情感投射，不会是完全客观中立的。我们对国家或重要人物的认识，大多来源于这一并不完全可靠的媒体。最后，形象还来源于国内外公众的直接感知，如通过人际交往对某个人物形成认识，或通过留学、阅读、参观、旅游等方式亲身观察、体验某个国家，从而形成对特定国家或个人的印象。这种感知与印象会因历史、文化、风俗的差异千差万别。同样一个人、一件事、一个过程，对不同的人可能具有完全不同的意义，因而会给人留下截然不同的印象。

由于国家形象对国家的重要意义，自有国家以来，各国政治精英和思想家们无不重视国家的形象呈现，希望以理想的形象呈现赢得国内外人心，毕竟得民心者得天下。一方面是得国内的人心。孟子说："桀、纣之失天下也，失其民也；失其民者，失其心也。得天下有道：得其民，斯得天下矣；得其民有道：得其心，斯得民矣；得其心有道：所欲与之聚之，

所恶勿施，尔也。"① 如此方能强化国民的向心力、凝聚力，增强国民的
归属感、认同感。另一方面是争取国际社会的人心。在国际关系上，孟子
反对强权政治，反对霸道，崇尚王道，他明确地将王道和霸道对立起来，
"以力假仁者霸，霸必有大国；以德行仁者王，王不待大"②。这种理念与
当今世界流行的硬实力、软实力观念十分相似。理想的国家形象呈现，对
国内外民众的吸引力、影响力、感召力，是国家软实力的重要表现。软实
力固然不同于硬实力，但在国际关系领域，对于一个国家根本利益的实
现，软实力起到的作用往往不输于硬实力。

习近平就任中共中央总书记以来，一直重视中国理想国家形象的建
构。2013 年 12 月 31 日，习近平在中共中央政治局第十二次集体学习时
强调，要注重塑造我国的国家形象，重点展示中国历史底蕴深厚、各民族
多元一体、文化多样和谐的文明大国形象，政治清明、经济发展、文化繁
荣、社会稳定、人民团结、山河秀美的东方大国形象，坚持和平发展、促
进共同发展、维护国际公平正义、为人类做出贡献的负责任大国形象，对
外更加开放、更加具有亲和力、充满希望、充满活力的社会主义大国形
象③。2014 年 7 月，习近平在韩国首尔大学演讲时，又从三个方面描绘了
中国的国家形象。第一，中国将始终做一个维护和平的国家。中华民族是
爱好和平的民族，过去是，现在是，将来也是。和平、和睦、和谐的追求
深深植根于中华民族的精神世界之中。第二，中国将始终做一个促进合作
的国家。中国坚持按照亲、诚、惠、容的理念，深化同周边国家的互利合
作，努力使自身发展更好惠及周边国家。第三，中国将始终做一个虚心学
习的国家。他反对把中国视为一种威胁，更反对把中国描绘成一个可怕的
牛魔王。"我想告诉大家的是，这种看法是不正确的。好在真理是客观存
在的，并不会随着这样那样的说法而改变。"④ 从习近平的多处论述中，

---

① 《孟子·离娄上》。

② 《孟子·公孙丑上》。

③ 《习近平：建设社会主义文化强国着力提高国家文化软实力》，新华网，http：//www.
xinhuanet. com/politics/2013-12/31/c_ 118788013. htm，2013 年 12 月 31 日。

④ 《习近平在韩国国立首尔大学的演讲（全文）》，央视网，http：//news. cntv. cn/2014/
07/04/ARTI14044767721127749. shtml，2014 年 7 月 4 日。

可以看出他心目中理想的中国形象应该包含以下几个重要元素：热爱和平、经济发展、文化繁荣、族群和谐、开放包容、政治清明、社会稳定、山河秀丽，在国际社会是维护公平正义的敢于承担的负责任的大国形象。

当今中国对国家形象的重视程度，可以说不亚于其他任何国家。最近30年来，随着中国改革开放国策的推进，中国经济长期以9%的年增长率提升，其经济规模的扩张、国民生产总值的增长和国民财富累积的速度，中国在国际社会话语权提升的速度，大大地超越了人民的想象。国家形象也因此发生了重大的变化，昔日的"东亚病夫"摇身变为强国，积贫积弱转变成繁荣小康，闭关保守变身为开放进取，尖锐的阶级对立演变为社会和谐，成功的中国模式在一些第三世界国家引起了羡慕和仿效。与此同时，在一些西方国家，由于意识形态及冷战余毒的影响，"中国威胁论"一时甚嚣尘上。反思中国国家形象建构的战略和策略，我们会发现，中国在对外传播和国家形象建构方面投入的资源甚多，从传统媒体到新媒体，在政治、经济、文化和国际关系诸领域，基本上建立起覆盖全球的传播体系。但客观地说，就国家形象建构与传播的效果而言，还很难令人满意，与国家和人民的期待相比，尚有相当大的差距。

何以会出现这种情况？究其原因，不外乎主观与客观两个方面。从主观方面看，我们的观念落实于现实，飞速发展的传播实践把我们的僵化的思想认识远远地抛在了后面。首先，我们对传播的认识仍然停留在战争年代，对于宣传或传播功能的理解，似乎仍沉湎在魔弹论的虚幻之中。在一般党政官员心里，新闻传播包括对外传播似乎法力无边，不怕做不到，就怕想不到。无限地夸大对外传播的功能，其结果必然是期望泡沫的破灭，以及对传播效果的彻底失望。其次，由于对传播功能的放大，自然地得出了一个荒谬的结论：我们做的一切都好，就是没有宣传好。国家形象的建构达不到预期，主要是宣传没有到位。如果国家形象不好，板子当然应该打在对外传播工作者的屁股上。这种观点完全背离了马克思主义的认识论，完全背离了物质第一、意识第二的基本哲学原理。最后，完全无视外国传媒工作者的职业操守，将外媒的报道即便是客观中立的报道也一概斥之歪曲、妖魔化。我们当然要正视西方社会少数不良媒体及其从业者的偏见，正视他们的国家利益和意识形态对其报道的影响。但也不能因此一竿子打翻一船人。事实上，外国传媒及其从业者中也有不少怀抱理想主义精神和职业良心的典范。在中国共产党自身的历史上，就得到不少欧美优秀记者的关照，正是斯诺、史沫特莱、安娜·路易斯·斯特朗的报道，打破了国民党的宣传封锁，在西方社会成功地降低了国民党对中国共产党人的妖魔化宣传的影响。

从客观操作的层面看，当前中国传播领域的许多做法与传播规律及人们的认知规律的要求相去甚远。理性地反思这些问题是改进对外传播方式、完善国家形象的不可或缺的选择。笔者以为，当前中国国家形象建构在操作层面上存在的问题，表现为以下几点。

第一，顶层设计和资源配置尚待进一步优化。国家形象建构千头万绪，是一个涉及面极广的系统工程。就党和政府职能部门而言，有中宣部、中央网管办、国务院新闻办、文化和旅游部、教育部、外交部、国防部、工业和信息化部、商务部、国家广电总局、国家体育总局、国家宗教事务局、国家文物局、国务院侨办、国家外专局等，这些部门的部分管理职能在不同的程度上都涉及国家形象；在信息传播媒介方面，涉及传统的报纸、期刊、出版、广播、电视、电影、网络新媒体、文物展览、体育赛事、商业贸易、旅游观光、艺术演出、留学生教育等等，这些媒介都会在不同的侧面投射国家的形象。要做好国家形象建构工作，应该对这些不同的子系统、不同的系统要素进行全面系统化的梳理，精密统筹，对涉及国家形象的物质与信息资源进行优化配置，以此发挥系统的集成效应，也就是"1+1大于2"的效应。应该说在当前阶段，我国在这个方面的工作刚刚起步，还有相当大的改进与提升的空间。如果在这些中央层级的职能部门之外，在那些众多的媒介之上，有一个统筹协调的机构，能够在国家战略的层面进行顶层设计，科学高效地配置资源，发挥"1+1大于2"的效应，就能够在极大的程度上提升国家形象建构的绩效。

第二，官本位意识与官方媒介体系在一定程度上不利于理想国家形象的建构。官本位意识是中国传统文化的核心内容。中国传统文化倡导学而优则仕。官场是学人理想的归宿，也是庶民膜拜之所。长期以来，在国人眼中，官意味着正统，意味着权威，意味着真理。所以，党和政府的官员，党和政府的媒体，在一般国人心目中有较高的权威性，有很强的公信力。这在中华文化圈是一个不容否认的普遍事实。但是在西方社会，特别是欧美资本主义国家，权利意识、民主观念深入人心，一般民众对政府和官员持有一种本能的怀疑心态，官方话语的权威性远不如东方的中国，民间的声音，没有官方背景的独立媒体的意见，反而能够得到民众的认同和信赖。中国当前的传播系统是由执政党和政府完全主导的，这在国内看来是正常的，国内民众容易理解，也认同、接受党政机关媒体的观点。即便是中亚、南亚、非洲、中南美洲某些国家和地区，也在相当的程度上认同中国官方媒体。但是欧美主要国家，包括美国、英国、法国、德国、瑞典、意大利、加拿大，还有日本、韩国等，其绝大部分民众已经形成了质疑官方立场的思维定式，批判思维决定了他们处理官方信息的基本取向，因此他们容易对中国官方媒体的正面信息做负面的解读，这对于树立积极正面的中国形象是不利的。在这种情况下，民间的传播机构、非正式的传播渠道，可能会收到正规渠道难以达到的效果。

第三，机械地理解、执行正面为主的宣传方针，在一定程度上消解了对外传播媒体的公信力。外交是内政的延伸。内政决定外交，外交也会在一定的程度上影响内政。作为内政的一个重要环节，宣传系统一直是政策宣传、社会动员的主要渠道。为了发挥宣传的引领、动员功能，国内新闻界一直遵循正面宣传为主的方针，以弘扬主旋律、提供正能量为宗旨。对国内而言，这当然是必要的，也是正确的。中国复杂的国情和社会稳定的急迫需求，决定了和谐与发展的极端重要性。但是在对外传播的时候，如果没有考虑到对象的差异，完全照搬对内的正面为主的方针，可能会出现反向效果。因为是对外，秉持"外事无小事"的宗旨，在执行这个方针的时候，可能更趋保守，在主次尺度的把握上会更加偏紧。于是，以正面宣传为主，可能演变为全部是正面的内容。可以想象，一个充满矛盾的世界，怎么可能只有光明而没有黑暗，只有成绩而没有缺点，只有英雄而没有懦夫，只有进步而没有倒退？如果我们的媒体只有正面、光明的东西，到处莺歌燕舞，它只会消解中国对外传媒的公信力，引发西方社会读者、观众的怀疑、反感，乃至逆反心理。

第四，片面地理解以我为主，忽略了对外国当地权威媒体的利用。在国际社会，国家形象的建构，一般是借由两个基本的传播系统来完成的。

一是当事国自己的媒介系统，二是目标国家当地的权威媒体。当事国自己的媒介系统，操之在我，在对外传播方面，在讲自己的故事、传播自己的声音方面，得心应手，非常便捷。但也有难以解决的问题，那就是在目标对象国家难以落地，即使落地了，也难以为当地的民众所接受，由于上面的原因，即使被接受了也不一定被理解。笔者在 2011 年，曾到英国格拉斯哥大学做过一个调查，在其新闻学院一个班级的学生座谈会上发现，这些学生没有一个人对中国的印象直接来自中国的权威媒体。他们的中国印象主要来源于当地的主流媒体，如 BBC、《泰晤士报》、《卫报》，还有中国在当地举办的展览，如秦俑展、熊猫展等。这说明要在国际社会树立中国形象，主要应该利用当地的权威媒体，因为外国当地媒体与当地民众有千丝万缕的联系，具有天然的接近性、贴近性。对于当地权威媒体发布的有关中国的信息，他们基本上不会怀疑，其传播效果要远远好过中国媒体对当地的传播。所以，中国当务之急，应该是思考如何利用当地的权威媒体，如何实现中国权威媒体与当地媒体的协同传播。

第五，无视地区、文化的差异。在中国对外传播领域，基本上沿袭了大工业生产的模式，以无差别的大批量信息生产面向几乎所有的外国的读者、听众观众，基本上不考虑宣传对象的地区、文化差异。也许同一传播内容在某一地区是成功的，得到了当地民众的认同、理解和接受，而在其他大部分地区，则可能是失败的，可能会引起当地民众的反感甚至遭到拒绝。近年来，国内外许多民意调查都证明了这一点。美国智库皮尤研究中心 2010 年 6 月 17 日公布的全球民意调查报告。在美国和西欧，不足一半的被调查者对中国持积极态度。大多数德国人（61%）和法国人（59%）还有土耳其人（61%）给中国"不喜欢"的评价。非洲肯尼亚 86%、尼日利亚 75% 的被调查者对中国持赞许观点。俄罗斯人（60%）对中国也主要持积极态度。南亚的巴基斯坦（85%）和印度尼西亚（58%）的大多数被访者对中国持积极态度。何以会出现这样的情况？很显然，地区的文化的差异，还有意识形态方面的原因，导致不同国家、地区的民众对于同样的信息内容，做出了不同的反应。在国际社会要形塑理想的中国形象，就应该对不同国家、不同地区、不同文化背景下的民众，在内容组织上应进行个性化的安排，以加强传播的针对性、贴近性，提高说服的效果。

要在国际社会成功地树立起理想的中国形象，必须妥善地解决以上的种种问题。而这些问题的解决，又是一个系统工程，涉及政治、经济、文化诸多层面。只有把这些问题纳入国家发展整体战略的高度，精心地进行顶层设计、统筹安排，才有彻底解决的可能。中国社会未来发展的路线图已经十分清晰。从邓小平的"三步走"战略，到中共十八大提出的"两个一百年"目标，即在中国共产党成立一百年时全面建成小康社会；在新中国成立一百年时建成富强民主文明和谐的社会主义现代化国家，都是致力于中国的和平崛起，实现中华民族的伟大复兴。而中国的崛起，必然会导致世界权力格局重新洗牌，建立于第二次世界大战结局基础之上的以美国为主导的西方世界的主导地位，可能会因此削弱。因此，中国的崛起过程绝不会一帆风顺，甚至可能会招致各种遏制或阻碍的行为，近年来美国甚嚣尘上的"亚太再平衡"战略，以及西方主流社会对"中国威胁论"的渲染，就是明显的迹象。所以，要实现中国的崛起，不仅需要高瞻远瞩的政治、经济、外交和军事战略，还要有与此紧密协调的传播战略，打破一些国家的妖魔化宣传，有效地传播中国的声音，讲述迷人的中国故事，在国际社会树立起和平、正义、民主、进步、富强、敢于担当的负责任的大国形象。

近年来，随着中国作为世界大国的崛起，中国融入全球体系的程度不断地加深，国际舆论、国际社会对中国的整体评价，也在越来越大的程度上影响到中国国家战略的实现。所以各界无不重视国际传播和国家形象建构的相关议题，不仅在物质层面加大投入的力度，建设覆盖全球的信息传播体系，发展和繁荣文化产业，保障内容的供给，同时集中人力资源和物质资源，在宏观、中观、微观不同视角，深入系统地探索国家形象建构、国际传播的规律。其中最重要的途径就是国家和各部委社会科学基金的项目资助。最近10多年来，国家社会科学基金表示出对国际传播的高度关注，通过对相关的研究课题给予经费支持，为国际传播、国家形象研究的深化提供了资源保证。由于综合国力的持续增长，教育科研经费的比例加大，这类基金资助的力度也越来越大。对国家及教育部社会科学基金的重大招标项目，其资助力度为80万元；对国家社会科学基金重点课题单项资助金额为35万元；对国家社会科学基金一般课题、青年课题单项资助为 20 万元。这些科研基金的资助,使国际传播研究能够在坚实的物质基础上长期、有效地拓展和深化。从国家级社科基金的参与者来看,他们主要来自三大主体,其一是中央和地方高校,其二是国际传播机构自身的科研部门,其三是党政机关的相关科研部门。中央和地方高校的新闻与传播院系,作为知识生产和理论创新的主力军,是许多国家级重大招标课题的承担者。从国家社科基金新闻学与传播学科中涉及"国际传播""国家形象"主题的中标项目数量看,2005 年至 2012 年相关主题的中标项目的数量整体上保持了稳定的增长,2005 年占新闻与传播类中标课题的 11.76%,2006 年为 12.12%,2007 年为 12.82%,2008 年至 2010 年出现小幅度的下降,分别为 10%、10.42% 和 8.45%。2011 年和 2012 年,"国际传播"又开始成为国家社科基金的热点议题,分别占新闻与传播类中标课题的 18.89%、15.38%,其中 2011 年重大招标项目为 2 项,2012 年重大招标项目为 3 项。由此可见,随着全球化趋势的增强和中国国际地位的提高,"国际传播""国家形象"研究已成为学界和官方日益关注的重点课题。

这本《跨文化传播与国家形象建构》,就是本人作为首席专家主持的国家社会科学基金重大课题"跨文化传播中的中国国家形象建构研究"的中期研究系列成果之一。书中收录了课题组成员的 34 篇论文,其中绝大部分都在国内学术期刊上公开发表过。这些文章集中论述了四个方面的问题,一是全球化时代的国家形象传播战略;二是多元文化与国家形象建构;三是跨文化体验中的国家形象建构;四是国家形象的多元维度与评估。针对这些问题,作者从各自不同的角度提出了自己的见解,在此基础上剖析了当今中国国家形象建构中存在的问题及误区,探索了全球化时代国家形象传播的战略与策略。这些研究在某种程度上为本课题后续的研究指明了路径。现将这些论文结集出版,一方面想对本课题前期的研究做一小结,另一方面,则希望以集约的形式推出此前零散的成果,期待能够引起学界、业界的同行的关注,借以对当下中国的国家形象建构和国际传播起到一定的引领和借鉴作用。希望学界、业界同人不吝赐教!

(2015 年 6 月 29 日于喻园)

《三思新闻教育》补记

　　此生结缘新闻教育，是我这辈子最大的幸事。在 55 岁这个节点上，有 30 多年的职业生涯在大学校园度过，与学生一起学习、共同成长，保持常青的心态，不是一般人能拥有的人生体验。对我来说，2016 年是一个很特别的年份。这一年是我自中国人民大学新闻学院研究生毕业后从事新闻教育的 30 周年，也是我从武汉大学调来华中科技大学工作的第 10 年。30 年前，我是一个刚刚毕业的毛头小伙，现如今，早已年过半百，两鬓皆霜。

　　2012 年，我在华中科技大学出版社出版了一本《新闻教育改革论》。在这本书中，我比较深入地思考了下列问题：理想的新闻传播教育，究竟应该以培养什么样的人才为自己的目标？换言之，来自新闻传播学院的专业人才，应该达到什么标准？在一所研究型大学里，新闻传播教育应该坚持什么样的培养模式？应该建构什么样的课程体系？应该怎样认识和理解学生在教育过程中的地位？应该如何发挥学生的积极性、主动性和创造性？如何才能推进教学相长？在人才培养的动态过程中，应该如何处理新闻院系与媒体单位的关系？应该怎样理解理论教学与专业实践的关系？应该怎样建设一支充满活力、结构合理的师资队伍？如何发挥新闻学院作为传媒业界及政府智库的作用？如何在服务社会、贡献地方的同时开拓新的教学资源？同时，在与学界、业界同行的交流中，我们还深刻探讨了当前新闻传播教育存在的问题，这些问题的症结何在，应该从哪些方面着手解决这些问题。如果说，当前中国新闻传播教育已经到了非改革不可的地步了，那么应该从哪些方面推进我们的改革？等等。该书出版后，得到了学界、业界的好评。

四年来，应教学和管理工作的需要，我在新闻人才培养、教学改革和学科建设等方面，做了一些纵深拓展性思考，成果多以论文的方式在学术期刊上，或者在网络上公开发表，不少学界同人、老师和同学们表示认同，并且建议我集纳出版。根据这些鼓励和建议，我将这几年新发表的有关新闻教育的文章、报告和讲话，搜集整理，竟然有20万余字，几乎相当于原书总篇幅。两者相加，约45万字。在此基础上，我重新调整了结构，修订了原来的错讹，形成了这本新书的初稿。相对于《新闻教育改革论》，本书不仅字数增加、篇幅扩展，更重要的是在议题上也有所超越。这本书虽然内容平淡，却记录了我从事新闻教育以来尤其是近20年的心路历程，我对教育的衷情，我的苦恼，我的忧思。我不敢说拙作有多少创见，但敢肯定这些确实是属于自己的思考。"季文子三思而后行。子闻之曰：'再，斯可矣'。"（《论语·公冶长》）我不敢攀附先贤，但确实是心向往之。要克服自己的愚钝，唯有三思多思。正是这种考虑，我将这本小书命名为《三思新闻教育》。

拙作临近出版之际，承蒙华中科技大学原校长李培根院士欣然作序，加上2012年《新闻教育改革论》初版时，武汉大学原校长、著名教育家刘道玉教授的序言，为本书增色不少。这两位校长，都是我尊敬的师长。刘道玉老师是我大学时代的校长，也是我心中的英雄，是他引领我步入新闻教育的殿堂；李培根院士，即学生心目中敬爱的根叔，是我最敬仰的领导和知己，正是他在10年前把我调进了华中科技大学，给了我全心服务新闻教育的黄金10年。在此，我要向两位校长表达我衷心的感谢，感谢他们多年来对我的鼓励和提携。

在这本小书中，我在过去探索的基础上，尝试着思考了三个方面的问题。首先是新闻学院应该培养什么样的人？什么样的学生是社会需要、行业欢迎的传媒人才？这种传媒人才在知识、能力、人格结构方面有什么特点？要培养出这样的专业人才，新闻院系的领导和教师们应该怎么做？等等。我认为，当下新闻传播领域最需要的是具有人文情怀、理性精神和职业能力的传媒人。新闻传播教育不能满足于职业技能的养成和专业知识的灌输，新闻传播人才培养的当务之急乃是专业之魂的铸造。在人才培养过程中，重点不在于提升学生的智商，而在于强化其善良的秉性和仁爱之心。在专业能力的培育方面，与其重视操作的技巧，不如强化发现的能力和批判、反思的精神。只有这样，我们的学生才有可能成为一个有深度、有广度、有长度、有温度的传媒人，成为一个可爱的人，一个值得人们信赖的人。

其次是面对社会转型、媒介结构转型及人才需求的变化，新闻传播教育应该怎么办？环境变化了，需求改变了，可是新闻教育界一如既往，专业结构雷打不动，仍然是条分缕析，不断地细分，新闻、广播电视、出版、广告、网络与新媒体、电子出版等还有继续分化的趋势，专业壁垒森严，完全没有考虑到业界媒体融合的态势，完全没有注意到人才市场跨专业、跨行业、跨国界就业的态势。在教学手段、课程体系、培养模式等方面，也延续了过去几十年来的传统，基本上没有变化。对于数字化时代的教育手段、传播技术革新的成果，新闻院系及教职员工也很少利用。这一切必然会影响到新闻教育的适应能力。我们无法想象，10 年前、20 年前，对莘莘学子具有极大诱惑力的超级火爆的新闻传播类专业，现在在招生进口和就业出口两个方面都面临着问题。这不能不引起我们的思考。我在华中科技大学 10 年来，在人才培养方面尝试了一些改革，虽然受制于现有的教育体制，变革的空间有限，但还是力所能及地在课程体系、教材编纂、课程建设、实践环节、第二课堂、创新创业等方面，进行了一些探索，颇有小成，得到了学校领导和学界、业界同人的肯定。

最后是在信息化时代，"互联网+"蔚为时尚，教育改革众所瞩目。尤其是高等教育改革，继"211 工程""985 工程"之后，一流大学一流学科建设即所谓"双一流"建设方兴未艾。在这个大背景下，新闻传播学科应该怎么办？在坚持人才培养的前提下，新闻传播学科应该怎样强化文化传承与创新，怎样加强社会服务，怎样提升学术水平？在坚持本土化和中国特色，服务中国社会发展的目标任务下，新闻传播学科该如何与国际常规接轨，与国际学术主流对话，彰显我们的存在感，为世界新闻传播学术的发展做出中国自己的贡献？在高度市场化的经济环境下，在争取学校资源的同时，还有没有办法筹措社会资源，保证教师有一个体面的收人，维护老师们的自豪感和成就感，保护他们的积极性和创造性？在学科竞争、学校竞争日益激烈的语境下，新闻学科应该怎样结合学校的具体情况，发掘学校固有的资源潜力，扬长避短，寻觅差异化发展的路径，彰显自己的学科特色？等等。这些问题近年来一直困扰着我，百思难解，又不得不思考。

以上思考是我作为一个老师的天职使然，也是作为一个新闻与信息传播学院院长的职责所在，所谓在其位，谋其政。一个1000余人（包括教职工、学生）的学院，正常平安运行尚且困难，何况还要谋划发展，对于资质平平的我而言，实在是勉为其难。如今院长卸任在即，才感到一种莫名的轻松。清理30年来尤其是近10年来的在新闻教育上的思维碎片，回顾自己的心路历程，不由地心生感慨。

这30年，我一直工作在新闻教育战线，须臾不曾离开。1998年9月我被任命为武汉大学新闻学院院长，后来因院系调整，我又担任大众传播与知识信息管理学院副院长。2006年调任华中科技大学新闻与信息传播学院院长至今。近20年我一直在院系主要管理岗位上，秉持当老实人、做老实事的宗旨，老实做人，认真做事。有成绩，也有过失；有优点，也有缺点。我不想辩解，因为这一切都已成为历史，都已一一记录在案。历史不能穿越，不能假设，也不能篡改。但我要在此说明的是，在我任内履行职责的时候，因为时间仓促，思虑不周，或性格急躁，行事难免粗糙，难免冲撞，甚至伤害了一些同学、同事和朋友，但这绝对不是我的本意，绝对不是有意为之。借这本小书问世之机，我在此向他们表示歉意。

同时，我还要感谢上苍对我的关照，感谢命运对我的垂青！我这个出身草根的农民的孩子，能够脱下草鞋，穿上皮鞋，走进仙境般的大学校园，接受最好的人生和学术教育，后来还为人师表，甚至当了教授、院长，实在不是我当初的梦想。我幼年丧父，与母亲相依为命，但母亲还是坚持让我念完了中学。她虽然没有文化，但是知道教育的重要。她总是告诫我，要心存善念，无论如何不要做害人之事。我那时候最大的愿望是能够做一个农村民办教师，或者考一个中师，有一个商品粮户口，如此而已。后来的一切远远超出了我的想象。从中学到大学，从一个助教到教授，一路走来，我遇上了很多贵人，他们教育我，提示我，批评我，提携我，不断地校正我人生的航道，使我每一步都迈得比较坚实。这些贵人中，有我的老师、我的领导、我的朋友、我的同事，还有我的学生，没有他们的帮助，就没有我的今天。所以我在感谢上苍和命运之神时，还要感谢我命中的这些贵人们！

本书能够顺利出版，还要特别感谢华中科技大学出版社总编辑姜昕祺教授。作为好朋友，姜教授对本书内容的选编提出了很多建设性意见。华中科技大学出版社的杨玲老师为本书的出版也做了大量的工作。我的几个在读的博士生、硕士生也为本书编校工作付出了不少的精力，在此一并致谢！

《新闻教育改革论》后记

雁过留声，岁月无痕。不知不觉间，一个普通得不能再普通的家庭生日宴，将我送入了知天命之年。年已半百，双鬓斑白，过去一直自以为年轻的我似乎也沾染上无法抵挡的风尘和沧桑。50岁了！回首过去，我竟有一半的时间耕耘在新闻教育战线，作为一名教师默默服务了25年。面对桌上的《新闻教育改革论》书稿，25年从教生涯中发生的各种事情，像过电影似的一幕幕浮现在我的眼前。

31年前，我考进了武汉大学历史系，专业是我自己选的，属于第一志愿。1983年秋，全国研究生统一考试填志愿时，我报的是武汉大学历史系世界史专业，想师从著名的世界史学者吴于廑教授。志愿刚刚填写完毕，系领导就找我谈话，说学校要组建新闻学系，开办新闻教育，急需师资。学校决定从中文、历史、经济、哲学等相关院系抽调一批老师，并且在1984年应届毕业生中选留一些优秀毕业生担任教师。我被选中了。但是当时的我十分不情愿，因为我对历史学特别是世界史有浓厚的兴趣。然而，按照当时的组织原则，组织决定了的事，只能服从，没有丝毫讨价还价的余地。我只能到刚刚成立的新闻系报到，好在当时的新闻系领导认识到专业知识、专业背景的重要性，鼓励我报考中国人民大学新闻系的研究生。只剩不到两个月的时间，我重新报名，仓促复习，皇天不负有心人，我终于考取了中国人民大学1984级研究生。冥冥之中，命运之神改变了我的人生轨道，中国因此少了一个世界史教授，而多了一个新闻教育工作者。

　　我的新闻教育生涯开始于中国人民大学。1984～1986 年，我在中国人民大学新闻系新闻学研究生班学习，开始了与一些新闻学大师的交往。我们非常有幸，方汉奇先生、甘惜分先生、张隆栋先生、何梓华先生、郑兴东先生、秦圭先生、蓝鸿文先生、童兵先生、郑超然先生、刘明华先生等，这些大师级学者一一来到课堂，给我们上课，与我们交流。从新闻学理论、新闻业务到新闻史，初窥新闻学殿堂的路径，我开始领略到新闻学科独有的魅力，意识到作为一个新闻教育工作者的社会责任，一种使命感油然而生。1986 年我顺利完成了学业，如期回到武汉大学新闻系，从事外国新闻传播史的教学研究工作。自此一干就是 20 年，其间我从助教起步，1991 年升讲师，1993 年破格晋升副教授，1997 年晋升教授。在刚开始时，我只是一个普通教师，1993 年担任新闻史论教研室主任，1995 年担任武汉大学新闻学院新闻系主任，1998 年更是被学校任命为武汉大学新闻学院院长，那年我才 36 岁。战战兢兢、如履薄冰，我自认没有能力做好这个院长，深感无法承受之重。正好武汉大学在 1999 年实行院系机构大调整，新闻学院与图书情报学院合并为大众传播与知识信息管理学院，我改任该院第一副院长。2000 年底，武汉大学与武汉测绘科技大学、武汉水利电力大学、湖北医科大学合并，在此基础上，新闻学院又从大众传播与知识信息管理学院剥离出来，与原武汉测绘科技大学的印刷工程学院合并，重组为武汉大学新闻与传播学院，我仍任第一副院长，直到 2006 年。在武汉大学，我不仅度过了美好的大学时代，而且它还给了我作为一个教育工作者的完整经历。没有在武汉大学打下的坚实基础，没有武汉大学一些前辈学者的栽培，没有在武汉大学新闻学院的历练，就没有我的今天。

　　2006 年 7 月，我应华中科技大学校长李培根院士的邀请，正式加盟华中科技大学，受命担任新闻与信息传播学院的院长。华中科技大学新闻传播教育的发端几乎与武汉大学同时。1983 年，教育部在同一个批文上批准武汉大学、华中工学院（华中科技大学的前身）等十几所大学创办新闻学专业。武汉大学、华中工学院于同年正式设立独立的新闻学系。不过，华中工学院的招生要比武汉大学早半年，武汉大学的首届学生是 1984 年进校的，而华中工学院在获得教育部批文后当年就招进了第一批干部专修班学生。1983～2006 年，华中工学院先后改名为华中理工大学、华中科技大学。其新闻学系在 20 世纪 90 年代曾短暂纳入文学院。1998 年，华中理工大学正式成立新闻传播学学院。2000 年，华中理工大学在与同济医科大学等校合并的基础上，改名为华中科技大学。23 年来，华中科技大学新闻传播学教育历经汪新源、程世寿、吴廷俊三位院长（主任），在他们的共同努力下，华中科技大学新闻传播学教育形成了与其他大学新闻学院迥然不同的办学理念与风格。

作为国内工科大学创办的第一个新闻学专业，华中科技大学的新闻学专业拥有自己的办学传统。根据我的理解，这一传统主要表现在以下四个方面。

第一，学科交叉，应用领先。与其他综合性大学的新闻院系不同，华中科技大学的新闻教育纯粹是白手起家。它不仅是国内工科大学的第一家，也是华中科技大学的第一个文科系（专业）。华中科技大学的新闻学专业成立的时候，没有任何基础。其最初的师资除了直接从业界引进的一批具有丰富实践经验的记者、编辑外，就是当时学校的工科院系教师资源，学校在学科交叉的基础上建立和发展新闻教育。所以当时华中工学院新闻学专业的课程设置在国内新闻教育界独树一帜，率先在新闻专业课程体系中设置高等数学、计算机、数据库、自然科学概论、科学技术史、汽车驾驶等课程。华中科技大学的新闻传播教育不仅重视专业与学科的交叉，而且重视新闻学专业的应用与实践特质。老校长朱九思先生就主张，新闻业务课程的教师，必须有新闻实践经验，没有新闻实践经验的老师，不能担任新闻业务课程的教学。学院的科研工作，也要围绕着新闻媒体的现实需要展开，突出应用，强化服务媒体的能力。在这种环境下，华中科技大学新闻与信息传播学院的人才培养和科学研究，在国内新闻学界异军突起，显示出旺盛的活力。

第二，面向业界，产学结合。华中科技大学新闻传播教育开办伊始，就意识到新闻传播教育必须开门办学，必须面向新闻业界，通过服务业界来筹措社会资源，以求得自己的生存和发展。在人才培养上，一直重视建立高端的专业实习基地，瞄准国内中心城市的主流媒体，建立稳定的互利双赢的合作关系。这一方面保证了学生专业实践的高起点，在专业能力培养方面与业界最高水平接轨，也为学生毕业后的就业提供了便利，为他们进入国内主流媒体打下了坚实的基础。另一方面，华中科技大学新闻与信息传播学院历届领导还高度重视直接从新闻业界精英中聘请高水平的专职教师。在20世纪80年代，第一批专职教师大部分来自《湖北日报》、湖北人民广播电台、《长江日报》等知名媒体，是这些媒体的业务骨干，如首届系主任汪新源就是湖北日报的理论部主任。在世纪之交，又从业界引进了石长顺、赵振宇、何志武、孙发友、胡怡等。正因为如此，华中科技大学新闻业务类课程的教学水平得到了国内同行的高度评价。在科研方面，20多年来，华中科技大学新闻与信息传播学院一直重视面向业界横向合作项目，"以服务求生存，以贡献求发展"是华中科技大学的基本理念，也是新闻与信息传播学院的指导思想。学院历届领导高度重视业界的需求，关注业界发展面临的重大问题，主动研究这些问题，以学院的学术资源为业界提供智力支持。

第三，全球视野，接轨国际。在全球化时代，传媒作为社会的守望者，肩负着重大的历史责任，作为传媒专业人才的摇篮和研究中心，新闻传播院系自然要有包容天下的胸襟和洞彻全球的视野。华中科技大学新闻与信息传播学院创办伊始，就十分注意国外新闻传播教育的历史与现状，并且试图通过各种渠道与国外知名大学的新闻传播院系建立各种学术交流和合作关系，力图在坚持中国特色的前提下，实现与新闻教育国际常规的接轨。所以国际同行的经验和智慧，也成为华中科技大学新闻传播教育发展的重要资源。20多年来，美国、英国、澳大利亚、新加坡、日本等国家和地区的一些知名大学的新闻传播学院，如密苏里大学、日本北海道大学、英国威斯敏斯特大学、新加坡南洋理工大学等，与华中科技大学新闻与信息传播学院建立了富有成效的合作关系，不仅在师资交流、学生交流方面成就显著，而且建立了以学术会议为平台的合作交流机制，推动了华中科技大学走出国门、接轨国际的进程。

第四，敢于竞争，善于转化。华中科技大学新闻传播教育起步较晚，与国内外新闻传播教育界的一些重镇，如中国人民大学、复旦大学、密苏里大学相比，无论是在基础设施、学术传统，还是在人力资源上，都有较大的差距。在一些重要的领域，如新闻传播学基础理论研究方面，这些传统名校拥有后来者无法超越的优势。作为后来者，华中科技大学新闻传播教育该怎么办？应该走一条什么样的道路？20多年来，华中科技大学新闻与信息传播学院坚持"敢于竞争，善于转化"的精神，承认差距，但是不服输。坚持在特色化办学的道路上前行，勇于竞争，当然不是与强手正面碰撞，而是进行不对称的竞争。尺有所短，寸有所长，在差异化竞争中，彰显自己存在的优势。事实上，华中科技大学新闻与信息传播学院在新闻人才的培养方面，注重业务能力、突出评论特色的优势，得到了业界的普遍好评；在学术研究方面，华中科技大学在新媒体与社会发展、政治传播、新闻史研究、新闻法学、电视研究、品牌研究等方面积累了丰富的成果。2011年，新闻与信息传播学院在国家社会科学基金项目申报方面，一举获得六项基金，其中国家社会科学基金重大项目一项、重点项目一项、普通项目一项、青年项目两项、后期资助项目一项，在全国同类院系中位居第一。

我有幸加入华中科技大学新闻与信息传播学院这个团队，作为学院行政与学术的主要负责人，深感责任重大，唯恐辜负学院师生乃至学校领导的重托，辜负社会大众的期待。六年来，学院同人、学校领导对我的工作给予了大力支持，学院的人才培养、科学研究、社会服务、学科建设也实现了长足的进步，并且得到了学界、业界的充分肯定。我坚信，这个充满活力的以工科、医科为优势学科的综合性大学，其未来的目标应该是名副其实的世界一流的综合性大学。要实现这一目标，必须建设强大的人文科学与社会科学专业。在媒介化时代，新闻传播学科跨越人文科学与社会科学两大领域，并且与工程、艺术等学科直接相连，所以新闻传播学科应该是华中科技大学学科综合发展战略的一个重要支点。没有一流的新闻传播学科，就不可能有强大的人文科学和社会科学，更不可能有真正的综合性大学。在这个意义上，我一直认为，办好新闻与信息传播学院，是学校未来发展的需要，更是社会的普遍期待。

为了办好让社会满意的新闻传播教育，这几年来，我在教学研究及学院管理之余，比较深入地思考了下列问题：理想的新闻传播教育，究竟应该以培养什么样的人才为自己的目标？换言之，来自新闻传播学院的专业人才，应该具备什么样的条件，达到什么标准？这是我们首先必须考虑而且绝对不能回避的问题。改革开放前，有一个笼统的说法：又红又专。后来有所谓的一专多能的说法。随后又有上手快后劲足的要求。这些讲法没有错，但是又不能说完全准确。我认为，在当今这个媒介化时代，一个合格的传媒人才首先必须具备理性的批判精神。所谓批判精神，就是站在一个比现实更高的层面上，能够独立运用各种高度的思维技巧，对历史或现实做理性的甄别和审视，对人或事进行深刻分析和解剖，以便发现问题和解决问题。其目的是在现实的基础上实现超越，以得到更大的发展，其着眼点是光明的未来。在此基础上，还须有健全人格、人文情怀、责任意识、协作精神、学习能力、全球视野和专业技能，只有如此，新闻工作者才能胜任自己的职责，满足社会的需求。

此外，我还进一步考虑了如下问题：在一所研究型大学里，新闻传播教育应该坚持什么样的培养模式？应该建构什么样的课程体系？应该怎样认识和理解学生在教育过程中的地位？应该如何发挥学生的积极性、主动性和创造性？如何才能推进教学相长？在人才培养的动态过程中，应该如何处理新闻院系与媒体单位的关系？应该怎样理解理论教学与专业实践的关系？应该怎样建设一支充满活力、结构合理的师资队伍？如何发挥新闻学院作为传媒业界及政府智库的作用？如何在服务社会、贡献地方的同时开拓新的教学资源？同时，在与学界、业界同行的交流中，我们还深刻探讨了当前新闻传播教育存在的问题。这些问题的症结何在？应该从哪些方面着手解决这些问题？如果说，当前中国新闻传播教育已经到了非改革不可的地步了，那么应该从哪些方面推进我们的改革？等等。这些问题一直萦绕在我的脑际，挥之不去。我必须首先说服自己，如果连自己都弄不清楚这些问题，怎么能够履行一个学院院长的责任？怎么能够尽到一个教育工作者的义务？所以，这些年来，我一边坚持扮演好一个教师的角色，一边坚守新闻与信息传播学院院长的责任，努力推进人才培养和科学研究方面的常规工作，狠抓质量，提升办学水平。此外，我还利用各种场合、各种平台，就上述问题与同行交流，其中不少内容还直接形诸文字，在各种学术会议或期刊上发表，在一定范围内引起了国内外同行的呼应。

应该说，最近几年我在新闻传播教育方面的这些思考，厘清了长期以来在新闻传播教育方面的一些认识误区，加深了对于人才培养、科学研究特殊规律的理解，对于我作为一个教师的教学科研活动，作为一名院长的院务管理及学院的学科建设，都发挥了积极影响。自 2006 年夏我到华中科技大学任职至今，已六年有余，在全院同事的支持下，学院的各项工作顺利展开，并取得了显著的成就。

在人才培养方面，学院致力于教风学风建设，立足于业界新的变化，改革人才培养模式和课程体系，加强课程和教材建设，努力改善办学条件，强化实践教学平台，着力发展学生创新团队，这些努力成效显著。六年来，学院有两个本科专业——新闻学专业、广播电视新闻专业分别被评为国家级特色专业和湖北省品牌专业，一门课程被评为国家精品课程，一门课程被评为国家视频公开课程，三门课程被评为湖北省精品课程，两位教授入选国家马克思主义理论建设工程教材首席专家，三本教材入选国家"十二五"教材建设规划。学生的专业实践平台大大提升，最近三年，我和院党政班子多次走访国内权威媒体和一流的文化企业，沿京广线布点建设了数十个高水准的专业实践基地。学生的创新团队也屡创佳绩，仅在2011 年的全国文科大学生计算机大赛上，学院学生团队就获得了两个金奖、一个银奖、一个优胜奖。学生的精神面貌焕然一新，日常教学也呈现良好的局面。

在科研方面，学院的老师们也精诚团结，围绕着学院的特色方向，组织学术团队，集体攻关。不仅面向国家重大需求、重大问题，而且直接服务于业界需求，向业界拓展研究空间。最近四年，学院先后取得两项国家社会科学基金重大课题、一个国家社会科学基金重点项目、两个教育部马克思主义理论建设工程重大教材建设项目，仅 2011 年一年就获得国家社会科学基金各类资助课题六项，在国内同行中居于首位。学院还致力于科研平台建设，先后建成了湖北省文科重点研究基地"媒介技术与传播发展研究中心"，同时与湖北省委宣传部联合成立了"网络传播与新媒体发展研究中心"，与湖北广播电视总台联合建立了"湖北广播电视总台华中科技大学广播电视研究院"，学院还准备与湖北省政府联合建设"华中科技大学战略传播研究院。"老师们的科研成果也相当突出，近年来，学院老师每年出版的教材专著都在十几本以上，发表论文 120 篇以上。学院与中国三峡总公司的联合攻关项目"三峡工程新闻传播信息库开发及应用研究"即将完成。在研究成果获奖方面也创了历史新高。在最近三次湖北省社会科学成果奖评选中，学院共有八项成果获奖，其中二等奖（为湖北省新闻传播类最高奖）两项，在 2009 年教育部人文社会科学成果奖评选中，学院也有一本专著入选。

在学科建设方面，华中科技大学新闻与信息传播学院在六年来也有了长足的进步。2007 年，学院继 2005 年取得新闻传播学一级学科博士学位授予权（全国第五家）后又获批成立一级学科博士后流动站；2008 年，学院的新闻传播学科被评为湖北省一级学科重点学科。学科及专业建设有条不紊，在国内的综合排名稳步提升。学院还非常重视对外学术交流，与美国密苏里大学、马萨诸塞州立大学、英国威斯敏斯特大学、格拉斯哥卡利多尼亚大学、澳大利亚的昆士兰大学等建立了日益密切的学术交流与合作。在学术队伍建设方面，各项工作进展顺利。近年来，学院致力于营造和谐的学术氛围，在鼓励竞争的同时，又推进协作。在资深教授的传帮带下，中青年学术力量迅速成长，在成果发表、项目申报及社会服务等方面，青年教师表现十分抢眼。一个以中青年教师为主体的结构合理、充满活力的师资队伍正在形成。这不仅昭示着学院未来发展的后劲，也意味着学院与时代同步，与业界、与社会、与国际同行的联系更加紧密。

华中科技大学新闻与信息传播学院这些年来人才培养、科学研究及学科建设等工作的全面进展，是全体教职员工共同努力的结果。这不仅丰富和完善了华中科技大学的学科与专业体系，增强了其在人文与社会科学方面的总体实力；而且丰富了在媒介化时代中国新闻传播教育多元化发展的历史经验。我作为华中科技大学新闻与信息传播学院的一员，虽然未能全程参与其全部的历史，但是在最近六年的工作中，我尽心尽力，我的血液中已经融入华中科技大学的基因，我本身也成为这个机体不可分割的一部分。我为我新的同僚、同学，也为我们新的命运共同体骄傲，更为我们新闻与信息传播学院自豪！

在这里，我把我在工作之中、工作之余的探索、总结和思考，把我的心得、体会和感悟，把我百思不得其解的困惑、烦恼和忧虑，把我自以为得意的一些奇谈怪论，结集奉献给各位读者，一方面是想报告我本人及华中科技大学新闻与信息传播学院最近的情况，另一方面则希望在新闻传播教育方面得到大家的指教。我深知，新闻传播教育既不同于一般的文科专业教育，与工科教育也有很大的区别，可以说它是文科中的工科或者是工科中的文科。新闻传播行业依赖于高新技术装备，其承载的却是深厚的社会文化和人文精神。新闻传播教育远比一般高等教育复杂，其内在规律自然也有一个渐次呈现的过程。同时作为一个凡夫俗子，个人缺乏穿越时空的洞察力，要认识这一复杂的现象，还需要由表及里、由浅入深。必须承认，在新闻传播教育领域，我还是一个年轻的后来者，对教育问题的认识十分肤浅，甚至全然错误，这本小书可能会给读者以隔靴搔痒之感。我愿意坦露我的感受和认识，也真诚地期盼着诸位方家的斧正。如果能够因此而引起新闻传播教育界的关注，那就超越了我原先的目标了。

（2012 年 8 月 1 日于华中科技大学喻园）

《中外新闻传播史》前言

在信息传播迅猛发展的全球化时代，新闻传媒在社会历史进程中扮演着日益重要的角色。传播发展与社会进化相辅相成，须臾不可分离。随着新闻传播事业和新闻传播教育的发展，为了满足新闻传播专业人才培养的需要，同时为了厘清新闻传播演进的历史轨迹，进而解析社会历史的进化，笔者不揣愚鲁，编撰了这本《中外新闻传播史》。

拙著既是作为一本专门史著述，又是作为大学专业教育的教材来编写的。二十余年来，我一直在新闻传播教育的第一线，从事新闻传播史的教学研究工作，深知一本合适的教材对于教学的重要性。而对于教材来说，除了材料的翔实、准确外，形式的剪裁、体例的创新也是重要的。

长期以来，国内高校新闻传播专业新闻史课程的设置是中外分治的，即同时开设中国新闻传播史、外国新闻传播史。其教材的编撰也分别进行。于是讲中国新闻史时没有世界的背景，讲外国或世界新闻传播史时，也不含中国的内容。由此，本来早已一体化了的地球村，硬是活生生地割裂开来，分出了中外。同时，新闻传播史的内容，也限于对新闻传播事业单一线索的勾勒，停留在对于新闻传播事业的平面描述上。这就决定了立体的多维的新闻传播史难以得到全面的展现。

本书的编撰试图在改变新闻传播史著述的这一弊端上做些工作。首先在时间维度上，笔者致力于人类新闻传播历史全过程的描述，打通古今，从真正意义上的人的诞生开始，沿着口头传播时代、手书传播时代、印刷传播时代、电子传播时代的阶梯，自远而近，以迄于今日的媒介化时代。

当然，由于篇幅的限制，在不同时代的着墨上，存在着相当大的区别。笔者坚信，将撰述重点放在与今天联系紧密的印刷传播时代、电子传播时代，与本课程的设置宗旨应该是一致的。

在新闻传播史的空间布局方面，笔者也试图打破传统新闻传播史著述中外分治的界限，将世界主要国家，当然也包括中国的新闻传播史，纳入统一的世界平台上，从而使中国成为置身于世界体系中的中国，世界成为包含中国于其中的世界。在建构历史体系的过程中，笔者不仅注重主要国家新闻传播历史演进的纵向脉络，而且还力图探索不同国家、不同地区、不同民族、不同文明之间新闻传播的互动关系。在探索新闻传播历史纵向发展轨迹时，还试图解释新闻传播历史的横向发展状况。

同时，笔者还试图在内容建构方面有所突破。如前所述，此前的新闻传播史著述，大多将新闻传播史归结为新闻传播事业演进的历史，以至于新闻传播史被简单地等同于新闻事业史。笔者对此不敢苟同。笔者认为，新闻传播史的第一个重要的前提，就是有生命、有意识的个人的存在。人是社会性动物，而信息传播乃是社会得以形成的条件。人类传播与接收信息的行为和动机无疑是新闻传播历史的基本内容。正是在这个意义上，人的传播观念与传播行为，是新闻传播历史的出发点。

但是，在现实的信息传播活动中，任何传播行为都是依附于一定的传播媒介实现的。从传播媒介的本质来说，它是人体机能的延伸。比如广播电视就在极大的程度上延伸了人的视听觉机能，使人类拥有了梦寐以求的千里眼、顺风耳。没有传播媒介，就没有社会，更不会有人类的文明。而传播媒介本身也经历了一个从简单到复杂、从幼稚到成熟的发展过程。这一过程不仅表现为新旧交替，更表现为新旧之间的叠加、累积。在这个意义上，新闻媒介的历史乃是新闻传播事业、新闻传播史的主体，而这一主体的进化又显示出从少到多、日趋厚重的景观。

另外，人类的信息传播行为、一定的传播媒介运作，都发生在一定的社会制度框架下。制度安排确定了新闻传播历史展演的舞台空间，规范了新闻传播工作者的职业行为，没有制度的支持，新闻传播事业就失去了立身之基。新闻传播事业、新闻传播制度及新闻传播观念的交融，形成了多维的一体化的新闻传播史。研究新闻传播史，首先必须正视历史发展演进的整体性，一方面我们可以看到这三个子系统的相互依赖、密不可分，另一方面我们可以看到整体对部分的制约，即多维整体的新闻传播史对新闻传播事业、新闻传播制度、新闻传播观念的影响。单一的子系统的发展进化，不能离开整体的背景，更不能忽略子系统之间的互动。也就是说，新闻传播事业的发展变化，难以从自身得到圆满的解释，新闻传播制度、新闻传播观念亦然。只有在相关子系统的互动和彼此制约中，才能全面地揭示其进化的动因及其规律。

笔者试图在陈述历史、勾画脉络时，对历史演变本身进行自己的解读。笔者一直以为，史家不能满足于为读者提供一大堆历史资料，而是要在这些资料之间建立联系，解释这些资料反映的历史事件产生的背景及其原因。所以，本书不同于其他教材的特点之一，就是在陈述的基础上论述较多，其前提当然是读者对于基本史实的了解。同时，笔者还试图就新闻传播史的一些基本问题，包括体系建构问题、历史规律问题、发展维度问题，乃至史家的使命与修养等问题，进行必要的探讨。但是限于体例，这些内容作为附录《关于新闻传播历史的几点思考》附于文后，相信这一附录对读者应该有一定的帮助。

虽然笔者长期从事新闻传播史的教学和研究工作，但是真正理解的不过是庞大体系中的数个知识点而已。所以，要撰写一部体系完备、材料丰富、观点正确的新闻传播史教材，实在是一件困难的事情。随着写作的深入，我益发感到自己的无知和浅薄。好在前人在这方面有大量的积累，一些中外文新闻史著作不仅给我提供了大量的资料，而且在体例剪裁方面给了我莫大的启发，我必须向这些著作的作者表达我真诚的谢意，这些著作我都一一附于书后参考文献中。同时我还必须指出，书中对某些人物、事件或媒介的选择、判断、评价，也可能存在不少错讹，还望大家匡谬指正，以便在再版时修订。

（2008 年 5 月 28 日于北京）

《中外新闻传播史》后记

22 年前，我在武汉大学开始担任外国新闻史专业课程的教师时，实在是感到为难。因为坊间根本就没有专门适用的教材。作为老师，我们只能凭自己掌握的材料和自己的理解，自编讲义。直到 1988 年，中国人民大学张隆栋、傅显明两位教授编著的《外国新闻事业史简编》出版，成为外国新闻史的第一本正规教材，我们这些专业老师才有了讲授的蓝本。自此以来，20 个春秋过去了，学界对于外国新闻史的研究，对于相关教材的编纂，日趋活跃；对于新闻史课程的建设也日臻完善。如今，仅国内公开出版的中国新闻史、外国新闻史（世界新闻史、中外新闻史）教材或专著，不下数十种之多，而且其中绝大多数是近 10 年内出版的。在市场化、功利化背景下，新闻史的研究没有"死"掉，反而显现出一派繁荣景象，实是我辈学人始料不及的。

现在呈现在读者诸君面前的《中外新闻传播史》，是在拙作《简明世界新闻通史》（武汉大学出版社 1994 年版）的基础上，大幅补充、修改而成的。当时编纂这本新闻传播史教材，主要着眼于体系的建构，致力于线索的梳理，试图在世界历史的大背景下，描绘新闻传播产生、发展、演进的脉络。应该说，拙作出版后，得到了学界的认同，许多学校的新闻学专业以此为教材。同行们普遍认为，拙作脉络比较清晰，剪裁比较适当，篇幅大小也比较适宜，有利于老师讲授和学生掌握。现在看来，受到当时条件的局限，这本书无论在体系结构，还是在事实选择、人物评价方面，都存在着不少问题，需要追踪新的发展，吸纳新的成果，进一步予以完善。

　　承蒙高等教育出版社的关照，拙作《中外新闻传播史》得以列入该社 2008 年的出版计划。在构思本书纲目时，我首先考虑到的一个问题，就是对基本历史观的阐释，对于新闻传播历史演进过程的基本理解，这是本书撰述的立足点，也是我长期以来一直苦苦思索的问题。为此，我花了近 5 万字的篇幅。在此基础上，我承袭了古今贯通、中西合璧的编纂理念，彰显时间脉络，突出新闻本体与环境的互动，试图在建构完整的新闻历史空间上有所贡献。同时，考虑到历史著述毕竟不同于新闻报道，对时效性的追求，对眼前事务的关注，可能会增加历史著作的看点，但也会造成一些陷阱。因为作者置身于事中，固然有利于捕捉最新变动的细节，但是现实利益的纠葛和复杂情况的枝叶会遮掩历史学家的眼睛，妨碍他们进行冷静理性的思考。历史总需要一定的沉淀工夫，所以对于正在发生的或者我们见证的正在进行的一切，比如网络新媒体的兴起等，我采取了慎重的态度。

　　我希望这本《中外新闻传播通史》能够给新闻传播专业教育特别是新闻传播史的教学提供一种新的选择或者参照。我很清楚，在当前众多的同类教材中，本书有很多的不足，但也有明显的特点。笔者立足于史实，但没有淹没在事实的海洋中，在提供事实的同时，还试图解释事实，解释历史进化的内在和外在原因；书中呈现脉络虽然比较明晰，但是任何架构都不可能完整地再现复杂的历史实在，直到这时，我仍对本书的体例和结构抱有不少的遗憾。当然，就是这个不成熟的作品，也是吸收、借鉴国内外同行专家研究成果的结晶。一是资料方面，书中直接引述了许多研究者发掘的第一手或第二手资料；二是对于事件人物的评价判断方面，也受到了不少前辈学者的启发。所有这些，我想尽力加以注明，但考虑本书的教材性质，过多的注释不利于学生阅读，所以在成书时，删去了不少的注解。为弥补这一不足，笔者专门附上了参考文献。这些文献是本书重要的思想资源和材料来源。在此，我要向这些著作的原作者一并表示谢意！

　　本书能够顺利出版，我还要感谢高等教育出版社的武黎女士，她不仅提出了许多建设性意见，而且还帮助我解决了不少问题；同时，我还要感谢我的妻子，在我身兼多职的情况下，她完全承担了家务和孩子的教育工作，使我能够挤出时间，完成本书的撰写。同时，对于本书存在的问题，我也企盼着各位读者、专家能够不吝赐教。

（2008 年春于珞珈山）

《华大博雅·新闻系列"十三五" 规划教材》总序

人们常常把人类社会视为一个休戚与共的有机体，而有机体生命的延续与其感知神经系统的功能有着直接的关系。如果说这种认知是正确的，那么人类社会的哪个部门担负着类似感知神经系统的角色？英国社会学者斯宾塞尝试利用生物学的原理解读这一问题。在他看来，社会系统的神经就是信息传播媒介。这一判断给予职业传媒人巨大的精神鼓舞和专业的自信。美国报人约瑟夫·普利策就把人类社会比喻为汪洋大海中航行的轮船，而当今社会的职业传媒人就相当于轮船上负责瞭望的水手。在整个20世纪，这一认知成为传媒业界的共识，也得到社会的普遍认同。虽然在20世纪末21世纪初期，随着传播技术的革新和网络新媒体的崛起，空前的受众参与改变了传媒的生态，人人都有摄像头，人人都有麦克风。但是，在众声喧哗中，职业传媒人的权威和公信力并没有因此而降低，相反，人们对于其理性、专业的声音表现出更加强烈的需求。

自20世纪初期欧美国家高等职业新闻教育产生以来，在绝大多数新闻传播事业发达的国家，新闻传播界从业者主要来自大学新闻传播院系的毕业生。所以大学新闻传播院系不仅是新闻传播学术的重镇，也是新闻传播人才的摇篮。而新闻传播人才的培养，是一个复杂的系统工程，不仅涉及办学的物质条件（实验设备、资料储备）、师资队伍，更依赖于院系的文化氛围、课程体系和教材建设。其中，教材建设尤其重要。所以，言教育者，不可不谈教材。中国新闻传播教育虽然晚于欧美，但是相对于报业的历史进程，新闻传播教育与欧美诸国的差距不是太大。1918 年，北京大学新闻学研究会成立之初，徐宝璜、邵飘萍等编纂的第一批专业教材奠定了近代中国新闻传播教育的基础。30 年代以后，新闻传播教育在国内迅速兴起，教材建设也风起云涌，一片繁荣。共和国成立后，新闻传播教育虽然历经坎坷，但是在 80 年代以来，随着改革开放、经济社会发展和新闻传播事业及新闻传播教育的繁荣，新闻传播专业的教材建设进入了黄金时代。以中国人民大学、复旦大学、中国传媒大学及高等教育出版社为代表，集中国内智力，编纂出版了一批又一批高水平的新闻传播专业教材，基本上满足了新时期新闻传播人才培养的需求。

然而，最近一二十年来，由于传播技术革命的迅猛发展，传媒转型与社会转型齐头并进，不仅整个社会结构、功能及运行模式发生了深刻的改变，新闻传播领域也今非昔比。在传统的纸媒、广播电视媒体之外，各种网络数字媒体层出不穷，媒体及其信息对社会系统的渗透达到了前所未有的程度。信息的交流和分享不再是上流社会独享的精神特权，越来越多的人开始进入信息交流与分享的过程，成为信息传播的主体，以至于出现了人人皆传者、人人皆受众的局面。在这个几乎完全消除了信息门槛，人人都是传播者，所有人都是接收者的信息时代，信息传播的模式由过去的自上而下或由点到面辐射式传播转变成为及时交互式传播；传播流程在新的技术条件下实现了再造，一些传统的工作岗位被裁汰或合并，一些适应新的需求的岗位应运而生，不同的岗位对于工作技能和职业操守提出了新的要求；过去不同媒体对于信息资源的一次性使用，在媒介融合的背景下被视为一种浪费，中央厨房式的信息生产实现了对信息资源的多次开发和充分的利用。在这种情况下，信息传播的机制和对于传播渠道、手段的调控也发生了新的变化。所有这一切，必然会传导至新闻传播教育领域，对新闻传播专业人才的培养提出新的要求，从而倒逼新闻传播教育的改革。

在网络时代，职业传媒人应该有更加敏锐的新闻嗅觉、更加深刻的历史洞察力、更加全面的专业技能、更加丰富的知识储备、更加宽广的观察视野，能够胜任新闻传播过程中的不同岗位的自由流动，新闻传播实务操作的十八般武艺，应该样样精通。为满足这种新的职业要求，必须从学校开始，对学生进行有目的、有计划的系统培育。而教材建设就是其中最重要的一个环节。长期以来，新闻传播专业的教材在形式上一直停留在纸质教材的层面；在知识结构方面，基本上都是以课程为单位的封闭的知识链环；其内容的组织，大体上都是满足于单一专业领域知识点的梳理和整合。这种教材编纂方式与印刷时代的知识传播特点是直接相关的。可是我们今天置身的时代环境已经全然不同于过去，信息时代的知识爆炸，网络环境下的大数据、云存储及移动互联的便利技术，使得知识的传播和学习方法也发生了重大的改变。在这种情境下，老师与学生的知识不对称状况已经不复存在。在教学过程中，学生比过去任何时候都要主动、积极，其获取知识信息的能力也远胜于既往。这一切不仅对老师的教学提出了严峻的挑战，对于专业教材的编纂也提出了更高的要求。

正是基于对这一现状的认识，华中师范大学出版社为了满足新形势下新闻传播专业人才培养的需要，着手编纂了这套《华大博雅·新闻系列"十三五"规划教材》。如前所述，到目前为止，在中国新闻传播教育空前发展的形势下，新闻传播专业教材的编纂出版也是相当繁荣。其中最具影响的有中国人民大学出版社、复旦大学出版社、中国传媒大学出版社，他们分别依托本校新闻学院的强势品牌和学术资源，在二三十年时间里，推出了系列成套的新闻传播专业教材；高等教育出版社亦以其统摄全国的特殊地位，集中全国顶尖师资，荟萃业内精华，组织出版了新闻传播专业系列教材，且有后来居上之势。在此之外，清华大学、北京大学、武汉大学、华中科技大学等高校，也结合本校的新闻学院，牵头整合业内资源，出版了不少优秀的新闻传播专业教材。这些出自不同学校、不同出版社的新闻教材各具特色，在不同类型的专业、不同性质的学校具有不同程度的影响力。华中师范大学的新闻教育虽然创办的时间不长，积累还不够丰厚，但是在重视本科人才培养、重视教材建设方面，也有自己的独到之处。

本套教材的编纂，相对于各所名校出版社推出的系列教材，有如下几个特点。

第一，与时俱进。全面地反映了新闻传播发展、变化的最新现实，紧密跟随新闻传播行业的最新趋势，吸收了国内外新闻传播学术界的最新成果。在理论阐述、概念界定、知识梳理、技能训练等方面与时代接轨，与实践联通。站在时代的制高点上，鸟瞰当今的新闻传播，审视新闻传播现象，解读新闻传播规律，体现了与时俱进的创新特质。

第二，应用性。基于新闻传播专业的职业教育特性和新闻传播学科的应用学科属性，本套教材的编纂，贯彻了鲜明的职业导向性和实践应用性原则。尤其是业务类课程的教材，如新闻采访、新闻写作、新闻评论、新闻编辑、新闻摄影等，注重与业界常规的对接，以案例为切入点，强调可操作性。至于新闻传播理论与历史课程的教材，则重在知识的系统化，重在线索脉络的梳理，强调理论与实践的联系、历史与现实的联系，以及老师讲授与学生思考的互动，以激发学生的想象力、创造力为旨归。

第三，开放性。本套教材的编纂自始至终，一直致力于将新闻传播知识建构为一个开放的知识系统，而不是一个封闭的知识链环。各本教材虽然注重体系建构，但是不求完整，力求给老师、学生留下想象的空间。在每本教材覆盖的知识领域，都预留通向其他知识领域的路径，以便与其他课程、其他专业、其他学科交叉或嫁接；同时，关注业界的最新动态、社会的最新变化，及其与新闻传播知识生产的联动，以利于拓展老师和学生的思维空间，培植新的知识增长点。

第四，立体性。在网络信息时代，由于传播渠道的多样化，信息传播与接收日益便捷、快速，在传统的纸质媒介之外，光盘及网络资源不仅有超大的信息量，获取便利，还能实现教学互动。所以本套教材在策划之初，就注意突出纸质、光盘与网络介质的结合，发挥不同介质教学资源的优势，使各种不同介质的知识信息相互补充、彼此延展。配合着纸质教材，出版社还向主讲教师附送由作者制作的讲义PPT、试题库等教学资源，对主讲教师的教学和学生的学习，提供了莫大的便利。

还要特别指出的是，本套教材的定位与其他知名高校出版社新闻传播专业教材也明显不同。前述的几家国内知名出版社，在新闻传播专业教材编纂方面，几乎没有例外地瞄准一流研究型大学的新闻学院，主要是"985""211"大学新闻传播专业的学生，按照这样的定位去组织编纂者队伍，建构知识体系。其内容的呈现也考虑到他们的接受习惯。但是在这些大学之外，更多的是省属重点大学、一般大学、二本、三本院校的新闻传播专业。与一流大学相比，这些学校学生的来源不同，学校的定位不同，学生的职业生涯规划也不一样，他们对教材当然也有自己的需求。华中师范大学出版社正是瞄准了这一特定市场、特定师生人群的发展需要，以个性化、差异化的知识生产、教材编纂，服务于新闻传播人才培养的要求。

为了这套教材的编纂，华中师范大学出版社专门组建了专家委员会，我有幸成为专家委员会的成员。在专家组的周密策划之下，组建了一支老中青相结合的作者队伍。这些作者来自华中地区主要是湖北省的不同高校，但都是各个领域的专家。经过几年的共同努力，这套教材终于可以付梓。作为编纂团队成员之一，我参与、见证了这一历史过程，倍感欣慰，与有荣焉。在教材正式出版之际，除了表达祝福之外，我感到还有责任写出我对此的感想和体会，期待学界业界同人的指教。

是为序。

（2017 年 2 月 8 日于喻园）

《新锐新闻传播学者论丛》总序

在人类传播史上，能够生活在今天的信息社会之中，是我们莫大的幸运。从人类出现到语言的使用，几百万年间，人类生活在十分单一的媒介环境中，嘴巴是我们祖先基本的交流手段。到了距今万年左右，由于文字的发明，手书文字成了社会沟通的主要手段。再往后约几千年，印刷技术发明，近代报刊问世，随着工业革命的进展和报纸的大众化进程，人类进入了以报纸为主要介质的大众传播时代。20世纪初期以来，广播电视相继问世并且迅速普及，大众传播的生态日趋多样化，人类的社会生活空前紧密，大众媒介在社会生活中扮演的角色也越来越重要。传播现象的复杂化，与此相关的一系列社会问题、传播问题、技术问题的重要性、紧迫性，促成了新闻学、传播学的产生，引发了学界对于新闻传播现象的理性关注。到20世纪末期21世纪初，以网络为代表的新兴媒体迅速崛起，新的传播手段层出不穷，传播形式花样翻新，传播模式全然变革，各种令人眼花缭乱的传播现象，对新闻传播学提出了拓展、创新、变革的要求，这种要求越来越强烈，终于成为当下推动新闻传播学发展的主要动力。

根据历史唯物主义的原理，人类社会的历史从来都不是匀速演进的。可能在一个相当长的时间段内，历史演变的速度相对比较缓慢，处于渐进的量变之中，令人浑然不觉；而在另一些特别的时间段内，似乎是长期积累的能量得以爆发，历史的演进突然加速，因为质变取代了量变，在短短的数天乃至一年时间内，能够实现平时数十年，乃至数百年的进步。也就是说，在历史进化途中，关键时刻的一天、一年，其释放的能量可能相当于平和时期的几年、几十年甚至几百年，犹如火山喷发，其瞬间的能量爆炸性膨胀。由此观之，当今的媒介化时代，可以说是新闻传播史上最重要的关键时刻，历史上从来没有出现过像今天这样精彩的传播局面，百花齐放，万物竞生，人们比过去任何时代都耳聪目明，传播对社会生活渗透的深度与广度也超过了以往的任何时代。这种新传播格局，对于今天的新闻传播学界，既是一种机遇，也是一种挑战。

新闻传播学正是在 20 世纪末 21 世纪初新媒体迅猛发展、媒介生态格局突变、媒介化社会及数字化生存等因素的牵引下，实现了突破性的发展。就中国而言，一些新的传播现象、一些与传播有关的社会问题、一些与传播直接相连的重大需求，不仅是学界、业界关注的焦点，而且成为执政党和政府机关在顶层设计时优先考虑的对象。新闻传播学科、新闻传播学各大研究领域、新闻传播教育界，从社会、从业界、从政府获得了越来越多的资源。相对于其他人文社会科学，新闻传播学展现出显学的姿态。在这一背景下，新闻传播学界人才辈出，研究成果汗牛充栋，新闻传播教育也蒸蒸日上。几乎所有"985""211"大学都开设了新闻传播学相关专业，进行本科、硕士甚至博士阶段的人才培养。所有这些，都表明新闻传播业、新闻传播学、新闻传播教育在 21 世纪初这个人类新闻传播史的关键节点上，焕发了空前未有的活力。

一个学科的发展，往往是与一批杰出学者的兴起分不开的。而这些学者的崛起，又得益于其所处的时代环境的滋养。20 世纪中期以来传播学的勃兴，既是那个时代传播发展的产物，也是那个时代一批杰出学者贡献的结晶，包括政治学家拉斯韦尔的宣传分析、社会学家拉扎斯菲尔德的传播效果理论、社会心理学家库尔特·卢因的"把关人"理论、实验心理学家卡尔·霍夫兰的说服研究，以及施拉姆的集大成。没有他们的创造性贡献，就不会有今天蔚为大观的新闻传播学体系。

如今，世界新闻传播学的发展又来到了一个关键的历史节点。新的数字技术带来不胜枚举的新兴媒体，新媒体与传统媒体共生的格局面临着各种新的问题，传播手段、形式的变化带来的传播模式变化，媒体融合背景下专业人才需求的演变，媒体融合时代传统媒体的生存与发展战略，网络化时代的传播自由与社会责任，新的媒介格局决定的社会变迁，全球化语境下国家软实力建构与传播体系发展等，这些问题都不是原来意义上的新闻传播学所能完全解释的。传统意义上的新闻传播学本身需要突破，需要新视野、新方法、新理论，需要拓展新的思维空间。这种需要对于新闻传播学而言，是一种巨大的推力。在它的推动下，新闻传播学才有可能在现有的基础上实现新的超越。这一切都有赖于一批富有创造精神的杰出学者群体的崛起。而在科学探索方面，最富有创造精神的是新锐的青年学者。因为他们没有包袱、没有负担，视野开阔，思想解放，勇于进取。正是基于对学科责任的认识，华中科技大学新闻与信息传播学院决定与华中科技大学出版社联合推出这套《新锐新闻传播学者论丛》。

《新锐新闻传播学者论丛》第一批收入了十二本专著。包括鲍立泉博士的《技术视野下媒介融合的历史与未来》，刘锐博士的《信息监控与网络治理：社会化媒体实名制研究》，刘瑛博士的《互联网健康传播：理论建构与实证研究》，于婷婷博士的《网络购物行为研究——基于在线互动与感知价值的实证分析》，邓秀军博士的《塑造角色，重构身份——纪录片叙述者的主体性研究》，郭小平博士的《环境传播：话语变迁、风险议题建构与路径选择》，李华君博士的《政治公关传播：形象塑造、公众沟通与媒体框架》，牛静博士的《媒体权利的保障与约束研究》，闫隽博士的《贸易政治的媒介镜像》，徐明华博士的《全球化与中国电视文化安全》，周婷婷博士的《中国新闻教育的初曙——以北京大学新闻学研究会为中心的考察》、张梅兰博士的《隐喻：在历史与现实的双重叙事中完成》等。这些著作既有对新闻传播历史和理论的探讨，又有对当下新闻传播实务变革的深入研究；既涉及传统媒体，又关注了网络新媒体带来的新变化；既有基于政治视角的分析，又有基于产业经济视角或文化视角的探究；既立足于国内新闻传播的历史与现实，又有全球视野的关照。这些著作没有例外，都是以作者原来的博士论文为基础，经过一段时间的沉淀和再思考，在大幅度修改、补充的基础上完成的。其作者都是近年来从国内外著名高校引进（或选留）的博士生、博士后。他们虽然在学历背景、专业背景及从业经历上都不尽相同，但是出于对新闻传播、新闻传播教育的共同兴趣和强烈的社会责任感，从不同的学校、不同的地方、不同的专业走到了一起，成为同一命运共同体的成员。

这套论丛的公开出版，对于上述青年学者来说具有重要的意义，他们过去虽然发表了不少论文，在学术界已小有名气，但是独立地出版专著大多还是第一次。通过这些著作，不仅比较全面系统地表达了他们对复杂的新闻传播现象的独特理解，展现了他们的不俗的才华和天才创意，而且显示出他们广博的学科视野、扎实的理论基础和深厚的学术素养。这标志着他们学术生涯中一个新的阶段的开始。另一方面，对于华中科技大学新闻与信息传播学院来说，也是学院青年新闻传播学者研究实力的一次展示。华中科技大学新闻与信息传播学院创建伊始，就坚持以人为本的办学理念，尤其是师资队伍建设，成为学科建设的重中之重。近10年来，华中科技大学新闻与信息传播学院新补充的师资基本上来自校外，来自业界的精英，来自国内外其他知名高校的优秀博士、博士后。在有些高校成为普遍问题的近亲繁殖、派系内斗现象，在华中科技大学新闻与信息传播学院已经绝迹。来自五湖四海的学者，怀抱着共同的理想、共同的兴趣，将不同的专业、学历、经历融汇于一炉，形成了华中科技大学新闻与信息传播学院包容多元、兼收并蓄、开拓进取、锐意创新的文化传统。这套文丛的公开出版，乃是华中科技大学新闻与信息传播学院办学理念的具体体现。

《新锐新闻传播学者论丛》正式付梓，正值华中科技大学新闻与信息传播学院创办30周年的前夕，也是我们新闻与信息传播学院向华中科技大学奉献的一份厚礼。三十而立。这30年的历程，实在是不平凡。30年前，华中工学院（华中科技大学的前身）领国内工科院校风气之先创办新闻系（专业）时，新闻系（专业）在校内是唯一的文科专业，白手起家，只有单一新闻学本科专业；如今在人才培养方面，本科层次有新闻学、广播电视学、广告学、传播学、播音与主持艺术5个专业，硕士研究生层次，学术硕士有新闻学、广播电视学、广告与公关、传播学4个硕士点，专业硕士方面有新闻与传播、出版两个专业硕士点，博士层次有新闻学、传播学、广告与传媒经济、广播电视与数字媒体4个博士点。在此之外，还有两个国家级特色专业、一个国家级校外实践基地、一门国家精品视频公开课、一门国家级精品课、一门国家级精品资源共享课。科学研究方面，在30年前的华中工学院新闻系，教学是重中之重，科研仅仅体现在教材编写；如今，华中科技大学新闻与信息传播学院是国内新闻传播的学术重镇，截至 2012 年底，学院不到 40 人的学术团队仅在研的国家社会科学基金资助课题就有 15 项，其中国家社会科学基金重大课题两项，还有教育部重大课题两项。学科建设方面，在 30 年前，华中工学院新闻学系只有本科、只有教学，根本谈不上学科；如今华中科技大学新闻与信息传播学院是国内较早拥有新闻传播学一级学科博士学位授予权的单位之一，还拥有一个新闻传播学一级学科博士后流动站，新闻传播学科还是湖北省一级学科重点学科。在学术研究、人才培养、社会服务等方面，华中科技大学新闻传播学科在学界、业界都得到了正面的评价。今天这套新锐学者论丛的问世，更是彰显了华中科技大学新闻传播学科的活力。

梁启超的《少年中国说》曾感动化育了几代中国人。"故今日之责任，不在他人，而全在我少年。少年智则国智，少年富则国富；少年强则国强，少年独立则国独立；少年自由则国自由；少年进步则国进步；少年胜于欧洲，则国胜于欧洲；少年雄于地球，则国雄于地球。红日初升，其道大光。河出伏流，一泻汪洋。潜龙腾渊，鳞爪飞扬。乳虎啸谷，百兽震惶。鹰隼试翼，风尘吸张。奇花初胎，矞矞皇皇。干将发硎，有作其芒。天戴其苍，地履其黄。纵有千古，横有八荒。前途似海，来日方长。"每读及此，我都热血沸腾，不能自已。如果把这段话置于科学发展的语境，同样也是适用的。新闻传播学科是一个年轻的充满生机的学科领域，它的永续发展，也需要青年的朝气与活力。只有造就一支强大的青年学者队伍，激发青年学者内在的潜力，新闻传播学科的发展才会有源源不竭的动力。虽然我们已经不再年轻，但是作为过来人，我们深知青年学者们正是需要社会支持、帮助的群体。我们应该想方设法为青年学者的成长创造各种必要的条件，要努力营造出宽松自由的环境，要尽量解除束缚他们想象力、创造力的物质和精神障碍。

《新锐新闻传播学者论丛》得以顺利出版，首先要感谢国家"985"工程建设项目的资助。由于学界同人的鼓励及学校领导的支持，以华中科技大学新闻传播学科为主体的"新媒体与社会发展研究基地"得以在华中科技大学"985"三期建设工程中单独立项。其次，我们还要感谢华中科技大学出版社关心和支持，特别是出版社总编辑姜昕琪教授和责任编辑们，他们为这套丛书的策划出版费尽心力。最后，我们还要感谢这套丛书的 11 位作者，正是他们的努力耕耘，我们才得以享用这份精美的学术大餐。

我们期待着《新锐新闻传播学者论丛》的出版能够给中国新闻传播学科的建设和发展带来新的正能量，期待着这套文丛的问世，能够引起中外学界、业界的正面回应，期待着这批青年学者能够再接再厉，在科学思维和学术探索方面攀上新的台阶、进入新的境界。

《中外新闻传播思想史》导论

　　22 年前，当我进入中国人民大学新闻学院念新闻专业研究生时，就深深地被新闻学科的魅力所吸引。特别是新闻传播史，新闻传播历史上一个个大名鼎鼎的人物，一家家呼风唤雨的报刊，一段段响彻时空的名言，令我陶醉，心生向往。毕业后，我在武汉大学新闻学系担任教师，讲授新闻传播史课程至今。应教学特别是后来的研究生教学之需，我开始从事新闻传播史的研究。1994 年，我在武汉大学出版社出版了一本《简明世界新闻通史》。在编写这本教材的过程中，我发现学界对新闻传播史的理解存在一定的偏颇，不少新闻传播史著作或相关的研究，有意无意地将新闻传播史等同于新闻事业史，很多学校的新闻史教材就是这样命名的。可是，在对新闻史的考察中，我感到新闻传播事业史固然是新闻史的主体，但是任何时代的新闻传播事业发展都是在既定的制度框架内展开的，新闻媒体及其从业者无时无刻不受到现实制度的约束；同时，作为新闻传播事业主体的新闻从业者，都是有思想、有意识、有情感的人，他们对新闻传播的看法、他们的使命观、责任感和专业意识，时时在支配着他们的职业活动，规范着媒介的传播行为。在这个意义上，一部完整意义上的新闻传播史，至少应该包括三个方面的内容，即新闻传播事业、新闻传播制度和新闻传播思想的历史，是这三个部分的有机统一。

　　基于这种认识，我尝试着开始从事新闻传播思想史的研究。从人类传播史上最具影响的人物着手，凡政治家、思想家、报人、著名新闻从业者等，如柏拉图、密尔顿、梁启超等，都被纳入了我考察的视野。最初是将阅读心得作为文章发表，随后在 1997 年，出版了一本集子——《传播观念的历史考察》。应该说，这本集子在当时受到了一定的好评，有些学校还将它作为研究生的教学参考书。但是由于种种原因，这本书没有再版。有不少同人、学生希望我将这一研究进行下去，能够出版新的增订版。正好这些年来，我在这方面的学业没有完全荒废，陆续地有一些相关文章发表，还有一些东西虽然没有发表，但属于自己独有的心得。如果能够在前书的基础上，整理补充，对于新闻传播史特别是新闻传播思想史研究或许不无意义。这种念头萦绕在我的心头，挥之不去，一直在鞭策、激励着我，终于促使我出版了《中外新闻传播思想史论》。

一

所谓历史，在广义上讲是一切事物以往的运动发展过程。按照事物的不同性质，可以将其划分为自然发展史和人类社会发展史。我们通常意义上使用的历史概念，主要是指的人类社会发生、发展的历史，即与自然界相互依赖、相互制约的人类社会以往的运动发展过程。人类社会及其纵向的发展史是一个完整的系统结构，即由一系列复杂因素组成的协调一致的有机整体。历史学者费尔南·布罗代尔在《历史学和社会科学——长时段》一文中对这种系统结构，做了精彩的解读："所谓结构，社会观察家们认为是现实与社会大众之间存在的一种组织、一种紧密联系及一系列相当固定的关系。而我们的史学家则认为，一个结构也许是一种组合，一个建筑体，但更是一种现实，时间对这种现实的磨损很小，对它的推动也非常缓慢。某些长期生存的结构成为世代相传的稳定因素：这些结构在历史中到处可见，它们阻碍着历史因而也支配着历史的进程。"① 这种系统结构的整体性特征，决定了系统中只要有一个因素或子系统发生了变化，或迟或早必将导致整个系统结构的变化。

人类社会及其历史的系统结构看似混沌，实则是一个有序的整体。我们可以把人类社会历史看成大洋上漂浮的一座冰山。展现在我们面前、能

---

① J. 勒高夫等主编《新史学》，姚蒙编译，上海译文出版社，1989，第 262~263 页。

够为我们所感知的只是冰山的山顶部分，其水线下的主体部分还有多层结构，远比我们能够看见的山顶要大得多，如果不潜入水下，实难窥见其真实面目。所以，仅仅只是看到了山尖部分，决不等于了解全部。客观历史如此，作为社会历史反映的历史著作自然也不例外。波兰历史学家托波尔斯基曾就历史叙事做过深刻的分析。他认为历史叙事与历史实在相适应，也呈现出三层结构：（1）以陈述序列明确表述的清晰表面层（事实层A）；（2）表述不明确，但间接地（经常是省略三段论式地）包含在表述清晰的层次内的表面层（事实层B）；（3）通常以暗含的方式含在（1）与（2）中的更深层次（理论层）。"所谓清晰表面层，是那种读者与之有直接联系，并且其中通常运用真实性的古典标准资料。但它只是一个有着非常深广基础的结构的最高的和可以看见的部分，犹如冰山的山尖。一个叙事的潜在因素采取了层次（2）和层次（3）的形式。一般而言，层次（2）通常是层次（1）的简单扩充，它并没有改变后者的结构、得出结论的趋向以及解释的途径。层次（1）因而是层次（2）的一种独特的简化方式，换句话说，层次（2）就像层次（1）的某种不太清晰的注释序列。只有当我们考虑了层次（3），新的分析视角才展现出来。"层次（3）是一个理论层次。当然，并不是每一个历史学家都明确地提出一种确定的普遍理论，但每一个历史学家，即使他声称要简洁地表述而不承担评价的责任，他都涉及一种确定的有关人与世界的看法。"①

　　新闻传播史是人类社会整体历史的一部分，它也是一个由一系列复杂因素或层次组成的有序的系统结构。借用托波尔斯基的话来说，新闻传播史也呈现出三个密切相关的层次，即新闻传播事业、新闻传播制度、新闻传播观念，三者彼此依赖、相辅相成，共同建构了完整的新闻传播史体系。首先展现在我们面前的在阳光下熠熠生辉的冰山一角，就是新闻传播事业。我们置身于信息社会，被媒介化环境所包围，媒介信息渗透到社会生活的各个角落，任何人都摆脱不了新闻媒介的纠缠，正如亚里士多德所说的，能够离开城邦的人，非神即兽。即便是枯坐守定的高僧，也难御信

① 〔波〕托波尔斯基：《历史叙事之真实性的条件》，转引自陈新主编《当代西方历史哲学读本（1967~2002）》，复旦大学出版社，2004，第153~155页。

息于"庙门"之外。由于我们的认识规律是由浅入深、由表及里，我们对人类新闻传播史的研究，自然也会从简单的易于把握的新闻传播事业着手。新闻传播事业的历史演进成为新闻史学者最早的研究领域，是有其客观的历史必然性的。

但是，新闻传播事业在整个新闻历史体系中，毕竟只是冰山一角。其高度、广度及其内涵，主要是由水线下的基础部分决定的。一个国家或地区新闻传播事业的发展水平，报纸、广播电视的普及率，新闻媒体在社会政治生活、经济与社会发展过程中扮演的角色，新闻媒体政治参与程度的高低，新闻媒介社会功能的发挥，新闻从业人员的活动空间的大小等，在很大的程度上，与所在国家的制度安排是直接相关的。不同国家新闻媒介的法律地位、新闻媒介与权力系统的相互关系、新闻媒介的所有制差异及各种政治文化禁忌等，都会在相当的程度上决定新闻传播事业及新闻传播活动的状貌。所以，要解读一个国家或地区新闻传播事业的发展历史，揭示其内在的客观规律，必须透过表层现象，进入水线下面，深入制度的层面。从政治、法律、经济、文化等不同的视角，解读各种制度因素对新闻传播事业发展的决定性作用。

同时，我们还须注意，不管是从历史还是现实的角度，社会的主体都是人。在这个意义上，我们可以说"任何人类历史的第一个前提无疑是有生命的个人的存在"①。根据马克思主义的历史观，"人们通过每一个人追求他自己的、自觉期望的目的而创造自己的历史，却不管这种历史的结局如何，而这许多按不同方向活动的愿望及其对外部世界的各种各样影响所产生的结果，就是历史"②。作为历史主体的人，都处于特定的社会地位，有着特定的利益诉求，具有特定的思想、意识、情感。正是他们的生产和生活，构成了社会历史的基本内容。他们创造历史的活动，不是无意识的梦游者般的行为，而是基于特定立场和利益的自主的有意识的行动。梁启超曾经做过如此的表述，"历史为人类心力所造成，而人类心力之动

---

① 《马克思恩格斯全集》第 3 卷，人民出版社，1960，第 23 页。

② 恩格斯：《费尔巴哈与德国古典哲学的终结》，《马克思恩格斯全集》（中文版）第 21 卷，人民出版社，1965，第 343 页。

乃极自由而不可方物，心力既非物理的或数理的因果律所能完全支配，则其所产生之历史自亦与之同一性质"①。对此，恩格斯做过更精辟的解读，"历史是这样创造的：最终的结果总是从许多单个的意志的相互冲突中产生出来的，而其中每一个意志，又是由于许多特殊的生活条件，才成为它所成为的那样。这样就有无数互相交错的力量，有无数个力的平行四边形，由此就产生出一个总的结果，即历史事变，这个结果又可以看作一个作为整体的、不自觉地和不自主地起着作用的力量的产物。因为任何一个人的愿望都会受到任何另一个人的妨碍，而最后出现的结果就是谁都没有希望过的事物"②。个人的意志虽然都达不到自己的愿望，而是融合为一个总的平均数、一个总的合力，然而从这一事实中绝不应做出结论说，这些意志等于零。相反地，每个意志都对合力有所贡献，因而是包括在这个合力里面的，从而对历史产生一定的影响。

新闻传播史也是新闻从业者及相关者自我意志的产物。虽然不是每个新闻从业者或相关者都能如愿，在个体意义上，历史的发展是不以人的意志为转移的，但是一定社会一定时期的新闻传播思潮，新闻工作者的专业意识，相关者对新闻媒介的角色期待，约定俗成的行为规范等，在相互交错、冲突、融合中形成合力，会在无形中划定新闻传播进化的轨迹，推动着新闻传播事业、新闻传播制度的演进。因为，如何建构适应社会需求的新闻传播制度，设定新闻传媒及从业者的活动空间，划清公共权力系统与新闻传媒系统彼此领域的界限，规范新闻传播工作者的职业行为等，都是在一定的新闻传播观念的影响下实现的。当然，一定时期的新闻传播观念，也是一定时期新闻传播实践的产物，是新闻工作者及新闻传播相关者对新闻传播活动的能动的反映。而且这种观念未必总是以完全理性化、系统化的形式展现，在许多场合甚至以具有浪漫情调的幻想出现。但它对于解读那个时代的新闻历史发展，具有重要的意义。所以，历史学家赫伊津主张："文明史应当像重视人口、税收数字即人口和经济史一样，重视对

---

① 梁启超：《中国历史研究法》，华东师范大学出版社，1995，第151页。
② 恩格斯：《恩格斯致约·布洛赫》，载《马克思恩格斯选集》第4卷，人民出版社，1972，第478~479页。

美的梦幻和浪漫的幻想。"他又说："当代人生活于其中的幻想具有一种真理的价值。"[1] 新闻传播史研究，也应该透过新闻传播的表象，潜入水线下冰山的深层部分，梳理决定新闻传播事业发展、新闻传播制度演进的新闻传播核心观念嬗变的历史。

　　新闻传播事业、新闻传播制度及新闻传播观念的交融，形成了多维的一体化的新闻传播史。研究新闻传播史，必须首先正视历史发展演进的整体性，一方面我们可以看到这三个子系统的相互依赖、密不可分，另一方面我们可以看到整体对部分的制约，即多维整体的新闻传播史对新闻传播事业、新闻传播制度、新闻传播观念的影响。单一的子系统的发展进化，不能离开整体的背景，更不能忽略子系统之间的互动。但是，研究者同时也要注意到各个子系统的相对独立性，因为在低一级的层次上，子系统本身就是一个完整的结构。所以，从整体上看，每个子系统，包括新闻传播事业、新闻传播制度及新闻传播观念等，都有其特定的发展进化规律，都在"按其特定的节奏演进着"[2]。观念来源于新闻传播现实，是对现实的反映，但有时也会先于现实，引领现实的新闻传播实践，指导新闻传播制度的设计；先进的制度安排能够促进新闻传播事业的发展，落后的制度不仅会成为新闻传播事业发展的桎梏，还会限制新闻传播观念的发展；新闻传播事业是新闻历史的主体，但其每一步发展，都受到新闻传播思想、新闻传播制度的影响，不过，新闻传播事业的变革，也会促成新闻传播思想、新闻传播制度的飞跃。所以，审视人类新闻传播的历史，我们能看到的，有如一场沸腾的马拉松赛，各个运动员在看客狂热的呼喊中，彼此交叉领先，又相互影响。有时新闻传播事业先于观念、制度的发展，有时新闻传播观念先于新闻传播事业、新闻传播制度的进化，有时观念和制度一起领先于事业。在这个意义上，要使新闻传播史的研究建立在科学的基础上，必须建构起新闻传播事业、新闻传播制度和新闻传播观念彼此交融的统一的三维空间。

---

① 转引自 J. 勒高夫等主编《新史学》，姚蒙编译，上海译文出版社，1989，第 172 页。

② J. 勒高夫、R. 夏蒂埃主编《新史学》，上海译文出版社，1989，第 268 页。

二

拙著《中外新闻传播思想史论》将致力于新闻传播思想史的研究。在通常的意义上，思想观念的历史描述的是思想观念伴随着时间流程而从无到有，乃至发生变异、定型的连续性历史。但是，思想史学者葛兆光主张把思想史理解为，"固有的思想资源不断地被历史记忆唤起，并在新的生活环境中被重新诠释，以及在重新诠释时的再度重构这样一种过程"①。我倾向于认同这一见解，试图站在今天的生活环境中，唤起新闻传播历史上这段被尘封的记忆，并且予以新的诠释，在此基础上重构新闻传播思想演变的过程。

新闻传播思想史虽然受到整体新闻传播史及其他子系统的制约，但相对于其他领域，也有其独特的发展演变规律。这主要表现在三个方面。一是新闻传播思想史演进的节奏往往快于新闻传播事业和新闻传播制度的变化。纵观人类新闻传播的历史，人类思想者对新闻传播现象的思考往往走在新闻传播事业、新闻传播制度的前面。当新闻传媒处于专制制度的重压之下，当权力钳制媒体被视为当然时，约翰·密尔顿喊出了"出版自由"的口号；美国建国历史上，有一个普遍认同的结论，即美国独立战争早在莱克星顿第一枪打响之前，就已经在思想上完成，后来在战场上的较量不过是为了捍卫前期提出的思想原则。二是新闻传播思想从幼稚到成熟、从模糊到清晰的发展过程。这是思想史的一般发展规律，"一种政治理想和一个社会纲领，开始时总是处在比较模糊的、潜在的状态，后来通过发展才变得明确起来"②。这是由于思想观念最终来源于现实，思想观念的成熟程度与人类相应的社会实践水平直接相关。人类新闻传播实践的发展经历了从自在的传播活动到自为的传播事业阶段，人类对传播现象的认识、理解当然也要经历一个感性到理性的飞跃过程。经过这一过程，新闻传播

---

① 葛兆光：《七世纪至十九世纪中国知识、思想与信仰》，复旦大学出版社，2000，第 21 页。

② 〔德〕恩斯特·卡西尔：《人论》，甘阳译，上海译文出版社，2003，第 284 页。

思想从相对模糊变得相对清晰、从相对幼稚而日益臻于成熟。三是类似于有机体的演进规律。梁启超曾就一般思想史的演进做过精辟的论述："无论那派，当一大师创造提倡之时，气象发皇，有似草木在夏天。其先慢慢的萌芽、长叶、含苞、吐蕊，有似草木在春天。其后落华取实，渐至凋落，有似草木在秋天。又后风采外谢，精华内蕴，有似草木在冬天。譬如第一主系的先秦，各家都忙于创作，未暇做整理的工夫。其先当然是酝酿时期，没有急遽的进步，其后到西汉，各家都不去创作，专事整理。在前未入完成的部分，经这期的人加添润饰，果熟蒂落。在前未应用到社会的部分，经这期的人一一实现到社会应用上去，社会都受其赐了。"① 也就是说，任何学派、思潮，都有其生长、繁荣、成熟乃至退潮的周期。新闻传播思想的发展，也犹如草木，其消长荣枯，无不因应自然界春夏秋冬之交替。

对于这部悠久绵长的新闻传播思想史，每个研究者都有自己独特的解读。通过他们的研究呈现在我们面前的相关历史记忆，可谓千人千面。这是因为"每个史学家都有自己的一生，都有观测世界的个人角度。这种观测角度大概会与其他类似情况的人相同，……当某人不是研究古代或19世纪而是写作他自己生活时代的时候，这些时代的个人经历不可避免地塑造了我们看待它们的方式，甚至塑造了我们评价证据的方式"②。在塑造历史学家的各种因素中，"他的出生、他的父母、他的同胞姐妹、他的饮食、他的家庭、他的学校、他的经济和社会地位、他的第一职业、他的第一位恋人，以及所有与这些固有的可变因素组成了不可思议的纲领、个性，然后又与其他一系列可变因素相结合，这些可变因素则包括国家、气候、时间和历史环境等"③。这些因素以不同的比例混合，造就了具有不同个性、不同立场、不同见解的历史学者。所以，对于同样的历史人物、同样的历史过程、同样的新闻思潮、同样的专业精神，不同史学家可

---

① 梁启超：《中国历史研究法补编》，中华书局，2010，第 177 页。
② 〔英〕埃里克·霍布斯鲍姆：《史学家——历史神话的终结者》，马俊亚等译，上海人民出版社，2002，第 265 页。
③ 〔美〕塔奇曼：《历史能指导未来吗？》，转引自张耕华《历史哲学引论》，复旦大学出版社，2004，第 112~113 页。

能会做出完全不同的描述，进行截然不同的解读，得出完全不同的结论。有的研究者通过自己的诠释，能够在新的生活环境中完整、准确地重构新闻传播思想进化的历史过程。但这样幸运的研究者似乎并不多。在追溯历史本源时，在更多的情况下，"人们并不一定真的是准确地返本复初，沿着来路回头寻找自己的系谱中描述的祖先。……有时候会找错了门牌号码，有时候会认错了亲戚祖宗，当然，也有时候是有意地忘掉穷近亲而攀附阔远亲，甚至干脆找一些死无对证的老名人来为家族挂帅领衔"①。在新闻传播思想史领域，这种找错门牌号码、认错祖先的情况实在是太多了。有时为了现实的某种需要，有意识地忘记某些历史记忆，或者有意地利用前人片段的论述，加以曲解，来加强自己的合法性、合理性，也不少见。其根本原因就在于研究者的出发点、方法论及其动机的差异。

研究历史，包括新闻传播史、新闻传播思想史，是一项崇高的事业，应秉持客观、公正、中立的专业精神，以太史公的笔法，通古今之变，成一家之言。绝不能为一时的现实利益驱动，而摈弃良史的品质和史家的职业追求。要正确地诠释、构建新闻传播思想发展进化的客观进程，笔者以为，必须从如下三个方面努力。

第一，瞻前顾后，东张西望，简言之，要有宽广的视野和辩证的发展观。研究一个时期特定地域的新闻传播史，特别是新闻传播思想史，必须首先确定这一对象在新闻传播历史上的具体方位、具体的坐标。从横向看，一定时期特定地域的新闻传播思想总是处于特定的社会环境之中演进的。其学科边界相对比较模糊，而且总是与社会政治、经济、文化及各种传统咬合在一起，总是与新闻传播制度、新闻传播事业密切相关，受到它们的制约，同时也反作用于后者。研究新闻传播思想史固然要立足于思想史本身，但绝对不能在此止步。研究者必须要有宽广的视野，或者跳出新闻传播史这个小的圈子，在更为宏大的背景下审视新闻传播思想与新闻传播事业、新闻传播制度的横向互动关系，把握新闻传播思想与社会政治、经济、文化及传统的互动关系，阐释社会背景对新闻传播思想史的决定性

---

① 葛兆光：《七世纪至十九世纪中国知识、思想与信仰》，复旦大学出版社，2001，第25页。

的形塑，揭示特定时期新闻传播思想的社会文化内涵及其放射性影响。从纵向看，一定时期的新闻传播思想，不会是从天上掉下来的，它总有其历史的渊源，总是在继承、扬弃前人思想基础上合乎逻辑的发展。同时，一定时期的新闻传播思想一旦形成定格，总会对以后的同类思想产生这样那样的影响，或者成为后者的直接渊源，在一定的程度上决定着后继者发展的趋向。在这个意义上，研究新闻传播思想史，在时间的纵向意义上，要瞻前顾后；在空间的横向意义上，则要东张西望，这样才能把新闻传播思想史体系的大厦建立在一个坚实的平台上。

第二，改变传统的研究范式，拓展研究空间，从单纯重视精英到精英与大众并重。"传统史学所注意到的几乎只是个人，社会上的最高阶层人物及其精英（国王、政治家、大革命家等）和事件（战争、革命等），或由这些精英控制的制度（政治的、经济的、宗教的等等）。"① 所以，过去研究思想史——新闻传播思想史尤其如此，学者的注意力主要集中于精英——政治人物、思想家及著名报人——的思想观念的发展演变。精英的思想固然重要，但精英的思想绝不是决定新闻传播事业、新闻传播制度发展演进的唯一因素。新闻传播的历史是新闻人创造的，首先是由在新闻传播第一线的新闻从业者及作为受众的信息消费者创造的。新闻从业者对传播活动的直接感悟、体验，他们的专业意识和职业精神，信息接收者对传媒的角色期待，在某些时候甚至比精英的思想更加重要。在这个意义上，我们完全有必要引进社会史的研究范式，对于社会权力中心外缘的普通大众，对于那些受到权力支配的新闻从业者及社会大众的精神、感受、期待，进行必要的探讨。只有将精英与大众两者结合起来，才能实现研究空间的实质性拓展，才能在总体上把握新闻传播思想史的基本脉络、基本轮廓。遗憾的是，拙著《中外新闻传播思想史论》的内容仍限于新闻传播历史上精英思想的探讨。但是在下一步，我会将新闻传播思想史研究聚焦于新闻从业者和普通社会大众，以拓展新闻传播思想史的研究空间。

第三，站在古人当时的高度，处于他们相同的境界，重演、感悟他们当时的经验，求得对古人思想观念的全面理解。国学大师陈寅恪在论及研

---

① J. 勒高夫等主编《新史学》，姚蒙编译，上海译文出版社，1989，第172页。

究古人哲学思想的问题时说："盖古人著书立说，皆有所为而发。故其所处之环境，所受之背景，非完全明了，则其学说不易评论，而古代哲学家去今数千年，其时代之真相，极难推知。吾人今日可依据之材料，仅为当时所遗存最小之一部，欲藉此残余断片，以窥测其全部结构，必须备艺术家欣赏古代绘画雕刻之眼光及精神，然后古人立说之用意与对象，始可以真了解。所谓真了解者，必神游冥想，与立说之古人，处于同一境界，而对于其持论所以不得不如是之苦心孤诣，表一种同情，始能批评其学说之是非得失，而无隔阂肤廓之论。"① 历史哲学家柯林武德在其名著《历史的观念》中，也在近似的意义上提醒历史学家，"假设他（历史学家——笔者注）正在阅读狄奥多修斯法典，而且在他面前有着皇帝的某一敕令，仅仅阅读这些文字并且能翻译它们，并不等于懂得它们的历史意义，为了做到这一点，他就必须看清楚这个皇帝正在企图对付的那种局势，而且他必须看它就像这位皇帝看它那样，然后他必须为他自己看出这样一种局势如何加以对付，正好像那个皇帝所处的局势就是他自己所处的一样；他必须看到各种可能的选择以及选定这种而不是另一种的理由，这样，他就必须经历皇帝在决定这一特殊办法时所经历的过程。因此，他就是在他自己的心灵中重演那个皇帝的经验，而且只有在他做到这一点的时候，他才对那个敕令的意义具有真正的历史知识，而不同于单纯的语言学知识"②。不难看出，要正确地理解古人的思想，必须试图了解古人当时的环境、背景，设身处地，并且在心灵上重演古人的经验，发挥自己的想象力，神游冥想，思古人之所思，这样才能与古人处于同一境界，体会他们的苦心孤诣，正确地解读他们的思想观念。

三

拙著《中外新闻传播思想史论》在性质上属于一本专注于新闻传播

---

① 陈寅恪：《金明馆丛稿二编》，上海古籍出版社，1980，第247页。
② 柯林武德：《历史的观念》，转引自张耕华《历史哲学引论》，复旦大学出版社，2004，第63页。

思想史探讨的专题文集，内容包括 16 个独立的专题。其中，有 8 个专题曾经在 1997 年收到拙著《传播观念的历史考察》（武汉大学出版社 1997 年版）中。这些专题分别是《柏拉图的传播思想》《约翰·密尔顿的出版自由思想》《罗伯斯庇尔的新闻思想》《梁启超新闻思想》《小野秀雄的新闻思想》《列宁的新闻思想》《毛泽东新闻宣传思想》《中国传统新闻学的反思》等。其中，关于梁启超的新闻思想、柏拉图的传播思想在收进本书时，有一些增补；关于毛泽东新闻思想部分，将笔者过去的相关文章，重新做了一些整合，其基本内容没有实质性的变化，具体的论断、评价保留了原来的观点。

这次新增加的 8 个专题，大部都在国内外学术期刊上公开发表过。《孟子传播思想与实践》一文立足于来自《孟子》的第一手资料，对传统儒家的代表人物孟子的传播思想及其传播实践活动，进行了比较深入、全面的分析。特别是对孟子传播功能观的解读，笔者认为其赋予传播以宣扬孔子之道，正人心、息邪说，推行政治教化及争取政治认同的使命，还有孟子对传播者自我定位的理解及对传播者自我修养的剖析，窃以为有些新意。笔者还对孟子自身周游列国时的传播实践及其宣传艺术，尝试着进行总结，对孟子传播思想的整体建构，落实在孟子性善论的基础上。在肯定孟子杰出的传播艺术的同时，对孟子坚持的传者中心论和轻视说服对象的优越感，也做了一定的客观评价，相信这些努力对新闻传播思想史爱好者不无帮助。

马基雅维利是文艺复兴时期诞生的历史巨人、伟大的政治思想家和军事理论家。在传播思想史上，人们习惯于将它列为极权主义报业学说演进历史中承先启后的关键人物。收入本书的《马基雅维利的政治传播思想》从政治学、传播学的视角，立足于对《君主论》的全面解读，试图对马基雅维利的人性论与政治观、传播控制理论、政治形象理论和政治宣传的策略等问题，进行比较全面的探讨。这个专题研究最初作为论文发表于《新闻与传播研究》（1999 年第 2 期）。本次收录出版时，在吸收学界相关学术成果的基础上，根据原手稿做了一些补充，在政治形象设计及政治传播策略方面，做了新的阐释。

在出版自由的发展历史上，一般认为，美国新闻媒介及从业者能够享有的自由空间是最大最广的。但美国出版自由传统的形成,美国新闻传媒独立的政治、法律地位的确立,与美国建国初期共和党领袖托马斯·杰斐逊和联邦党人领袖汉密尔顿的论战是分不开的。《关于出版自由的论战》一文正是围绕美国联邦宪法制定前后政治上共和派、联邦派的对立,特别是在出版自由态度上的对立,进行了深入的分析。文章不仅描述了两派对立的具体情形,而且还就对立的思想基础及现实原因、对立的结局及其历史影响,做了全面的阐释。到目前为止,在国内学术界还很少看到类似的研究。

下面的一个专题——《希特勒宣传思想批判》,或许会引起一定程度的争议。它涉及的主人翁是阿道夫·希特勒,这是一个为害人类的乱世枭雄,就其给人类带来的灾难而言,他绝对能够超越人类历史上所有的暴君,而成为最大的历史罪人。拙著敢于拿他来做文章,绝对不是为了给他树碑立传。而是想就现代历史的某些谜团,做些探讨。众所周知,希特勒出生于奥地利,对于当时的德国民众而言,他是个外国人,既没有显赫的身世,高贵的血统,也没有雄厚的财力,其早期历史除了参加第一次世界大战因作战勇敢而得过一枚铁十字勋章外,实在是乏善可陈。但是他领导的纳粹党能够在短短的 10 多年间,迅速崛起,成为德国的执政党,与他们对宣传媒介的利用有着直接的关系。事实上,纳粹党,包括意大利法西斯都是靠宣传起家的。他们对政治宣传有自己的理解,不了解纳粹党人及其领袖的宣传思想,第三帝国的历史就会留下许多空白。正是在这个意义上,笔者于 20 世纪末写了这篇文章,并在日本的一家社会学杂志上发表,收入本书时,基本上没有改动。

本次拙著收入的《邓小平新闻宣传思想》《江泽民新闻宣传思想》两个专题,在整体上都是第一次发表,但其中部分内容,曾经在国内学术杂志上发表过。如邓小平关于政治宣传的五大政治原则,曾经在《武汉大学学报》上发表。笔者对邓小平新闻宣传思想的研究,曾得到教育部人文社会科学基金的支持;对江泽民新闻宣传思想的探讨,在国内同类研究中是属于较早的。在 2000 年,笔者曾经以连载的方式在《新闻前哨》杂志上发表了 3 篇论文,探索江泽民的新闻宣传思想。对这两个中国当代重要政治家新闻宣传思想的研究,对于解读当代中国的新闻传播政策、对于理解中国当代的新闻传播制度,以及分析、把握中国新闻传播发展的未来趋势，具有一定的参考的价值。

戈尔巴乔夫是一个健在的富有争议的历史人物，一个对世界历史产生过重大影响的政治家、人道主义者。乍看起来，人道主义者与政治家两重身份似乎风马牛不相及，然而在他身上却难得地结合起来，也许这正是他成为一个失败的政治家的主要原因。20世纪80年代，春风得意的戈尔巴乔夫成为苏共中央总书记，不久便掀起了决定苏联生死的改革运动。这场改革与中国邓小平发动的政治变革几乎同时，但两者的命运却迥然不同。前者从政治改革着手，以新闻传播改革为出发点，高唱"公开性""民主化"的口号，轰轰烈烈，最终却以失败而告终，并导致了社会主义苏联的全面解体。后者却循序渐进，从经济到政治，从农村到城市，先易后难，逐步过渡，在保持政治稳定的前提下，实现了经济繁荣和社会的可持续性发展。戈尔巴乔夫败在何处？可以从不同视角探讨，其主导的新闻传播改革绝对是一个不能忽视的因素。早在1989年，我就在《中国广播电视学刊》上发表了一篇论文①，剖析戈尔巴乔夫的新闻思想。现在回过头来看，该文有不少值得商榷的地方。在本书中，笔者试图在世界政治格局变幻的总体背景下，将戈尔巴乔夫的新闻思想与苏联的新闻改革结合起来，并且联系到苏联解体这一重要的历史进程。窃以为这种解读是有一些新意的。

最后一个专题是《报禁开放前台湾的新闻道德观念》。这是一个很有意思的题目，过去却很少有学者在此处着墨。作为中国领土的一部分，作为中华文化传承的一个重要支脉，台湾的新闻传媒在整个大中华新闻传媒体系中占有十分重要的地位。由于血浓于水的民族亲情和共同的文化基因，台湾与大陆的新闻传播，无论在基本理念还是在实际运作层面，存在许多相同或近似的地方。报禁开放是当代台湾政治民主进程中的一个重要的分水岭，新闻传媒在其前后出现了翻天覆地的变化。本专题围绕着台湾的新闻自由与社会责任、新闻传播的道德规范及新闻从业者的道德修养等问题，就报禁开放前台湾的新闻道德观念进行初步的探讨，追寻台湾新闻道德观念演进的脉络及其特点，阐释台湾新闻界行业自律的成功经验。此

---

① 张昆：《戈尔巴乔夫的新闻思想》，《中国广播电视学刊》1989年第3期。

次收入《中外新闻传播思想史论》，是本专题的第一次公开发表，相信会引起一些同人的兴趣。

从以上介绍可见，拙著《中外新闻传播思想史论》所录的 16 个专题，涉及面颇广。从时间概念而言，上自古代下迄今日；从空间意义上看，涉及中外重要历史人物；从具体内涵来说，涉及极权主义传播理论、自由主义报业理论和马克思主义新闻学说。面面俱到，但又是点到即止，不求甚解，难成体系。这样广泛的涉猎，并没有周全统筹的考虑，纯粹是因为笔者的兴趣所至而已。对这些专题的探讨，起自 20 世纪 80 年代中期，而迄于最近，时间跨度近 20 年。收入本书之中时，有些篇章虽然做了文字上的处理，但在基本观点方面，没有做根本的改动，以显示对于历史的尊重。经过这段时间的洗礼，笔者由一个在校的青年研究生渐变为一个臃肿的中年人。所以，拙著的不同章节，可能会给读者不同的印象，或许这正好可以见证世事沧桑和笔者自身的人生历程。①

行笔至此，我不禁想起著名史学家林甘泉对于历史研究的深刻理解。林先生认为，历史研究有三大层次，"第一层次是事实判断，这是历史研究的基础和出发点。傅斯年讲的有一份材料讲一份话，近代历史学就是史料学，照我的理解指的就是这个层次。中国传统的考据学，也是属于这个层次。在这个层次上，要解决的是史料和史实（包括人物、事件、制度等）的确认问题。这在很大程度上取决于你掌握材料的多少和真伪。""第二个层次……可以叫认识判断。在占有大量真实可靠的史料之后，你怎样认识一些历史事件的因果关系，透过历史现象看本质和一些深层次规律性的问题。""第三层次是价值判断，即探讨各种历史事件和历史人物在当时所起的作用及其对后代的影响。"② 按照这一理论，笔者在《中外新闻传播思想史论》中进行的探讨，基本上停留在第一层次和第二层次，

---

① 就在撰写这篇导言的时候，我收到了一个不曾谋面的学者的电子邮件，他坦言在《传媒学术网》上看到我在 20 世纪 80 年代末期的一篇文章，认为不合时宜，建议我拿下。但我以为这已经成了历史，即便现在不合时宜，作为历史的记忆，总归还是有些史料价值的。

② 林甘泉：《关于史学理论建设的几点意见》，《史学理论与史学史学刊》（2002 年卷），社会科学文献出版社，2003，第 7~9 页。

在描述新闻传播思想史的基本状貌，揭示新闻传播思想演进的历程及其与周边环境、新闻传播事业、新闻传播制度的互动因果关系方面，做了一些基础性的工作。在新闻传播思想史的建构方面，主要解决了事实判断和认识判断问题。至于高层次的价值判断问题，笔者有意去做，但由于自己的思想深度有限，理论学养不足，以及方法论的局限，很少做，有时即使做了，也不尽如人意，这是本书留下的最大遗憾，也是我今后应该进一步努力的方向所在。希望能够继续得到各位专家、读者的鼓励、鞭策。

《中国传媒产业市场结构演变研究》序

改革开放以来，我国传媒体制发生了重大变革。大众传媒经历了产业化、集团化与数字化的转型，已经成为我国宏观经济的重要组成部分。伴随着传媒经济的高速增长与传媒改革的逐步深入，学界对传媒产业发展的研究也取得了丰硕的成果。这些成果为今后的学术探讨奠定了基础，也为传媒经营改革提供了重要的参考。不过，从目前的研究成果来看，采用产业组织理论范式对传媒经济进行规范研究的成果似乎不是很丰富，这是今后传媒经济研究急需加强的地方。陶喜红博士的专著对传媒产业市场结构演变过程进行实证分析，运用产业组织理论对其加以阐释。目前，国内关于传媒产业组织方面的研究还比较薄弱，因此，该项研究显得弥足珍贵。作者深入、全面、系统地研究了传媒产业市场结构的演变过程，并分析了传媒产业市场结构演变的驱动力量和面临的问题，提出市场结构重构的方略。该书具有较高的学术价值，也为当前我国传媒经济改革提供了一定的参考，其特点和贡献如下。

该书从三个维度来分析传媒产业市场结构的变迁。首先，从历史的维度进行纵向分析。作者曾经研究过新闻史，运用历史的方法研究媒介经济发展，增加了该书的厚重感。在分析传媒产业市场结构的时候，作者并不是将目光局限于市场结构现状上，而是历时分析传媒产业市场结构的演变状况，通过数据动态展示传媒产业各子产业市场结构的变化进程，从中发现其演变轨迹和驱动力量。其次，从产业的维度进行实证分析。该书从产业经济的角度重点探讨了传媒产业竞争与垄断的关系，既单独分析传媒各子产业内部的竞争与垄断关系，又从整个传媒产业的视角来探寻市场结构的演变及重构。最后，从全球的维度进行横向分析。该书着眼于中国传媒产业市场结构演变研究，但不是孤立地研究中国传媒产业市场结构，而是以美、英、日等发达国家传媒产业市场结构为参照系，提出符合中国国情的市场结构重构方案。

作者从三个方面对传媒产业市场结构演变的影响因素进行深入的探讨。从总体上来看，传媒产业市场结构演变是具有共性的，但各个子产业市场结构演变的不同阶段又呈现不尽相同的特征和规律，甚至部分产业市场结构之间存在明显的差异。该书通过实证研究展示了其共性与个性，并且从制度变迁、产业融合、技术创新等三个方面研究传媒产业市场结构演变的驱动力量。首先，制度变迁是传媒产业改革中最重要的支配力量。该书抓住主要矛盾，结合重大改革谈制度变迁对传媒产业市场结构的影响，纲举目张。其次，产业融合是当前中国传媒产业发展的背景，对传媒产业市场结构的演变起到举足轻重的作用。该书对传媒产业市场边界中出现的模糊、交叉现象的分析很透彻，也具有开拓性。并在此基础上思考了传媒产业市场结构演变的理论问题，提出重新思考传媒产业分类标准的问题，体现出作者具有很强的问题意识，在认识上具有前瞻性。最后，技术变迁对传媒产业市场结构演变起到潜移默化的作用。作者把技术变迁与产业生命周期联系起来，分析传媒产业市场结构演变的不同阶段所呈现的特点。值得肯定的是，该书在研究传媒产业市场结构演变的驱动力量时，没有将制度变迁、产业融合与技术创新割裂开来，而是采用系统论的方法，对各个因素做到相互观照、有机结合。可见，作者的研究视野是比较开阔的。

从整体上来看，我国传媒产业中媒介数量众多，但是市场集中度不高，因此每家传媒所占有的市场份额相对较低，市场中竞争主体多呈原子型分布，导致产业竞争力偏弱。尽管当前传媒产业市场集中度呈提高的趋势，但提高的幅度不大。在传媒产业市场化运行的初期，中国传媒产业大体上处于分散竞争阶段；在市场化逐步深入的过程中，传媒产业市场结构逐渐向垄断竞争过渡；在传媒产业集团化建设的推动下，市场集中度进一步提高，市场结构正在向寡头垄断方向发展。传媒产业经济性垄断力量不断增强的同时，行政性垄断力量出现下降的趋势。在行政性垄断力量的支配下，中国传媒产业的市场进入、退出壁垒都非常高，过高的进入壁垒保护了在位传媒的既得利益，让潜在进入者丧失公平竞争的机会，在位传媒在政策的庇护下丧失一部分市场竞争的动力。因此，作者认为，当前的中国传媒产业市场结构不利于激发传媒产业竞争活力，也难以获取最佳经济效益。市场集中是今后传媒产业市场结构优化的必然方向，最终形成适度集中的寡头垄断市场结构。这一结论是作者在历时考察的基础上得出的，具有一定的参考价值。

该书提出了传媒产业市场结构构建的目标模式，即构建适度集中的网络型寡占市场结构，以激发产业竞争活力，实现有效竞争的目标。当前我国传媒产业中存在分散竞争、重复建设和过度竞争等现象，大大降低了传媒产业市场绩效。从社会效益上来讲，如果传媒将精力集中于相互掣肘，纠缠不休，就难以全身心投入全心全意为人民服务上来；从经济效益上讲，分散竞争与过度竞争不利于提升传媒集团竞争优势，也不利于传媒技术创新，最终导致传媒绩效不断降低。过度垄断将导致竞争与动力不足，也不利于提高传媒产业市场绩效。作者在该书中对当前传媒产业市场结构的绩效进行评估，提出构建传媒产业网络型寡占市场结构，并认为这一结构体系的特点是适度集中、紧密联结与有效竞争。这一观点是有见地的，为传媒改革提供了理论依据，对传媒产业市场结构优化具有很强的现实指导意义。

总之，该书能够将理论与现实相结合、规范分析与实证分析相结合、历史分析与比较分析相结合，做到有理有据、观点明确。当然，作者在今后的研究中，可以借鉴新产业组织理论观点，将 SCP 框架视作一种循环的框架，分析市场行为和市场绩效对市场结构产生的影响。不过，瑕不掩瑜，该书的出版无疑对传媒产业组织理论研究具有很大贡献，对传媒产业改革也具有重要的参考作用。陶喜红博士科研态度认真，在学术上有孜孜以求的探索精神。作为他的博士指导老师，看到他的著作出版，我感到很高兴，也很欣慰。希望他今后能够一如既往地努力钻研，写出更扎实、更有影响力的著作。

（2013 年 3 月 5 日于喻园）

《中国传媒组织治理模式创新研究》序

　　改革开放迄今 30 余年间，中国社会发生了巨大转型且这种转型远未完成，但我们可以看到已有的转型给中国社会带来的深刻持久的改变：政治体制由集权走向分权，经济体制改革逐步释放出市场力量，传统的政府角色也开始为市场所取代。在这一过程中，作为社会子系统的传媒系统自然而然也发生着巨大根本的转型。传媒从单纯的"宣传工具"到"新闻组织"与"宣传工具"并重的转型，从"事业单位"向"事业单位、企业化运营"和"事业企业两分开"的转型，对传媒研究的基本视角、研究方式和理论范式产生了多元的要求。其中，基于经济学的研究视角和理论范式成为传媒研究的重要路径。

　　长期以来，体制改革都是传媒改革的核心内容。传媒体制改革的相关议题也理应受到更多关注。如果说体制改革是宏观话语，那么与体制相关的作为宏观市场主体的传媒组织的经营、管理、治理、产权等则是具体话题。在 2003 年启动的新一轮文化体制改革背景下，传媒体制改革走入分类改革与转企改制的改革新阶段。按照这一阶段的改革部署，传媒组织分为公益性传媒事业单位与经营性传媒企业，而对于转型为企业的传媒组织而言，建立现代企业制度并完善法人治理结构成为其改革的重要环节。

　　殷琦博士的《中国传媒组织治理模式创新研究：基于利益相关者理论的视角》一书正是在文化体制改革与传媒体制改革的背景下，对中国传媒组织治理结构的理论与实践予以研究，从而为分析传媒产业发展与传媒体制改革提供一种独特的视角的一本专著。这本专著在尊重中国传媒变革的基本路径选择的基础上，主要应用企业管理学和经济学的相关理论资源，对影响媒介组织运营效果和发展壮大的根本内部因素——传媒内部治理结构进行了探索性的研究和思考。这种研究不管是从问题意识、理论资源、分析框架和基本结论，还是从实务关照等方面，都有利于对于正在转型发展中的我国市场经营性的传媒企业的进一步市场化改革理清思路，提供建议，当然也有助于我们对中国传媒业在市场发展转型中的微观企业经营管理形成更为深刻和全面的认识。

的确，企业治理自 20 世纪 80 年代始引发广泛关注，并逐渐成为经济学、管理学、法学等众多学科共同关注的交叉性课题，几十年来一直方兴未艾、常论常新。但无论是在企业治理理论发源地美国及其他西方国家，还是在正经历着市场化转型的中国，目前关于现代企业制度与企业治理的主要研究成果都是以一般性国有企业或家族企业的经验为基础，从这些类别的企业治理实践中衍生出理论并用于指导实践，却较少论及传媒企业或传媒组织。自然，经验表明，传媒组织与一般性企业虽并非泾渭分明，在对治理结构的一些原则性认识上存在一致之处，如要保护股东和利益相关者利益、避免内部人与外部人过度控制、保障内部监督制衡机制以及健全市场和政府等外部治理机制等；但我们也必须清晰地认识到，它们之间仍然存在不少差异之处，如传媒组织的双重属性、长期以来事业单位身份的影响以及党和政府在传媒治理结构中的特殊地位等，使得传媒组织治理结构存在一些特别之处，其治理结构的制度安排与创新显然不能照搬照抄现有的成熟的、完全市场化的企业治理理论。基于这样一种认识，《中国传媒组织治理模式创新研究：基于利益相关者理论的视角》一书将企业治理理论选择性地应用于传媒领域，结合中国传媒组织的特殊属性与独特发展路径对其治理结构进行深入审思，既使得企业治理理论的研究对象不再局限于一般性企业，拓展了企业治理理论的应用范围，也有利于传媒领域相关研究的深化。

治理结构既然是一种制度安排，其变迁与改革过程也遵从并呈现出制度变迁的一些特点，在这些特点之中，制度变迁的路径依赖显然是在分析传媒组织治理结构时所需着力考虑的问题。路径依赖在制度变迁上的效果体现在两个方面：一方面，比较政治经济学者马克·罗伊（Mark J. Roe）

曾将路径依赖结合到企业治理结构的研究中，认为各国企业治理结构依赖于各国的初始条件，而初始条件是由其政治文化以及历史导致的，不同的初始条件以及适应性调整形成了各国企业治理结构的路径依赖。于是，中国传媒组织治理结构研究需注重制度环境的考察，重视宏观政治、经济与社会环境变化对传媒组织治理结构的影响。另一方面，企业治理结构在不同阶段也呈现出多样性特征，并不存在一个一成不变的治理模式，而"人们过去做出的选择，决定了他们现在可能的选择"。因此，治理结构的改革方向与目标模式建立需要考虑到路径依赖的作用，对于我国传媒组织治理结构而言，其改革过程只能是渐进的，其目标模式也需综合考量政府、传媒组织、传媒从业者等各方利益相关者需求。《中国传媒组织治理模式创新研究：基于利益相关者理论的视角》充分考虑到了传媒组织治理结构改革的路径依赖特征，其对于传媒组织治理结构的研究，既注意到了中国的特殊国情以及中国传媒制度下传媒组织治理结构改革与重塑的特殊语境，也考察了历时性视角下传媒组织治理结构不断发展演化的过程，这也使得论著最后提出的目标模式更具科学性与可行性。

根据经济学和企业治理的相关研究，我们知道，企业治理结构的目标模式在世界范围内主要有两种取向，一种是以英美为代表的股东至上模式，一种是以日德为代表的利益相关者模式。长期以来，由于美国是世界上经济最为发达的国家并主导着世界经济发展，其企业治理模式也相应受到更多推崇，股东至上模式显示出强大影响力，而利益相关者模式却较少受到关注。但在实践中，股东至上模式面临着管理者权力垄断、内部监督治理机制失衡与竞争短视等问题，而这些问题恰恰可以通过利益相关者的参与治理予以纠偏。《中国传媒组织治理模式创新研究：基于利益相关者理论的视角》一书指出，中国传媒组织治理结构实质上遵循着股东至上逻辑，党和政府一直作为享有投票权、监督权、重大决策权以及经营者选择权的"最大股东"，从而呈现出浓厚的"股东至上主义"色彩，因而也陷入股东至上模式的固有困境之中。由此，该书提出了"股东主导的利益相关者参与治理"这一新的治理模式构建取向，这一构想对于正处于改革关键期的中国传媒组织，尤其是传媒企业而言，极具借鉴价值。

随着文化体制改革与传媒改革的不断深化，我们对传媒组织与传媒企业问题研究的广度与深度都在迅速拓展，传媒组织与企业议题的理论研究越来越成为传媒研究领域的关键议题，这需要所有的传媒的国家宏观管理层、传媒组织的经营管理层和学界的多元思想力量的贡献与思考。殷琦博士的这本著作是一个好的开端，希望能够在传媒内部的治理与改革、传媒市场化转型与传媒权力系统之间的关系等微观和宏观领域的研究中引发共鸣，激发争议，也希望这本著作能够成为我国市场化运营的传媒进行实务操作的思想资源。

任何一个问题的研究和观点的提出以及与现实世界的互动，始终是一个复杂的、漫长的过程。对于殷琦博士而言，此本专著的出版应该是她对这个问题研究的开始而不是结束，"术业有专攻"，而任何一种专业领域的深刻的学术思考，都需要长期的沉浸与探索，需要不断的自我拓展和提升，需要激烈理性的对话和辩论，希望殷琦博士在今后的研究选择中，不断深入、深化和系统化自身对于传媒治理结构的研究。不仅对我国传媒治理结构研究，也可以对发达国家地区的现代传媒集团的治理结构进行研究；不仅对我国当前传媒组织转型过程中的治理结构予以研究，也可以对我国 20 世纪中期以前的传媒治理结构进行研究，比如《大公报》的治理结构。多元比较，相互印证，同时对现实正在进行的蓬勃复杂的媒介市场化改革的治理密切关注，从而实现理论与实务的双向互动与相互提升。

回溯人类的学术历史，一种理论、一个学派的萌生发展无不浸透着众多学人艰辛的努力。"文章千古事，得失寸心知。"事实上，知识的生产和理论的开拓创新，正是学者的最大人生价值所在。殷琦博士风华正茂，正当才思泉涌之际，其《中国传媒组织治理模式创新研究：基于利益相关者理论的视角》的出版，乃是其学术生涯的一个重要标志。我期待着殷琦博士再接再厉，在以后的学术研究中不断超越同侪与超越自我，不断丰富学术人生。

是为序。

（2014 年 12 月 16 日）

《中国近现代漫画新闻史》序

"盛世修史"是中国文化的重要特色。进入 21 世纪以来，随着综合国力的崛起，中国经济文化空前繁荣，新闻传播事业与新闻传播学术也跃上了新的高度。其主要的标志就是有关新闻传播的论著，尤其是新闻传播史论著大量出版，一时间蔚为大观。新闻传播学的研究空间拓展迅猛，一些长期以来的空白得以填补。当然，这些成就并非水平推进，在不同的领域、不同的议题上，还存在着鲜明的落差。以新闻传播史研究而言，漫画新闻史的研究就是亟待加强的领域。

一 漫画新闻是近现代新闻传播的核心要素

在自然界和人类社会中，联系是事物普遍的存在方式。万事万物之间不论差异多大，都通过中介而过渡并连成一体，构成一个整体的世界。恩格斯曾经指出："如果我们拿两种极不相同的物体——例如一块陨石和一个人——来比较，那末我们由此得到的共同点便很少，至多只有重量和其他一般物体属性是二者所共有的。但是，在此二者之间还有一个无限系列的其他自然物和自然过程，它们使我们有可能把从陨石到人的这个系列填补起来，并指出每一物体在自然系统中的地位，因而可以认识它们。"[①]
人类在适应自然、创造社会的过程中发明的各种新闻传播工具，也是人与

---

① 《马克思恩格斯选集》第 3 卷，人民出版社，1972，第 553 页。

人、人与社会、人与自然普遍联系的重要渠道。

绘画是图像的一部分。在意义交流的角度上，绘画和语言具有相同或类似的功能。但绘画和音乐、舞蹈、雕塑等艺术形式一样，又都属于非语言的语言表达系统，和一般意义上的语言表达有诸多区别，如从绘画的基本手段上来看，"绘画语言的基本词汇包括线条、明暗、色彩和笔触，并由此构成肌理、层次、虚实和节奏的衍生词，通过画家的组织和运用产生语句的述说手段，从而进行绘画所需的精炼与朴素的描写、丰富与极致的刻画、象征与隐喻的表现、幽默与夸张的叙述和变形与抽象的诠释"①。简言之，绘画是人类运用形象思维方法，通过创造出各种具象、变形、抽象等形象样式来进行交流的工具。与通常意义上的语言相比，绘画在词汇、语法、结构、形态等方面具有自己质的规定性。在表情达意的功能上，二者各有所长，也各有所短。我国晋朝时期著名文艺评论家陆机曾指出："宣物莫大于言，存形莫善于画。"② 也就是说，语言长在传达抽象观念，绘画善于表现逼真形象。若从起源的角度看，在人类童蒙时代，语言、绘画混而为一，绘画先于语言而存在。可以说，人类正是通过绘画才迈开了创造语言（文字）的第一步。随着岁月更替，二者慢慢分野，其区别逐渐明显、扩大起来，进而走上各自不同的系统发展道路。但即便如此，语言和绘画仍然具有密切的联系，并能够在更高的层次上统一起来，即都服从和服务于更有效的交流和表达这个最终的目的。正因如此，语言和绘画二者之间没有什么非此即彼、不可逾越的鸿沟，而是可以在目标一致的基础上，彼此之间互相接近或逐渐过渡，产生非此非彼，又亦此亦彼的新的表达形式。其实，不独语言、绘画之间关系如此，在其他领域这种现象也广泛存在。

漫画新闻就是在新闻传播领域语言和图像相互接近与过渡而产生的一种跨界性的新闻报道体式。它介于文字与图像之间，兼有二者之长。人类是传播的动物，新闻是传播的重要内容之一。新闻告诉人们世界发生了什么变化与如何变化，新闻是人类认识、适应并改造世界的重要方式和工

---

① 汪晓曙：《绘画语言论》，江西美术出版社，1999，第 3 页。
② ［唐］张彦远：《历代名画记》，上海古籍出版社，1963，第 42 页。

具。有人类也就有了新闻及其传播。在漫长的成长过程中，人类逐渐创造出多种用于传播新闻的形式，文字、图像就是其中两种最为重要的用于传播新闻的信息交流工具。在这两种具有不同质的规定性的交流工具之间，还存在着漫画新闻这种既具有过渡性又具有独立价值的信息传播与交流方式。它是近现代新闻传播的核心要素。

新闻史研究是新闻学的重要分支。若从1873年《申报》上发表《论中国京报异于外国新报》的专论算起，新闻史研究在中国已经有140多年的历史，新闻史研究园地可谓是硕果累累，成绩喜人。但毋庸讳言，中国新闻史研究领域至今还存在着相对薄弱的环节，漫画新闻（也可称为新闻漫画）就是其中一块挖掘较少、有待耕耘的肥沃土壤，虽说已有了一些研究成果，但较为零散。就现有的一些成果看，不仅数量少，而且很多是从文物收藏角度而进行的文献、资料介绍与欣赏，或是为某些漫画艺术家所写的应时性纪念文字，学理性分析不够，结构完备、系统性强的研究成果还较为罕见。

二　中国漫画新闻史的研究维度与历史价值

漫画新闻史研究领域之所以显得路静人稀，个中原委不一，但资料匮乏和研究者相关知识或分析工具储备不足无疑是其中两个突出的制约因素。首先，漫画新闻（新闻漫画）在中国近代很长一段时间里被视为"插画"，只对传统的电讯、消息、通信等起配合、补充、说明的作用，或被用来调剂与活跃报纸的版面，长期处于配角地位，不受待见。漫画家在社会上地位不高。如著名近代漫画家马星驰先生，能文善画，被《新闻报》聘为插画室主笔，却要兼做校对和广告刻字等工作，虽然很长一段时间每天都要在报上刊出一则漫画新闻，但个人经济收入不丰。1934年12月病故后，景况萧条，其后事由报馆出面才得以料理。时人不重视，漫画家对自己的作品也不珍惜，往往随画随丢，不予保存。丁悚先生是20世纪二三十年代的著名画家，他自学成材，画了大量的仕女画和漫画，一生画作无数，为中国早期的漫画新闻事业做出过很大贡献，中国第一块

"漫画会"的牌子就挂在上海天祥里他家的大门口。20世纪90年代，曾有很多单位或个人找到其子、著名漫画家丁聪先生，向他索要丁悚的画作，以便为文、立传，结果一幅也未找着，不要说原稿，连复制品也没有。因为丁悚先生"自己从不保留画作"①。这无形中给漫画新闻史研究制造了巨大障碍。其次，漫画新闻史研究不仅需要研究者掌握足够丰富的漫画新闻史料，还要求研究者具备一定的漫画艺术素养。因为漫画新闻兼具艺术性，对具体漫画新闻的分析，不仅要从该漫画新闻所传播的内容、主题等角度入手，还要从漫画艺术的角度进行观照和审视，运用漫画艺术语言进行表述和传达。唯有如此，分析才能切中肯綮，否则难免隔靴搔痒，甚至贻笑大方。

笔者以为，漫画新闻史研究要有所创获，研究中需要注意以下四个主要的维度。

第一，受众需要。漫画新闻不是自足的封闭性存在，而是一种社会的存在。在人类的新闻传播历史上，任何一种新闻传播工具或形式发展的外在动力，无疑都来源于满足社会受众的阅读需要，这是新闻媒体作为信息交流工具或手段的本质和价值所在。漫画新闻是否受到人们的欢迎，在多大范围、何种程度上产生社会影响，无不取决于它满足受众需要的范围和层次，取决于它与某一特定时代社会需要契合的程度。在具体的新闻传播语境中，人们也多是从自己的特定需要而对漫画新闻提出这样那样的具体要求，发出这样那样的指令。如在20世纪30年代，中国共产党人就曾经明确地定义阶级社会里的报纸"是一种阶级斗争的工具"②。显然，风花雪月、浅斟低唱之类的漫画新闻不会在共产党人所创办和掌握的新闻媒体上出现，也难以受到苦苦挣扎于社会底层的广大劳动人民的欢迎，虽然这类漫画新闻在今天可能具有漫画新闻史的意义，但注定无法成为主角。

第二，文化交流。文化是个包容性很强的概念，虽然对文化的定义人

---

① 丁聪：《丁悚漫画集》序，《丁悚漫画集》，中国文联出版社，2004。
② 《我们的任务——〈红旗日报〉发刊词》，张之华主编《中国新闻事业史文选》，中国人民大学出版社，1999，第388页。

们至今仍然是见仁见智，并未取得一致的认识，但漫画新闻无论是从新闻的角度，还是从绘画的角度，无疑都具有文化的质素，属于文化的一部分，必须放到文化交流尤其是中外文化交流的宏大背景下去观察和理解。中国美术源远流长，有属于自己的古老而悠久的历史传统，但中国美术从来都不是一个封闭的系统。在中国近现代漫画的发展过程中，漫画艺术显然得益于世界漫画艺术的滋养。中国近代漫画的摇篮上海自开埠以来，就是一个华洋杂处的场域，外人创办的各种报刊及其刊载的时事漫画，构成了当时中国漫画新闻作者的生活与艺术环境，开拓着他们的视野，启发、丰富着他们的表现技法。即便在抗日战争时期日寇对我国东南沿海进行严密军事封锁异常艰苦的年代，中外漫画新闻家之间的交流也没有中断过。如在 1941 年的《华商报》上，就经常发表阿根廷著名漫画家皮尼金（Biniken）的时事漫画作品。如此，漫画新闻史研究才能追根溯源，步入正途。

第三，艺术特性。漫画新闻横跨绘画与新闻两个品类，如果仅从新闻的角度看，看它表达了什么内容、主题，固然不错，但往往不能得其要领。不是会写文字新闻的人都可以生产漫画新闻，因为漫画新闻自有其他新闻表达方式无法替代的本性在。最具体、最形象的图像往往表达的恰恰是最纯粹、抽象的观念。正如贝多芬的《英雄交响曲》绝不仅仅只是在歌颂拿破仑那样，它有自己的叙述手段和阅读方式，尤其在接受领域，它需要接受者去领会和体悟。绘画是一种表达视觉、思想、灵魂状态性的语言，接受它需要与之相对应的艺术素养和直觉。文字所负载的意义决不像绘画那样通过直觉即可以读懂，"绘画语言所表达出来的意境、情绪、思想和情感并不强加给观照者，并可以使观众见仁见智。它能满足观众站在各种层面、各种角度、各种心态去进行美的品评"[1]。任何偏离漫画形象造型规律和生成方式的理解都可能会导致偏见或误读。一则优秀的漫画新闻之所以具有穿透时间的恒久魅力，就在于它的美的特性，其丰富的内涵往往无法完全用语言来归纳、概括和表述，这恰恰构成了漫画新闻史研究中必然存在的某种悖论。

---

① 汪晓曙：《绘画语言论》，江西美术出版社，1999，第 18 页。

第四，传播本体。漫画新闻存在的本质与本体目的是传播。不能传播，或者在传播方面存在某种障碍，这则漫画新闻就可能归于失败或者不成功，甚至根本就无法进入传播的流程之中。在漫画新闻史的研究中，以往对漫画新闻的传播过程人们往往不予重视，这是一种不应有的倾向。所有的漫画新闻作品都在具体的传播语境中存在，其社会影响和历史生命也都在传播过程中获得。例如，中国历史上第一幅真正意义上的时事漫画、谢瓒泰创作的《瓜分中国图》，之所以能在中国漫画新闻史上具有崇高的地位，固然与它对当时社会局势的深刻概括与揭示有关，但也与它的多次传播过程不无联系。没有后来在各种不同媒体、环境中的一而再，再而三的重复性传播，其社会影响和历史地位无疑都会大打折扣。传播维度包括传播的载体、方式、方法、技巧等很多方面，这需要研究者在浩瀚的历史资料中去仔细爬梳、发现和勾勒。

当然，翔实而恰当地理解一则漫画新闻可能还有其他的维度，但在研究中若对这四个主要的维度给予一定的关切，无疑会在很大程度上揭示漫画新闻的文化内涵，还原新闻传播的本来面目，从而极大地丰富新闻传播史的构成内容。

中国近现代漫画新闻在它一百余年的历史行进中，时刻以自己独特的眼光注视着社会的方方面面，介入和干预生活的每一进程。众多的漫画新闻作者，在强烈的社会责任感的驱使之下，用手中的画笔参与报道了发生在他们周围的众多重大事件，敏锐地感触着时代脉搏的每一次跳动。他们用画笔所"生产"的一幅幅漫画新闻作品，在今天的人们看来，也许已经失去了生活之花的新鲜气息和生命律动，成为凝聚永恒时间的记忆化石。但是，这一颗颗晶莹剔透、光耀夺目的历史化石，无不熔铸着漫画新闻作者当年悲歌慷慨、笑傲风云的博大情怀，折射出那个时代曾经的缤纷五彩，具有无与伦比的历史认识价值。可以说，一部中国近现代漫画新闻史就是一部中国近现代的政治史、经济史、社会史、文化史、教育史、生活史。研究中国近现代漫画新闻史，在今天无疑具有多重的历史、现实和知识的意义。

三　中国漫画新闻史研究的重大突破

中国是世界上最先有报纸的国家，也是世界上最先有新闻事业的国家，今天的中国还是新闻史研究的大国。漫画新闻史若要改变相对薄弱的研究现状，迎头赶上新闻史研究的其他领域，迫切需要一批学人关注，付出大量的时间和精力去挖掘、耕耘。南京理工大学胡正强教授从 2010 年起开始涉入中国近现代漫画新闻的研究，8 年来不时南下北上，奔走于各地图书馆，翻检旧报，核对史实，孜孜矻矻，勤勉不辍。时值《中国近现代漫画新闻史》书稿杀青，即将由出版社正式推出之际，胡正强教授征序于余，本人浏览书稿之后，深感这部史学著作有着如下几个方面的鲜明特点。

一是内容宏富。《中国近现代漫画新闻史》全书 55 万余字，并附有 500 余幅图片，图文并茂，相得益彰，实是中国新闻史研究领域的新收获。这部漫画新闻史无论在规模上，还是在研究所涉的范围上，都大大超过了此前这一领域的研究成果。该书按照时间先后顺序，不仅系统地梳理了中国近现代漫画新闻的发展过程，涉及各个历史时期的漫画新闻作品、漫画作者、事件、组织，还涉及了漫画新闻期刊、漫画新闻展览等，更以专题的形式，对通讯漫画、边塞题材的漫画新闻、民族主义与国家观念建构主题的漫画新闻、救亡运动中的漫画新闻等进行了分门别类的专项研究，纵横结合，史论交融，使全书无论在内容上还是在体系上都显得格外的丰富、饱满。这部书中有近三分之一的漫画新闻图片都是作者从几十年甚至上百年前的报刊中首次爬梳剔抉出来的，作者对其刮垢磨光，使其重现生机。这不仅使中国近现代漫画新闻史的叙述充满新鲜感，而且极大地拓宽了中国近现代漫画新闻史的内涵。

二是资料扎实。漫画新闻史属于新闻史和艺术史的范畴，史料自然是历史研究的基础和依据。漫画新闻史研究的原始性史料无疑是那些当年发表在报刊上的漫画新闻图片，但是，由于发表这些漫画新闻图片的报刊后来散佚严重，很多今天已不复见或难以见到，所以，此前漫画史研究中一些论著往往从后来作家的作品选集中择取相应的文本作为分析依据，殊不知这样不经意间会造成漫画新闻文本解读时的郢书燕说，甚至张冠李戴，因为很多漫画家在出版自己的漫画作品选集时，常常重新改作，形象和神韵均有变化，如著名漫画艺术大师丰子恺的很多漫画就不止一个版本。胡正强教授在研究中坚持追根溯源，始终以最初报刊发表的漫画图片为样本，将每一幅漫画都置放到原来的历史语境中去。第一手资料使相关分析切中肯綮，纠正了很多前人的错误。虽然这样会大大增加研究的难度，但是，这种甘坐冷板凳的"傻瓜"精神却是当今新闻史研究中最为需要和值得提倡的学术品格。

三是勇于创新。学术贵在创新，能够见前人所未见，言前人所未言。这部中国近现代漫画新闻史在进行具体的文本分析时，较好地坚持了从事实、传播、艺术三个维度进行综合观照，从而使这部著作具有浓郁的漫画新闻史的学科属性。因为漫画新闻与一般文字新闻的最大区别就在于它以线条、色彩、造型、结构等艺术语言去叙述和评论，遵照漫画艺术语言的特有规律去叙述和描写。艺术语言是研究漫画新闻史的必备工具，这当然增加了漫画新闻史研究中的难度，但也是该研究的诱人之处。《中国近现代漫画新闻史》在这方面有所突破，作者力图运用相应的艺术语言去解析漫画新闻，很多分析颇有见地。例如，张光宇发表在 1940 年 5 月 15 日《抗战漫画》上的漫画新闻《他以为出头日子到了》，由上下两个形象相同而视距不同的图像组成，讽刺汪精卫建立的伪南京国民政府只是在日军卵翼下建立的傀儡政权。胡正强教授指出作者这种讽刺意图是借用了摄影艺术中的景别语言而获得的表达。如此分析发前人所未发，既是独到之语，又为当行之见。

四是态度严谨。漫画新闻史属于史学范畴，对资料的要求严格。过去个别漫画新闻史论著之所以会产生这样那样的瑕疵，就在于研究者往往不是从历史研究目的出发，而是从艺术欣赏、文物收藏的角度为文撰著。胡正强教授的《中国近现代漫画新闻史》非常注重第一手资料的掌握，对每一分析文本都严加审视，力求做到论从史出，因而订正了以往漫画新闻史研究成果中的许多错讹与不周之处。虽然不能做到完全避免错误，但这种严肃的为学风格值得发扬。

这本漫画新闻史著作的出版，对于国内新闻传播史体系的丰富和完善，对于新闻传播学术的纵深发掘，对于加深对新闻传播史内涵的理解，具有一定的学术价值，可以说是对既有研究格局的一个不小的突破。当然，这本专著也有自身的不足，如作者对个别漫画、对人物、对事件的解读和评价，还存在进一步斟酌的空间。该书作者胡正强教授 2006 年考入武汉大学新闻与传播学院，随我攻读博士学位。他进入学校时已经是教授了，属于带艺投师性质，主攻中国新闻传播史。毕业以后仍潜心学业，屡有创获。作为导师和朋友，我由衷地感到喜悦和欣慰。近日有幸成为他的新作《中国近现代漫画新闻史》第一读者，拜读之余，感慨良多。期望胡正强教授在今后能够百尺竿头更进一步，取得更多更丰硕的成果。是为序。

（2018 年 2 月 25 日于喻园）

《中国网络社群政治参与》序言

　　随着通信技术的日新月异和因特网的迅猛发展，我们进入了一个全新的媒介化时代。网络社会的崛起，给政治制度、政治过程、政治权力、政府管理和国际关系都带来了深远影响。它不仅改变了政府和社会的互动模式，提供了更为广泛的政治参与渠道，在某种程度上强化了国家政权的力量，而且由于网络的草根性质，加剧了社会舆论的流动性和不确定性，从而对国家政治秩序、政府管理提出了空前的挑战，甚至改变着政治民主的内容和形式。

　　当前网络政治中一个引人瞩目的现象是，借助社交网站、博客、微博等新传播平台，由网络互动形成的网络社群在现实政治的舞台上发挥着越来越大的作用，对各国的政治体系和公民政治生活产生了巨大的影响。本书出版之际，正值"阿拉伯之春"落下帷幕，美国"占领华尔街"抗议活动风起云涌，由互联网组织起来的大规模游行示威活动已成为席卷全美的群众性社会运动，甚至蔓延至整个欧洲，引发全球范围的游行示威及骚乱，网络社群在政治参与方面的强大能量令人惊叹。

　　网络社群政治参与是全球化和网络时代为我们提出的崭新课题。在网络政治蓬勃发展的今天，要维持自由与秩序的平衡，促进社会的和谐，必须认清网络的双面刃特质，发挥其建设性力量。为此，急需把握网络社群政治参与的现实情况、特点、发展趋势等，因势利导，加强对网络社群政治参与的管理和引导。但是网络信息纷繁复杂，网络政治参与的相关资料往往淹没在海量的信息洪流之中，仅对近年来重大网络社群政治参与案例进行数据挖掘和资料搜集，就有不小的难度。在资料搜集、案例分析和调查研究的基础上，探索符合我国国情的网络社群政治参与的策略和管理模式，既不能生搬硬套，又不能超越国情；既不能因循守旧，又不能莽撞冒进，更不能违背客观规律。这一重大而紧迫的理论课题，对研究者的理论水平和研究功底提出了较高的要求。

赵莉博士迎难而上，选择了网络社群政治参与这一时代前沿课题，把传播学和政治学结合起来，在全球化、网络化的背景下，综合相关学科的理论与方法，从政治传播学的视角系统地研究中国网络社群政治参与实践，对网络社群政治参与的理论基础、社会背景、发展现状、参与能力、参与机制等问题进行了较为系统的实证研究，并提出了发展与完善网络社群政治参与的建议。本书既对网络社群政治参与问题进行纵向的历史考察，也对其现实环境进行考察和评估，使得研究的结论不只停留在思辨的层面，而是和现实经验对接。立足于当代中国的社会政治现实，对网络社群政治参与的经验进行理论提升，对信息时代中国民主政治的发展具有重要意义。

赵莉博士的创新性研究，不仅具有重要的实践价值，而且还有一定的理论意义。在网络政治勃兴的背景下，网络政治学顺势而生。作为一门新兴学科，网络政治学的研究还比较薄弱，尚处于起步阶段。赵莉的这本专著从世界网络政治研究的宏观视野出发，对我国网络社群政治参与进行全面调查与个案分析，在此基础上尝试建构符合民主发展规律的网络社群政治参与理论与实践模式，在一定的程度上填补了国内网络政治研究的空白，其独创性的工作应该得到充分的肯定。

当然，网络政治、网络传播、网络社群政治参与等等是正在进行中的客观现实，我们置身其中，虽然能窥知门径，但是要把握其全貌及潜藏其中的本质，也并不容易。一方面，人们的认识有一个由浅入深、由表及里的过程；另一方面，客观事物，包括网络社群政治参与的本质的显现，也需要时间的磨砺。在这个意义上，赵莉博士的这本书或许存在这样或那样的不足，这并不重要。我们不能指望一本探索性的著作能解决所有的理论与实践问题，但是我们可以乐观地期待，随着网络政治的发展，随着作者认识水平的提升，赵莉博士的后续研究或者下一本书一定会在此基础上实现新的超越。

（2011 年 10 月 31 日于武汉喻家山）

《中国现代媒介批评研究》序言

美国著名大众传播学者威尔伯·施拉姆曾形象地断言：传播就像血液流经人们的心血管系统一样流过社会系统。确乎如此！现代社会的人们，如同须臾离不开空气、阳光、流水一样，离不开报纸、广播、电视、网络等大众传播媒介。大众传播媒介有如一双无处不在的慧眼，恪尽职守地为人类守望着风云变幻的大千世界，向人们报告万事万物的一举一动。媒介是人类的产品，人类是媒介的动物。大众传播媒介以其翻云覆雨的巨大力量形塑着人类生活面貌，万物之灵长的人类也以其吞天吐地的雄伟气概鞭策、驾驭着媒介驶往预设的目标，实现对自我本质的确证。历史就是人类与大众传播媒介相互规制、挟裹前行的绵长进程。

媒介是开展社会批评的工具，同样，媒介也要接受来自社会各界的批评。媒介诞生以后，社会里就充满着对它的批评声音。来自社会各方面的批评，与媒介同生共长，两者相互依伴着发展起来。媒介无与伦比的威势权力来自社会的赋予，而当媒介成长为一种新的权力，并与传统的政治经济权力体系互相结合，在更广的范围内和更深的层次上对社会施加影响，甚至在某些时空领域犹如脱缰野马，狂放不羁，造成对社会的冲击与危害之时，社会同样赋予了自身干预和规制媒介的权力和手段。媒介批评作为社会干预和规制媒介的一种重要方式，源自社会对媒介健康发展的关切，它通过对传媒系统及其各个具体要素的运作和状态的或感性或理性的观念性评价，臧否功过，褒贬得失，协商规范，建构标准，在主体与主体之间的生动交流中生成新的媒介观念和传播意义。

前事不忘，后事之师。大众传媒的令人惊叹不已的作用诱使人们不断地回首过去，希图从以往的活动中为当下的传媒实践提供历史和理论的根据，在自觉的历史感和强烈的时代感结合的基础上，焕发出更多的期望、激情、智慧和勇气，发挥更大的才能和创造力量。在汗牛充栋的新闻史研究中，人们在追索新闻传播的发展道路为什么如此而不如彼的各种原因时，目光更多地聚焦在社会的政治、经济、文化、技术等显在因素方面，而相对忽略了潜隐其后的媒介观念性活动，尤其是对媒介批评在新闻的生产和传播中所起的特殊作用，以及这种作用是如何悄然规制和改变着传媒生态等相关问题关注不够。事实上，以观念性生产方式运作的媒介批评已经使传统的新闻发生了根本性的变化。在中外新闻传播发展过程中，显示媒介批评存在及其效果的例子不胜枚举。

20 世纪 60 年代，媒介批评在西方学术界兴起并成为一门有生命力的学科，备受学界注目。改革开放后，港台有关学者的媒介批评研究成果传入内地，从 1995 年起，国内部分学者开始尝试建立我国的媒介批评学理论体系，一批有分量的专著和教材相继问世，初步搭建了我国媒介批评学的学科理论体系，并显示了媒介批评理论研究的学术实绩和诱人前景。作为一门独立的学科，媒介批评理应涵盖媒介批评理论、媒介批评实务和媒介批评史三个方面的内容，但由于各种主客观的原因，媒介批评在这三个方面的推进显得极不均衡，相对于缤纷的媒介批评理论和喧哗的媒介批评实践，媒介批评史的研究园地一直显得冷清寂寞。不仅中国媒介批评史的研究性专著尚未出现，即便以具体的人物或媒介、媒介现象、媒介观念为批评客体的个案性研究成果的数量也非常有限。中国是世界上最早开展媒介批评活动的国家之一，媒介批评有优良的传统和丰富的内容，但这方面的历史资源一直缺少系统的梳理、总结，这是一个令人遗憾的学术缺陷。

媒介批评史的研究除了具有整体提升媒介批评学的学科建设水平、为媒介批评实践提供历史镜鉴资源的功能之外，还将为中国新闻史的研究提供新的动力和视角。中国是当今世界上新闻史研究的大国，但无可讳言的是 20 世纪 90 年代以来，中国的新闻史研究仿佛进入了一个相对迟滞期。叙述视角单一、研究范式陈旧，是造成这一状况的重要原因之一。大众传播媒介作为一个社会子系统，无时无刻不在与社会其他子系统进行信息和能量的交换，并在这种交换过程中获取生存和发展的资源。社会其他系统在为大众传播媒介提供资源的同时，也在向它施加压力或索取维持自身生存的资源。在大众传播的发展进程中，社会各个子系统都有所参与，有所贡献。因此，描述大众传播发展进程的历史线索和视角理应是多维和立体的，众多的历史线索和叙述视角互为补充，互为辉映，共同推进大众传播史的研究走向深入。在媒介批评的生动话语中，蕴涵着甚为丰富的社会景观、时代风貌、意识形态症候和文化遗存。解读该时期的媒介批评文本，将有助于把中国新闻史研究相应地引入一个不同于既往的崭新视域，使原来新闻史叙述范式中很多不应被遗漏的生动细节得到复原和呈现。

胡正强教授 2006 年考入武汉大学新闻与传播学院，随我攻读博士学位。入校前他已在中国媒介批评史的领域获得一定关注，入校后不久我们在讨论他的博士学位论文选题时，感到中国媒介批评史的研究是一个有待填补的学术空白，在这方面用功将会有所斩获，几经商量和斟酌，最后确定了目前这个选题。这几年来他在中国媒介批评史领域耕耘甚勤，相继发表了 10 多篇有关学术论文。经过 3 年的努力，终于完成了这篇博士学位论文《中国现代媒介批评研究》。这篇论文以史论结合的方式，系统梳理了中国现代媒介批评发展的历史轨迹，对关涉中国现代媒介批评的诸多传播元素，如中国现代媒介批评的主体、客体、载体、文体、中国现代媒介批评的主题和内容、中国现代媒介批评的方式和方法、中国现代媒介批评的效果等，进行了较为全面而深入的研究与评述。论述范围全面系统，篇章结构舒卷大气，资料大多采自近现代报刊的第一手资料，论证信实有征，观点翔实可靠，是一篇非常扎实的新闻史学博士论文。作为导师，我为他在学术上的进步感到由衷的高兴。

当然，由于时间所限，这篇博士论文也还存在着一些可供商榷的细节。如在中国媒介批评史的历史流变及其分期问题上，作者将 1901 年作为中国现代媒介批评史的开端，将 1901—1949 年的中国现代媒介批评划分为 5 个历史阶段，有关论断给人耳目一新之感，显示出作者力求突破成说、勇于创新的学术勇气，但在 5 个历史阶段划分的标准或依据的阐述上略嫌不足。另外在某些具体的媒介批评文本的定性和解读上，也有进一步推敲的空间。有关中国现代媒介批评与当时的政治、经济、文化的关系，也可进行更深入一些的思考。

期望胡正强同志在今后的研究中百尺竿头更进一步，取得更多更丰硕的成果。

是为序。

记录历史，引领未来

——《中国新闻传播教育年鉴 2016》序

在人类社会发展史上，没有比今天的信息时代更能说明传播重要性的历史阶段了。信息传播作为维系社会共同体的黏合剂，将分散的个体聚合成彼此相依、不可须臾分离的有机体。信息弥漫于人类生活的全部空间，渗透到社会系统的每个角落、各个层面。它就像空气，影响到人类的呼吸，丰富着人类的思想，引导着人类的行为。在社会系统的延续发展中，传播不仅在守望着社会、传承着文化、维系着社群，而且其本身就构成了人类生存的环境。作为人类环境的信息传播，不仅制约着人类的思维空间及其生存与发展的物理空间，而且决定了人类的精神境界。传播与社会同生共存，是历史进化的铁则。

一　没有先进的传媒教育就没有发达的传播业

正如无法想象一个没有传播的社会，我们同样也无法想象一个没有新闻传播教育的传播业。新闻传播从自发的社会活动演变成一个根系发达、枝干茂盛社会事业，除了社会需求的拉动，传播技术的支撑之外，还有一个十分重要的因素，那就是一批批具有专业技能和职业理想的传媒人的涌入。人自始至终都是传播的主体，是人类社会及其传播历史的主人。在传播本身进化的历史上，传媒人始终是决定性的因素。但是，传媒人不可能在真空中成长起来，传媒人的成长不仅需要空气、水分和阳光，更需要导师的教导与引领，就像医生、历史学家、天文学家一样。

信息传播作为一项社会职业，在西方社会，其早期历史上的行吟诗人，可以说是最早的传媒人和历史学家。在荷马史诗中，既有历史故事的陈述，也有最近新闻的报道。罗马帝国时期手抄新闻作者的新闻职业特征已经十分鲜明。在中国，新闻传播的早期历史最早可以追溯到周朝，其宫廷中的史官，就承担着记录新闻和历史的职责。蔡元培先生主张，新闻与历史同源，他在为徐宝璜《新闻学》所作的序言中说："余惟新闻者，史之流裔耳。古之人君，左史记言，右史记事，非犹今新闻中记某某之谈话若行动呼？"当然，他也深知新闻与史又有差异："两者虽同记以往之事，史所记不嫌其旧，而新闻所记愈新愈善，其异一；作史者可穷年累月以成之，而新闻则成之于俄顷，其异二；史者纯粹著述之业，而新闻则有营业性质，其异三；是以我国虽有史学，而不足以包新闻学。"① 在专业史官之外，朝廷还有"采诗之官，王者所以观风俗，知得失，自考正也。（《汉书·艺文志》）"《春秋公羊传》更是解释："从十月尽正月止，……男年六十，女年五十无子者，官衣食之，使之民间求诗。""故王者不出户牖，尽知天下所苦。"新闻传播由来已久，在东西方古代史上都可以得到印证。

万物皆有史，皆有其从来。英国历史学家卡尔·贝克尔在《人人都是自己的历史学家》一文中指出："每个普通人，同你我一样，记忆种种说过做过的事情，并且只要没有睡着也一定是这样做的。假定这位'普通先生'早晨醒来而记不起任何说过做过的事情，那他真要成为一个失去心灵的人了。……正常地说来，这位'普通先生'的记忆力，当他早晨醒来，便伸入过去的时间领域和遥远的空间领域，并且立刻重新创造他努力的小天地，仿佛把昨天说过做过的种种事情联系起来。没有这种历史知识，这种说过做过事情的记忆，他的今日便要漫无目的，他的明日也要失去意义。"新闻传播源远流长，新闻传播教育也不是无源之水，无根之木。

虽然我们还无法找到教育史上资料来清晰说明古代社会如何培养职业

① 蔡元培：《蔡序》，引自徐宝璜《新闻学》序，时代文艺出版社，2009。

新闻人，但是一个普通人，要成为能够记录与传播事实，胜任采访、写作、编纂工作的传播者，显然是需要一个复杂的学习或培训过程的。现有的一些证据表明，古代罗马第一批手书新闻采写者多是奴隶出身，作为奴隶主的会说话的工具，首先得到系统的技能训练才能进入职业角色，这种培训多以师傅带徒弟的方式进行，在工作中学习。而中国古代的史官，多具有家族传统，子承父业，或者兄终弟及是职业技能培训的主要途径。春秋时期的襄公二十五年，齐国的崔杼杀了国君。"大史书曰：崔杼杀其君。崔氏杀之，其弟嗣书，而死者二人。其弟又书，乃舍之。"（《十三经注疏·春秋左传正义》）另一个众所周知的事实是，司马迁作为太史令，就有家学渊源，他的父亲司马谈也担任过太史令。

关于古代新闻传播教育，因历史久远，资料湮没无闻，很难勾勒其全貌。可以肯定的是，古代社会有传播活动，有职业传播人，但是没有社会化的职业传播教育，这和其他行业十分相似。我们对古代传播的描述，更多的是根据片段材料的拼合，其间有很多想象的成分。虽然历史学家也需要想象力，但是绝不能过于依赖想象，更不能陷入想象的泥坑而不能自拔。应该说，对古代传播及传播技能的培养情况，我们确实所知有限。这一方面是历史本身的原因，时代的长河滚滚向前，大浪淘沙，能够沉淀下来的，自然只是少数有分量的重量级的存在物。另一方面则是人们历史意识的缺失，没有及时地记录或保存相关的文献，或者是记录了，而因为种种原因而泯灭，从而给今人认识传播教育历史造成了困扰。

二　应该关注中国新闻传播教育的历史

今天我们处在一个发达的信息社会，而支撑、维系这个社会的就是信息传播系统。这一系统直接源自欧洲文艺复兴及随之而来的工业革命的需求。当信息传播与工业社会彼此互动，从而加速了社会历史的进程时，近代的新闻传播教育便应运而生了。在 20 世纪初，从美洲大陆到欧洲大陆，在不同的国家相继出现了大学新闻教育，并且形成了不同的传媒人才培养模式，而这些模式又随着全球化的进程，为其他国家和地区所借鉴，乃至吸收。中国的新闻传播教育正是在这个背景下发展起来的。

我们一般把 1918 年北京大学新闻学研究会的成立视为中国新闻教育的开端。从此开始，一系列标志性的事件，逐步地拉开中国现代新闻教育的序幕。1922 年，厦门大学成立了新闻学部（于 1926 年停办）。1924 年，燕京大学新闻系成立，不久就因其先进的教学理念和高质量的人才培养，确立了在民国新闻教育中的地位，被视为民国初期中国大学新闻教育的"最优秀者"。1926 年 9 月，复旦大学首次以新闻系名义正式招生。3 年后，复旦大学正式成立新闻系，其首任系主任为留学日本早稻田大学的谢六逸教授。1936 年南京大学前身金陵大学创立"电影与播音专修科"，成为中国高等电影广播教育的源头。1946 年，暨南大学新闻学系在上海成立。共和国建立后，中国人民大学于 1955 年成立新闻学系。由此新中国高等新闻教育事业开始发展起来。

截至 2015 年底，全国有 681 所大学开设新闻与传播类专业。而"985""211"大学中开设新闻与传播类专业的比例高达 55.9%。这些学校拥有新闻与传播类专业教师 6912 人（其中硕士以上 2943 人），设有 1244 个本科专业点，其中新闻 326 个，广电 234 个，广告 378 个，传播学 71 个，编辑出版 82 个，网络与新媒体 140 个，数字出版 13 个。其本科生在校学生总规模达 22.5691 万人。在此之外，还设有新闻与传播学一级学科博士点 15 个，一级学科硕士点 75 个，二级学科博士点 3 个，二级学科硕士点 13 个。真可谓洋洋洒洒，蔚为大观。中国新闻传播教育界不仅已然成为中国高等教育的重要的组成部分，而且因为其大量的专业人才培养和定向输出，成为支撑当代新闻传播体系的重要支柱。

作为一个新闻传播教育者，面对全球化、数字技术发展和社会转型带来的挑战，面对无所不至的信息和无所不能的传播，面对学校所能与社会所需的差距，不仅深感自己肩负的责任重大，而且逐渐地失去了方向感。如何才能胜任新闻传播教育的天职，怎样才能满足社会的期待？虽然我们可以从许多渠道获得不少的知识资源和理论资源，诸如传播学研究、新闻学研究、传播法学研究、传媒经济研究、新闻传播实务研究、新媒体研究、品牌传播研究等等，来引领我们的思维，相关的研究成果也是汗牛充栋，但是对于传媒教育能够起到本质性资鉴作用的新闻传播教育历史资源的发掘和累积，基本上还是付之阙如。如果说过去没有这方面的研究，没有进行这方面的开发，是因为认识方面的原因，或者是新闻传播发展的程度还不够，那么，今天则完全不同。新闻传播与传媒教育的发展已经达到了这样的程度，以至于我们有足够大的物质资源和工具条件，来做我们的前人想做而没有做的工作。我们不能再任由这些历史资源随水漂流，湮没无闻。置身于新闻传播教育这个以培养历史记录者为天职的行业，我们在关注自然与社会变迁的同时，也应该关注、记录自身的历史，千万不能让我们的后人也重复我们今天的遗憾。

三　时代呼唤《中国新闻传播教育年鉴》

亡羊补牢，犹未为晚。从现在开始，编纂一本《中国新闻传播教育年鉴》，是解决新闻传播教育当前问题、满足社会的期待的可靠途径。所谓年鉴，以年为时间单位，全面、系统、真实地记录上年度特定领域的新发展、新变化，有文字、有图片、有表格，有文献目录、有统计数据、有名著解读、有人物研究、有事件解析、有个案分析、有全局纵览，具有数据权威、及时反应、连续出版的特点，兼具工具性和学术性。年鉴这种出版物，最早出现于欧洲，科学家培根在其《大著作》中，就引用了外国年鉴中有关天体运动的材料。事实表明，至少在13世纪中叶欧洲就已经有了类似年鉴的出版物。随着经济文化的发展，年鉴编纂出版遍地开花。具体内容大到关于全球政治经济，小到关于一个地区、一个城市、一个单位的发展历程。宏观者如综合年鉴，全面记录特定地域的政治经济文化的综合发展变化，微观者仅涉及一个个具体的领域，如军事、卫生、体育、传媒等。在当代中国，年鉴的编纂出版空前繁荣。仅在经济领域，就有经济贸易、人口普查、宏观经济、能源电力、金融保险、石油化工、钢铁冶金等年鉴。在新闻传播领域，除20世纪80年代开始出版的《中国新闻年鉴》外，中国社会科学学院在2016年又推出了《中国新闻传播学年鉴》。前者主要服务新闻传播业界，后者则重在学术。这两本年鉴都与新闻传播教育有一定的联系，涉及新闻传播教育的某些内容，但又不能完全涵盖新闻传播教育，不能全面满足新闻传播教育界的期待。于是编纂一本《中国新闻传播教育年鉴》，全面、系统、客观、连续地记录中国新闻传播教育的发展变化，记录中国新闻传播教育的历史，保持中国新闻传播教育的文脉，为后人研究今天的新闻传播教育留下宝贵的第一手文献，是时代的要求，也是业界的期待。

正是基于这一认知，中国新闻史学会新闻传播教育史研究会决定承担起这一历史的责任。在经过多次周密论证，反复讨论后，研究会组成了年鉴编委会，拿出了《中国新闻传播教育年鉴2016》编纂大纲。从2015年5月到2016年7月，编委会动员了100多人参与编写，经编辑部审定，最终完成的样稿近150万字。在编委会第三次会议上，又广泛听取委员们意见，在此基础上编辑部对文稿又进行了修改、精简，最终定稿。今天呈现在读者面前的《中国新闻传播教育年鉴2016》是中国新闻传播教育史研究会全体同人共同努力的成果，也是中国第一本以新闻传播教育为主体的年鉴。

我们期待这本《中国新闻传播教育年鉴》的出版，能够在服务中国新闻传播教育方面做出一点实实在在的贡献。其一，通过这本大型年鉴能够汇集、记录、保存大量的与新闻传播教育有关的数据、文献，年复一年地坚持下去，一本接着一本地出版下来，积沙成塔，这就是一部中国新闻传播教育的资料长编，其保存历史之功，不言自明。对于后来者认识今天的历史，有莫大的帮助。其二，这本年鉴因为全面地呈现中国新闻传播教育的实况，各大学院、各种流派、各种风格、各种模式，尽展所长，对于每个新闻传播教育者，每个学院院长、系主任，在其决定本院（系）的发展战略、路径时，提供了重要的参照系，是一种不可替代的学习、借鉴资源。其三，我们今天正处于一个转型的时代，全球化进程、社会转型、媒介转型不仅影响到社会的运行，更是直接影响到新闻传播教育。时空的压缩，使得新闻传播教育的环境顷刻间发生了根本的改变，其服务的传播业界发生了变化、业界对传播专业人才的需求发生了变化，可是，新闻传播教育界本身的格局一如旧制，培养模式、课程体系、人才规格、办学理念、研究方向，与社会需求完全脱节。要解决当前面临的问题，需要从历史中、从同行的成功的经验中获取智慧。其四，本年鉴对于教育新政策、业界新动向、政治新变化的深入解读，对于新闻传播教育者，对于新闻院系的领导人也会有一定的帮助。

88-1350

四 《中国新闻传播教育年鉴 2016》解析

《中国新闻传播教育年鉴 2016》全书 140 万字篇幅。由三个大的板块组成。第一板块总论篇，分两个部分，第一部分是中国新闻传播教育简史。这一部分近五万字，简明扼要地勾勒了中国新闻传播教育的历史，从萌芽、生长、开花以至结果，线索分明，脉络清晰。第二部分是不同类别新闻传播教育发展综述，从九个方面分别综述了外语院校、民族院校、工科院校、体育院校、师范院校、农林院校、军事院校、兵团院校以及独立学院新闻传播教育发展演化的历史及现状。这一板块总的基调是回顾历史，解决过去的遗留问题，梳理不同类型的高校新闻传播教育从无到有、由昨到今的脉络。

第二板块是平台与人物篇。这一板块由五个部分的内容组成。第一部分是新闻传播教育界行业组织与专业学会介绍，分别就国务院学位委员会新闻传播学学科评议组、全国新闻与传播专业学位研究生教育指导委员会、教育部高等学校新闻传播学类教学指导委员会、中国新闻史学会、中国高等教育学会新闻学与传播学专业委员会、中国高等教育学会广告教育专业委员会、中国高等教育学会公共关系教育委员会、中国新闻文化促进会传播学分会、中国新闻史学会新闻传播教育史研究专业委员会的沿革、性质、职能及其活动做了全面的梳理和分析。第二部分就国内最具影响力的 15 所新闻传播学院，包括中国人民大学、中国传媒大学、复旦大学、武汉大学、清华大学、华中科技大学等，就其历史沿革、办学理念、培养模式、课程体系、科学研究、社会服务等做了比较全面的梳理。第三部分涉及研究生教育和博士后流动站。在这部分综述了全国新闻传播学博士点、硕士点设点情况、招生情况，介绍各一级学科博士点、二级学科博士点、跨学科博士点的办学情况及其特色；同时综述了全国现有的新闻传播学一级学科博士后流动站的运行情况，各主要站点的特色等。第四部分是教育家研究，这可以说是本年鉴的亮点。它不仅包括对 7 位已故新闻教育家，即陈望道、谢六逸、王中、安岗、顾执中、罗列、马星野，还对 10 位不在院长、主任岗位的老院长、主任做了口述史的研究。如此集中地对这些影响中国新闻史的教育家的教育理念及其办学实践进行探索，在国内学界还是第一次。第五部分是新闻传播学教授名录，《中国新闻传播教育年鉴2016》共收录了115名教授。

第三个板块是成果与政策。这个板块也由五个部分组成。第一部分包括专业、课程、教材、实验室建设、教学成果奖和各级名师奖。第二部分是各类学生竞赛。第三部分是专业与学科评估，主要是本科专业评估、专业硕士评估和博士点评估，重点是由国家学位中心进行的一级学科评估。第四部分是科学研究与学术交流。这部分为与既有的《中国新闻传播学年鉴》相区隔，对各类项目课题只做了统计意义上的梳理，对于学术研究成果、学术会议的综述、介绍也仅限于新闻传播教育领域。第五部分收录了与新闻传播教育紧密相关的重要文件。

这部《中国新闻传播教育年鉴2016》虽然凝聚了编者的心血，虽然编委会做了大量的工作，群策群力，集思广益，但是毕竟是第一次尝试，没有陈规可循，所以必然地会留下不少的遗憾。比如，因为参与者众多，前后行文的风格难以完全统一；不同章节之间，同一主体的内容因为分属不同的作者，而每位作者都力求小而全，难免会出现重复；有些章节的内容出自本单位的作者，有些作者是事主的学生，与对象的距离相对近了些，在中立性方面不一定能够做得令人满意；在体系结构方面，顶层设计不够完善，有些应该覆盖到的地方还没有覆盖到，例如台港澳地区，第一版就没有涉及；个别篇章行文不够规范，有的过于简练有的又过于铺陈，以致部分章节缺乏必要铺垫，或显得较为冗长。

作为编者我们深信，《中国新闻传播教育年鉴2016》作为一本具有资料性、权威性的信息密集型工具书是应时而生的，它应该会在中国当代新闻传播教育史上发挥积极的建设性作用。但是我们深知，以我们现有的力量，在一个比较短的时间段内，完成如此规模的工作量，还需要大量的整合，出现这样那样的问题是免不了的。我们能力有限，但是有自知之明。好在这本年鉴会继续出版下去，2016年版存在的问题，应该会在2017年得到解决，随着2018、2019年版的相继出版，我相信，《中国新闻传播教育年鉴》一定会逐步地趋于成熟，臻于至善。

《中国新闻传播教育年鉴 2018》
序言

　　《中国新闻传播教育年鉴 2018》即将正式出版发行，自 2016 年出版第一本以来，这是第三本以新闻传播教育为主题的年鉴。面对刚刚打出的清样，犹如初次看到刚出生的婴儿，惊喜且伴随着些许紧张，心情激动，感慨万端，我不由得想起了这本《新闻传播教育年鉴》的前身今世。

　　2014 年 11 月 14 日，我接任中国新闻史学会新闻传播教育史研究委员会会长。在思考学会未来的工作时，委实费了一番脑筋。当时新闻传播教育史研究委员会的定位，是汇聚新闻教育传播史的研究力量，成为学界同人的精神家园和学术平台。但在实际运作中，其研究的对象、聚焦的问题，主要是面向当下的新闻教育改革，从而在相当程度上与中国高等教育学会新闻传播教育专业委员会的工作重叠了。而后者成立的时间更早，历史更悠久，在专业领域的影响更大。如何为学会精准定位，为学会同人度身定制最合适的学术活动，充分发挥他们的积极性、创造性，是考验我们智慧的现实问题。

　　在调查相关学会工作的基础上，经过与学会同人广泛而深入的讨论，最后得出了一个共识：新闻传播教育史研究委员会必须围绕新闻传播教育史做文章，尤其是当代的新闻传播教育史。必须找到一个抓手，凝聚学会同人的注意力，把大家的积极性集中到一个普遍兴趣上来。这个普遍的兴趣当然是新闻传播教育史，涉及教育家研究、院系研究、外国新闻教育史研究。其前提便是新闻传播教育年鉴的编撰，这是新闻传播教育史研究的基础工作，在当下又是一个空白。这项工作涉及面广，头绪多，不是哪个单位或个人能够独立完成的，正好可以借助学会成员多、分布广、能够彼此协同的优势。这一倡议得到了大家的普遍认同。大家都认为这个主意好，是为学界积功德的善举。大家一方面跃跃欲试，另一方面也有些担心，如此浩大的编撰工程我们学会能否承担得起？如何采集相关数据、资料？采用什么样的体例？如何筹措年鉴出版的经费？如何打通出版的路径？等等，一系列问题在考验着我们。虽然大家有些紧张、担心，但还是有一种抑制不住的兴奋，一种舍我其谁的气概，一种挑战极限前的紧张心理，成为我们至今难以忘怀的体验。

兵马未动，粮草先行。年鉴的编撰出版必须首先解决经费问题，为此我向华中科技大学文科处申请自主创新基金的支持。学校对我们作为学会会长单位牵头主编新闻教育年鉴予以了充分的肯定，一次就批给了我们13万的编撰经费。有这笔经费垫底，我和学会同人的自信心大增。2015年6月，中国新闻史学会新闻传播教育史研究委员会常务理事会在重庆大学召开，会上正式组建了《中国新闻传播教育年鉴》编委会。除学会全体常务理事参加外，还有部分特邀专家加盟。会议还讨论了年鉴编撰的初步方案。与会的许多前辈教育家对我们的设想给予了充分的肯定和期待。大家都认为这是一项伟大的工程，功在社稷，利在学林。同年12月12日，在中山大学召开了第一次《中国新闻传播教育年鉴》编委会，确定了任务分工以及编撰出版工作倒计时节点，组建了年鉴的武汉编辑部，正式启动了年鉴的编撰工作。

开弓没有回头箭。编撰工作一启动，整个学会和编辑系统便有条不紊地运行。100多位作者、编辑本着高度的责任感、使命感，创造性地展开了自己的工作。他们都认为这是一项前人没有做过的填补空白的伟大事业。2015年12月15日至2016年2月29日，各撰稿人开始搜集资料、写作书稿，并于2016年3月1日之前提交给相应的栏目负责人。2016年3月1日至2016年3月15日，各栏目负责人统稿，并于2016年3月16日之前提交给年鉴编辑部。2016年3月16日至2016年4月30日，年鉴编辑部统稿、审订、修改，并于2016年5月1日之前将书稿提交给出版社。2016年5月1日至2016年8月底，出版社对书稿审校、编辑、印刷，保证年鉴于 2016 年 9 月中旬正式出版，10 月底或 11 月初举行年鉴的首发式。整个过程都在掌握之中，一切都在按计划运行，每一个节点都把握得十分精准，可以说是无缝对接。作为学会的会长和编委会主任、主编，我第一次感受到了学会的力量、学会的团结。什么叫共同体？什么叫精神家园？什么叫志同道合？我有了切身的体会和感悟。

2016 年 11 月 5 日，中国新闻史学会新闻传播教育史研究委员会在辽宁大学举办 2016 年学术年会，同时举办《中国新闻传播教育年鉴 2016》的首发式。在现场两百余人的见证下，由新闻教育界"八老"（何梓华、赵玉明、吴高福、邱沛篁、童兵、郑保卫、罗以澄、刘建明）、中国新闻史学会会长陈昌凤和我徐徐拉开罩在年鉴上的"红盖头"，全场掌声雷动。这是一个历史性的时刻，从此中国新闻传播教育界有了自己的年鉴来记录自己当下的历史。作为新闻教育界的主人，我们第一次感受到了自己的历史主体性。

今天回忆三年前的往事，印象极为清晰，仿佛发生在昨天；我的心潮同样激荡，难以平息。因为这本年鉴的历史价值，因为我们做了前人没有做过的事情，一种自豪感、成就感油然而生。正是因此，我们学会同人、我们的编委会成员、我们新闻传播教育界的朋友们，都把年鉴编撰视为自己的天职，视为自己的使命。看到了大家全方位合作产生的巨大力量，我很感动，而这正好发生在由我发起的《中国新闻传播教育年鉴》编撰事务上。

我由此感悟到，一个小人物，不管他的地位多么卑微，不管他是如何的愚昧，只要他顺应了时代的潮流，只要他敢于承担历史的使命，那么他就可以得到社会的肯定，他就能够获得战胜困难的无穷力量。正如我们的新闻传播教育年鉴，皇皇巨著，一百多万字，是由跨越学校、省区的一两百人合作完成的。时间紧、任务重，这部巨著看似无法完成，可偏偏就由我们这些小人物完成了。这不是因为我们多么聪明，而是因为我们敬畏天命。

《中国新闻传播教育年鉴》的编撰主要是为了尽到新闻传播教育史研究委员会的时代责任。作为一个新闻教育工作者，作为一个历史学者，我们需要一个当代史的研究平台，需要为当代新闻传播教育史的研究奠定坚实的基础。而年鉴这种形式，起码可以在两个方面帮助我们实现这一目标。第一，记录历史，传承文脉。年鉴是以年为时间刻度，全面记录上个年度有关领域各种事项的资料长编，它不仅记录了各种事实、数据，还延续了文脉和教育精神。第二，服务业界，提供资鉴。中国新闻传播教育经过几十年的发展，已经蔚为大观，面临当下社会转型和新闻传播生态的转变。新闻传播教育向何处去？如何才能适应行业的人才需求，满足社会对教育的期待？各新闻教育的承担者，各校各院系需要参照系，需要借鉴，需要合理的建议。

《中国新闻传播教育年鉴》编委会正是在这一理念的指引下，持之以恒、孜孜不倦地工作。2017 年 8 月，第二本年鉴即《中国新闻传播教育年鉴 2017》在河南郑州举行了盛大的首发式，同样赢得了学界、业界的喝彩。今天摆在我面前的《中国新闻传播教育年鉴 2018》，约 1200 页的篇幅，体例更加完备，体系更加周全，考订更加翔实，作者更加权威，文笔更加流畅，印制更加精美。看到这本新的年鉴即将付梓，一种欣慰、自豪和成就感油然而生。的确，我们无愧于时代，做了我们该做的事情，我们应该为自己点赞。

老子曰："一生二，二生三，三生万物。"我相信第三本《中国新闻传播教育年鉴》的出版，将预示着今后第四、第五……乃至第十、第二十本年鉴顺利推出。它不仅会促进新闻传播教育史的研究、促进新闻传播教育的发展，而且会成为一个标志性的事件，在新闻传播学术园地预报着万花盛开的春天即将到来。

《中国新闻界职务犯罪研究》序

　　肖峰教授的《中国新闻界职务犯罪研究》是在他博士论文的基础上补充、增订而成的学术专著。该书基于我国的新闻传播实践和职务犯罪预防体系的现状，提出了一系列惩治、控制和预防新闻界职务犯罪的措施和对策，既有一定的理论意义，也有相当的实践价值。作为国内研究新闻界职务犯罪的第一本专著，不仅在学术上填补了我国新闻界职务犯罪研究的空白，而且对于新闻传播业界的自律建设，对于新闻传播专业人才培养，也能起到正面的教育、警示作用。至少可以作为新闻专业核心课程"新闻伦理与法规"的辅助教材和业界人士的专业读物。作为肖峰教授的博士导师，在其退休之后，还能看到他这部皇皇巨著，感到由衷的欣慰和钦佩！

一

　　关于"新闻界职务犯罪"的研究，至少可以追溯到 158 年前。在 1861 年末，马克思以《法国的新闻敲诈》为标题，揭露了法国报纸和通讯社在事情还没有发生前就进行报道的情形。对英国报纸的广告敲诈，马克思也进行过揭露。新闻敲诈，是传媒或新闻从业人员以不利于报道对象的新闻稿件（包括编发内参等）相威胁，强行向被报道对象索要钱财或其他好处的犯罪行为。这一界定与马克思当年对法国新闻敲诈的界定十分相似。1949 年以前，由于政府腐败和社会黑暗，旧中国新闻界的职务犯罪状况非常严重。其标志之一，便是新闻敲诈的泛滥，俗称为"敲竹杠"或"支票簿新闻"。新中国成立以后，随着社会主义新闻事业的诞生和发展，这类新闻敲诈腐败便失去了其赖以生存的土壤而基本消失。

改革开放以来，随着商品经济的迅猛发展，权钱交易的机会日益增加，形形色色的诱惑也越来越多。在市场体系中，人的意志稍微松懈，就有可能被"糖弹"击中，以至于越陷越深，难以自拔。处于市场经济的前沿地带的一些新闻从业人员职业道德缺失，疏于自律，加上社会监督管理不力，新闻界职务犯罪愈演愈烈，人民群众对此深恶痛绝，业界学界也日益关注。但是，直到 2001 年之前，学术界基本上还将新闻从业者违法乃至犯罪行为的案例，作为"有偿新闻"纳入"新闻职业道德""新闻伦理学"研究的范畴。2004 年，黄瑚主编的新闻专业教材《新闻法规与职业道德教程》（复旦大学出版社）出版后，新闻界职务犯罪的案例，才逐渐归入"新闻违法乃至犯罪行为的有关法律规定"的范畴。此后出版的一些著作和学术论文中，也有不少涉及媒体腐败，但总的来说，既没有独立完整的框架，也少见系统的真知灼见。到目前为止，已有研究职务犯罪的著作中，主要涉及公务员职务犯罪，如金波、梅传强主编的《公务员职务犯罪研究》（中国检察出版社，2008）。于涛主编的《我国十大行业职务犯罪防控理论与实践》（中国检察出版社，2008）中，研究了党政机关、司法系统、国有企业、金融领域、工商机关、税务系统、建筑领域、国土房产领域、教育系统、医疗卫生系统 10 个行业，偏偏没有关注到新闻界。迄今为止，还没有一本专题研究我国新闻界职务犯罪的学术专著。

是我国新闻界不重要吗？不是。自古至今，无论开创新朝，还是永固江山，都离不开两杆子——笔杆子与枪杆子。我国新闻事业属于意识形态领域，是党和国家整个事业的重要组成部分。组织与意识形态是中国共产党的两大支柱，前者是硬实力，后者是软实力。新闻舆论界是治国理政、定国安邦的主要抓手。难道是新闻界职务犯罪损害社会和人民群众的利益还不够严重，损害党和政府的威信还不够大，腐蚀新闻从业人员队伍还不够严重吗？也不是。20 世纪 90 年代初揭露出来的北京长城机电科技产业公司非法集资就是一个典型的案件。该公司总裁沈太福靠行贿手段，收买了科技日报社社长兼总编辑、时任国家科委（国家科学技术委员会）副主任的李效时和几个编辑、记者，在《科技日报》1992年6月27日头版上，刊登了鼓吹为长城公司开发高科技项目"节能机电"（实际是一个骗局）而非法集资（以签订技术开发合同为名，以24%的高额年息为诱饵）的长篇通讯《20天集资2000万》，并配上"编者按"："为了千百万父老兄弟，为了振兴发展民族经济，用高科技筑成新的长城"，使得笃信党和政府权威的群众纷纷解囊投资，许多退休老人甚至还拿出自己的"活命钱""看病钱""养命钱"投资高科技开发。在短短8个月的时间里，长城公司集资突破10亿元。事情败露后，千万老百姓倾家荡产，血本无归。根据犯罪所造成的事实和我国刑法规定，沈太福被法院判处死刑，参与此案犯罪的李效时及编辑、记者受到法律制裁，身败名裂。40年来，我国新闻舆论领域的职务犯罪对党和人民造成了祸害，败坏了媒体的公信力，毁坏了一大批传媒精英和新闻从业者，如果任其发展，后果不堪设想。

　　近年来，中国反腐败已经进入深水区。随着中央反腐力度越来越大，很多贪官和腐败分子藏不住了。我们越反腐挖得越深，挖出来的蚊子、苍蝇、老虎越多，拍死的蚊子、苍蝇，打到的老虎也就越来越多。我们加大对高校贪官的惩治，高校的贪官就浮出水面；我们加大对媒体腐败的整治力度，被惩治的新闻敲诈行为和传媒贪官就越来越多。那么，为什么很少有人专题研究我国新闻界的职务犯罪问题呢？主要原因在于学科专业之间存在壁垒、行业之间存在鸿沟。新闻界职务犯罪，涉及新闻传播学、法学两大学科和新闻宣传与司法两大领域，可又不是这两个学科或领域的核心地带，所以难以引起学界、业界的普遍关注。但是，随着媒介化社会的发展、社交媒体的崛起，新闻传播领域的去中心化趋势愈演愈烈，新闻界职务犯罪将会越来越普遍，理应引起学界业界的重视。如果能够融汇新闻传播学、法学等学科的学术资源，集中审视新闻界的职务犯罪问题，持续耕耘，必将有所收获。

二

新闻界职务犯罪，是指新闻从业人员利用职务之便，侵害刑法所保护的社会关系，并对国家、社会或他人的合法权益造成侵害，按照法律应受到刑事处罚的严重犯罪行为。肖峰教授利用自己新闻传播学、法学、社会学、心理学等多学科的知识积累，以控制与预防我国新闻界职务犯罪为出发点，以新闻界职务犯罪问题为研究对象，以分析新闻界职务犯罪特征为分析路线，界定了新闻界职务犯罪的构成、表现，采用访谈、问卷调查、案例分析等方法，分析了新闻界职务犯罪的特点、危害、成因与心理因素。在此基础上，作者还结合我国职务犯罪预防体系的现状，提出了一系列惩治、控制和预防新闻界职务犯罪的措施，那就是依靠法律惩治新闻界职务犯罪，依靠监督控制新闻界职务犯罪，依靠制度规范新闻舆论工作者行为，依靠教育提高新闻舆论工作者觉悟，依靠新闻舆论工作者的个人操守防止腐败，使新闻界职务犯罪的预防工作做到有的放矢，具有可操作性，切实收到成效。

为了做好这项研究，肖峰收集了大量的第一手资料，制作了记者犯罪、落马传媒官员和群体腐败情况列表。书中罗列了 24 年来 92 名传媒贪官的情况。每一个传媒贪官的姓名、职务、案发年龄、案发时间、如何发现、案情、惩罚结果等信息都被详细列出，展示了他们"成长—精英—蜕变—受制裁"的全过程。他发现几乎每个传媒贪官年轻时都很努力上进，业务能力和领导能力特强。其中，李东生、史联文、李建国、汪良 4 人还获得中国新闻界最高奖"长江韬奋奖"之"长江奖"或"韬奋奖"，都有"好学的童年，奋斗的青年，蜕变的中年，惨败的老年"。研究表明，传媒官员职务犯罪与党政官员职务犯罪的不同，主要表现在刊发新闻稿件腐败、利用自身影响力腐败、利用信息发布腐败、利用公益性宣传活动腐败、利用职务和权力收受贿赂、群体性腐败特征明显。

为了补偿个案研究的不足，从面上总体把握显得十分必要。为此，肖峰课题组面向新华社湖北分社、湖北日报、湖北广播电视台、楚天都市报、荆楚网、武汉电视台、武汉晚报、长江商报八家新闻单位发放 195 份问卷，回收有效问卷 173 份。据此撰写了《中国新闻界职业道德与职务犯罪的认知调查报告》，为制定控制和预防职务犯罪的措施，奠定了坚实的基础。

在博士论文的基础上，肖峰进一步在新闻界职务犯罪广度和深度上下功夫。相较于博士论文，本书补充了不少新的内容。一是增加了一些新案例，如陈永州报道中联重科事件、21 世纪传媒系列案件等。二是增加了一些新型网络犯罪案例，如最高人民法院 2018 年 12 月 25 日发布的一批依法严惩网络犯罪指导性案例。其中一件案例为付宣豪、黄子超 "DNS 劫持"，这是我国第一起 "流量劫持" 案件。以前此类案件大多以不正当竞争案处理。此次最高人民法院发布指导性案例，首次将 "流量劫持" 定罪为 "破坏计算机信息系统罪"。同时，还增加了网站编辑有偿删帖、网络大 V 陈杰人涉嫌敲诈、地产自媒体敲诈勒索案等新型网络犯罪的案例。三是增加了一些传媒贪官的狱中或庭审中的忏悔书和悔过书，包括中国共产党中央委员会宣传部原副部长鲁炜、辽宁广播电视台原台长史联文、21 世纪传媒原总裁沈颢。从这些忏悔书和悔过书来看，这些人几乎都经历了一个逐渐变坏的过程。四是增加了一些传媒亡羊补牢，从制度上防范职务犯罪的治理办法。书稿还新增加了境外媒体记者在境内犯罪的内容，在全球化、信息化时代，对于保护国家根本利益，维护国家的信息安全，具有重要的现实意义。

本书作者还着力剖析犯罪主体的内因和腐败行为的危害。他运用社会学、犯罪心理学的分析方法，直接而详尽地表现了犯罪主体堕落的心路历程，清晰地勾勒出传媒权力与需要、资源、管理、经营、伦理、监督、素质等要素之间关系，揭露、剖析了新闻界职务犯罪的危害、成因与预防措施。作者认为，人性都有 "喜新厌旧" 的特点，人的欲望永无止境。对人性的贪婪，如果不加节制，人的欲望就会成为诱发其犯罪的内在根源。作者还把笔力集中于贪腐记者和传媒腐败官员的亲戚家庭，展现职务犯罪对一个家庭、一个区域以至一个社会的戕害和摧残。作者认为，传媒腐败行为不只是敲诈勒索、贪污受贿了多少钱财，而是它制造了一种与普通平民完全隔绝也完全不同的特殊生活。这种好逸恶劳、贪图安逸、追求享受的特殊生活的长期存在，渐渐地会融入并腐蚀我们的思想道德。正如作家张平所说："当贪贿成为一种文化存在时，必然会成为一个国家、民族精神的沉疴和桎梏。它危害的绝不仅仅是下一代、下几代，一定会更长更久。所以，反腐就是挽救我们的文化，挽救我们的未来。也是在拯救我们的孩子，拯救我们的亲人。从这个角度讲，重拳反腐，功德无量。"① 作者在这方面的探索，对于新闻传播界具有振聋发聩的影响。

三

和同时代的其他城市青年一样，1974 年肖峰中学毕业即下放到宜昌地区新场公社当知青，后来又在工厂当了 3 年工人，1979 年起进入湖北宜昌人民广播电台当记者。1983 年他考进华中工学院（华中科技大学前身）首届新闻干部专科班。毕业后又返回宜昌电台。1995 年他以同等学力在华中理工大学（华中科技大学前身）成功地获得新闻学硕士学位。2003 年，他在宜昌电台晋升为高级记者。2004 年 3 月，肖峰被引进中国地质大学（武汉）担任教授、"新闻理论与实务"方向的学术带头人、研究生导师。对他的这种学、经历，我是非常认可的。因为在媒体工作了 20 多年，积累了丰富的实践经验，所以转到教师岗位后，不至于纸上谈兵。我所在的华中科技大学新闻教育有一个重要的传统，即业务课程教师必须有业界经历。作为新闻业务课程的教师，有没有博士学位不是主要的，关键的是是否具有杰出的专业技能。

促使肖峰教授撰写这本专著的原因，主要有两个：一是作为一名新闻记者的责任心，而责任心来源于对国家和人民深切的了解和深深的热爱，对媒体腐败和职务犯罪的愤恨。在宜昌的知青岁月，使他切身体验到农民生活的艰辛，对中国国情有了深切的了解，对劳动人民有了很深的感情。改革开放后，他带着妻儿回到原来插队的地方，看到农村发生的巨大变化，就立下当记者的志愿：要为时代讴歌，为时代呐喊！后来他采访了一

---

① 张嘉：《张平：反腐是挽救我们的文化挽救我们的未来》，《北京青年报》2018 年 12 月 19 日。

些受人敬仰的名记者，并公开发表了专访。当他发现一些曾经获得令人称道的成就的传媒精英利用职务之便，违法乱纪，受到法律制裁后，心灵上受到极大的震撼，原来人是会变的！如果不随时警惕，严格要求，传媒精英也会从今天的座上宾，成为明天的阶下囚。他压抑不住内心的冲动，写出了不少反腐倡廉、激浊扬清的言论、杂谈和随笔，这些文章为他后来著书立说积累了素材。

二是作为一名新闻学者的职业理想。"是记者就要是学者"是肖峰的事业追求。1993 年他在华中理工大学攻读硕士学位的时候，就选择了一条异于一般新闻工作者的道路。从那个时候他就不满足于只是当个"跑龙套"的记者，立志做一个学者型记者，对媒介法规与伦理予以关注。在研究记者怎样才能成才的同时，也研究记者为什么会腐败堕落。在汪新源教授、陈恢忠教授的指导下，1995 年他终于完成了硕士论文《对我国转型时期记者角色差距现象的分析》，开始了他对媒体腐败和中国新闻界职务犯罪的探索。我当时任武汉大学新闻学院新闻系主任，有幸成为他硕士论文的校外阅评专家。

2006 年 9 月，肖峰以中国地质大学（武汉）新闻学教授的身份，以同等学力在华中科技大学申请博士学位。我又是他的论文指导老师。在准备论文开题报告的时候，有几个选题他老是拿不准，于是征求我的意见。此时，我已经从武汉大学调到华中科技大学任新闻与信息传播学院。他起先想做"新闻教育"选题，我感觉这个选题不太适合。他又提出"突发性事件报道""奥运传播""地质灾害传播"等选题，我认为也不是很恰当。最后他提出："那我就做'新闻界职务犯罪'选题，怎么样？"我一听立即叫好，因为我记得两年前他曾经以新闻界职务犯罪为主题发表的学术论文，在学界有一定的反响。而且他来自业界，有丰富的行业经验。题目选对了，就意味着成功了一半。于是他最终确定了以"中国新闻界职务犯罪研究"为博士论文选题。2009 年 6 月 12 日，他的开题报告得到评审专家们较好的评价，由此开始了他十年磨剑的漫长历程。

在十年的专题研究中，肖峰教授有幸得到知名新闻学者方汉奇、赵玉明、陈力丹、郑保卫的指点；知名犯罪学专家和反腐专家王牧、林喆给予了帮助；知名媒介法规与伦理专家孙旭培、魏永征、顾理平、黄瑚等也给予了精心的指导。这些帮助与指导，使得肖峰教授得以克服自己的认知局限，拓展了自己的思维空间。为本书的编撰打下了坚实的基础。这部专著的出版，填补了我国职务犯罪研究领域的一项空白，在理论上不仅有助于我们认识社会转型时期新闻职务犯罪这一特殊犯罪现象，而且有助于丰富和完善新闻学、法学、心理学的学科体系。在实践的层面上，它还有助于建立起完善的监督机制，对新闻从业人员进行有效的监督和制约。

四

板凳要坐十年冷。肖峰从事中国新闻界职务犯罪研究，其目的非常明确，他不是为了评职称、戴光环，也不是为了谋个官位。他在从记者转型做老师之后，明显感觉到自己学养和科研能力的不足，迫切需要通过"充电"来提升自己的能力，这是一种自我完善的内在冲动。肖峰的工作生涯和求学生涯交叉，带着问题学习，又携着理论指导实践，相辅相成。他是一线记者，又是电台副台长，有丰富的新闻实践经验，对新闻从业者的生存状况、处境和艰辛感同身受，对新闻界职务犯罪的成因、危害与预防有所理解。他又是一个学养深厚的教授，长期笔耕不辍。发表了论文40多篇，还出版了两本专著——《新闻人才论》《名记者研究》。这为他的博士论文撰写创造了条件。我常说，帮学生改一次论文，也使自己提高一次。本着"响锣也得重锤敲"的原则，在鼓励他取得成绩的时候，也不放松对他的严格要求。为了使他沉下心来，我介绍他阅读了一批经典著作，要求他深入媒体调查，多方征求专家、学者和同学的意见，掌握第一手材料。他一次一次修改，像精雕细琢一件工艺品那样，费尽心思，前后大的改动就有8次之多。到顺利通过博士论文答辩，他花了8年时间，此时已经临近退休了。

肖峰教授充分发挥自己的后发优势，经过10年打磨，终于为我们奉献了这本学术力作！这本凝聚了多年心血的《中国新闻界职务犯罪研究》，有以下显著特征。

一是学术性。作为新闻学者，肖峰带着明确的目的和计划，十年如一日，集中精力进行新闻界职业犯罪的专题研究。作者以新闻媒体的权力腐败为研究的出发点，以权力制约理论为指导，从传媒官员、新闻从业人员个人层面和社会层面诸多角度，探讨导致媒体腐败与新闻界职务犯罪的多种成因，得出了许多富有启迪意义的真知灼见，填补了学界研究的空白。如当新闻媒体被视作有组织的社会监督者时，并不意味着它本身可以游离于社会监督之外，它也要接受各方面的监督。不受监督和制约的新闻媒体的权力必然发生腐败。

二是创新性。作者从新闻传播学、法学、心理学等不同的视角透视新闻界职业犯罪问题，视角独特，别具创意。他对于新闻界职务犯罪的具体表现、特点、危害及其形成的原因的探讨，也比较全面、深刻，过去还很少有人对此进行如此系统的研究。他对我国如何借鉴国外预防新闻界职务犯罪的经验，如何批判地吸收和借鉴西方新闻专业主义的建议，以及对如何实现国际合作，为预防职务犯罪创造有利条件的分析，都体现了作者独立的思考和新颖的见解，也显示了本书的理论价值的现实意义。

三是可读性。本书论述思路清晰，既有缜密的逻辑、明快的表达，又有形象、鲜活的案例。文字也写得流畅和通顺，并不晦涩难懂。作者收集了大量翔实的资料，所引资料基本上集中在最近两年之中，同时作者还进行了一定的实地调查，使专题研究没有流于纸上谈兵，这些都增强了结论的说服力。特别是作者对犯罪心理的剖析，发人深思，令人警醒。

四是实用性。作者紧紧围绕如何解决新闻界职务犯罪的一些基本问题提出对策，即做到标本兼治，综合治理。一是从社会外在层面进行治理：完善法制和批评举报机制；执法要严，打击要狠；加强对新闻界职务犯罪问题的研究；壮大传媒经济实力，解除记者的后顾之忧。二是从新闻行业内在层面进行治理：提高新闻从业人员的经济地位；加大奖惩力度，树立正确价值观；加强新闻从业人员的职业道德与法制教育；防微杜渐，绝不放任"腐败文化"。这些建议具有较强的可行性和可操作性。

作为这本学术专著的第一位读者，我能够大体上领略本书的学术价值与现实意义，从而对本书作者表示由衷的赞赏。肖峰教授是三次进出华中科大新闻与信息传播学院读书的校友，与我也有多年的师生缘。对他的成就，我亦与有荣焉。我还清楚地记得他当新闻记者时形象：追求真理，仗义执言，无惧风险，采写了许多批评报道和内参，引起中央领导的重视，促进了问题的解决。当他成为大学老师后，作为学术同行，我更是从多处获得了人们对他的肯定评价。他热爱学习，不耻下问，博采众长，广泛涉猎，与时俱进，这些品质赢得了众多学生和同行的肯定。他把自己的成长归功于母校华中科技大学新闻与信息传播学院的培养，其实华中科技大学新闻与信息传播学院有今天的成就，相当部分应该归功于众多肖峰式校友的努力。学生是学院的主体，也是学院的名片。我们这些学院的留守者，理应为我们的学生们感到骄傲。今年是华中科技大学新闻教育办学35周年，在院庆前夕，能够看到校友重量级的学术著作，一种成就感油然而生。在《中国新闻界职务犯罪研究》一书即将出版之际，我衷心希望肖峰教授继续保持这份理想和情怀，锐意进取，开拓创新，在学术研究上取得更大的成就！

是为序。

（2018 年 12 月于喻园）

《外国新闻传播史》后记

　　根据教育部颁发的中国普通高等学校本科专业目录，中国新闻传播史、外国新闻传播史都是新闻学专业的核心课程。在实行学分制的高等院校，中国新闻传播史、外国新闻传播史课程的学分，至少是 3 个学分。可见，外国新闻传播史在新闻学专业课程体系中的地位比较重要。自 20 世纪 70 年代末新闻传播专业教育在国内恢复以来，在课程建设、教材建设方面，中国新闻传播史、外国新闻传播史一直处于重要的位置。国内出版的相关教材、专著汗牛充栋，而从业者、在校学生亦把中国新闻传播史、外国新闻传播史作为其知识体系中不可或缺的内容。

　　笔者自 20 世纪 80 年代中期以来，一直工作在新闻传播教育的第一线，而且始终承担本科生核心课程"外国新闻传播史"的教学研究工作。为了满足教学的需要，1994 年，我尝试着编纂了《简明世界新闻通史》，由武汉大学出版社出版，受到学界、业界的好评，不少高校至今仍以此为本科生教材。2006 年，我独著的《中外新闻传播思想史导论》由复旦大学出版社出版。2008 年，高等教育出版社又出版了我编著的《中外新闻传播史》。由于多年在新闻传播史方面的经营，我积累了不少相关的资料、经验和感悟。2009 年，我在华中科技大学主讲的本科生核心课程"外国新闻传播史"被评为国家级精品课程，随后在 2013 年，经过大幅度改良、补充，该课程又被纳入国内首批国家精品资源共享课程建设计划。2011 年，我主讲的以新闻传播史知识为核心内容的通识课程"传播的历程"，被评为首批国家精品视频公开课程。

作为"外国新闻传播史"课程的主讲教师，在建设这门课程时，我配套建设了课程网站、试题库、图片库、教学大纲、讲义、拓展阅读链接、师生互动平台等。在教材方面，虽然国内已经出版了不少的相关教材，但是相较于这门课程的特殊性，这些教材在内容、体例等方面总有不尽人意的地方，拙著《中外新闻传播史》《简明世界新闻通史》也是如此。为了配合课程建设，满足国家精品资源共享课正式上线的要求，我应高等教育出版社的邀请，着手主编这本《外国新闻传播史》。

这本《外国新闻传播史》的编纂，是一个系统工程。考虑到知识体系的规范性和大学生学习的特殊要求，我放弃了过去独自编写的做法，邀请了一些在新闻传播史学界崭露头角的青年学者。因为他们思想活跃、视野开阔，而且和大学生心理距离近，没有代沟，在知识体系的建构方面比我更有针对性、贴近性。有了他们的加盟，我的思路大开。在大家讨论、集思广益的基础上，由我主持统一了教材的大纲体例，再适才分配具体的编写任务。

教材编写的任务分工如下：

第一章：张昆（华中科技大学）；

第二章：陈勇（湖南文理学院）；

第三章、第四章、第七章：周宏刚（陕西师范大学）；

第五章、第八章、第十章：陈艳辉（湖南师范大学）；

第六章、第十二章、第十三章：胡玲（天津财经大学）；

第九章、第十一章、第十五章：张继木（华中师范大学）；

第十四章、第十六章：陈世华（南昌大学）；

第十七章：陈世华（南昌大学）、周宏刚（陕西师范大学）；

按编写计划，各位作者完成初稿后，交由我通读统稿，提出具体修改意见。各位作者非常努力勤奋，在出版社要求的时间节点里，按照要求完成了书稿的修改。

今天呈现在读者诸君面前的这本《外国新闻传播史》，与国内林林总总的同类教材相比，有如下几个的特点：首先，与时俱进，在内容取舍上对象确定上，将新近发生的事件、现象纳入教材之中，特别是对于网络新媒体，予以了大量的篇幅，反映了新闻传播历史的最新发展；其次，确立了鲜明的大传播意识，拓宽了新闻传播历史研究的视野和思维空间，过去新闻传播史的编撰大多数都忽略了电影、新闻传播教育、新闻传播理念，本教材在建构传播史体系的时候，弥补了过去的这方面的空白；最后，在陈述历史是什么的同时，还致力于解释历史为什么是这样的，其背后的原因是什么，努力使平面的历史变成立体的历史。

本书能够顺利付梓，我得感谢我的合作伙伴，参与编写工作的各位青年新闻史学者，陈勇博士、陈艳辉博士、陈世华博士、胡玲博士、周宏刚博士、张继木博士，正是由于他们勤奋工作和充分发挥想象力、创造力，本书编写才得以保持预定的进度。同时，我还要感谢高等教育出版社的策划编辑武黎女士，感谢她对我们的信任。其实早在 10 年前我参与第一批中央马克思主义理论建设工程教材编写时，武黎老师就向我提出了编纂外国新闻传播史教材的邀请，由于俗务繁忙，直到今天才完成了她交代的任务。最后还要感谢读者朋友对我的鼓励，自我编著的第一本新闻史出版以来，一直得到来自各界读者朋友热情的支持和鞭策，其中既有学界资深教授，也有使用教材的青年学者，还有大量在读的学生，他们为我提出了许多建设性的意见，开阔了我的视野，启发了我的思路。

对于一个读书人来说，一本书的出版，往往意味着其学术生涯增加了一个新的年轮。书的品质往往是人的品质的投射。我自知资质平平，能力有限，加之时间仓促，本书绝对会存在这样那样的许多问题，在此恳请各位方家不吝赐教。

（2015 年 8 月 14 日于喻园）

《旗报：深圳特区报史稿》后记

  报纸是城市的灵魂。报纸不仅是消息纸，更是文化纸；它不仅记录城市的历史脉络，更承载着城市的文化精神。深圳作为一个国际化大都会，建城历史不过 30 余年，《深圳特区报》与之形影相随。深圳经济特区的崛起，推动了《深圳特区报》在中国报界的勃兴；《深圳特区报》的报道和引领，则催化了深圳的繁荣昌盛。30 年深圳的奇情壮采，有 30 年的《深圳特区报》见证。但是对于《深圳特区报》自身进化的历史，迄今却无系统的梳理。

  我们有幸生活在这个伟大的时代，这种特殊的时空环境，不仅使我们见证了深圳从一片蛮荒向绝世繁华的亮丽转身，而且还目睹了《深圳特区报》从无到有、由弱到强，进而引领报界的精彩历程。我们一直有一个强烈的愿望，希望能够在改革开放和深圳崛起的大背景下，全面地梳理《深圳特区报》30 年的历史，向深圳特区报社创办 30 周年献礼。为了实现这一目标，深圳特区报社与华中科技大学新闻与信息传播学院联合组建了深圳特区报史研究的课题组，从 2011 年夏开始了深圳特区报史的编纂。

  《旗报：深圳特区报史稿》就是课题组研究的最终成果。本书由华中科技大学新闻与信息传播学院院长张昆教授、深圳特区报总编辑陈寅联合主编。课题组成员包括华中科技大学新闻与信息传播学院的张继木、赵泓、雷晓燕三位博士研究生，张晶晶、高欣音两位硕士研究生，深圳特区报社发展研究部的耿伟副主任。具体分工是：张昆、陈寅确定编纂大纲、体例和指导思想，张继木、雷晓燕、赵泓分别负责上编、中编和下编的初稿的撰述，耿伟负责相关资料的收集及大事年表的编订，最后由张昆、陈寅统稿定稿。

本书的编纂工程量巨大，而且时间相对仓促。首先，资料的汇集整理就是一个严峻的挑战。深圳特区报社为此成立了阵容强大的资料团队，由耿伟、张苹、林俊彬负责组织协调；陈蔚搜集获奖作品、机构沿革、历年改版、经营管理等资料；陈蔚、王岚查阅集团档案资料，寻找历任领导工作笔记、年度总结，学界业界对报社的评价资料；罗静玲负责收集重要图片、报社新闻档案资料；胡冠一查找报社获奖版面、报纸版样光盘资料；罗月娟负责提供专题资料。由于报社有关人事制度、管理制度、印刷、发行和广告等的资料欠缺，报社还特派张晋、黄昌海、黄瑞云、田慧分别专访有关负责人，补齐资料。除了广泛搜罗档案文献外，报社还组织采访报社老同志，完成了口述历史 76 篇，弥补了纸质文献的不足。

课题组成员还两次组织深圳特区报社历任领导座谈，商讨编写大纲，并就历史上的重大问题及其细节进行深入的采访，掌握了不少第一手资料。在此基础上还单独访谈了报社历史上的主要领导，极大地丰富了资料储备，为本书的编写打下了坚实的史料基础。

在本书编纂过程中，《深圳特区报》历任主要领导吴松营、黄扬略、王荣山、陈锡添、杜吉轩、王田良等对本书进行了认真审阅，并提出多处修改意见；吕延涛、高福生、耿伟、卓远云进行了大量的组织工作。吕延涛、耿伟对书稿正文进行了细致编辑；林俊彬对前三章提出诸多修改意见；何合民、罗静玲、陈蔚编辑修订了大事记等附录；彭军等对书稿进行了两次校勘。

由于课题组的共同努力，《旗报：深圳特区报史稿》终于可以和大家见面了。作为一本当代新闻史著作，作为一个当代新闻史的个案研究，本书建立在比较翔实的资料基础之上。笔者秉持的基本原则是"有一份资料说一份话"。所以在体系建构、历史分期、事件与人物评价等方面，力求客观、公正，希望能够经得起时间的考验。但是，由于时间仓促，本书也存在一些问题。首先，由于《深圳特区报》这 30 年历史，刚刚发生或正在发生，还在释放着滚滚的热浪，远远没有沉淀下来，其完整的历史意义还需要一个过程才能逐渐彰显出来，在这种情况下要想全面客观地描述眼前的变局，揭示历史的真相，对于任何深刻的历史学家来说，都是巨大的挑战，所以挂一漏万，在所难免；其次，由于工作量巨大，凭主编者的一己之力，无论如何也难以在短短的一年间完成史稿的编纂，课题组就成了必然的选择。由于是多人合作，多头编写，虽然在基本的历史观上一致，并且经过了主编的通稿和修改，但书稿各部分在行文风格上的差异还是历历可见。

本书的最终成书，可以说是集体研究的结晶。不仅课题组成员为此付出了艰辛的努力，奉献了他们的才华，而且还吸纳报社历任领导的智慧。没有大家的通力协作，编纂本书的任务几乎是不可能完成的。

同时，中国人民大学出版社贺耀敏社长、曹沁颖编辑为本书的出版倾注了心血。深圳报业集团律师杨衫等对本书出版也给予了法律指导。

面对这叠刚刚完成的书稿，我们在欣慰的同时，内心也充满着感激。在本书正式出版之际，谨向课题组全体成员，向为本书编纂默默服务的报社发展研究部的同事们，向为本书提出建议的各位老领导，向中国人民大学出版社领导和编辑，表示衷心的感谢！

（2012 年 3 月 14 日）

《新闻与信息传播论坛》主编致辞

金秋时节，连绵的是丰收的日子。在这众生喜悦的时刻，华中科技大学新闻与信息传播学院给中国新闻传播业界、学界奉献了自己的最新成果——《新闻与信息传播论坛》（2011 卷）。

《新闻与信息传播论坛》（以下简称《论坛》），将立足于华中科技大学新闻与信息传播学院，面向国内新闻传播学术界，服务于学界与业界的最新需求，针对新闻与信息传播领域重大的理论与实践问题，进行创新的理性探索。

《论坛》将秉持多元包容、交叉融合的办刊方针。多元包容，意味着不同学派、不同视角、不同观点、不同意见的平等交流，意味着学界、业界与官方兴趣的全方位对接，我们期待着《论坛》成为百花齐放的园地、百家争鸣的场所；交叉融合，则意味着不同学科、不同专业对于新闻与信息传播领域重大问题、重大需求的聚焦，多学科方法的全方位透视，跨学科的集体会诊，我们希望《论坛》能够成为推进新闻与信息传播理论探究的建设性力量。我们试图将《论坛》办成集纳新闻与信息传播学界、业界思想的意见市场，一个开放、自由的学术园地，一个展示学者智慧的舞台和回应业界征询的智库。

多元包容、交叉融合的方针，实际上是华中科技大学新闻与信息传播学院的办学传统和基本理念。28 年前，华中工学院创办新闻学专业时，校长朱九思先生就为后来的新闻传播学科描绘了蓝图。他认为，在一个以工科为主体的大学举办属于文科范畴的新闻教育，其路径与方法显然不能同于一般的综合性大学。为此他提出了文工交叉、应用为先的办学理念，在传统的文科专业中注入了工科的内涵。在此基础上，确立了华中工学院新闻系的办学格局，不同学派、不同观点以及不同的学缘，在华中工学院——华中理工大学——华中科技大学这个开放的平台上融汇和争鸣，终于建构了华中科技大学强大的新闻传播学科体系。

《论坛》不仅要秉持多元包容、交叉融合的传统，更应该以开放的姿态，吸纳学界、业界思想的精华。虽然《论坛》的出版者是华中科技大学，但是它应该属于整个中国新闻传播学界、属于正在蓬勃发展的中国新闻信息传播行业。在当前这个重大的社会转型期，《论坛》应该承担起超越学界自身的社会责任。它不仅要服务学界，更要服务业界；不仅要贡献智慧，更要坚持理想；不仅要立足国内，更要接轨国际；不仅要提升学术，更要促进成果向人才培养过程的转化。要达成这一目标，仅靠华中科技大学自身的力量是远远不够的，还需要学界业界朋友的鼎力相助。

《论坛》将每年一卷，年末出版。自 2012 卷起，《论坛》约一半的篇幅将发表来自校外学者或业界专家的稿件。我们期盼《论坛》的成长，由一株幼苗成长为擎天大树；我们更期待着来自朋友的支持和呵护！嘤其鸣矣，求其友声。我相信，在众多朋友的关爱下，《论坛》将会有一个光明的未来。

（2011 年 12 月 8 日于喻园）

《新闻评论研究与人才培养》前言

在新闻传播领域，新闻评论作为媒体的旗帜与灵魂，往往具有重大的社会影响力。尤其是在社会转型或变革时期，新闻评论员常常扮演阶级政党喉舌的角色，一呼百应，成为政治运动的鼓动者和社会舆论的引导者。自有新闻教育以来，新闻评论教育就是新闻人才培养的重要内容，而优秀的评论员则是培养他们的新闻院系引以为自豪的资本。21世纪以来，华中科技大学在新闻评论教育方面另辟蹊径，创造了中国新闻评论教育的"华科大模式"。最近赵振宇教授、顾建明教授主编的《思想的力量》一书正式出版。该书集纳了近20年来华中科技大学新闻与信息传播学院（以下简称华科大新闻学院）师生在新闻评论研究与新闻评论教育改革方面的成果。我有幸在华科大新闻学院担任院长近12年，亲自经历、见证、参与了新闻评论教育的改革历程。仔细拜读书稿之后，一个个精彩的瞬间，一个个难忘的事件，一个个鲜活的人物，浮现在我的眼前，激发了我思维的涟漪，引起了无限的感慨。

一 网络时代新闻评论教育存在的问题

我们现在置身于网络时代，媒体的触角和信息无处不在，无孔不入，犹如空气，它不仅决定了我们的呼吸，甚至决定了我们的生存。在媒体技术赋权的背景下，过往信息传播过程中传授对立的状态被完全改变，人人都有麦克风，人人都有摄像头，人们既是信息接收者，同时也可能是信息传播者。信息来源多元化，意见表达碎片化。人们不再苦于信息匮乏，而是苦于对信息的解读；人们不再满足于众声喧哗，而是苦于难以听到理性的声音。于是，新闻评论成了媒体上最抢眼的内容、最稀缺的信息资源，新闻评论员在媒介内容生产与传播领域的角色愈加重要。社会需要大量有思想、有洞见、有担当、有情怀的新闻评论员。

但是，反观当下的中国新闻教育界，虽然我们看到的是繁荣昌盛的局面，办学点数量呈爆炸式增长，专业的分化越来越细，办学层次越来越多，招生规模越来越大，可是对于社会及媒体对优秀新闻评论员的需求，没有及时的反馈。评论教育成为新闻传播教育的短板，这已是不争的事实。根据水桶理论，水桶的容量最终取决于最短的那块板子。评论教育的缺失，已经并在继续影响着人们对新闻传播教育的满意度评价。总的来看，当前中国高校新闻传播教育存在的问题，主要表现在如下三个方面。

第一，几乎所有高校的新闻院系都把新闻评论定位为一门纯粹的写作课，其功能在于培养或提升新闻从业者在评论写作方面的专业技能。很显然，这种定位严重地弱化了新闻评论在信息传播过程中的地位，消解了评论作为一种内容生产的重要性。在今天的信息时代，对事实、事件、过程的解读和评价，往往比事实、事件、过程本身更加重要。人们不仅要了解事实、事件和过程，更要认识其背后的意义及其来龙去脉。评论的重点不在于如何写，而在于透视复杂事件及动态过程的一双慧眼、深刻的洞察力和理性思维。在网络时代社交媒体高歌猛进的背景下，评论与表达更是一种应该普及的"公民素质"。在这个意义上，目前新闻教育界对评论教育的定位不仅过于狭隘，而且看低了新闻评论的现实价值和功能，与社会的期待相去甚远。

第二，几乎所有高校新闻院系在新闻评论教学内容与师资队伍方面都存在着投入不足的问题。由于定位的狭隘、位阶的低下，在大多数新闻院系的课程体系之中，新闻评论往往只有1门课程，2个或3个学分，只配备1名师资。其在整个课程体系和师资队伍之中的分量，与当下传播实践中新闻评论的分量极不相称。社会与业界的需求在相当的程度上被忽视了。要培养一个职业的新闻评论员，需要在评论教学方面投入更多的资源，给予更多的学分、课时，配备更强的师资，以强化新闻评论在教学过程中的地位。

第三，理论教学与实践教学脱节。新闻传播教育与其他高等教育一样，也存在纸上谈兵、理论与实践相脱节的问题，这一点在新闻评论教育方面表现得尤为突出。不少高校新闻院系的教师从学校到学校，从本科到博士，文凭靓丽，却鲜有业界经历。在承担一般史论课程教学时问题还不大。但是在新闻传播实务课程教学，尤其是新闻评论教学方面，就会出现与时代脱离、与实践脱节的问题。这使得学生、社会乃至媒体自身都对新闻评论教育的现状很不满意。新闻评论人才培养的创新不仅需要具有丰富实践经验的师资、完善的课程体系，更需要通过深入社会认知实践、网络舆情调查和案例数据库建设等方式，来解决这些问题。

二 华科大新闻评论教育的系列创新

针对上述问题，华科大新闻学院进行了深入、系统的研究。从办学理念的革新着手，从顶层设计的高度，对师资队伍、课程体系、教学手段、考查考核乃至招生方式诸方面进行了全面系统的改革。

其一，联通业界学界，建设强大的教学团队。教育的根本在老师，有什么样的老师就有什么样的学生。新闻评论教育必须有一流的师资，作为一种实务教育，其教师不仅要有深厚的学养，更要有丰富的实践经验，具有业界高手的经历。华科大新闻评论教育的改革起始于 2001 年，正是在这一年，长江日报资深评论员赵振宇教授被引进来作为新闻评论教学团队的负责人。赵振宇教授曾任长江日报评论理论部主任、文化报总编辑。为适应新闻评论人才培养创新体系，学院以赵振宇教授为核心组建教学团队，学院内的何志武、顾建明、孙发友等老师相继加入，还有文学院、马克思主义学院、经济学院的一些教授也被陆续地纳入团队。其中一些没有业界经历的新闻评论课教师被派往媒体进行实训，比如团队成员顾建明老师曾在光明日报评论部任一室主编挂职一年。在此之外，教学团队还眼睛向外，从 2006 年起陆续邀请复旦大学黄芝晓教授、中国人民大学涂光晋教授、暨南大学曾建雄教授、武汉大学强月新教授担任兼职教授作为顾问。除了学界的力量外，华科大新闻学院还从业界聘请湖北日报副总编辑胡思勇、凤凰卫视评论员何亮亮，后又邀请光明日报评论部主任包霄林、红网副总编辑杨国炜担任兼职教授。2014 年，湖北广播电视台漆文等 16 位资深媒体人被聘为新闻评论教学团队专业导师。2016 年，聘任中央电视台王石川、经济日报齐东向等 9 位评论员担任兼职教授。新闻评论方向班已经形成专业教师、业界导师和新闻评论员三位一体的强大的师资队伍，这是华科大新闻评论教育改革的坚强后盾。

其二，改革招生方式，以兴趣为主导汇聚评论英才。教师与学生是支撑教育过程的两大主体。老师因学生而存在，学生因老师而成才，教学相长，这是一个基本的常识。华科大新闻学院的评论教育改革，在教师和学生两方面都有具体的措施。在学生层面，自 2001 年起，华科大新闻学院发起组建新闻评论团，实行本科阶段特长生导师制，开创高校新闻评论教学改革的先河。2005 年秋季，华科大新闻学院列入招生计划开办新闻评论方向班，为全国首家。新闻评论方向班实际上采取的是实验班模式，小班教学，加上导师的个性化指导。新闻评论方向班的学生来自全校，在大一下学期自由选择转专业时面向全校（包括华科大新闻学院）学生进行招生。对学生的基本要求是对新闻传播的兴趣和专业方面的才具。新闻评论方向班的组建，使得新闻评论教育的改革进入实质性的阶段。它不仅使得新闻评论教育有了一个可以依托的实体平台和体制的保障，而且由于专业兴趣的驱动，学生在评论专业学习方面的动力更加强劲，学习的氛围也更加浓郁。特别是生源方面的多元化，使不同学科背景的学生汇聚在一起，对于学生之间的交流、碰撞和知识的融汇，起到了很大的推动作用。

其三，改革、完善新闻评论的课程体系。如前所述，国内大多数高校的新闻院系只是将新闻评论作为一门新闻业务课程，有的是 2 个学分，有的是 3 个学分，主要内容是教授新闻评论的写作技巧。为了强化新闻评论的地位，充实新闻评论课程的内涵，提升学生的专业境界，活跃学生的评论思维，经过周密的调查论证，华科大新闻学院在新闻评论方向班建构了一门主体课加八门专题课的课程体系：新闻评论概论（40 课时 2.5 学分）、新闻评论的思想与思维（16 课时 1 个学分）、中外新闻评论比较（16 课时 1 个学分）、广播电视与新媒体评论（16 课时 1 个学分）、新闻评论佳作评析（16 课时 1 个学分）、社会认识发现（16 课时 1 个学分）、经济评论（16 课时 1 个学分）、法制评论（16 课时 1 个学分）、文艺评论（16 课时 1 个学分）等多门评论专业课程。课程、学分与课时的增加，使得新闻评论在新闻教育体系中的地位得以强化。这一体系的建构，不仅拓展了学生评论的视野，而且延伸了学生新闻评论的思维空间，促进了学生从知识、实践到职业能力的转换，为高水平新闻评论人才的培养打下了坚实的基础。

其四，完善教学手段，建设网络舆情实验室、案例数据库。在新闻媒体上，评论的主要功能是解读新闻事件、揭示新闻事件价值与意义，同时代表不同的利益阶层表达他们的意见和态度。在评论教育方面，写作技巧固然重要，但更重要的还是评论员的立场及道德操守，还有社会的民意动向。这些内容在有限的课堂教学中，是没有办法完全讲解清楚的，必须建设大容量的辅助性案例库数据库。在这方面，华科大新闻学院新闻评论教学团队建立了中外新闻评论经典作品数据库，收集了百年来中外有影响的新闻评论作品几千篇，其中包括历届中国新闻奖所有的获奖评论作品，还有美国普利策新闻获奖评论作品，这些普利策新闻奖评论作品还附上了英文，俾能英汉对照阅读。另外，教学团队还建立了新闻伦理案例数据库。为配合课程教学，教学团队还建立了课程网站，开通了微信公号。为了及时了解社会的民意动向，教学团队还利用网络电话舆情实验室，组织学生对热点事件及时进行全国性的舆情调查。

其五，规范新闻评论教学过程与考核方式。新闻人才培养过程由许多环节构成，每个环节都有其不可替代的重要性，其培养教育的最终效果如何，还需要科学的考核。华科大新闻评论教学团队围绕系列新闻评论专业课程，适应业务课程的特殊性要求，设计了一系列富有针对性的考核体系。在教学过程中，教学团队每周安排两次学生参与互动的环节，一次是"每周时评荟"，介绍点评上周发生的重大新闻及评论，训练和提高学生对新闻事件的即时点评能力和对已发评论的鉴赏能力；一次是"学习与思考"，组织学生就当前社会的焦点问题，利用电话调查舆情进行专题讨论。大部分课程都要求学生发表评论作品，而且鼓励学生们发表，其优秀成果也一并纳入案例数据库，同时发布在课程网站与微信公号上。这对于增强学生的专业兴趣和自信心，具有明显的促进作用。教学团队要求学生们关注社会变化，经常进行社会调查，在此基础上形成专题报告并发表评论。将评论课堂的学习与社会媒体的发展联系起来，督促学生关注调查媒体评论发展和变化，并将之纳入成绩考核体系。每年完成一篇对上一年度中国新闻评论概况的调查报告，从 2008 年至今均在《新闻战线》发表。这不仅加深了学生对媒体评论现状的认识，也使得教学能够紧跟媒体评论发展的步伐。

三　华科大新闻评论教育改革的成就

在教学团队的共同努力下，华科大新闻评论教育的全面改革取得了丰硕的成果。具体而言，下面几点可圈可点。

其一，一批优秀的新闻评论人才脱颖而出。在新闻评论教学团队多年的努力下，一批批优秀的新闻评论人才被社会所接受，在新闻业界崭露头角，有多人获得中国新闻业界最高奖——中国新闻奖。如中国青年报编委、社评部主任曹林，已跻身国内最有影响力的评论家之列。还有中央电视台新闻评论部马璐璐、经济日报评论员欧阳优、南方日报评论部副主任周虎城、河南日报评论部主笔薛世军、湖北日报评论部主笔肖擎、深圳特区报理论评论部主笔邓辉林、深圳晚报评论部副主任张强、新京报评论员佘宗明等等，都是从华科大走出去的知名评论员。在校的新闻评论班学生也非常优秀，在学界业界举办的多种大赛、评奖中，表现不俗，引人关注。如张松超、熊少翀、贾宸琰、张宇、王颜玉等相继获得范敬宜新闻教育奖——新闻学子奖。在 2016 年第三届大学生评论大赛决赛中，华科大新闻学院新闻评论方向班大二学生王颜玉夺得冠军。这些学生不俗的表现，擦亮了华科大学新闻评论教育的名片。

其二，构建了完善的评论人才培养体系。新闻评论人才培养体系庞大，涉及许多环节、多种要素。其中最重要者，包括师资队伍、课程体系、教材建设、实践基地、考试考核等。在队伍建设方面，一支融合学校学界精英和业界高手的双师型教学团队日趋成熟。其成员包括一名国家万人计划哲学社会科学领军人才、教育部新闻传播学科教学指导委员会副主任、两名国务院政府津贴获得者、三名宝钢基金优秀教师奖获得者、一名湖北省教学名师、两名学校教学名师。业界导师中不乏中国新闻奖获得者。专业教师、业界导师和新闻评论员三位一体的师资配备已经形成，为新闻评论教育提供了强大的支撑。在课程体系方面，新闻评论教学团队承担了1门国家精品资源共享课程"外国新闻传播史"、1门国家精品在线开放课程"网络与新媒体应用模式"、2门国家视频精品公开课"社会进程中的公民表达""传播的历程"，建设了2门省级精品课程"新闻评论""电视专题与专栏"。教材建设方面，出版了3本国家"十一五"规划教材《现代新闻评论》《新闻报道策划》《电视专题与专栏》，主编了2本马克思主义理论工程重点教材《中国新闻史》《新闻评论》。在实习实践基地方面，从中央到地方，从武汉到北京、上海、广州，中国最好的权威媒体都是新闻评论方向班的实习平台，在名师高手的雕琢下，一批批学生走进了职业新闻评论员生涯。

其三，新闻评论人才培养理念与模式的推广。华科大新闻学院对新闻评论教育的认识，远远超越了其他学校仅仅把新闻评论视为一门写作课程的定位。而是把它看成在信息时代一项基本的公民素养和维系社会发展、族群和谐不可或缺的职业能力。正是这一理念，促使华科大把新闻评论教学改革提升到学科建设的战略高度。在学院院长及教学团队负责人赵振宇的论著中，多次强调这一理念。教学团队先后召开"新闻评论团三年会"、"首届新闻评论班教学研讨会"、"新闻评论特色教育十年会"、"新闻评论特色教育十五年会"及"湖北省新闻评论教学实践与人才培养研讨会"、"新闻评论开放建设研讨会"，就我国新闻评论教学问题，组织国内学界、业界的顶尖专家、学者进行研讨交流，并对华科大新闻教育理念和新闻评论特色教育进行总结与推广。《培养中国特色社会主义新闻评论员——华中科技大学评论学社创新评论人才培养之路》获得2016年高校校园文化建设优秀成果一等奖。教学团队关于新闻评论教育的一些代表性论文，都收录于本书之中。此外，张昆教授的专著《三思新闻教育》《新闻教育改革论》①在学界、业界引起了共鸣。华科大在新闻评论人才教育

---

① 张昆：《三思新闻教育》，华中科技大学出版社，2017；《新闻教育改革论》，华中科技大学出版社，2012。

改革方面的做法，也引起了其他兄弟院校的关注和借鉴，如西北大学、兰州大学、陕西师范大学、河北大学、河南大学、河南工业大学、郑州大学、南昌大学、江西师范大学、南昌航天大学、西华大学、中山大学、湖南大学、广东外语外贸大学、天津师范大学、华南理工大学等。郑州大学与江西师范大学已分别在 2015 年和 2016 年开办新闻评论方向班，主要组织者均为学院毕业的新闻评论方向的博士生。

其四，新闻评论研究的理论成果得到有效的转化。在致力于新闻评论教育改革的同时，教学团队还就当前国内外新闻评论的现状进行了深入研究，其学术成果在数量与质量上都居于国内领先地位。据强月新、刘莲莲在《新世纪以来国内新闻评论研究的回顾与展望》① 一文中的调查，华科大团队发表的新闻评论论文数量位居全国第一。教学团队通过发表论文、会议座谈和现场咨询等方式，与人民日报、中国青年报、杂文报、湖北日报、长江日报、武汉晚报、新闻战线、新闻与写作、嘉兴日报等媒体进行合作，或推出专栏专版，或对版面内容提出建议，或帮助组建新闻评论部，这些做法受到中国共产党中央委员会宣传部、国家新闻出版广电总局、中华全国新闻工作者协会、中国社会科学院新闻所和高校、媒体的关注和好评。2007 年开始，帮助嘉兴日报组建新闻评论部，实施"评论记者"工作机制。中华全国新闻工作者协会书记处书记顾勇华，中国社会科学院新闻所所长尹韵公，新华社国内部副总编辑徐兆荣，中国人民大学高钢、涂光晋教授等认为，"评论记者"工作机制在评论领域独树一帜，非常值得参考。湖北日报传媒集团、湖北广电总台、深圳报业集团、阿里巴巴公司也充分肯定华大学新闻评论教育改革的成果，并资助办学或联合举办学术研讨活动，从而促进了理论研究成果的转化。

四 "华科大模式"的内涵及亮点

所谓模式，就是从实际经验中经过抽象和升华淬炼出来的解决特定问

---

① 强月新、刘莲莲：《新世纪以来国内新闻评论研究的回顾与展望》，《武汉大学学报》
2013 年第 6 期。

题的方法论，或者核心的知识体系。模式对某一类型的实际工作能够起到引领或指导作用，帮助行为主体解决当下面临的困难。新闻评论人才培养的"华科大模式"，就是华科大新闻学院在新闻评论人才培养改革进程中摸索出来的核心知识体系。简而言之，"华科大模式"的核心理念是在公民评论素质的基础上提升职业新闻评论员的专业能力，为此实现新闻人才培养体系，包括师资队伍、课程体系、教学手段、实践平台等在内的整体性变革。

"华科大模式"有三个值得注意的亮点。一是理念引领改革。华科大的新闻评论教育改革不是摸着石头过河，而是先有理念，先有具体的思路，是谋定而后动。进入 21 世纪以来，新闻评论教学团队和华科大新闻学院的领导都认识到在网络信息时代，评论不再是职业传媒人的独门秘技，而是一项需要普及和提高的公民素质。由于人人都会，所以对职业新闻评论人才提出了更高要求。基于这样的理念，教学团队以"三大板块"搭建了新闻评论人才培养体系的基本架构：华科大新闻学院的精品特色课程方案、新闻评论方向班和面向全校招收学员的评论学社。人才培养理念的创新与拓展，从根本上超越了把新闻评论仅仅作为写作技巧进行教学的狭隘性，从顶层设计和学科发展的战略高度解决了教学资源的投入不足问题。

二是培养体系的整体性革新。新闻评论人才培养改革，不是小打小闹，不是头痛医头脚痛医脚，而是涉及培养体系的整体性变革。以"三大板块"为核心，教学团队对课程体系、师资配备、教学手段、实践教学、考核方式等环节进行了系统性革新。在课程方面，教学团队为新闻评论班度身定制开设了一门主体课加八门专题课。华科大新闻学院还在基础理论与方法课程方面予以全面的配合。在师资配备方面，从业界引进师资、从业界聘请兼职教师、选派教师到业界挂职和吸引业界资深人士到学院挂职的做法在全国新闻传播院系中独树一帜。在实践教学方面，通过课堂练习与课余实训、学院统一的实验教学、暑期社会调查和媒体专业实习等环节，使学生的复合能力实训贯穿于整个学习阶段。这种系统性创新使得新闻评论人才的培养进入了新的境界。

三是人才培养与学术研究协同推进。华科大新闻学院的新闻评论教育改革不是单兵突进，其教学团队对新闻评论的学术研究在国内学界也处于领先地位。两者相向而行，相辅相成。为了推动和引领教学改革的顺利进行，以教学团队为核心，学校于 2006 年 4 月 24 日成立"华中科技大学新闻评论研究中心"。该中心在 2003 年、2006 年、2007 年、2011 年、2013 年和 2016 年先后举办了六届新闻评论高层论坛，分别以"中国新闻评论的现状与发展"、"政治文明进程中的中国新闻评论"、"城市党报的新闻评论研究"、"社会转型期新闻评论与舆论引导"、"党报评论与'走转改'活动"和"新媒体时代新闻评论后备力量的培养"为主题，探讨新闻评论的当下形势、未来发展与人才培养。新闻评论高层论坛的举办，为新闻评论学界与业界提供了沟通的平台，为学生扩展视野与就业打开了窗口，也促进了新闻评论人才培养与教学成果的理论化。

华科大新闻学院在新闻评论人才培养方面的系统性改革，我基本上都亲身经历、见证，甚至是参与了。作为学院的院长，我和新闻评论教学团队结下了深厚的情谊，并从他们执着、坚定的意志品质中获得了力量。其间面对每一个决策、每一个革新、每一个收获，甚至每一个挫折，我和团队成员都有同样的体验：兴奋、快乐、沮丧、幸福。这种感觉已经深入灵魂的深处，至今难忘。当我看到赵振宇教授、顾建明教授主编的这本厚重的文集时，实在是按捺不住自己激动的心情，拉拉杂杂，写出了以上文字。期待着读者诸君的指教。

本文是张昆教授为赵振宇、顾建明主编的《新闻评论研究与人才培养》（华中科技大学出版社，2018）所作的前言。该前言以《新闻评论教育的"华科大模式"》为题，公开发表于《新闻记者》2018 年第 6 期

《大众传媒与少数民族乡村政治生活》序

有关传播与政治关系的研究，一直是政治学、传播学关注的热点。但是就在这似乎大热的问题域，也存在不少亟待探索的空白，其中最典型的莫过于大众媒介与少数民族乡村政治生活的互动。在信息化、城镇化、民主化、全球化的背景下，大众媒介扮演着越来越重要的角色。特别是在边远乡村地带，尤其是少数民族居住地，为了迎接信息化、城镇化、民主化、全球化的潮流，在继承传统的基础上拥抱现代文明，在捍卫自己权利的同时，追求和谐共生、永续发展，大众传媒成为少数民族地区经济社会发展、政治文明建设的重要杠杆。撇开传播的因素，实现少数民族地区的现代化是绝无可能的。对此，学界政界没有异议。但是由于研究的难度，多年来一直很少有人在这个议题上进行系统、深入的探索。

张斌博士来自湘西少数民族地区，在进入博士阶段之前，就一直关注少数民族地区的社会生活与政治文明建设。长期的基层生活，形塑了他黝黑、坚强的体魄，他那带着泥土气息的执着、纯朴与憨厚，发自内心的真诚的微笑，给我们留下了深刻的印象。我从他的言谈中了解到他对于故土的挚爱。所以他最终选择"大众传媒与少数民族乡村政治生活"作为博士论文选题，我并不感到意外。

但是我还是有些担心。因为这个选题的研究涉及新闻传播学、政治学、社会学、民族学、文化学等多学科的知识，而且还必须深入少数民族聚居区做专业的观察和深度访谈。这不仅需要足够的知识储备，而且还要投入大量的时间，作为一名在读博士生，在学制规定的期限内，他能拿得下来么？在博士论文开题报告会上，其他教师也有类似的担忧。但是张斌充满了信心。从他的脸上可以看得出有一种特别的执着与坚定。这种态度最终说服了我们。一稿，二稿，在开题报告的第七修改稿出来后，我终于放心了。

2011年6月，张斌博士到湘黔桂毗邻边区侗苗少数民族村寨驻村调查；10月，他返回华中科技大学。在给我的汇报中，他说他感觉有些沮丧，实际调查情况与以前掌握的文献资料情况有很大的不同，开题报告框架结构和内容需要做比较大的修改，不然研究难以继续下去。2012年春节，张斌博士从遥远的苗乡侗寨给我打来祝福电话。同时他欣喜地告诉我，在调查中他有了许多重要的发现，证明过去的思路是正确的。经过三年的努力，张斌的博士论文《大众传媒与少数民族乡村政治生活》终于顺利地通过了答辩，并且得到了专家高度的评价。

现在展现在读者面前的这本著作正是张斌博士在其博士论文基础上修改而成的，细细品读这本书，发现有以下几个主要特色。

一是研究视角与内容的创新。关于大众传媒的社会影响和乡村政治的研究比较多，但对于少数民族乡村政治的研究，尤其是少数民族杂居的乡村政治生活方面的研究还比较薄弱，从与政治关系非常紧密的大众传媒视角研究区域少数民族乡村政治生活还是有待填补的空白。张斌博士的这本书正是从大众传播的视角研究区域少数民族乡村政治生活的变迁，并把研究置于全球化、信息化背景下转型中国的历史时空中，无论是研究视角还是内容都是一种突破和创新。

二是研究方法上的创新尝试。板凳要坐十年冷，新闻传播学研究要落地生根，就需要深入实际接地气。张斌博士的研究正是基于这一理念，他借鉴和运用了社会学与文化人类学的多点民族志方法，通过参与观察和深度访谈，用"深描"来"实然"地展示大众传媒与少数民族乡村政治生活的关系。这对于乡村政治研究、对于传播功能研究都是一种应该鼓励的新的尝试。

三是结论的新发现。通过调查研究发现，少数民族村寨日趋普及的大众传媒对于开发民智、促进村寨民主政治建设具有重要而良好的影响。在大众传媒影响下，村民的视野更开阔，在全球的体认中形成对国家统一体和中华民族更高的认同，并且学会用国家坐标、全球坐标来表达自己的政治利益诉求。村寨政治精英们的投资更大胆、更自信、更长远和更富理性。而对政治信息的了解和把握，使村民能够热情积极地参与到国家和地方政权体系建设中来，能够对政府的政策提出不同的看法，敢于对村干部的做法说"不"。大众传媒的交流沟通使他们不分民族不分地域，团结一致，抗击困难，信心满怀地去建设美好的家园……由于大众传媒的宣传报道，这些偏僻闭塞的少数民族乡村，开始为外界所知晓；而外界的关注与参与也为这些民族村寨的发展创造了良好的外部条件。而在服务广大乡村民主政治文明建设中，大众传媒也有希望真正回归其"大众"的本质。

在社会科学研究方面，发现问题有时比解决问题更为重要。张斌博士的《大众传媒与少数民族乡村政治生活》可以说是近年来用新方法、新思维研究乡村政治传播的一次成功的尝试。全书思路明晰，逻辑严谨，论证有力。书中发掘的第一手资料，带有清新的泥土气息，增强了其观点的说服力。随着本书的公开出版，这本书的价值和贡献，必要得到更多读者的认同。

当然，对乡村政治传播这样一个新的研究领域的探索，还有许多未知的领域，也有不少难以克服的困难困扰着我们的研究者。在张斌的这本书中，虽然比较充分利用了作者对湘黔桂毗邻边区10多年来关注积累的前期资料，虽然借助了"家乡化"优势，能够大量节约调查时间，但近半年的住村调查时间毕竟有限，本书还是留下了一些需要进一步努力补充、改进、完善的地方。尤其是少数民族议题的研究还存在一个语言问题。语言的沟通能力，决定着研究的深度与广度。张斌在村寨调查中虽然能够进行简单的交流，甚至还可以完整地演唱好一些苗歌和侗歌；但正如他在交流中告诉我的，要真正走入村民的内心世界，要真正地进入那些少数民族村民的灵魂家园，还需走很长的路。

我记得，在博士论文答辩中，张斌博士告诉我们，"围绕博士毕业论文的调查已告一段落，但我的研究仍然会继续进行。我准备对调查的三个村落做3~5年的回访和继续研究"。在调查中，他不得不面对这样沉重的现实：一位老村民85岁了，却成了没户口的黑人，连续两年不能够享受国家提供的养老保险；两个苗寨由于缺乏有效的信息沟通和引导，发生了我们不愿意看到的血腥械斗事件；作为村寨未来希望的青少年，在令全体国人骄傲、自豪的国庆阅兵式面前却显得那样冷漠与茫然；他们不知道"外国是哪个国家"，不知道党的总书记、国家总理、他们的县长和乡长是谁，未来等待他们的命运将是如何，等等，这一切都会引发我们深切的忧虑。无疑，张斌博士找到了一个还有很大发掘空间的富矿，只要持之以恒地挖掘，总会有新的发现、新的贡献。

张斌博士的这本书饱含了一个年轻学者对家乡厚土的一份深挚的感情，洋溢着寻根、民主、忧苍生的人文情怀。我为这本书叫好，虽然它还有这样那样的不足，但是既然有了一个好的开始，既然已经奠定了坚实的基础，我相信，在未来继续探索的道路上，张斌博士一定能够做出更大的成绩。

我们期待着，我们同样也关注着！

（2013 年 6 月 12 日于喻园）

《专业学位研究生实验课程——荟萃篇》
前言

　　在人才培养的过程中，知识体系的建构与专业能力的养成是同样重要的。尤其是应用型专业人才的培养，在保证人格与道德健全的前提下，必须达致知识与能力的平衡。华中科技大学是一所以工科、医科为主体的综合性大学，文、法、艺术、经济、管理等学科也有相当的学术实力，其人才培养别具一格，受到社会的普遍好评。为了适应世界一流大学、一流学科建设，满足社会对于高层次专业人才的需求，华中科技大学研究生院从顶层设计的高度，重新规划专业学位的课程体系，在此基础上，统筹各学院、各学科专业硕士研究生的实验教学改革，规范实验教学流程，更新教学内容，完善教学手段与方法，以保证专业学位研究生的培养质量。这本《专业学位研究生实验课程——荟萃篇》就是在这个背景下应运而生的。

　　《专业学位研究生实验课程——荟萃篇》整合了华中科技大学建筑学研究生专业实验、城乡规划学研究生专业实验、风景园林研究生专业实验、应用统计研究生专业实验、金融学研究生专业实验、社会工作研究生专业实验、新闻与传播研究生专业实验、法律研究生专业实验、汉语国际教育研究生专业实验、教育硕士（科学与技术教育）研究生专业实验等十个专业硕士学位课程的实验教学大纲。这些专业涉及文学、工学、艺术、经济、管理、教育等六大学科门类，分别属于七个不同的二级学院。可以想见，在一所规模庞大的综合性大学，实现跨院系、跨学科，组织全校规模的协同，不是一件容易的事情。其正式出版，标志着这一轮华中科技大学专业学位硕士研究生实验教学改革进入收获期。

本书编纂过程中，各课程教学团队在吸收、借鉴国内外最新科研和教学成果的基础上，根据新的培养目标和教育理念，重新设计实验流程，提升质量标准，重视安全防范措施，完善知识体系，致力于发掘学生的潜能，激发学生的创造力和想象力。本书的正式出版，对于落实专业学位研究生培养改革的基本理念，规范研究生实验课程教学过程，提高专业学位研究生实验课的教学质量，巩固研究生教育改革的具体成果，具有重要的意义。

同时我还必须指出，由于本书主编的学术水平有限，加之成书过程有些仓促，本书也存在着一些明显的不足。譬如，这十门课程实验教学大纲的体系建构和表现风格就有相当大的差异，而且在编纂水平和规范性方面也表现得参差不齐。这些不同当然与这些课程的学科归属及其本质属性有关。

《专业学位研究生实验课程——荟萃篇》能够正式出版，首先得益于学校研究生院有效的组织，研究生院培养教育处的刘精松处长多次组织各学院研究生和教学团队负责人召开专门会议，全力协调作者团队和出版社，努力解决出版经费问题，统一编写规范，为本书的编纂打下了坚实的基础。我们应该向他们表示由衷的敬意。

其次得益于各相关院系及其有关教学团队的全力配合和积极支持。他们是华中科技大学建筑与城市规划学院博士生导师陈宏教授领衔的建筑学研究生专业实验教学团队，博士生导师耿虹教授领衔的城乡规划学研究生专业实验教学团队，博士生导师戴菲教授领衔的风景园林研究生专业实验教学团队；管理学院王湘君教授领衔的应用统计研究生专业实验教学团队；经济学院副院长、博士生导师欧阳红兵教授领衔的金融学研究生专业实验教学团队；社会学院副院长、博士生导师石人炳教授领衔的社会工作研究生专业实验教学团队；新闻与信息传播学院院长助理、博士生导师郭小平教授领衔的新闻与传播研究生专业实验教学团队；法学院党委书记、博士生导师曹海晶教授领衔的法律研究生专业实验教学团队；文学院刘根辉副教授领衔的汉语国际教育研究生专业实验教学团队；教育科学院博士生导师李太平教授领衔的教育硕士（科学与技术教育）研究生专业实验教学团队。这些团队应总主编和分册主编的要求，贯彻质量至上的原则，坚持学术规范，数易其稿，保证了本书最终按时出版。在此我要向他们的辛勤付出表示衷心的感谢！

最后我们还要感谢出版社的总编辑姜昕琪教授和本书的责任编辑罗雪女士。

一门课，一本书，一代人。人才培养是千秋大业，教材编纂是人才培养过程中不可或缺的环节。我们意识到了自己的责任，期待着各位读者朋友的批评指教，以便下次再版时修订改正。

（2017 年 9 月 12 日于喻家山）

（本文是张昆教授为华中科技大学研究生院推出的专业硕士实验课程大纲汇编《专业学位研究生实验课程——荟萃篇》所写的前言。该书于2017 年由华中科技大学出版社公开出版）

《传播观念的历史考察》第二版
后记

　　20 世纪 80 年代中期，我刚进入中国人民大学新闻学院就读新闻专业研究生，就深深地被新闻学科的魅力所吸引，特别是新闻传播史。新闻传播历史上一个个优秀的新闻人物，一个个呼风唤雨的报刊，一个个影响深远的新闻事件，一段段响彻历史时空的名言，令我陶醉，充满向往。毕业后，我在武汉大学新闻学系担任教师，讲授新闻传播史课程至今。应教学特别是后来的研究生教学之需，我开始了新闻传播史的教学与研究。最初在 1994 年，我在武汉大学出版社出版了一本《简明世界新闻通史》。在编写这本教材的过程中，我发现学界对新闻传播史的理解存在一定的偏颇，不少新闻传播史著作或相关的研究，有意无意地将新闻传播史等同于新闻事业史，很多学校的新闻史教材就是这样命名的。可是，在对新闻史的考察中，我感到新闻传播事业史固然是新闻史的主体，但是任何时代的新闻传播事业发展都是在既定的制度框架内展开的，新闻媒体及其从业者无时无刻不受到制度条件的约束，其职业活动的自由空间相对有限；同时，作为新闻传播事业主体的新闻从业者，都是有思想、有意识、有情感的人，他们对新闻传播的看法，他们的使命观、责任感和专业意识，时时在影响着、支配着他们的职业活动，规范着媒介的传播行为。在这一意义上，一部完整意义上的新闻传播史，至少应该包括三个方面的内容：新闻传播事业、新闻传播制度和新闻传播观念。新闻传播史是这三个部分的有机统一。

基于这种认识，我尝试着开始新闻传播思想史的研究。从人类传播史上最具影响的人物着手，举凡政治家、思想家、报人、著名新闻从业者，如柏拉图、密尔顿、梁启超等，都被我纳入考察的视野。最初是将阅读心得作为文章发表，随后在 1997 年，出版了一本集子《传播观念的历史考察》。这是国内较早出版的一本以新闻传播思想史为主题的专著，甫一出版，就受到了学界、业界的好评，有些学校还将它作为研究生的教学参考书。但是由于种种原因，这本书没有再版。后来，国内有关这方面的著作多了，但是仍然有不少学者提起该书，有不少同仁希望我将这一研究进行下去，能够出版增订版。正好这些年来，我在这方面的学业没有完全荒废，陆续有一些相关文章发表，还有一些东西虽然没有发表，但属于自己独有的心得，如果能够在前书的基础上，整理补充，修订完善，对于新闻传播史特别是新闻传播思想史研究或许不无意义。这种念头始终萦绕在我的心头，挥之不去，一直在鞭策、激励着我，正在这个时候，武汉大学出版社向我约稿，终于促成了这本《传播观念的历史考察》第二版的公开出版。

《传播观念的历史考察》第二版在性质上属于一本专注于新闻传播思想史探讨的专著，全书除导言外，设有 20 章，实际字数近 60 万。其中，有 7 章（7 个专题）曾经在 1997 年收到拙著《传播观念的历史考察》初版（武汉大学出版社 1997 年版）中。这些专题分别是"柏拉图的传播思想"、"约翰·密尔顿的出版自由观念"、"罗伯斯庇尔的新闻思想"、"梁启超新闻思想体系"、"小野秀雄的新闻思想"、"列宁新闻思想体系"和"毛泽东新闻宣传思想"等。其中，"梁启超的新闻思想体系"和"柏拉图的传播思想"在收进本书时，有一些增补；毛泽东新闻宣传思想部分，结合我过去发表的相关文章，重新做了一些整合修订，其基本内容没有多大的变化，具体的论断、评价保留了原来的观点。这次出版第二版时，还删去了初版时最后一章"中国传统新闻学的反思"。

比较《传播观念的历史考察》初版，第二版在内容上增加了 15 个专题，人物涉及孟子、马基雅维利、杰斐逊、约翰·弥尔顿（一般译作汉密尔顿）、马克思、恩格斯、列宁、戈尔巴乔夫、邓小平、江泽民、胡锦涛等的传播观念。在理论与学派方面，涉及集权主义、自由主义、空想社会主义、法西斯主义、马克思主义理论。在地域方面，涉及中国大陆、中国台湾、欧洲、美洲的传播思想。所增加的内容比初版超出了一倍还多。其中大部分都在国内外学术期刊上公开发表过，或者作为研究成果被收录到其他专著、报告或文集之中。

《孟子的传播思想与实践》一文立足于来自《孟子》的第一手资料，对传统儒家的代表人物孟子的传播思想及其传播实践活动，进行了比较深入、全面的分析。特别是对孟子传播功能观的解读较有创新，孟子赋予传播以宣扬孔子之道，正人心、息邪说，推行政治教化及争取政治认同的使命，还有孟子对传播者自我定位的理解及对传播者自我修养的剖析，窃以为有些新意。第二版还对孟子周游列国时的传播实践及其宣传艺术，尝试着进行总结，对孟子传播思想的整体建构，落实在孟子性善论的基础上。在肯定孟子杰出的传播艺术的同时，对孟子坚持的传者中心论和轻视说服对象的优越感，也做了一定的客观评价，相信这些努力对新闻传播思想史爱好者会不无帮助。

马基雅维利是文艺复兴时期诞生的历史巨人、伟大的政治思想家和军事理论家。在传播思想史上，人们习惯于将他列为极权主义报业学说演进历史中承先启后的关键人物。收入本书的"马基雅维利的政治传播观念"从政治学、传播学的视角，立足于对《君主论》的全面解读，试图对马基雅维利的人性论与政治观、传播控制理论、政治形象理论和政治宣传的策略等问题，进行比较全面的探讨。这个专题研究最初作为论文发表于《新闻与传播研究》1999 年第 2 期。本次收录出版时，在吸收学界相关学术成果的基础上，根据原手稿做了一些补充，在政治形象设计及政治传播策略方面，做了新的阐释。

在出版自由的发展历史上，一般认为，美国新闻媒介及从业者能够享有的自由空间是最大最广的。但美国出版自由传统的形成，美国新闻传媒独立的政治、法律地位的确立，与美国建国初期共和党领袖托马斯·杰斐逊、联邦党人领袖汉密尔顿之间的论战是分不开的。《杰斐逊与汉密尔顿出版自由思想之比较》① 一文正是围绕美国联邦宪法制定前后政治上共和

---

① 张昆、李锦云：《杰斐逊与汉密尔顿出版自由思想之比较》，《武汉大学学报》（人文科学版）2004 年第 5 期。

派、联邦派的对立，特别是在出版自由态度上的对立，进行了深入的分析。文章不仅描述了两派对立的具体情形，而且还就对立的思想基础及现实原因、对立的结局及其历史影响，做了全面的阐释，到目前为止，在国内学术界还很少看到类似的研究。

在中国近代史上，整个社会的转型与报刊及其从业者的努力是分不开的。报刊作为社会公共的意见平台，作为监测环境的哨兵，作为引领社会前行的力量，在推动社会变革的进程中扮演了重要的角色。而中国近代报刊与古代的邸报并无直接的承继关系，它乃是殖民化进程中，西学东渐过程的产物。最早出现于中国的近代报刊，是欧洲传教士在华出版的中外文报纸。其关于西方民主、自由、平等等价值观的译介，及其结合中国传统与现实对这些价值观的解读，深深地影响了中国知识界，进而影响了更广大的社会阶层。近代报刊与平等观念有如一对孪生兄弟，它们天生具有亲近性，彼此需要，互为依托。在一个不平等的社会，报刊出版发行面临各种特权的制约；同样，在一个没有报刊的社会，平等观念的传播效率将始终是个问题。晚清时期，由西洋传教士发端的欧美平等意识的输入，终于激发了中国本土的平等思潮，并且萌生了报业平等的愿景，对于中国近代社会的发展，产生了深远的影响。为此，笔者从郭士立主持的《东西洋考每月统记传》的报道言论中，分析了中西方平等意识的差异，解读了他对中国"天下主义"①的传统观念的挑战，肯定了他对"法律面前，人人平等"观念的引进。同时分析了《万国公报》的男女平等观和官民平等观，揭示了维新派报人的政治平等的愿景，以及晚清政府预备立宪对平等诉求的呼应。

《空想社会主义新闻传播思想》②是本书新增加的一章重要内容。众所周知，空想社会主义思想是马克思主义理论的重要来源之一。在新闻传

---

① 许纪霖认为，价值意义上的天下与空间意义上的天下具有同一性，即表现出超越种族、宗族、地域和国家的普世文明特征，只要接受了发源于中原的中华文明的那套礼仪典章制度，就可以成为天下中的一个部分，只是中心与边缘的不同罢了，但服从的都是同一个文明尺度和价值，那就是天下主义。见许纪霖《天下主义/夷夏之辨及其在近代的变异》，《华东师范大学学报》（哲学社会科学版）2012年第6期。

② 本文作者为张昆、陶喜红，被收录于《新闻学论集》（第19辑），经济日报出版社，2007。

播思想史上，早期空想社会主义者的理论探索，对于马克思主义新闻学说的产生与发展，也具有重要的意义。基于这一认识，笔者和自己的学生陶喜红博士，从思想史的视角，对空想社会主义的新闻思想进行了全面的梳理。从早期的空想社会主义者如托马斯·莫尔、康帕内拉，18 世纪的空想社会主义者巴贝夫、威廉·葛德文、摩莱里，到顶峰时期空想社会主义者的杰出代表，法国思想家圣西门、傅立叶和英国思想家欧文，对他们的传播理念进行了简要的剖析。19 世纪三四十年代，本来意义上的空想社会主义都先后趋于没落，走向反面，堕落成为资产阶级和小资产阶级的社会主义。当时工人阶级中认为必须对全部社会进行根本改造的人，这时已经不再把自己叫作社会主义者，而叫作共产主义者。正如恩格斯所说的："在 1847 年，社会主义是资产阶级的运动，而共产主义则是工人阶级的运动①。"这时空想共产主义的主要代表大都出现在法国，布朗基、卡贝、德萨米是著名的空想共产主义者。德国的魏特林也是空想共产主义的代表人物。这些空想共产主义者对科学社会主义的形成有一定的贡献，对早期马克思、恩格斯的思想也产生一定的影响。

在对空想社会主义新闻思想探索的基础上，笔者进而对马克思、恩格斯的新闻传播思想进行了比较深入的探索。马克思、恩格斯是马克思主义新闻传播思想的创始人，其原创的新闻传播观念对于国际共产主义运动，对于社会主义国家新闻传播体制的建立和社会主义新闻传播事业的发展，起到了巨大的引领和指导作用。笔者在通读《马克思恩格斯全集》、研究马克思恩格斯传记资料的基础上，全面地吸收相关学科领域的研究成果，在思想史的坐标系统中，从五个方面深入地梳理和解读马克思恩格斯的新闻传播思想：一是马克思恩格斯的新闻传播实践，二是马克思恩格斯的人民报刊思想，三是马克思恩格斯的出版自由观，四是马克思恩格斯的党报理论，五是马克思恩格斯的新闻专业理想。其中《马克思恩格斯的新闻专业理想》单独发表在《新闻记者》2007 年第 9 期。

在《传播观念的历史考察》初版的基础上，第二版还增加了一章

---

① 恩格斯：《"共产党宣言"1888 年英文版序言》，《马克思恩格斯全集》第 21 卷，人民出版社，1965，第 408 页。

"列宁党报学说对中国当代新闻理论的影响"。列宁是俄国十月革命的领导者，苏联社会主义共和国联盟的缔造者，继马克思恩格斯之后国际共产主义运动公认的领袖。列宁不仅是伟大的思想家、政治家，而且还是一个杰出的新闻工作者。他作为一个优秀的新闻工作者留下的新闻作品，他对于新闻传播现象、新闻宣传规律的深刻理解，及其作为一个政治领袖对于新闻宣传媒介的成功运用，是世界新闻传播史上不可多得的经典案例。在本章，笔者专门就列宁的党报学说对中国共产党、对中国社会主义新闻理论与中国新闻传播事业的影响，从报刊使命观、办报方针及党性原则等方面，进行了比较深入的探讨，提出了一些自己的看法。

戈尔巴乔夫是一个健在的富有争议的历史人物，一个对世界历史产生过重大影响的政治家、人道主义者。乍看起来，人道主义者与政治家两重身份似乎风马牛不相及，然而在他身上却难得地结合起来，也许这正是他作为一个失败的政治家的主要原因。20 世纪 80 年代，春风得意的戈尔巴乔夫成为苏共中央总书记，不久便掀起了决定苏联生死的改革运动。这场改革与中国的改革开放几乎同时，但两者的命运却迥然不同。前者从政治改革着手，以新闻传播改革为出发点，高唱"公开性""民主化"的口号，轰轰烈烈，最终却以失败而告终，其结果竟是社会主义苏联的全面解体。后者却循序以进，从经济到政治，从农村到城市，先易后难，逐步过渡，在保持政治稳定的前提下，实现了经济繁荣和社会的可持续性发展。戈尔巴乔夫败在何处？可以从不同视角探讨，其主导的新闻传播改革绝对是一个不能忽视的因素。早在 1989 年，我就在《中国广播电视学刊》上发表了一篇论文[1]，剖析戈尔巴乔夫的新闻思想。现在回过头来看，该文内容有不少值得商榷的地方。在本书中，笔者试图在世界政治格局变幻的总体背景下，将戈尔巴乔夫的新闻思想与苏联的新闻改革结合起来，并且联系到苏联解体这一重要的历史进程。窃以为这种解读是有一些新意的。

《传播观念的历史考察》第二版收入的"邓小平新闻宣传思想研究"、"江泽民新闻宣传思想"和"网络时代马克思主义新闻思想的新发展"三个专题，在整体上都是第一次发表，但其中部分内容，曾经在国内学术杂

---

① 　张昆：《戈尔巴乔夫的新闻思想》，《中国广播电视学刊》1989 年第 3 期。

志上发表过。如邓小平关于政治宣传的五大政治原则，曾经在《武汉大学学报》上发表。笔者对邓小平新闻宣传思想的研究，曾得到教育部人文社会科学基金的支持；对江泽民新闻宣传思想的探讨，是国内同类研究中较早的。在 2000 年，笔者曾经以连载的方式在《新闻前哨》杂志上发表了三篇论文，探索江泽民的新闻宣传思想。2008 年，笔者在《新闻与传播研究》杂志上发表了《网络时代马克思主义新闻思想的新发展》，对胡锦涛的新闻传播思想进行了系统的探讨。笔者对这三个中国当代重要政治家的新闻宣传思想的研究，对于解读当代中国的新闻传播政策、对于理解中国当代新闻传播制度，以及分析、把握中国新闻传播发展的未来趋势，具有一定的参考价值。

本书最后一章"改革开放 30 年中国新闻传播观念的变迁"①，以比较大的篇幅对改革开放以来 30 余年中国新闻传播观念的演变，进行了比较系统的梳理。改革开放 30 年，是中国整个社会转型的 30 年，是中国经济文化持续高速发展的 30 年，也是中国作为一个全球大国崛起的 30 年。在这个重大的历史变革时期里，中国新闻传播系统扮演了重要的角色，它在解放人们的思想、开阔人们的视野、引导社会舆论、推进社会动员方面，发挥了重大的影响力。而这一切，与发生于其间的新闻传播观念的嬗变是分不开的。为了系统地展示这一进程，笔者根据历史演进的逻辑，分别从五个不同的阶段，勾勒了不同时期中国新闻传播观念的概貌，包括拨乱反正与新闻传播观念的回归、传播学的引入和新闻传播观念的发展（1983—1988）、全面反思时期的新闻传播观念（1989—1991）、市场经济年代的新闻传播观念（1992—2000）、全球化背景下的新闻传播观念（2001 年以来）等。相信这一梳理对于全面认识当代中国新闻传播发展的脉络会有所帮助。

总之，拙著《传播观念的历史考察》第二版在内容上更新补充了一半以上的内容，涉及面颇广。就时间概念而言，上自古代下迄今日；从空

---

① 本章内容由笔者和胡玲博士共同完成，作为教育部高等学校人文社会科学重点基地基金项目"中国新闻传播史（1978~2008）"的子课题研究成果被收录于吴廷俊教授主编的《中国新闻传播史（1978~2008）》，复旦大学出版社，2011。

间意义上看，涉及中外重要历史人物；从具体内涵来说，涉及极权主义传播理论、自由主义报业理论和马克思主义新闻学说。可以说面面俱到，但又是点到即止，不求甚解，没有形成完整的理论体系。事实上，当初笔者在做这件事情时，全由兴趣驱使，广泛涉猎，并没有周全统筹、系统建构的考虑。对这些问题的探讨，起自20世纪80年代中期，而迄于最近，时间跨度近30年。经过这段时间的洗礼，笔者由一个在校的青年学生渐变为一个臃肿乃至于保守的中年人了，真是不堪回首！

作为新闻传播历史特别是传播思想史的一个爱好者，笔者深感业界、学界对新闻传播历史特别是思想史研究的殷切期待，却又感到自己学力的不足。笔者对思想史问题有着比较强烈的兴趣，虽然自己的修为远远没有达到"良史"的境界，但是笔者愿意在这方面继续努力，持之以恒。上有前贤可资效仿，下有学生不绝的鼓励，我不敢有丝毫的懈怠。今天向读者诸君奉上《传播观念的历史考察》第二版，不求其他，只望引起诸君对新闻传播思想史的关切，如此而已。

《战后美国新闻与大众传播教育研究》
序言

  在信息化时代，世界变得越来越小，地球的物理空间日趋紧缩，可人们之间的心理距离却日渐拉开，彼此间的疏离感日益强烈。于是交流成了人类生存与发展的第一需要。只有借助于交流，才能维系人类生活的共同体，才能在与自然界的互动之中延续人类的种群。由此，信息媒介也越来越深入地渗透进人们的社会生活。以不同的方式接触媒介、消费媒介提供的各种资讯、在信息与情感上实现与他人的互动，已经成为人们的生活方式中的重要组成部分。信息媒介及其从业者在社会演进的过程中扮演着越来越重要的角色，乃是不容否认的客观事实。

  信息媒介及其从业者怎样履行自己的社会责任，不仅直接影响媒介机能的发挥和受众信息需求的满足，而且还直接关系社会的和谐与稳定。所以，无论是社会主义国家还是自由主义国家，无论是专制时代还是自由主义时代，社会对于媒介从业者的品格和专业素养都有高度的期待，正如对于医生、法官角色的认定。虽然信息传播作为一种社会职业，对整个社会是完全敞开的，但并不是所有的人都适合从事新闻传播工作，就像法官、医生对从业者具有特别要求一样。信息传播职业要求从业者不仅具备必要的专业技能，熟悉基本的传播业务，而且还要拥有强烈的社会责任感、历史使命感、高尚的职业道德和人文情怀。所有这些，显然不是普通人都能具备的。要进入信息传播业界，作为新闻传播工作者，担负社会和历史赋予的特别责任，在正常的情况下，都须经过正规的学校教育或职业教育。

近代报业产生以来，特别是广播电视面世以来，随着社会对新闻传播人才需求的增长，新闻传播教育也迅速发展起来。

从世界教育史的演进过程来看，最早的高等新闻教育开始于美国。1908年，美国密苏里大学成立新闻学院，开创了人类新闻传播教育的先河。以密苏里大学新闻学院为代表的美国新闻教育，理论联系实际，以能力培养为重点，注重学界与业界的互动，在世界新闻传播教育界独树一帜。美国新闻从业者基本上以专业新闻学院的毕业生为主体，高等院校专业新闻传播教育对美国新闻传播界具有举足轻重的影响力。在西方新闻传播发达的国家，还有一种特别的新闻教育模式，如日本、英国。在这些国家虽然也有一些学校设有新闻传播类专业，但这些学校基本上都是一般性大学，相当于中国的高职高专层次。新闻业界从业人员的主体，并非来自这些学校，而是来自重点大学其他专业的毕业生。不过这些非新闻专业的毕业生进入媒体单位后，必须经过一个系统的职业培训过程，以弥补其专业意识和业务能力的不足。这两种不同的新闻传播教育模式成为当今世界新闻传播教育的两个重要的参照系。

中国新闻传播教育的历史开始得并不晚。美国密苏里大学新闻学院成立后的第十年，北京大学就成立了新闻学研究会；1924年，燕京大学成立新闻专业；1929年，复旦大学正式创立了新闻系。经过近九十年的发展，如今中国新闻传播教育已经蔚为大观。截至2007年底，全国已经有367所大学设立877个新闻传播类本科专业，其各类各级在校学生数量在15万人以上。新闻传播不仅有本科、硕士阶段教育，还有十多所高校能够培养新闻传播专业的博士研究生。仅以数量规模论，中国新闻传播教育绝对立于世界各国的前列。但是，最近几年来，随着教育界超常规发展，新闻传播教育也出现了一些问题：教育界整体的无序性，缺乏宏观的管理与监督；过分注重外延扩张，忽略了内涵的提升；超常规发展造成人才市场的供大于求；有些院系课程设置不合理，与业界存在很大的差距；新闻专业精神在新闻教育中迷失；高层次人才培养质量下降；等等。

要解决中国新闻教育界目前存在的问题，必须从历史、从他国的经验中吸取智慧。在这方面，美国新闻传播教育的历史传统和成功经验无疑能成为我们重要的镜鉴。因为，中国目前的新闻传播教育模式与美国高校的新闻传播教育模式十分类似，特别是在目标定位、培养环节的安排方面，中国的新闻院系深受美国的影响。在这个意义上，美国新闻传播教育的它山之石，就可以攻中国新闻传播教育之玉了。近年来，国内出版、发表了不少研究美国新闻传播教育的论著，这些论著多从宏观全局着眼，致力于描述美国新闻教育的产生发展的全过程，给我们提供了不少资料，开阔了中国新闻教育工作者的眼界。

张晓静博士近年来也一直在研究美国的新闻传播教育，这本专著既是她的博士论文，也是她近年来在这方面的研究成果的总汇。本书不同于同类著作的重要特点，在于它是一本断代史著作，以第二次世界大战结束以来美国新闻传播教育的演变为研究对象。她的研究表明，以第二次世界大战为界，美国的新闻传播教育可以明显地划分为两个阶段。前期，美国新闻传播院系坚守人文学科基础和专业技能训练并重的传统模式。此后，随着传播学的兴起，美国新闻传播教育逐步发展成为以社会科学为主要基础、吸纳多学科知识和研究方法，学科领域和教学内容不断拓展，既重视专业训练又重视学术研究的新型教育模式。简而言之，战后美国新闻传播教育的基本特点，就是专业性和学术性的统一发展。张晓静在专著中集中探讨了三个议题：从战后美国新闻传播教育的历史、现状和未来趋势展现美国新闻传播教育的专业训练和学术养成的对立统一关系；分别从教育者、学生与课程、教学与评估以及学术研究和学科发展等方面评价战后美国新闻传播教育的成就和不足；探讨美国新闻传播教育对全球新闻与传播教育的有益经验。

在对大量第一手资料深入分析的基础上，张晓静博士认为，战后美国新闻传播教育的发展为全球新闻传播教育提供了宝贵的经验和启示，这主要体现在：（1）新闻传播教育既要重视人文科学的基础作用，又要融入社会科学乃至自然科学的研究方法；既要注重专业技能训练，又要提高学生的学术素养；（2）大学新闻传播院系除专业教育之外，还应承担一定的媒介素养教育、通识教育和业界人士继续教育的责任；（3）新闻学与大众传播学有必要提高其在大学中的学科地位。这些启示对于中国当前的新闻教育界，有特别的现实意义。

张晓静博士这本专著的可贵之处，不仅在于对美国战后新闻传播教育

理念及教学模式变革的深入探索，观照中国当下的新闻传播教育，并提出
了自己独创的观点，更可贵的是，它还给我们提供了不少的第一手资料，
特别需要指出的是，作者针对美国新闻传播教育界专业人士的问卷调查，
直接掌握了美国新闻传播教育思想新的脉动。当然，作为一本学术专著，
本书也存在一些有待完善的地方。如书中引述了不少外文第一手资料，但
对资料的解释稍显不足；作者全面介绍了战后美国新闻传播教育的演变，
有分析有见解，如果再有一些批判精神，绝对会提高本书的学术水平。好
在张晓静博士还是一个刚刚出道的青年学者，来日方长，我相信她在将来
的研究工作中，一定会再接再厉，发挥自己的优势，为社会奉献更多更好
的学术论著。

（2008 年 12 月 30 日于华中科技大学喻园）

（本文是张昆教授为张晓静博士的专著《战后美国新闻与大众传播教
育研究》所作的序言，该书于 2009 年由湖北人民出版社公开出版）

《网络舆情平抑的修辞策略》序

　　在人类历史演进的漫长过程中，我们能够生活在今天，实在是非常幸运的一件事情。由于传播的发展，各种信息媒介层出不穷，尤其是网络媒体的狂飙突进，大大地压缩了时间和空间。社会的转型和变革以前所未有的速度和烈度进行，过去需要几十年甚至几百年孕育的社会革命，现在被压缩到几年甚至是几天，以至于我们能够在自己有生之年，领略到我们的先祖难以想象的奇情壮彩：帝国的兴衰、王朝的解体、阶级对抗、技术革命以及制度的变革。信息与传播的能量在这个媒介化时代被放大到了无以复加的地步，其承载的民意、舆论对政治与社会历史的影响亦以魔幻的方式扮演着决定性的重要角色。

　　这是一个危机事件频发的时代。当前的中国正处于社会转型期和改革"深水期"，各种利益群体和各阶层之间存在巨大的需求差异，各阶层、群体之间的交往、交流、交锋之频繁前所未有，不断出现的新矛盾、新问题给公众带来了强烈的刺激，各种冲突的产生引发了中国特色的网络修辞表达。

　　这是一个网络舆情汹涌澎湃的时代。社会化媒体赋予了公众前所未有的传播权力，大众的传播力量被激活，原有以传统媒体为主导的传播生态被彻底重构。随着个人的能量被激活，"关系赋权"成了这个时代有效的赋权方式。以往以信息为主导的传播模式彻底变革，以关系为主导的传播模式成为主流。通过关系连接，人类再一次面对"部落化生存"。

越来越多的事实表明，今天人类传播活动正在步入一个修辞能力比拼的时代。"众声喧哗"的舆论场中，政府和传统媒体习惯了高高在上的话语权被抢夺，在过去的十几年中，网民和各级政府都在不断改进自己的危机事件解决和应对技巧，一场看不见硝烟的"攻防"之战在互联网空间中不断上演。政府在应对网络舆情时"说什么""怎么说"等危机话语修辞上存在不少问题，如何通过恰当的修辞策略，在事实层面实现应急救困、化解矛盾、补偿损害和革故鼎新，在价值层面实现理性协商、悲悯关爱、道德救赎和信念再造，是政府部门不得不面对的现实问题。

在这一现实语境下，网络舆情研究近几年来成为一个比较热门的研究领域，学术成果不断涌现。方雪琴教授的专著《网络舆情平抑的修辞策略》从修辞学的视角，来考察作为修辞主体的政府、媒体和公众在应对网络舆情时应该采用什么样的符号资源来建构自己的危机话语策略。独特的研究视角，使得这部著作在众多相关学术成果中独树一帜。

《网络舆情平抑的修辞策略》一书从修辞学的视角切入，运用社会学、心理学、政治学、语言学等学科相关理论，从危机话语修辞出发，探讨在当前社会化媒体大背景下，如何有效使用恰当的修辞策略消解网络舆情，进而化解矛盾，达成共识，实现认同。其对于网络舆情的平抑策略的研究，具有较高的学术价值，在一定程度上丰富了危机传播理论研究，为危机传播理论的本土化做出了努力。

在应用价值方面，本书从"修辞取向"入手，来考察作为"话语表达者"的组织或个人，在应对网络舆情时如何有效地运用各种适宜的符号资源来建构危机传播的修辞文本，从而使危机传播研究更具有实用性。通过研究平抑网络舆情修辞能力的形成机制、作用方式和运作规律，可以为政府和传媒以及公众提供系统而具有可操作性的平抑网络舆情的传播方式方法，为政府、媒体、公众三方提供与网络舆情建立良好互动关系的修辞策略，及早平息事态，维持社会稳定发展。

危机修辞是研究在危机情境下如何运用象征性符号进行交流和沟通的学问，具体就是研究危机当事方该"如何说"的学问，这里的"说"，包括一切的象征符号的使用。在实际的危机事件中，危机修辞有可能成为

"力挽狂澜"的力量，也有可能成为"火上浇油"的力量。本书不仅探讨了在社会化媒体时代信息传播如何"入眼""入耳"，也探讨了如何"入脑""入心"。本书最后提出了要构建"基于情感的公众认同机制"。通过"情感互动——关系确认——重建信任"机制，实现公众的认同。要实现传播的"入脑、入心"效果，当事方只有摆正立场、端正态度，与公众建立起情感的互动，才会让公众产生"自己人"效应，确立关系，赢得信任，建立认同。

这本书的部分成果曾以学术论文的形式发表在《现代传播》《中州学刊》《当代传播》等新闻传播类权威期刊上。以此研究为基础，作者及其所在学校针对网络舆情应对方法进行过多次的领导干部以及新闻发言人培训，受到了学界和业界的普遍好评。

作者方雪琴教授 2008 年毕业于华中科技大学，以优异的成绩获得新闻学博士学位。在我的印象中，她是一个爱学习、善思考，视野开阔、思维敏锐的学生。每次讨论，都能听到她的意见表达。她有着长期的媒体工作经验，毕业后在河南财经政法大学从事新闻传播学的教学和科研工作。近年来，她对危机传播有着浓厚的学术兴趣，多项课题围绕着危机传播开展。这部专著就是她主持的国家社会科学基金青年项目"危机事件网络舆情平抑的修辞策略研究"的最终成果。仔细拜读后，发现该成果研究基础扎实，研究思路清晰，能够综合运用质化和量化的研究方法，其结论具有很强的现实启发意义。该成果延续、拓展了她过去的危机传播领域的研究，融入社交媒体大发展的社会背景，将宏观视野和微观个案结合起来，提出了不少有价值的观点，值得鼓励和赞赏。

对于一个学者而言，一本书实际是一个重要的标志，它不仅是作者才具修养的体现，更是其思想精华的结晶。每个有责任感的读书人，都会像珍视生命一样看重自己的学术成果。虽然在今天这个功利、浮躁的时代，已经有不少的学者难以安静地坐在书房的冷板凳上，但是这本《网络舆情平抑的修辞策略》，确实是方雪琴博士深思熟虑的作品。看到她对资料的冷静分析、对数据的独到解读、对舆情的深刻理解，条分缕析，字斟句酌，这种严谨的治学态度，我非常赞赏。

危机传播研究领域的跨学科视野已经被众多学者采用，本书即为一例。在社交媒体狂飙突进的今天，具有中国特色的网络修辞表达仍然是现实生活中一个必须重视的现象。希望有更多的研究者创作出优秀的作品，为网络舆情研究贡献力量。

方雪琴教授的专著《网络舆情平抑的修辞策略》即将出版，邀我作序，作为她昔日的老师和朋友，我深感欣慰，读后写出了自己的一些感想。是为序。

（2018 年 5 月于喻园）

《晚明商业出版》序

郭孟良在大学时代接受了系统的历史学训练，并师从著名经济史家秦佩珩先生攻读明清社会经济史，获得硕士学位，奠定了厚实的专业基础。毕业后长期从事新闻出版工作，从助理编辑到编审，从普通编辑到总编辑，一步步成长为一名优秀的出版人，并以其卓有成效的编辑成果和学术论著，成为享受国务院政府特殊津贴专家。2006 年起，他在职从我学习新闻传播史，将其历史专业的知识与出版传播的实践加以融汇，锐意精进，多所创获，其博士学位论文《走向公众的文化传播——晚明商业出版研究》便是数年苦修的结晶。今得顺利入选"全国新闻出版专业优秀博士论文文库"，付梓在即，作为导师，我甚感欣慰，兹就素日与孟良交流探讨的有关中国出版史研究的进路问题略陈浅见，以就教于学界业界的同道。

作为传统社会信息传播和文化传承的主流媒介之一，中国图书出版的历史悠远绵长而蕴含丰富，其开创性、根源性早已为中外各界人士所认同，而其独特的个性也吸引着愈来愈多的中外研究者孜孜于斯。近百年来，叶德辉、王国维肇其端，张秀民、钱存训承其绪，一大批当代学人从其后，关于中国印刷史、书籍史、出版史的研究积累了相当丰硕的成果，相关各分支领域也异彩纷呈，佳作迭出。值得注意的是，自 20 世纪末以来，中国的书籍史和出版史研究也纳入西方主流学界的视野，并且日渐成为方兴未艾的新文化史热的亮点之一，为我们提供了有益的他山之鉴。基于此，我们感到，植根于中国图书出版的厚重积淀，汲取前辈学者的丰富成果，借鉴海外汉学的理论方法，中国出版史、书籍史的研究可望获得突破性的进展，成为一个大有可为的学术领域。

　　一般说来，学术研究的突破性进展，端赖资源的积累和方法的创新，出版史研究亦不例外。首先，需要继承和发扬光大前辈学者的优良传统，扎扎实实做好史料的搜集和整理，做好田野的调查和探访，同时充分利用海内外公私收藏的资源和现代化的信息技术手段，经过科学规划，多方协作，不断累积，精心考校，共同搭建起一个中国出版史研究的学术资源平台。其次，需要研究视角的转换和理论方法的创新，概而言之，我们认为须要实现三个转换：一是从出版史到出版传播史，二是从出版史到出版经济史，三是从出版史到出版文化史。如此，方能立体地展现多维的出版历史。

　　从出版史到出版传播史，是指以传播学的视角观照出版史。我们说，出版本身就是一种信息传递过程或信息传播现象，传播是出版活动的内在动机和目标指向，那么传播学自然应当成为出版研究的基本视角、基本理论和基本方法，至少是观照出版现象的一个基本的学科维度。这一视角的转换，有助于追索出版传播的过程，重现出版活动的真实图景，深入理解出版现象的前提和基础，探求这一传播方式的内在规律，从而运用现代信息社会高度发达的理论成果推动出版史这一传统学科领域焕发新的生机和活力。

　　从出版史到出版经济史，是指以经济学的视角观照出版史。印刷术的发明，催生了出版业，使其在发挥知识信息储存和传播功能的同时，也具有了产业功能；而近代技术革命和现代信息技术的迅猛发展，更使之成为现代信息产业的一个重要组成部分。尽管"出版产业"是一个晚近才频繁使用的概念，但出版产业却是一个历史的存在。因此，以经济学或产业的视角对历史上的出版现象进行经济分析或产业分析，就自然是出版史研究的题中应有之义，也将为出版史研究带来新的气象。从这个意义上说，孟良选择"商业出版"作为案例，不失为一种有益的尝试。

　　从出版史到出版文化史，是指以文化学的视角观照出版史。历史地看，文化功能应当说是出版的本质规定或基本属性。就出版的内涵而言，是知识和思想的载体；就其价值而言，是文明的阶梯和精神的家园；就其主体而言，是文化的追求和担当；就其受体而言，则是文化的消费和精神的满足。这就必然要求我们在出版研究中，首先要从文化进行分析，包括文化的生产、文化的批评、文化的消费以及文化的层间互动与权力转移等等。在这方面，海外书籍史、阅读史、出版史研究的文化取向或言新文化史研究范式给我们提供了可资借鉴的先例，值得我们结合中国出版史的独特实践加以运用和创造。

呈现在读者诸君面前的这本书，就是孟良博士在汇集整理一手文献、继承前辈学人优良传统的基础上，尝试研究视角转换和理论方法创新的力作。在这本书中，作者首先以传播史的研究范式，从出版者、出版内容、书籍形态、阅读群体诸要素，梳理晚明商业出版演变的脉络，同时以经济学的思维，探索晚明出版物的流通和贸易，进而从文化的视野，审视出版传播与晚明社会的思想与文化生态。由于局限于博士论文的篇幅，在一些关键问题的阐释方面，难以酣畅表达。但是在体系建构方面，却厚积薄发，别出心裁，其独到的见识在同类研究中尚不多见，值得一读。

诚然，以此诸种新的视角综合考察中国出版的历史与现实，是一项复杂的系统工程，需要多学科、多领域甚至多国度的交流融合，艰辛探索，方可登高望远，众志成城。作为一门综合性的学问，中国出版史的研究需要相关各个学科的融合，如新闻学、传播学、经济学、文化学、历史学、图书情报学、文献信息学等；作为一门实践性很强的学问，需要学界与业界或言理论和实践的结合；作为当今国际学界的一个热点，需要东西方的比较，海内外的交流。我们期待着，在不久的将来，能够造就一批具有综合素养的专门人才，诞生一批足以藏之名山、传留后世的学术著作。其中，孟良兼有多重优势，假以时日，与有厚望焉。

韩子曰："弟子不必不如师，师不必贤于弟子。闻道有先后，术业有专攻，如是而已。"我与孟良谊属师生，情兼师友，我们也都是从史学入门，进而跨学科走进新闻传播学的天地，希望能够教学相长，携手并进，光大传统，探寻新知，在学术研究和产业发展的道路上不断迈出坚实的步伐，取得新的更大的进步。

承作者之请，聊述上言，既以志贺，且以寄望，复以管见，以求友声。是为序。

（2010 年 10 月于华中科技大学新闻与信息传播学院）

《全球媒体伦理规范译评》序

狄更斯在《双城记》中说:"这是最好的时代,这是最坏的时代;这是智慧的时代,这是愚蠢的时代;这是信仰的时期,这是怀疑的时期;这是光明的季节,这是黑暗的季节;这是希望之春,这是失望之冬;人们面前有着各样事物,人们面前一无所有;人们正在直登天堂,人们正在直下地狱。"这句话用在当下,可能是再合适不过的了。我们今天生活在一个充满着不确定性的转型时代。信息弥漫于人类全部的生活空间,如水银泻地,无孔不入,无处不在。它像空气、水分和阳光,在相当的程度上,决定着我们生与死、幸福和苦难、快乐与忧伤。我们离不开信息,无法想象一个没有信息的时代。而信息是借助于媒体传播的,媒体是我们推送和分享信息的基本的渠道。没有媒体及其从业者,我们将会与信息绝缘,直至回到原始的蛮荒时代。

可是我们今天的信息环境正在经历着颠覆性的改变。以报纸、广播、电视等为代表的传统媒体正在走向历史舞台的边缘,以新传播技术为支撑的移动媒体、社交媒体已经逐步占据了民众的日常生活。这种变革是令人鼓舞的,同时也引发了人们的忧思。海量内容的提供、及时的个性化信息推送极大地满足了民众的信息需求,但剽窃内容、追求噱头、低俗淫秽泛滥、散布虚假信息、发布软文、揭发他人隐私等不当的传播行为,正在不断冲击着各类媒体所应当坚守的伦理准则,也正在将各类媒体变为一个个"不负责任的传播平台"。在现代社会,传播媒体不仅是大众获知新闻的主渠道,更是传承文明、社会教化、秩序维护的重要工具。媒体的表达不仅关系到公众利益、族群和谐，更是文化传承、社会延续的重要机制。所以，在这个转型时代，研究者所要做的，不仅仅是展望与描绘媒体的灿烂未来，也需要重拾、重返、重思专业媒体应当遵守的伦理准则。

华中科技大学新闻与信息传播学院副教授牛静博士长期以来一直致力于传播伦理与法制的研究，其研究成果已经获得学界、业界的普遍认可。我在这里要给大家隆重推荐她的新著《全球媒体伦理规范译评》。这本书对全球近 80 个国家和地区的 100 余篇媒体伦理规范进行了集中的呈现。使我们可以比较的视野，对不同国家、地区，不同性质的媒体及传媒人，及其所坚持的真相、事实、客观、公正、关爱、平衡等伦理准则进行深入的思考。他们的职业理想和专业操守，他们的良心和道德底线，时刻提醒着处在"后真相时代"和"新媒体时代"中的我们——无论是何种传播媒体、传播平台，无论是职业的传媒人还是所谓的公民记者，应当坚持的传播伦理准则的应然模样。在这个意义上，这本由牛静博士编译的《全球媒体伦理规范译评》具有鲜明的时代意义和实践价值。

一　后真相时代：专业伦理准则更显重要

我们人类曾经自诩为理性的动物，凭借着这高贵的理性，我们能够在这个纷繁复杂的世界里透过重重迷雾，做出正确的选择，判断正确与错误、真实与虚伪。然而，随着近年来后真相时代的来临，我们的自信受到了沉重的打击。在今天这个信息弥漫的环境中，理性的价值大大地削弱了。惊悚煽情的噱头、虚假片面的信息、似是而非的断言充斥公共话语空间，而真相则被排挤出来。如此形容诸多媒体平台的现状，似乎并不为过。2016 年"后真相（post-truth）"被定为年度词汇，其意指"相比于客观事实，情绪和个人信仰更能影响舆论"。① 该词随之成为各界关注的热词，因为它直接切中了媒体变革过与不及的要害。在各类媒体平台上，情感、情绪、观点汇集，汹涌而来，公众理智退居其次，事情本来的面貌

---

① 王义：《美国民主在"后真相时代"能存活吗？——蓄意破坏美国话语论述的假新闻和认知偏见》，《中国社会科学报》2016 年 12 月 15 日，第 4 版。

变得无关紧要，每个人总是看见自己想看的东西、跟随自己赞同的观点，即使它是片面的、浅薄的、虚假的。受众可以用几秒钟的时间在社交媒体中获取数百万真实或者不真实的信息，以迎合其既定口味，各种虚假信息像病毒一样蔓延，固化读者偏见，激发群体极化情绪，真相正被虚假信息所驱逐、淘汰。可以说，很多缺乏理性的个体的后真相式判断，汇集而成了改变世界的惊涛骇浪。

缺乏专业伦理操守的各类媒体平台散布着虚构的消息、经过夸张或讽刺手法处理的信息、流言、极端偏颇或歪曲的观点、伪科学、有意激起仇恨和歧视的言论等，正在为"后真相时代"培养更多的极端主义者、偏见者、受欺骗者、盲从者。民粹主义、无政府主义、享乐主义思潮的流行，削弱着社会整体的理性水平。这与媒体的价值背道而驰。媒体对于一个社会的价值，在于它承担着文化传承、人格培养等重要角色。一种理想制度的落地生根最终需要的是具备各种美德的理性公民，一个秉持着客观、中正、真实理念的媒体对于公民素质的培育具有重要作用。

传媒从业者与民众只是生活在后真相的时代，而并非生活在后真相里。专业的传媒从业者与媒体平台不应当成为后真相时代的旁观者，而应当成为恪守媒体伦理准则的主体。而非专业机构的传媒人，诸如公民记者、舆论领袖，如果怀抱着公平正义的理想和中正客观的追求，也应该以此自律。《全球媒体伦理规范译评》中各国多则百条、少则数十条的媒体伦理准则具有超越国家、民族、政治的普适性，对于今天的传播实践具有现实的指导性。近百年来各国这些共通的媒体伦理条文，如"新闻业的终极目标是提供真实、准确、平衡和公正的报道，这也是赢得公众信任的基础"，"公众的言论自由和知情权，是培养和维持一个民主社会的基础。记者的首要职责是尊重真理和尊重公众获知真相的权利"，可以启发我们思考后真相时代的媒体角色、媒体价值应当如何。在《全球媒体伦理规范译评》中，我们可以看到传统媒体，诸如报纸和电视台，出于商业利益或其他利益的考虑，会信守业内已经存在的一套标准的新闻伦理原则，包括重视来源透明、进行事实确认、发布勘误声明等，从而维持其可信度。这些伦理操守，在后真相时代，显得更为重要了。

二 新媒体环境：更需可操作性的伦理准则

在新媒体环境下，个人从过去被动的信息接受者转变成为主动的信息发布者，社交媒体更成为无门槛的信息传播平台。与这种开放式传播模式相伴的是频繁发生的传播伦理失范现象，其主要表现在以下几个方面：其一，传播失实信息。新媒体上的信息传播者并不都是有伦理操守的"真相挖掘者"，更多的是表达观点的发帖者或信息的转发者，一般不进行事实的核对，也不会进行扎实的采访，只是不断地重复着"发布—复制—粘贴"的操作，在这样的信息传播过程中，最为重要的"求真"伦理要求遭到了冲击。其二，传播伤害性信息。新媒体平台上悲剧事件中的人肉搜索和信息披露、热点事件中的舆论暴力和标签化传播，忽视了对未成年人、犯罪嫌疑人、病人等特殊群体以及普通人的关爱与保护，甚至展示着当事人的日常生活图景、侵犯着个人的隐私，与传播伦理中的"最小伤害原则"相违背。其三，传播低俗信息。为了追求商业利润，奉行"点击率至上"，迎合民众的猎奇心理，信息传播者不断推送刺激、色情、媚俗的内容，媒体平台无法在"追求经济利益"与"承担社会责任"之间寻求平衡，而是将"责任"这一伦理原则放置于最为次要的位置。

近年来，媒体伦理失范事件一次次让整个社会震惊，并引发我们的思考：媒体不应当是这样的。这样的媒体伦理事件多次成为讨论的热点，本身也表明了一种希望的存在：它以一种特殊的方式表明，在我们的心中，仍然有着"良好伦理操守媒体"的理想样式。《全球媒体伦理规范译评》中详细列举了不同国家对于媒体伦理准则的理解，拟定了诸多细致的、可操作性的规范。如下面关于采访报道的伦理准则细致地规定了如何以最大的善意来保护儿童："在涉及儿童的性侵犯案件中，无论是作为受害者、证人还是被告，其身份都不应该被公开，除非出于公共利益的需要。例如，对于虐待或者抛弃儿童的案例，记者不应在未获得其父母或监护人同意的情况下，对其个人生活状况进行正式的采访或拍照。在学校或其他正式机构中，在未获得校方或管理者许可的情况下，也不得随意接近儿童或进行拍照。依照这一原则，记者在采访儿童时始终应该具体问题具体分析。"而"媒体要对公众承担责任，这就要求传播的内容不能被私人的、第三方商业利益或者记者个人的经济利益所影响，媒体和编辑必须抵抗这种影响，应当明确区分报道内容和商业内容"这一规定强调了媒体进行新闻报道时应当保持抵抗其他利益侵害的独立性。如此详细的伦理规定，在《全球媒体伦理规范译评》一书中还有很多，它们被不同国家的媒体机构、媒体自律组织所颁布，并成为媒体实践活动中的指导性伦理要求。

在新媒体时代，我们仍然需要坚信，只有真实、准确、全面、公正的报道，能够提供一幅对公众广泛关注的新闻事件较为准确和深入描绘的全景。在信息高度冗余和破碎化的传播语境下，这在塑造公信力上恰恰具有不可替代的价值①。如何在具体的实践中坚持真实、准确、全面、公正的伦理价值，我相信传媒领域的学习者、研究者和传媒从业者都可以在《全球媒体伦理规范译评》中寻得答案。

三 过去与未来：《全球媒体伦理规范译评》的启示

在后真相时代、新媒体环境下，专业的媒体伦理并非被淘汰了，而是需要重拾与重塑。唯有如此，才可以产生高品质的新闻内容、培养高素质的民众，我们的文明才能延续。民众与传播业界需要重拾那些受到冲击的伦理准则、学界需要研究新媒体环境下的媒体伦理的新特点等。媒体伦理学的研究，与其他学科研究一样，是不可能闭门造车的。我们探讨媒体伦理案例、反思媒体伦理理论、建构媒体伦理体系，都需要借鉴国内外的研究成果。所以，翻译、整理、出版全球各国的媒体伦理规范是一件很有价值的工作。

编译工作一向都不是件容易的事，更何况要编译的是五大洲几十个国家和地区的媒体伦理规范。几年前初听牛静博士关于做这项工作的打算时，我深知这是一件具有开创性价值的事，因为我国还没有一本全面介绍

---

① 周海燕：《重建新闻的公共性共识是否可能？——从近期的传媒伦理争议谈起》，《新闻记者》2015 年第 3 期。

世界范围内各国媒体伦理规范的书。同时，我也知道，编译过程中可能会有诸多困难，比如不同国家的媒体伦理规范条文从哪里寻找，如何找到并翻译那些用英语之外语言撰写的条文等。当我在 2017 年拿到这本书的初稿时，最初的疑问都有了答案。近三年的时间里，牛静博士组建了包括本科生、研究生和博士生在内的媒体伦理研究团队，利用多种渠道尽可能多地在全球范围内搜集不同国家的媒体伦理规范，并利用多次在美国访学的机会，获得了会讲西班牙语、葡萄牙语等其他语种的朋友的帮助，她一步一步地解决了所遇到的各种障碍，最终完成了 100 多篇媒体伦理规范的翻译。①

牛静博士一直致力于媒体伦理、传播法等领域的研究，有一系列的学术成果。她从"全球媒体伦理"的视角切入伦理研究，具有较强的创新性。在 2016 年中国新闻史学会媒介法规与伦理研究委员会成立大会上，作为常务理事的她首次向同行专家介绍书稿《全球媒体伦理规范汇编》，便受到了一致的肯定，与会专家认为该书为我们探讨世界媒体伦理、与国际同行对话提供了一条可行的重要路径。

《全球媒体伦理规范译评》内容丰富，是从不同的语言，如从英语、法语、阿尔及利亚语、西班牙语等翻译而成的中文译本，其中既有我们所熟知的美国、加拿大、澳大利亚的媒体伦理规范，也有更多我们之前很少关注的其他国家的媒体伦理规范。以欧洲和非洲来说，本书收录了欧洲的立陶宛、奥地利、白俄罗斯、比利时、波斯尼亚和黑塞哥维那、保加利亚、克罗地亚、捷克、丹麦、爱沙尼亚、芬兰、法国、德国、希腊、匈牙利、爱尔兰、意大利、拉脱维亚、卢森堡、马耳他、挪威、波兰、葡萄牙、俄罗斯、斯洛伐克、斯洛文尼亚、西班牙、瑞典、乌克兰、英国等30 个国家的媒体伦理规范；非洲的博兹瓦纳、刚果、埃及、埃塞俄比亚、加纳、几内亚、科特迪瓦、肯尼亚、阿尔及利亚、马里、纳米比亚、尼日利亚、尼日尔、卢旺达、索马里兰、南非、南苏丹、塞内加尔、斯威士

---

① 牛静对全球各国媒体伦理规范的编译成果最终呈现为两本译作，一本是由社会科学文献出版社出版的《全球媒体伦理规范译评》，其中有 76 个国家和地区的 107 篇媒体伦理规范；一本是由华中科技大学出版社出版的《全球主要国家媒体伦理规范（双语版）》，其中有 27 个国家的 31 篇媒体伦理信条，两本译作分别于 2018 年、2017 年出版。

兰、坦桑尼亚、多哥、突尼斯、乌干达、赞比亚等 25 个国家的媒体伦理规范。在亚洲太平洋地区，《全球媒体伦理规范译评》中也涵盖了诸多国家的关于报纸、广播、电视、网络等媒体的各类伦理规范，既有巴基斯坦报纸编辑委员会发布的针对纸质媒体的伦理规范，也有尼泊尔新闻评议会发布的针对包括网络媒体在内的各种媒体的职业道德规范等。

作为一个关注传播研究的学者，我深知在这之前，在"媒体伦理"这一研究领域，只有个别、零星的其他国家媒体伦理规范的译本。而这种译本正是媒体伦理研究的基本材料。当我们的视野打不开，看不见其他国家的媒体伦理实践时，我们的相关研究只能停留在低级的水平。《全球媒体伦理规范译评》填补了我国媒体伦理研究领域的一大空白，拓展了外国媒体伦理研究的新境界。正如 20 世纪 80 年代国内的新闻法研究，我们看到只是在孙旭培先生主持编译的《各国新闻出版法选辑》《各国新闻出版法选辑（续编）》正式出版后，国内的新闻出版法研究才出现了井喷式的发展局面。

《全球媒体伦理规范译评》全景式地展现了各国的媒体伦理规范的概貌，是研究媒体伦理不可多得的第一手资料。我相信这本书的出版一定会对国内的媒体伦理研究，进而对国内的传播治理产生积极的影响。事实上，最近几年牛静博士在本书基础上完成了《建构全球媒体伦理：可实现的愿景抑或乌托邦?》《世界主义、民族主义与全球媒介伦理的建构》《全球媒体伦理规范的共通准则和区域性准则》等多篇高水平的学术论文。她一边翻译着各国的媒体伦理规范和案例，一边探讨着媒体伦理的实践及其发展方向。至少在媒体伦理研究这一领域，牛静博士起到了引领的作用。这种努力显然是值得我们肯定的。

我们今天的社会正被全球化、信息化的引擎所驱动，我们的生存、进步和发展既离不开全球体系，也离不开媒体的引领。全球视野和跨越国家、民族、文化的平等交流和对话，是人类和平发展的重要前提。今天我们比什么时候都更加需要负责任的媒体，需要真相和理性声音的引领。可是当前的传播现实实在不容乐观。在各类媒体平台受到经济力量、政治力量等多种因素影响而缺失伦理精神的今天，我希望这本《全球媒体伦理规范译评》能够启迪更多的人来思考媒体的自由与责任问题，意识到媒体及其从业者应当对这个社会怀抱着深深的责任感，正是这种责任感，才能使他们的新闻理想和职业实践产生应有的价值与意义。

（本文是张昆教授为牛静博士编译的《全球媒体伦理规范译评》所作的序言。该书由社会科学文献出版社于 2018 年正式出版。这篇序言以《拓展媒体伦理研究的新空间》为题在《新闻与写作》杂志 2017 年第 11 期发表）

《清末政论报刊与民众动员：
一种政治文化的视角》序

    在世界文明史上，报刊宣传与社会政治体系的变革密切相关。当历史处于和平演进状态时，报刊的社会影响力是难以明显察觉的，但是一旦量变的累积引发历史的质变时，报刊将成为政治变革动能的倍增器。考察近代历史上历次革命运动，研究大众传播时代中外社会形态的递嬗沿革，报刊释放的历史变革的能量是绝对不能低估的。

    从世界文明史的视野考察中国近代百年史，其包含的坎坷、曲折、绝望、屈辱和辛酸，实在难以令人释怀；然而，正是在绝望之中，孕育了希望，从而激发了中华民族持续的抗争。而历次希图改变命运的努力，报刊和报人都参与其间，不仅扮演了见证者、记录者的角色，而且在思想启蒙、舆论动员方面，发挥了其他社会组织难以企及的作用。所以，要全面地解读中国近代的社会变革，报刊特别是政论报刊应该成为历史学者首先关注的对象。

    纵观中国近代报业史研究，尤其是清末政论报刊的研究，其成果可谓汗牛充栋。其研究对象涉及这一时代的几乎所有的报人、报刊及其主导的新闻事件。它出现在通史研究、专门史研究、地方史研究乃至文化史研究等领域，为后人描绘出近代历史上政论报刊发展波澜壮阔的现实画卷。其研究者中不乏众所景仰的硕学通儒，如戈公振、方汉奇、丁淦林等，他们连同他们的作品在新闻史学史上树立了一座座丰碑。

    但是我们目前能够看到的研究成果，就方法论而言，基本上是从三个视角展开的。一是阶级分析的视角。它有比较鲜明的阶级意识，突出报刊的阶级性质，彰显阶级斗争的主线。二是本体研究的视角。它建立在阶级分析的前提之上，集中于新闻自身发展规律的梳理与历史分析，以图实现阶级分析与报刊自身规律探索的统一。三是现代化视角。它试图将近代历史作为中国现代化进程的一个阶段，突出报刊的现代化功能，将清末政论报刊理解为早期现代化进程中的功能实体。

应该说，这三种视角各有侧重，又相互联系。对于勾勒近代中国政论报刊的历史脉络，揭示报刊在中国近代社会政治变革进程中的作用，做出了重要的贡献。对此我们必须予以充分的肯定。但是我们也不能否认这些研究视角的局限。就阶级分析的视角来讲，它将报刊的阶级性质与报人的阶级定位作为研究的出发点和理论前提，预先确定了清末政论报刊的阶级本质，却忽略了这些报刊阶级性产生和演变中的复杂性和丰富性，特别是其中的一些过渡形态、中间环节易被遗漏，丰富多彩的新闻史由此可能被简单化、模式化地处理。

唐海江博士的专著《清末政论报刊与民众动员：一种政治文化的视角》试图给近代政论报刊研究提供一种全新的视角：政治文化的视角。这种视角的引入，意味着在报刊史的研究中打破自我封闭，打开新闻史之门，更多地吸纳历史学的研究成果，以开放的胸襟拥抱社会科学，实现社会科学与新闻史学的融合汇通，运用政治文化动员理论，解读动荡变局中报刊的社会功能，从而赋予报刊史研究以更丰富的社会文化内涵。

愚意以为，这一新的研究视角转换对于改变传统的新闻史研究模式具有一定的借鉴意义。首先，它意味着研究者眼界的拓展。此前，研究者对于政论报刊多从政治斗争、阶级斗争和阶级属性处着眼，政论报刊丰富多彩的内容和汪洋恣肆的放射性影响，没有能够引起研究者必要的关注，狭隘的视野，阻碍了思维的展开。其次，视角的转换还意味着新的资料的发掘，过去无法进入研究者视野的人和事，以及按照当时的标准并不重要的媒介和言论，开始得到研究者的重视，经过新的权衡，而洗去包裹在外层的尘沙，以本真的姿态呈现在世人面前，过去狭隘而单一的历史空间，由此变得充实起来。其三，视角的转换还意味着探索深度的加强，研究切口的拓展，给研究者的深度发掘提供了条件，过去一触及报刊的阶级属性和政治本质，即意味着结论的形成，至于在此之外的其他要素，诸如社会历史环境、报刊与权力系统的互动、报刊宣传的策略与艺术、读者的接受过程和普遍社会心理的反应等，没有得到应有的观照。这一切，由于新的视角转换，得到了彻底的改观。

《清末政论报刊与民众动员：一种政治文化的视角》给中国报刊史特别是近代政论报刊研究，提供了一个很好的示范。该书旁征博引，史料丰富，推论严谨，考订精细。它不仅提供了观察近代政论报刊的新视角，发掘了不少新的历史文献，而且对这些历史文献进行了新的解读。这种解读由于引入社会科学的理论和方法，实现了事实与逻辑的统一，因而具有较强的说服力。尤其要指出的是，作者没有满足于单个史实的考证清理，为了说明问题，作者在梳理同类史实的基础上，以洗练的列表方式，突出了同类报刊的个性特征，为我们认识近代中国政论报刊，提供了便捷的途径。作者在这里付出的巨大心力，应该得到读者的理解和肯定。

当然，唐海江博士这本书也有自己的不足。毕竟，它是脱胎于作者自己的博士论文，而博士论文的写作是要受到时间的限制的。时间的仓促，难免会使本书在个别史实的考订上略显牵强，在对事实的解读方面也可能会有偏颇，甚至在体系的建构方面，也会引起一定的歧义。这些问题对于一个青年学者来讲，是在所难免的。但是从这本书，我更多地看到了新闻史研究的新路径、新境界，看到了新一代新闻史学者忠于事实、忠于真理、敢于探索、勇于探索的精神。这样的学者再多几个，中国新闻史学研究的未来希望就会更大一些。我期盼着更多的同类著作出现，更盼望着中国新闻史学研究的春天到来。

（2007 年 1 月 8 日于喻园）

（本文是张昆教授为唐海江教授的专著《清末政论报刊与民众动员：一种政治文化的视角》所作的序言，该书于 2007 年由清华大学出版社出版）

《青少年的手机使用与家庭
代际传播研究》序

    在今天这个媒介化时代，信息弥漫于我们全部的生活空间，如水银泻地，无处不在，无孔不入。传播影响着我们的认知、思维和情感，进而决定着我们的行为。我们无法想象一个没有信息、没有传播的社会。在林林总总的传播渠道之中，手机是使用频率最高的移动互联终端，是人们守望环境、获取信息、分享意见、协调利益、沟通社会的基本工具。无论是在全球、国家传播层面，还是在家庭传播层面，手机都扮演着重要的角色。随着手机进入大多数家庭，手机已经成为家庭体制不可或缺的一部分而深深嵌入当代家庭生活之中。

    对于现代家庭来说，手机作为现代化传播媒介的典型代表，因其便捷、时尚，成为人们尤其是青少年最为喜爱的点对点传播工具。"对今天的孩子来讲，他们早上就把手机放进兜里，并不特别意识到它的存在。对这些孩子来说，身边带着电话才算是穿好了衣服，反之亦然"。手机的接触和使用已经成为各国青少年成长发展过程中的重要经历。中国互联网络信息中心（CNNIC）发布的第 38 次《中国互联网络发展状况统计报告》显示：截至 2016 年 6 月，我国网民仍以 10~29 岁的人群为主，占整体网民的 50.5%（其中 10~19 岁的网民占 20.1%，20~29 岁年龄段的网民占 30.4%）；在青少年网民当中，使用手机上网的比例超过了 90%。由此可见，青少年已成为我国手机网民中最重要的群落。

    正如人类社会历史上的其他一些技术突破所具有的双面效应一样，手机也具有双刃剑的特质。手机成为家庭生活的必需装备，一方面利于家庭内部及家庭与社会的交流与沟通，另一方面也滋生了亲子关系的一系列突出问题。手机拓展了沟通的渠道，使得家庭代际传播不再受"共同在场"的支配，实现了"缺场的在场"，即实现了不在同一物理场景中的亲子互动，延伸并强化亲子之间的情感纽带。与此同时，手机也使"近在咫尺"的亲子之间面临着"在场的缺场"和"交流的无奈"。父母不明白为什么孩子更关注和手机那一端通话的人，而不是在家里的人；为什么孩子连吃饭时都拿着手机不停地刷着微博。另一方面，子女也不明白为什么父母对他们使用手机是如此的不放心。手机的出现究竟是加大了代际鸿沟还是缩小了代际鸿沟？是促进了亲子间和谐还是引发了亲子冲突？这一系列现实问题与困惑的出现，引发了人们对手机传播的关注。

摆在我们面前的这本专著《青少年的手机使用与家庭代际传播研究》，就是朱秀凌博士对上述问题的学理解答。该著是作者承担的2014年度教育部人文社科研究青年基金项目"青少年的手机使用与家庭代际传播研究"（14YJCZH234）的研究成果。我有幸能够成为该著的第一读者，得以预先领略作者的研究设计及其最终结论。我是怀着紧迫而兴奋的心情阅读完这本专著的，因为我既是朱秀凌博士的老师，是她攻读博士学位时的院长，也是一个在读大学生的父亲。在我的工作和生活中，切身感受到了手机作为传播手段在家庭代际沟通中的正面的、负面的种种影响，迫切需要有这方面的专业引领和学理的启示。

朱秀凌博士的这本专著以吉登斯的现代性理论和约书亚·梅罗维茨的"媒介情境论"为理论基础，根据拉斯韦尔的5W模式，通过对617名青少年（包括大、中、小学生）及其家长的问卷调查，还有对61位青少年及其家长的深度访谈，在掌握大量第一手数据的基础上，以定性研究与定量分析相结合的方式，深入剖析了在高度现代性、信息化的社会环境中，青少年的手机使用对于家庭代际传播产生的影响。这里所谓的代际传播，或谓亲子沟通，指的是家庭中父母与子女之间的信息传播过程，是以传递感受、态度、信念和看法为主要特征的社会互动过程。家庭作为现代社会的细胞，其和谐和稳定对于整个社会、对于国家的运行都具有重要的意义。而家庭的和谐主要取决于家庭成员之间的沟通，尤其是代际的沟通。

正是在这个意义上，朱秀凌的这本书不仅具有重要的理论价值，对于促进家庭传播学理论体系的建构、拓展和丰富现有的手机与青少年传播研究有重要的促进作用，而且对于在高度媒介化的社会环境下，构建和谐的代际关系，引导青少年正确地使用手机，促进青少年的健康成长具有重要的实践价值。

朱秀凌博士在书中从家庭代际传播的主体、时空、渠道、内容、效果五方面展开论述，在对一系列问题的探讨中表达了自己的见解。作者研究发现，父母与孩子在使用手机问题上，在动机、方式、时间及功能开发利用等方面，存在明显地代际"鸿沟"。手机等新媒体工具的普遍使用，打破了父母在信息方面的垄断，其权威地位被逐渐消解，另一方面，子女由于手机使用掌握大量的信息而具有了文化反哺的能力。由此引发了家庭权力关系由单向权威向双向权威的转变。作者还发现，手机的使用重塑了传播时空。手机使家庭代际传播不再受"共同在场"的支配，实现了"缺场的在场"，即实现了不在同一物理场景中的亲子互动。与此同时，手机也使"近在咫尺"的亲子之间面临着"在场的缺场"甚至形同陌路的尴尬图景。手机的使用，一方面使青少年的"私人场域"得以构建；另一方面，延伸了父母的控制，使父母即使"身体缺场"，也能随时随地嵌入孩子的"私人场域"之中，继续对孩子的生活、学习和规则进行着"微管理"。至于亲子之间沟通的渠道，作者描述了一个突破时空局限的，包括手机通话、手机短信、手机 QQ、微信、手机微博等多种传播方式并存的立体沟通格局。还有传播内容，作者的研究发现，工具性、情感性信息成为家庭代际传播的主要内容。从信息形式上看，碎片化的微内容占据主导地位。在此基础上，作者还剖析了手机在家庭代际传播中的双重效果：一方面，手机促进了亲子亲和，成为亲子关系的黏合剂；另一方面，手机也引发了亲子冲突，成为亲子关系不和谐的原因。这些分析及见解，为我们全面地认识信息时代家庭代际传播现象及其存在的问题，提供了很好的借鉴。

读了朱秀凌博士的这本书，我领会到，作为一本学术专著，该著实现了两个重要的创新。其一，将手机传播置于家庭这一特定的传播情境中，在家庭代际传播中审视手机传播的社会功能。这无论是对于手机传播理论，还是对于家庭传播理论，都具有一定的创新性。而此前的研究基本上局限于手机对于青少年的影响，而没有深入到家庭这一特殊的场域，去探讨手机作为一种变量所产生的影响。其二，从现代性视角展开手机媒体与代际传播的研究，拓展了手机传播和代际传播的思维空间。当然，作为一本开拓性的学术论著，而且面对还在继续发生变化的研究对象和正在逐步展现的研究主题，要想穷尽一切问题，解释所有疑惑，从认识论的角度来看，也是不可能的。事实上，如果再能够从社会化的视角，或者运用后喻文化理论，来解读手机媒介与家庭代际传播现象，可能还会有不少新的发现。

看到朱秀凌博士的专著顺利出版，我感到由衷的高兴，一种成就感油然而生。几年前，她还是我们学院一名在读博士研究生，给我的印象是很认真、能吃苦、讲礼貌、低调朴素、文质彬彬，在讨论课堂上发言积极，不因袭陈言，敢于坚持己见。当时我就很看好她的学术潜力。如今，我看到了一个在学术上非常活跃、不断进取的新锐学者，一个受到教师和学生普遍欢迎的好老师。我为朱秀凌博士取得的成绩感到骄傲，我相信《青少年的手机使用与家庭代际传播研究》的出版只是一个开始，希望她再接再厉，也期待着更多的朱秀凌式的青年学者能够成长起来。因为我们这个转型的时代需要传播学，我们这个急剧变化的社会需要科学的引领，我们迅猛发展的新闻传播教育需要更多富有责任心和爱心的教授来主导。

（2017 年 3 月 15 日于喻园）

（本文是张昆教授为朱秀凌博士的专著《青少年的手机使用与家庭代际传播研究》所作的序言，该书于 2017 年由中国社会科学出版社出版）

《媒介批评学》序言

　　传播是人类生活的中心。作为一种现实的社会实践活动，传播是一个由媒介组织向受众源源不断提供各种信息，并同时由受众选择、使用、理解和影响信息的过程。任何大众传播研究的核心或起点都是媒介。高度发达的媒介及其传播活动，不仅以速率、规模惊人的"信息流"席卷世界，造成奇妙的"地球村"景观，"坐地日行八万里，巡天遥看一千河"绝不再是诗人浪漫的想象，而是地地道道的现实；而且以广度、深度空前的"情感流""影响流"渗透人心，如水银泻地一般形塑着人类的精神世界。可以说，没有媒介及其传播活动，也就没有人类世界的今天。正因为如此，著名传播学者丹尼斯·麦奎尔才充满感情地这样描述和强调媒介对于人类的意义："媒介是使我们看到身外世界的窗口；是帮助我们领悟经历的解说员；是传送信息的站台或火车；是包括观众反馈的相互作用传播，是给予指示和方向的路标；是去伪存真的过滤器；是使我们正视自己的明镜；是阻止真理的障碍。"① 人类是具有反思性的动物。自从新闻传播事业诞生以来，人们就开始以审视、期待的目光打量媒介及其传播活动，由是产生了媒介批评活动。

　　所谓媒介批评，顾名思义，是对媒介及其与媒介相关的传播活动的评价活动。批评本是一种常见的人类精神现象，著名作家茅盾先生曾说过："根据甲学理以驳乙学理的，这是一种批评，根据主观的见解以批评别人之

---

① 〔美〕斯蒂文·小约翰：《传播理论》，陈德民等译，中国社会科学出版社，1999。

议论的，这也是一种批评；就同一学说而讨论其介绍之正确与否，这又是一种的批评。"① 任何人、任何事，只要进入人类生活的领域，几乎都逃脱不了社会的评判，无论其声势是湮没不彰，还是旗鼓大张，都要接受众人或褒或贬、或客观或主观、或激情四溢或冷静平实的指点和审视。媒介及其传播活动自然也是如此。可以这样说，媒介批评与人类新闻传播活动的历史同样悠久。早在唐代中后期，中国就诞生了世界上最古老的报纸——进奏院状，它是地方诸道和各藩镇派驻朝廷的邸吏，向地方传发的一种报状。和现代的词义十分接近的"新闻""编辑"等词语，在唐代也均已出现，新闻传播与人们的社会生活越来越密切，人们的媒介意识也越来越清晰、具体。晚唐时期的孙樵《读开元杂报》一文，历来是中国唐代新闻传播事业研究经常征引的重要文献，从一定的意义上可以说，《读开元杂报》也是中国媒介批评史上第一篇具有某些媒介批评性质的文本。虽然孙樵并不具有媒介批评的自觉意识，《读开元杂报》的主体也还算不上是一篇地道的媒介批评文本，但其中部分文字的"媒介批评"性质则不容否定。

中国近代化报刊诞生之始，为了迅速占领中国读者市场，报刊主持者除了在新闻实践中采取各种吸引读者的办法外，还积极发表评论，即利用媒介批评，将近代化报刊与中国邸报、京报进行比较，来争取人们的认同。如《申报》初创刊时，曾接连发表过《邸报别于新报论》《论中国京报异于外报新报》等文章，阐释两者的区别。这些比较性的评述，一般不直斥邸报、京报的落后、保守、陈腐，而是说新报与京报各有所长，指出两种报纸在性质上的不同和区别，评价显得非常巧妙。特别是它所说近代报刊下情上达的舆论功能，反映出两种报刊的时代差异。这样的阐释很能为当时的中国广大读者接受，是一种非常有效的读者争取方法。该报创刊不久，发行量就迅速上升，成为上海发行量最大的中文报纸。以近代新闻事业的实践为基础，借助西方的新闻理论资源，中国近代媒介批评一开始就占据了话语和视角上的某种优势，成为推动近代新闻事业发展的一种重要力量。

民国肇始，万象更新。随着社会民主意识的不断滋长，来自社会读者中的媒介批评意识明显觉醒。1916 年 9 月 8 日至 11 日，《晨钟报》连载性

---

① 茅盾：《译书的批评》，《时事新报·学灯》1920 年 11 月 10 日。

地刊发了署名钟晚成的《敬告各报编辑主笔访员》的读者来稿，针对当时报界存在的不规范行为提出了新闻须重事实少推测、错误应该更正、意见不同之政论或举动均须登录、评论必须慎重下笔等一系列观点。不仅论述全面系统，而且很具理论高度和深度，已非常接近后来徐宝璜、郭步陶等人关于新闻与言论分开的客观报道思想，显示出中国现代媒介批评社会整体上的巨大进步。

新中国成立初期，媒介批评一度被纳入国家新闻宣传事业的制度性设计之中。1951年3月1日，国家新闻总署和出版总署发出《关于全国报纸期刊均应建立书报评论工作的指示》，曾经从政治的角度阐释媒介批评的重要意义："在报纸期刊上经常发表对各种出版物（包括书籍、期刊、报纸、美术出版物、挂图等）的批评、介绍和有评论性的出版消息，是有重要政治意义的工作。现在，人民群众的学习热情日渐增长，出版事业也有了很大的发展，书籍报刊出版的数量与日俱增。但是在大多数的报纸、期刊上还没有经常发表出版的评论。许多好的出版物，好的报刊文字，好的编辑出版方法，因为没有得到推荐，以致默默无闻，不能广泛地流行；也有许多不好的出版物，不好的报刊文字，不好的编辑出版方法，没有受到适当的批评，以致其中或大或小的错误没有引起作者、编辑者、出版者、发行者和读者的注意。这就使读者失去了应有的指导，也使出版工作失去了应有的监督。"① 这一指示对当时媒介批评的有序健康开展，具有很强的指导意义。于是，一批新闻业务刊物纷纷创办。如《人民日报》的《新闻工作》副刊（双周刊）和新华社创办的内部业务刊物《新闻业务》，成为国家级媒介批评的园地。很多新闻现象、新闻作品，都成为媒介批评的对象。如1952年12月21日，《人民日报》发表了通讯《马特洛索夫式的英雄黄继光》，其中有一些段落描写中国人民志愿军特级战斗英雄黄继光牺牲前的心理和细节活动，就曾引起了读者和新闻工作者的广泛争议。《新闻业务》发表文章对通讯作者写作时运用"一般人能够体会到的合理想象"提出批评。这次报刊批评持续半年时间之久，有

---

① 《中央人民政府新闻总署出版总署关于全国报纸期刊均应建立书报评论工作的指示》，载《中国共产党新闻工作文件汇编》（中），新华出版社，1980，第193页。

多篇文章对此进行了理论分析。这对普及正确的新闻观念，帮助新闻工作者和读者分清新闻与文学的区别，起到了极大的帮助作用。

十年"文革"结束以后，新闻界开始正本清源，拨乱反正。"文革"中横行猖獗的媒介大批判被禁止，媒介批评重新走上了发展正轨。需要强调的是，与西方资本主义国家新闻事业以私有制为主体的情况不同，中国的新闻事业属于国有，政治上接受中国共产党的领导，行政和业务上接受党委和政府部门的管理。在这种政治和行政管理体制下，中国的媒介批评具有相当鲜明的体制性色彩。如由党委宣传部门、政府主管新闻事业的各职能部门建立的一套完整的阅评制度及其具体实施，就具有中国社会主义媒介批评的鲜明特色。为了加强对新闻传媒及舆论导向的引导，中宣部、各省市党委宣传部都建立了阅评小组，对全国各地报刊、书籍、广播电视节目和互联网络的内容进行审读，以褒扬先进，批评错误。中宣部新闻局定期编辑印行《新闻阅评》，并挑选一些阅评文章在内部刊物《内部通信》上刊登。阅评员撰写的绝大多数都是媒介批评性质的文章。这些体制内的媒介批评与来自新闻业界、学界以及受众为主体的媒介批评，共同汇成了中国当代媒介批评的和声。

西方国家的媒介批评历史也源远流长。在欧洲，特别是德、法两国，学术研究中一直保持着批判的传统，欧洲1923年成立的法兰克福社会研究所云集了霍克海默、阿多诺、马尔库塞、本雅明等理论大师，成就了蜚声世界的法兰克福学派。这一学派对大众传媒尤为关注，着重考察那些在经验学派研究中大多有意无意地受到忽视和回避、与社会结构和意识形态相关的宏观问题，强调用整体的眼光把大众传播与社会环境联系起来进行分析，考察大众传播制度与整个社会、政治统治以及意识形态之间的关系。他们多采用思辨、定性、批判的方法，其中许多分析与见解，确有独到和过人之处。在传媒最为发达的美国，媒介批评的繁荣更是被视为民主社会的骄傲与表征，《哥伦比亚大学新闻学评论》曾用"千万种声音鲜花般盛开"① 来形容其兴旺的景象。报纸、广播、电视、期刊、书籍上媒介批评的内容比比皆是。在发达的媒介批评实践的催促下，20世纪30年代

---

① 谢静：《美国的新闻媒介批评》，中国人民大学出版社，2009，第1页。

以后，首先在美国，严格意义上的媒介批评学正式产生。随着时间的推移，媒介批评学的影响逐渐扩大开来，成为一门具有世界性的充满生机与活力的新兴学科。我国的媒介批评理论研究得以在 20 世纪 90 年代破土、生长和发展，就是在西方媒介批评理论影响下的结果。

南京理工大学胡正强教授从 21 世纪初即涉入媒介批评研究领域，十多年来，他始终在这一领域孜孜矻矻地耕耘不辍，先后发表了 40 余篇与媒介批评直接相关的学术论文，出版了《中国现代媒介批评研究》《中国媒介批评的历史考察》两部专著，主持国家社科基金一般规划研究项目一项和教育部人文社会科学研究项目两项。这部新近完成的《媒介批评学》书稿，是他在媒介批评研究领域的又一新收获。

与国内坊间此前出现的一些媒介批评相关著作相比，《媒介批评学》是一部内容丰富、特色鲜明的专著。具体而言，该书具有如下一些特点。

第一，突出方法，应用性强。媒介批评是一种目的性很强的精神实践，在媒介批评的过程中，媒介批评能否达到批评者的预期目的，批评方法甚为重要，这是媒介批评理论研究是否具有实践意义的重要表现。由于媒介批评主体的学养、习惯、目的和需要各不相同，其所使用的方法也异彩纷呈。应该看到，每一种方法都各有其适用性和解释力，也各有其不足和无能为力之处，因此，研究每一种具体的媒介批评方法就显得更为重要。《媒介批评学》一书约 40 万字，除绪论、参考文献和后记之外，全书正文共 21 章。除去前 3 章是对媒介批评的主体、客体、载体、文体、任务、功能、效果、历史和发展等，进行结构与形态方面的宏观展示和描述外，其余 18 章都是分门别类地对某一种媒介批评方法的专题性研究。与坊间一些媒介批评理论著作相比，《媒介批评学》对于媒介批评方法的研究显得非常全面、系统、翔实，具有很强的实用性。

第二，融汇中外，视野开阔。由于中国媒介批评学晚起于西方，中国媒介批评学在发展过程中，受西方学术界的影响很深，所以在一些国内媒介批评理论著作中，对媒介批评方法的叙述，主要集中在欧洲传播批判理论以及文化批评、女性主义批评和后殖民主义批评等有限的几种上，远远无法匹配丰富多彩的中国媒介批评实践。在中国的媒介批评实践中，运用新闻理论、管理学理论甚至是美学理论开展批评，则是更为常见的媒介批评形态。《媒介批评学》除了系统介绍上述比较流行的、具有西方色彩的批评理论外，还专题研究了媒介的管理学批评、法学批评、伦理学批评、美学批评、科学性批评、新闻学批评等，这使得《媒介批评学》不仅视野扩大，而且也更符合中国媒介批评的实际状况，具有更为强烈的中国媒介批评理论特色。

第三，不拘成说，创新性强。媒介批评学在中国虽然还是一门非常年轻的科学，但算起来也有近 20 年的历史了，媒介批评理论研究的积累也颇粲然可观，仅以"媒介批评"冠名的著作先后就出版了 20 余种，若要把电视批评、电影批评等专门性研究著作算进来，其数量就更多了。虽然是人人握灵蛇之珠，家家抱荆山之玉，这些著作各有千秋，但其中也有一些陈陈相因、不足为训之处。如在媒介批评功能的论述方面，很多人都以王君超先生 2001 年出版的《媒介批评：起源·标准·方法》中的观点为蓝本，少有新见。胡正强同志在《媒介批评学》中，则从系统论"结构与功能"的角度，提出了自己对这个问题的独到观点，从"对新闻传播实践的影响上"而非从"媒介批评的内容"或"媒介批评方法自身"的角度，来论述媒介批评的功能，不仅符合实际，也更具有说服力。这虽不是该书的研究重点，但其勇于创新的努力，却也由此可见一斑。

任何一部专著都不能解决媒介批评理论的所有问题，这有待众多学者的参与。但是这部《媒介批评学》无论是在体例、结构上，还是在具体内容、观点的论述上，都有其不同一般的卓特之处。因此，这部书的出版，为我国媒介批评理论的进一步发展，提供新的动力和学术基础，则是毋庸置疑之事。胡正强教授 2006 年曾在武汉大学随我攻读新闻传播学博士学位，作为他的授业导师，看到他在学术研究上的进展，我感到非常欣慰和高兴。他在《媒介批评学》即将付梓出版之际，征言于余，爰缀数语，以致祝贺。

是为序。

（本文是张昆教授为胡正强教授的专著《媒介批评学》所作的序言，该书于 2016 年由世界图书出版公司出版）

《欧亚新闻案——中国事件见证与亲历》跋

张欧亚先生编著的《欧亚新闻案——中国事件见证与亲历》一书，即将与读者见面了。我作为作者的同事和好友，有幸能够成为第一读者，而且受托题跋，自是万分的欣喜，同时也深感荣耀。

我最初认识欧亚兄，始于他发表在报纸上的文章，属于先闻名后见人。在多次参加湖北省新闻奖作品评审活动中，听到不少业界同人对他的肯定。原始的印象中，他是一个处理重大题材、深度报道、系列报道的高手。据说中国文化界狂人李敖对他颇为欣赏。李敖"觉得他的新闻精神、采访精神非常优秀"，所以特别赞赏他和他的报纸。

没有想到，在没有任何预兆的情况下，我们两人成了同事。根据中宣部和湖北省委宣传部的安排，欧亚兄作为学界、业界双向挂职的干部，作为《楚天都市报》的资深首席记者，从湖北日报传媒集团来到华中科技大学新闻学院挂职，担任院长助理。我们在一起工作近一年，正逢华中科技大学新闻学院创办三十周年，他一来，就直接参与各种筹备活动，特别是院庆活动的宣传，并提出了很多建设性的意见，做了大量的工作。从与他的日常工作交流开始，我们逐渐成了无话不说的朋友，就这样彼此进入对方的内心。

欧亚给我最深的印象是，他是一个才子型的职业新闻人。这一点从他发表的大量新闻作品中就可以品出来。他有深厚的人文素养，对于中国古代文学有相当丰富的积累，这些积淀常常会自然地流露出来，反映在他的新闻作品之中，增添了作品的文采，给读者一种美的享受。他的《作别最后的归州》一文，就是这方面的典范之作。"'江上荒城猿鸟悲，隔江便是屈原祠。一千五百年间事，只有滩声似旧时。'这是陆游咏叹归州对岸楚王城遗址时写下的。也许，这情景有如此刻归州客观的写实，但并不表明是归州的命运。"作者在千年历史长河中穿越，信手捻来，古今关照，浑然一体，丝毫不觉别扭，反而平添了几分历史的厚重和韵味。

欧亚还是一个有胆有识，有着强烈责任感的新闻工作者。我们今天置身在一个媒介化、信息化时代，弥漫的信息给我们提供了不少的便利，同时也给我们造成极大的困惑。面对变动不居的环境和难以数计的诱惑，我们期待媒体的正确引领；当我们心灵的躁动难以平息时，更需要媒体的抚慰。可事实是，我们今天看到的多是被利益宰制或臣服于权力的媒体人，哗众取宠者有之，追逐利益者有之，政治投机者有之，不学无术者有之。媒体的职业良心，记者的责任感对我们来说真是久违了。而欧亚正是能够满足我们期待的怀抱着职业良心的新闻人。当我看到他写的"媒体责任在于，社会哭时，不让大家哭得太伤心；社会笑时，不让大家笑得太狂妄"时，我真是感动了，在如今这个物欲横流的时代，难得有这份真性情，我作为他的同事，为他骄傲。

《欧亚新闻案——中国事件见证与亲历》收录了欧亚兄近年来的代表作，这是一部优秀的新闻作品集，但是我又认为不能把它仅仅归到新闻作品范畴。如果仅仅把它视为新闻作品，那实在是看轻了当代中国正在发生的重大历史转折。就其内容实质而言，它乃是一部记录当代社会百态的信史。这些作品不仅记录、见证了影响当代中国发展趋势的重大历史，而且折射了作者本人亲历这段历史的心路历程，饱含他的兴奋、他的感叹、他的思考、他的疑问、他的忧虑等。阅读这些作品，我们仿佛回到了那些激动人心的历史瞬间，我们幸福着作者的幸福，忧伤着作者的忧伤，不知不觉之间，我们自己似乎变得比过去丰富了许多，深刻了许多，高尚了许多。

本书收录的是作者的旧作，却是作者在华中科技大学新闻与信息传播学院教授的任上成书的。看到这本书，读到其中的篇章，品味着文字内外的意涵，我一方面感到欣慰，因为这本书的出版可以看作欧亚兄职业新闻生涯的一个小结，经过这一小结的梳理、归纳、总结，作者本身在理论和修养上会实现一个重大的飞跃；另一方面，作者以挂职的形式暂时离开火热的新闻职业前线，开始以学者的理性思维分析、剖析其早期的职业行为，透视新闻现象，解析新闻传播规律，给新闻学术界注入新的活力。随着这种作品越来越多，可以想象我们的新闻传播学科定会实现跨越式的发展。我对此充满了期待！

（2013 年 11 月 24 日晚于喻园）

《传播力+的风口：融媒体时代的党报转型》序言

  作为一个传媒人，能够生活在今天这个时代，实在是我们的幸运。回眸人类的历史，从远古洪荒，迄于当代，其进化发展的历程并非匀速，而是以加速度的方式进行的。现代人类出现之前的动物时代，延绵千万年；人类离开动物世界而结成社会，到文字发明之前，有百万年；从文字创造到印刷术发明之前，有几千年时间；从近代报刊、电报、电话发展到广播、电视繁荣，不过四百年时间；自计算机、互联网出现迄今的信息时代，仅几十年而已。我们绝大多数人生活在这个令人眼花缭乱的信息时代，见证了这几十年风起云涌的新媒界的狂飙突进，经历了传统媒体格局的深刻变迁，体验了基于传播革命而发生的社会转型。几十年，不过是漫长人类历史的短暂一瞬，可谓白驹过隙，可我们的所见所闻，所领略的新闻历史之奇情壮彩，远远地超越了过去的千百万年。这是何等的幸事！

  朱建华君呈献给读者诸君的这本《传播力+的风口：融媒体时代的党报转型》，正是他本人从一个传媒人的视角对我们今天这个时代的记录和省思，对这个时代传媒人、传媒业颠覆性变革的观察和思考。我有幸能够与朱建华君结识，缘于前年底湖北省科技新闻学会换届。承蒙学界、业界同人的抬爱，我得以出任湖北省科技新闻学会会长。那时朱建华君是该学会的常务理事，代表长江日报报业集团，任《长江日报》编务部主编。近年来他先后获长江日报社十佳记者、武汉市十佳新闻工作者，入选湖北省宣传文化人才"七个一百"培养工程。这个高大挺拔的青年，戴着眼镜，白白净净，文质彬彬，慢条斯理，说话却句句在点。仅从外表看，还真不像是一个记者，倒像是一个大学的博士或教授，给我留下了深刻的印象。后来我们多次开会，听到他多次发言，也看过他写的文章，逐渐发现了这个年轻人有冲劲，能够独立思考，其对于新闻传播、对媒介行业、对网络媒体的理解是有相当深度的。

《传播力+的风口：融媒体时代的党报转型》全书八章，聚焦新闻生产、新媒体平台、全媒体采编、媒体融合、传播效果及其测定、传统媒体融合转型的成功案例解析等问题，运用新闻传播的基本理论与方法，结合自己的采写实践，对于网络时代媒体融合背景下传统报业的转型，进行了深刻的思考和探索，提出了不少真知灼见。总的来看，这本二十多万字的专著，有如下几个特点。

其一，鲜明的问题意识。今天这个信息时代，写书的人实在太多，各种书籍汗牛充栋。但是能够给人类的知识积累提供增量的书籍，却并不多见。朱建华写作这本书，不是为写书而写书，而是在现实的新闻实践中，对自己和同行们面临的重大的实践和理论问题的探讨，是为了解决这些绕不开的问题。因为这些问题，如怎样理解网络时代新闻传播的特点，如何打造、提升新媒体平台的影响力，如何推进媒介融合，怎样提高传播效果以及如何评估传播效果等，不仅困扰着传媒人，而且影响业界和党政机关、领导的判断，以至严重地制约了当前的新闻传播事业发展。朱建华正是带着这些问题，拿着放大镜，借助于科学新闻传播的理论与方法，寻找问题的症结，把握住问题的关键，试图提出自己的见解和解决方案。这种问题意识十分可贵，不仅对网络时代的传播理论建构有一定的价值，而且对于当下的新闻传播改革，有实践指导意义。

其二，突出的时代特色。有一种历史哲学观，认为一切历史都是当代史。意思是每个历史学家的研究，都是由当代的现实需要而萌生出的历史研究的兴趣，都是在以当代的视角观察、审视既往的历史。所以对遥远的历史，每个时代的历史学者都会有自己不同的解读，其作品都会打上时代的印记。本书的时代特色，首先表现在他研究的对象及其对象置身的环境，就是我们感知的最新的现实，以"两微一端"为代表的新型媒体的蓬勃发展，新兴媒体对传统媒体的挑战和压力，新旧媒体之间你中有我、我中有你的融合关系等，对于发生于当下的新闻实践不无参考借鉴意义。其次，作者在本书中重点解析的案例，也是新近发生的新闻。如对"总书记点赞的12位优秀党员"的特别策划、"东方之星"救援报道带来的过亿点击、湖北随州二中校长演讲刷屏朋友圈、微博直播市委书记讲话等一批在业内引发广泛关注的典型案例，余温尚在，记忆犹新。作者紧紧把握社会和行业的脉动，与时俱进，自然在一定的程度上增强了本书的现实针对性和实践价值。

其三，理论与实践相结合。作者是带着问题上路的，而认识问题、解决问题，必须要有科学的理论与方法。这本二十多万字的专著，正是作者秉持新闻传播学，特别是最新的融合传播理论，对传播实践中现实问题的解读，具有很强的实践性。虽然是剖析实践问题，并且是基于作者自己的实践感悟，但是作者并没有停留在经验的层面，其对问题的分析，无论是角度、广度或深度，都与业界的经验总结拉开了距离。另一方面，这本书也不是一本形而上的理论专著，为理论而理论。本书突出的特点，就是将融合传播理论与新闻媒体的具体实践紧密地结合起来了。不仅是个人的实践、作者所在单位的实践，整个新闻传播界的创新实践都被纳入作者关注的范畴，微观到一个具体的报道、策划，中观到一个媒体、企业的发展思路、经营战略，宏观到整个行业的发展态势、路径选择，从理论到实践，再从实践到理论，由点到面，深入浅出，进行了深刻的分析和论述，提出了自己的见解。

其四，强烈的忧患意识和社会责任感。我们置身于信息社会，传播作为维系社会共同体的黏合剂，将分散的个体聚合成彼此相依、须臾不可分离的有机体。信息弥漫于人类生活的全部空间，渗透到社会系统的每个角落、各个层面。它就像空气，影响到人类的呼吸，丰富着人类的思想，引导着人类的行为。在社会系统的延续发展中，传播不仅在守望着社会、传承着文化、维系着社群，而且其本身构成人类生存的环境。作为人类环境的信息传播，不仅制约着人类的思维空间及其生存与发展的物理空间，而且决定了人类的精神境界。如今，由于信息处理技术的突破性发展，信息传播的总体格局正在发生颠覆性的变化，传统媒体在没落，网络新媒体在崛起，媒介运行及传播流程在再造，跨媒介、跨行业、跨国界的要素重组在持续加强，人类未来的传播格局将会如何？在人人都有麦克风，人人都有摄像头的情况下，职业传媒人的生存空间在哪里？在新媒体咄咄进逼之下，传统媒体包括纸媒还有自己的明天吗？《传播力+的风口：融媒体时代的党报转型》一书渗透着清晰的忧患意识，怀抱着强烈的社会责任感，作者通过自己的理性思考，做出了自己肯定的解答，在一定的程度上增强了从业者的信心。

拜读了朱建华的这本书稿，我倍受鼓舞，也很受启发。说到鼓舞，我感觉目前业界，尤其传统媒体，一片肃杀气氛，风声鹤唳，似乎大限将至，毫无希望。的确，在网络新媒体的冲击下，传统媒体面临着不少的困难，发行量下降，广告销售额下降，市场份额下降，乃至从业者收入下降，正处存亡之秋，乃是不争的事实。但是要说传统媒体行将死亡，我不相信。从一个历史研究者的视野来理解我尤其不信。朱建华的这本书，探索了在网络时代传统报纸的转型问题，它告诉我们，如果路径正确，方法得当，报纸作为一种信息媒体在网络时代仍有继续生存、发展的空间。或许报纸的"纸"会被另一种介质取代，但是"报"的职能却不会消失。随着信息化程度的提升，"报"的职能可能还会进一步强化。在这个意义上，《传播力+的风口：融媒体时代的党报转型》给我们提供了正能量。至于启发，这本书对各种问题的分析，对各种案例的解读，对成功经验的总结，对于业界同人，甚至对学界的研究者，可能会提供一种有益的参照系，在我们面对困难、疑虑丛生时，一种新的视角、新的观点、新的思路，可能会使我们茅塞顿开，最终帮助我们找到解决问题的钥匙。

书如其人。朱建华君还非常年轻，见解依然新锐，视野开阔，思维活跃，但是因阅历所限，这本富有创意的著作可能会存在这样或那样的不足，我认为这不是最重要的，这些问题自然会随着作者的成长而逐渐解决。重要的是想象力、创造力和探求真知的冲动，研究和探索的兴趣，有了这些宝贵的品质，就会有光明的未来。尤其是对于传媒行业来说，特别需要这样一批具有专业技能和职业理想，同时又有创新冲动、学术兴趣和思维张力的职业传媒人。因为人自始至终都是传播的主体，是人类社会及其传播历史的主人。在新闻传播本身进化的历史上，职业传媒人始终是决定性的因素。从一本书可以看一个人，看一个行业，看一个时代，在今天这个转型的时代，风云际会，机遇无限，我期待着朱建华这本书能够引起大家的关注，也期待着有更多朱建华式的职业传媒人出现。

是为序。

（2016 年 8 月 24 日）

（本文是张昆教授为朱建华的专著《传播力+的风口：融媒体时代的党报转型》所作的序言，该书于 2017 年由人民日报出版社出版）

《北美传播政治经济学研究》序

"天下熙熙，皆为利来；天下攘攘，皆为利往。"2000 多年前，司马迁在《史记》中发出的感叹，令我们倍感亲切。在节奏飞快而功利色彩浓厚的现代社会，有多少人能够坐定冷板凳，长夜孤灯，抗拒外在的诱惑？有多少年轻人愿意用十年的时光去构思、写作、修订一本枯燥的理论书稿？此刻，摆在我面前的这部厚重书稿《北美传播政治经济学研究》，就是陈世华博士十年磨一剑的产物，对这份书稿，我既熟悉又陌生，既欣慰又感慨。

说熟悉，是因为我十年前就接触过这本书稿。十年前的 2007 年，世华进入我门下攻读博士学位，此时我刚刚从武汉大学转任华中科技大学新闻与信息传播学院院长，他是我在华中科技大学招收的第一批博士研究生，由于较好的科研潜质和相同的研究旨趣，他从武大追随我而来，考入华科大继续学业。他读研期间就表现出强烈的理论兴趣，我们在多次交流之后，确定了北美传播政治经济学的选题。机缘巧合的是，世华于 2008 年 9 月赴美国伊利诺伊大学传播研究所学习，而该所正是传播政治经济学的诞生地，保存了传播政治经济学珍贵的文献资料，为其研究提供了绝佳的便利。回国后，他写作完成了博士论文，并相继获得了华中科技大学优秀博士论文、湖北省优秀博士论文，最终获得全国优秀博士论文提名，得到了学界的认可。

说陌生，是因为书稿的大部分内容是全新的。世华于 2010 年博士毕业后，回到家乡南昌大学工作，繁重的教学科研任务并未影响他坚守理论追求和学术理想。他执着于在国内并不受欢迎的传播政治经济学研究，在《国外社会科学》《国际新闻界》等刊物陆续发表了一系列有影响力的成果，多次被《高等学校文科学术》和人大《复印报刊资料》转载。本书以博士论文为基础，获得了国家社科基金的后期资助。经过不断增补、完善、修订，从最初的十余万字的博士论文，到现在即将付梓的近四十万字的书稿，锦上添花，焕然一新，可谓功夫不负有心人。

对作为书稿前身的博士论文，我曾经细读多次，当时的论文体系健全、条理清晰、观点鲜明、资料翔实，但是，受制于作者当时阅历和积淀，书稿的内容还略显单薄，对一些观点、材料的解读不是很到位，对一些问题的考虑也不够细致，阐述不够深入，语言也较为稚嫩。十年后的今天，再读这本书稿，确有脱胎换骨之感。这份书稿对原博士论文进行了大量修订、增补、完善，打破传统学术史书写的窠臼，采取知识谱系的写法，追溯了北美传播政治经济学作为一个独特的学术流派的起源、发展与流变，并追踪了学术前沿和最新进展，加入了一些新的资料和章节，勾勒了传播政治经济学的发展、演变、拓展和繁衍的知识谱系图，体系更加完备，资料更加丰富，而且增加了总结和评述，提升了书稿的理论高度。作者在书稿中提出了自己不少独到的见解和判断，总结了传播政治经济学独特的理论范式和学术价值，提炼了该学派的理论精髓，并对其进行元理论层面的深层解读，史论结合，入情入理，论证有力，整体图绘和个案研究并行，人物研究和流派研究并举，历史研究和理论研究交叉，西方视野和中国实际交融。观点、视角、资料令人耳目一新，对中国的传播实践和传播研究来说，都具有很高的理论价值和现实意义，是近年来批判研究不可多得的重要成果。

看到世华新修的这部著作，看到他在学术上的进步，我深感欣慰。在这个喧嚣的功利社会，他能够安静地坐下来，抵御窗外的种种诱惑，锲而不舍，专注于学术，实在是难能可贵。当然，学无止境，臻于至善是学人们普遍的追求，可以激励人们不断上进。但是真要达到这种境界，却是非常困难的。世华的这本著作，有不少创新，精彩纷呈。但也难免白玉微瑕，书稿还有不少值得挖掘和完善之处。书中的某些思想观点、立论逻辑、语言文字都还有推敲的空间，这些问题可能是作者未来进一步努力的方向。

板凳须坐十年冷，文章不着一字空。期待世华和广大青年学人能够潜心学术，诞生更多扎实而又不乏洞见的学术成果，为繁荣传播学术做出更多的贡献！

是为序！

（2017 年 10 月 10 日）

（本文是张昆教授为陈世华教授的专著《北美传播政治经济学研究》所作的序言。该书于 2017 年由社会科学文献出版社出版）

《1949~1966 年中国对外宣传史研究》
序言

  在信息化时代，媒介的影响无处不在，无孔不入。即便是处于极度边缘的社会成员，也无法自外于社会的信息交流过程。亚里士多德曾说，人是天生的政治动物，只有寄身于城邦之中，才能获得文明人的特质。离开城邦而能生存者，非神即兽。马克思更是断言，人即使不是天生的政治动物，也是天生的社会动物。社会作为人类生活的共同体，是靠信息传播这个黏合剂联系起来的。没有信息传播，就没有群体社会。在这个意义上，传播与社会可以说是同生共存的。传播的发展不仅是衡量社会发展的主要指标，而且是推动人类自身发展的重要动力。因为传播媒介作为人类信息交流的主渠道，本身可以视为人体机能的延伸，不同性质的媒介标志着人类自身感官及信息处理的不同水平。石器时代与计算机时代人类的差别，不仅体现在传播及信息处理手段的不同，更重要的是人类的眼界和思维能力的巨大落差。

  如今，人类早已历经口头传播时代、手书传播时代、印刷传播时代、电子传播时代，而进入网络时代。人类活动的舞台亦由古代的村庄、部落、民族国家，逐步延展到全球。在全球化时代，作为国际交往主体的国家，其实与口头传播、印刷传播时代生活在村落社会中的个人一样，其生存与发展，不仅严重地依赖于社会的物质生产和社会交换，而且还在很大的程度上仰仗媒介及其传播的发展水平。正如古希腊著名哲学家柏拉图所说的，国家是个人的放大，个人是国家的缩小。个人的心理结构、道德意识与国家制度是完全吻合的。现在的国际社会，群雄并起，国家与国家既相互依赖、互通有无，又在政治、军事、经济乃至文化诸方面进行激烈的竞争。在国家与国家的综合角力中，媒介及其传播活动是一条极其重要的战线。它虽然不如军事战场那样火爆血腥，但绝对值得人们关注。

作为国际社会的主体，国家主导的对外宣传活动，是当今国际交往的一道亮丽的风景。通过对外传播，可以弘扬国家的文化，展现国家的风貌，表现国家的意志，表达国家基本的利益诉求，从而在国际社会树立国家的整体形象，争取国际舆论的同情、理解和支持。这种对外传播活动的影响力，相对于国家的经济霸权和武力炫耀，更能获得国际社会的接纳。如果说经济和武力所代表的是国家的硬实力，那么文化精神和对外宣传所代表的就是国家的软实力。在后冷战时代，软实力比起硬实力来其影响有过之而无不及。所以，在当今世界，几乎所有的国家都高度重视对外宣传，几乎所有的政治家都把支持或推进对外宣传作为政府的一项基本职能。

近代中国饱含屈辱的历史，实际上是一部被动开放、逐步融入世界的过程。在不断地被动挨打、丧权辱国的过程中，晚清政府以及后来的民国政府在综合国力不济的情况下，为了延续国脉，也曾利用各种手段向国际社会呼吁，甚至希望通过合纵连横之术，摆脱列强的欺凌。但是，单纯的对外传播行为，无法弥补硬实力的缺失。所谓"弱国无外交"，乃是政治社会的基本法则。我们虽然不乐意，但是必须承认事实。直到 1949 年 10 月 1 日，中华人民共和国成立后，中国的对外宣传才在综合国力特别是硬实力不断增长的基础上，在全球范围内唱响了中国声音，彰显了中华民族的存在，并且让世界认识了中国，认识了中国政府和中国人民，直至在理解的基础上接受了中华文化和中国作为一个世界大国的崛起。

当然，新中国成立以来的历史本身也有坎坷起伏，其基本国策也在不断变化。在外交领域，由新中国成立初期的"一边倒"，到后来的全方位外交，由最初的对外输出社会主义，演变为后来以经济和文化为主轴，同时在政治上尊重各国的内政；在农村社会领域，从初期的互助组、合作社、人民公社，到后期的联产承包责任制；在社会生活领域，由早期几乎完全固定的身份、户籍和职业，到后期日趋松动，乃至完全流动，早期单一的社会阶层，也随着后期的改革开放日趋多元；五六十年代普遍贫穷，随着 70 年代末的改革开放的实行，社会生产力不断提升，社会财富的积累超过了预期，国民生产总值的规模迅速膨胀，乃至超越英、法、德、日，而居于世界第二位；随着中国经济的高度国际化，及作为出口大国地位的确立，中国资本也走向了世界，与过去以吸引外国资本为首要事务、以本土防御为基本战略的国策形成鲜明对比；与中国综合国力增长的趋势相适应，中国声音得到了国际社会的高度关注，中国对国际货币基金组织、世界银行、世界卫生组织等重要国际组织的参与及发言权持续加强，G20、金砖四国的成立，标志着中国在国际经济领域的地位远非昔日可比。昔日的"东亚病夫"，演变为世界新的权力中心，中国的崛起俨然成为既成事实，以至国际舆论普遍认为，21 世纪是"中国的世纪"。

中国作为世界大国的崛起乃是不争的事实。在热点四起、烽烟不断的国际社会，大国必须承担起大国的责任，才能树立大国的形象、大国的风范。与此相应，大国的国民也要具备大国的心态，这种心态应该是文明的、开放的、平等的，怀抱着对人类命运的强烈责任和对于弱者的深切同情。大国形象、大国心态绝对不能是以霸权与实力为基础的力量展示，更不能是无视公平、正义的傲慢表现。大国的基础当然在于其雄厚的综合国力，但其在世界上的影响，主要不是基于霸道和实力，而应该是其深厚的文化魅力、理性的说服和道义上的感召。20 世纪 80 年代以来，韬光养晦是中国国际战略的主要一环。如今，历史已经把中国推向了时代话剧的前台。不管中国是否愿意，每当世界面临重大问题，倾听中国声音、了解中国态度，已经成为各国朝野下意识的动作。

这是中国政府和人民必须正视的一个重要现实。在高度国际化的背景下，我们要在国际社会树立什么样的国家形象，我们怎样才能够流畅无碍地传播中国的声音，怎样才能让各国人民全面地理解中国政府的态度和民间的声音，怎样才能够展示中华文化的深层魅力，让各国人民了解和接纳中华文化，是我们必须解决的重大问题。因为它们直接关系中国未来生存的国际环境，关系中国未来可持续的发展，关系人类的和平和世界的安宁。在这种情况下，我们必须加强对外宣传与传播的研究，梳理中国对外宣传的经验和教训，探讨对外宣传的战略与策略，为中国对外宣传的健康发展奠定坚实的思想基础。

现在呈现在读者面前的这本《1949～1966 年中国对外宣传史研究》（华中科技大学出版社 2010 年版），是近年来研究中国对外宣传史的力作。该书作者习少颖博士曾在武汉大学历史系就读本科，后来相继获得新闻学硕士、博士学位。毕业后在湖北日报社工作十多年，现为该报社主任记者。在新闻传播领域，她是少有的理论学养与实践经验兼具的青年学者。她从多维和立体的视角，就对外宣传事业、对外宣传政策及管理、对外宣传业务、对外宣传理念和对外宣传效果五个方面，分析了 1949～1966 年中国对外宣传领域的发展历程，对该时段中国对外宣传进行了层层剖析，并就该段历史做出了自己的评价，建构了中国对外宣传史的新体系。作者在研究这段历史时，选择了"大外宣"的研究视野，在叙述中国大众传媒在 1949～1966 年对外宣传事业发展的同时，将电影、国际交流、官方外交、国际友人传播等多种途径，也纳入研究范围，对它们推动世界了解中国的成就给予客观评价。这种研究思路和框架，在对外宣传史研究领域，是重要的创新。

对 1949～1966 年这段历史的研究，特别是对外宣传史的研究，不同于其他时期其他领域的研究。相对而言，有不少难以言说的特殊困难。因为宣传、对外宣传与政治直接相关，许多问题涉及敏感话题，或者在政治上早有定论，在学术上难以逾越；许多重要事件的档案迄今未公开，一些健在的活档案（当事人）也三缄其口。所以选择这样的课题，要有一定的学术勇气。习少颖以此作为她博士论文的选题，并且在研究过程中付出了相当的辛劳。她根据多年来的从业经验，利用新闻传播学、历史学的知识积累和研究方法，认真地搜集相关历史文献，去粗取精，数易其稿，终有所成。

《1949～1966 年中国对外宣传史研究》的主要贡献表现在两个方面。第一，作者大大拓展了中国对外宣传史的研究空间。国内过去的对外宣传史研究，一般从"小外宣"切入，以传统的报刊、通讯社、广播、电视等大众传播媒介为基本研究对象，而忽视了专业媒体之外的宣传手段及社会系统在对外宣传领域的作用和影响。作者超越了纯事业史的视角，集中精力分析了这一时段中国对外宣传领域行政管理的机构沿革、民间对外宣传体系和业务管理体系，分析了中央政府制定的对外宣传事业政策和业务政策，以及相关的法律法规，从而比较详尽地展示了中国对外宣传领域的管理架构、运行机制，以及存在的问题。作者还以较大的篇幅探讨了这一时期中国对外宣传媒介的报道的主要内容、形式和宣传策略，进而深入地分析了这一阶段对外宣传理念的演变。特别要指出的是，作者在书中对此间中国对外宣传效果的研究，对丰富对外宣传史的体系具有一定的学术价值。第二，在研究方法上，也大胆地做了一些新的尝试。在坚持传统的历史学研究方法的同时，作者还援用传播学的内容分析法和文本分析法，将1949～1966 年对外宣传历史，放在当时特定的政治、经济、文化的多维背景中考察，力争寻求其中规律性的内容。在此基础上，作者还就中国这一时期的对外宣传史提出了自己的见解。作者认为，1949～1966 年间，中国在对外宣传领域基本上奠定了事业、管理、业务、理念等框架的基础，对中国对外宣传的长期发展产生了深远影响。同时该时段的中国对外宣传存在明显的缺陷，如对外宣传完全服从于国家内政外交，缺乏长远规划，对国家价值观念宣传重视不够，对民间力量发动不足等。这些观点有相当的说服力。

该书是在作者博士论文的基础上修改补充而成的，这就导致了它的局限性。因为博士论文是作者在博士生阶段学习研究成果的结晶，由于时间的限制，作者在这本有限篇幅的著作中，只能集中于一个议题，以挖掘深井的方式，致力于解决一个问题，难以全面展示"大外宣"历史演进的总体格局；同时，由于选题本身的敏感性，相关资料的收集极为困难，所以支撑全书的文献基础相对来说还不够坚实，要改变这一局面，恐怕要待以时日。好在习少颖博士重新选择了她的人生道路，将献身学术纳入其未来的生涯规划。学习、研究不限于一时一地，而是绵延一辈子的事情。既然选择了这条辛苦的路，瞄准了这片肥沃的土壤，我相信习少颖能够继续在这一领域有所开拓，有所成就，这也是我的希望。

（2010 年 6 月 3 日于喻园）

（本文是张昆教授为习少颖博士的专著《1949～1966 年中国对外宣传史研究》所作的序言，该书于 2010 年由华中科技大学出版社公开出版）

《35 年回眸》序

35 年前，原国家教委一纸批文，同意华中工学院、武汉大学、兰州大学、吉林大学四所大学创办新闻学专业，由此开始了华中工学院新闻教育的历史。后来（1988 年），华中工学院改名华中理工大学。2000 年，经过三校合并，华中理工大学的校名又被华中科技大学所取代。

人道是，"铁打的营盘流水的兵"。35 年来，从喻家山下走出了数以千计的学生，一些怀抱新闻理想和教育情怀的学者也在此耕耘。在今天，华中科技大学新闻与信息传播学院（以下简称"华科大新闻学院"）先后有一百多位教职工在此工作，或者教学、或者研究、或者管理，耕耘着中国新闻教育和新闻学术的这片沃土，为培养优秀的传媒人才、繁荣新闻传播学术做出了贡献。

35 年，对于自然界，不过是漫长历史中的一个瞬间。唐代诗人李白在《春夜宴从弟桃李园序》中说："夫天地者，万物之逆旅；光阴者，百代之过客。"天地之内的宇宙空间，是万物寄生的旅馆；在光阴交替中起伏之人事，不过是百代之中的匆匆过客。35 年，按照宇宙时间的刻度，实在是白驹过隙，不值一提。但是对于作为生物体的个人而言，几近人生的 1/3，其分量自然不轻。

华科大新闻学院就是我们寄生、栖息之地。我们在这里工作、讲学、研究、著述，我们在这里散步、谈心、看书、生活，或许是 10 年、20 年、30 年，也许是短短的几年，但它却构成了我们生命本体的重要组成部分，是我们割舍不掉的历史。

我们每个人都有自己的过去，都有自己的历史。英国历史学者卡尔·贝克尔断言：“人人都是自己的历史学家。”“每个普通人，同你我一样，记忆种种说过做过的事情，并且只要没有睡着也一定是这样做的。假定这位‘普通先生’早晨醒来而记不起任何说过做过的事情，那他真要成为一个失去心灵的人了。……正常地说来，这位‘普通先生’的记忆力，当他早晨醒来，便伸入过去的时间领域和遥远的空间领域，并且立刻重新创造他努力的小天地，仿佛把昨天说过做过的种种事情联系起来。没有这种历史知识，这种说过做过事情的记忆，他的今日便要漫无目的，他的明日也要失去意义。”

今天，我们呼吁大家回忆过去，梳理在华科大新闻学院工作的这段时间中的经历，再现当时的我们，再现我们当时见到或做过的事情，再现华科大新闻学院发展演进的过程，以一种亲切而闲适的风格，把它以文字和图片的形式保留下来，对于我们自己、我们的学院都具有重要的历史价值。

就个人而言，回忆过往，追忆自己在历史大潮中的起伏、适应与抗争，品味自己的辉煌成就，感恩同事、前辈和朋友，是一种非常正面的情感体验，它能够给我们带来“一系列连续且相互关联的愉悦感”，以至提升我们的精神境界。古希腊哲学家依壁鸠鲁甚至认为：“老人们通过追忆往昔，兴许能在那些美好的事情中找回青春。”当然，对过去的回忆，必然也会联想起既往的一些失误和挫折，甚至一连串的伤感、愧疚，如果能够在冷静检讨的基础上反思，对于自己心智的成熟、道德的升华，对于锤炼自己的意志品质和专业才能，也是一个难得的机会。所以我们不能忘记过去，也不应该忘记过去，常常回忆、咀嚼、缅怀过去，对于一个文明人来讲是不可缺少的。

在高度社会化的今天，个人作为共同体的成员，自然离不开集体。同样，集体也是由一个个独立的个体组成的。我们的华科大新闻学院也是如此，正是我们大家，以及更多的前辈和后来者，组成了华科大新闻学院这个发展着的大家庭。在这一意义上，我们的历史就是学院的历史，如果从学院的历史中，抽去了我们每个人，学院将一无所有。今天，我们都在为华科大新闻传播学科的建设成就而自豪，的确，在国家级权威性评估中，能够与复旦大学新闻传播学比肩，位居国内前列，是我们过去做梦都没有想到的。这些成就自何而来？罗马城不是一天建起来的。华科大新闻学院的今天正是建立在我们大家，即你、我、他共同奠定的基础之上的。今天我们回忆、梳理自己的过去，实际就是在为我们的学院书写历史，就是在为学院的历史记忆填补空白、补充细节，只有这样，我们学院的历史才会变得更加丰满起来。

不可否认，我们新闻学院过去的 35 年，不是一路鲜花、一路凯歌，也有坎坷、也有曲折；不全是快乐与幸福，也有心酸与沮丧。回忆过往，那些每天在白昼或黑夜，太阳和月亮底下每个角落发生的片段会一起涌现在我们的眼前，冲击着我们平静的心灵。记忆的闸门一旦打开，或许我们再想关上很困难。所有这些，我们都必须面对，也能够面对，因为我们的新闻学院，以及我们每个见证者已经成熟、强大到了这种程度。

在新闻学院的 35 年历史中，我们未必全程相伴，但只要我们在场，只要我们见到，只要我们参与了，只要我们通过文字和图片把这些片段记录下来，就为我们的学院保存了历史。这种历史发生的时间节点既近又远，说近，事件刚刚结束，大家记忆犹新；说远，事件或过程已经完结，当事者激动的心情已经平复。这是回忆事件、解析过程的最佳时间节点。这种时间特质，在一定的程度上保证了历史叙事的客观与真实。

回忆作为一种历史叙事，被赋予了记录历史的责任。但是如果把回忆录完全等同于信史，也是不切实际的。我们回忆的对象离今天近是件好事，事情刚刚结束或正在进行，还有一定的热度，大家没有淡忘，还记忆犹新。但也正是因此，也会滋生出一些其他的问题。距离太近，处理太快，历史还来不及沉淀，也就难以看清真相；或者由于事件或过程还在进行中，远未终结，难以预见或不可能知道结局。还有一种可能，回忆者多是历史的当事人、见证者，换言之，他们都是历史的局中人。局中人往往会有当局者迷的一面。古人云，"不识庐山真面目，只缘身在此山中"。同时，既然是局中人，而局中人总会有自己的立场、情感、态度或诉求，或某种程度的利益相关性，这种立场和利益关联会或多或少地影响到回忆者的叙事倾向和客观程度。

这样讲，并不是有意地去消解这些回忆的真实价值，只是说明这种价值具有一定的相对性，不能过分地夸大。我们的使命只是尽可能中立、客观地把看到的、自己参与的事件或过程记录下来。至于是否全面，是否中正客观，自有研究院史的专家来甄别和考证。正如尤利乌斯·凯撒所撰的《高卢战记》，虽然人们没有把它作为信史，但它至少是信史赖以确立的史料来源。

正是基于以上认识，作为前任院长和现任新闻学院学术委员会主任，我面向华科大新闻学院所有在职的、离退休的、已经调离的全体教职工建立了微信群，向大家发出了征稿函。这次举措，得到了老师们热烈的响应。尤其是已经离退休、已经调离学院的前辈老师，如程道才、汪苏华贤伉俪，程世寿教授、黄匡宇教授、孙旭培教授、余明阳教授、石长顺教授、舒咏平教授，还有幸智敏老师等，在第一时间积极响应，还帮忙寻找、联系失联的院友，及时地提交了作品。截至 2018 年 10 月 20 日，我们共收到了 54 篇作品。在此我要向各位回忆录作者表示衷心的感谢，感谢你们对这份事业的支持，感谢你们对学院的认同和牵挂，因为有你们，学院感受到了强大的内在动力。

当然也有不少老师由于种种原因没有提交作品，我虽然感到遗憾，但是予以充分的尊重和理解，在这方面有不同的认识是完全正常的。好在来日方长，今后还会有 40 年、50 年、60 年的院庆节点，还有的是机会打捞自己的往事。好事不怕晚，这次没有写稿的老师们，可以分享其他老师的作品，以此酝酿自己的创作激情。

本着尊重作者、尊重历史的原则，我们仅仅是在文字上做了些技术处理，尽可能地保留了作品的原汁原味。希望这本文集的出版能够引发大家思古的幽情，在缅怀过去的基础上，激发起面向未来的强大动力。我甚至认为，不仅是华科大新闻学院，就是全国新闻教育界同仁们，也有回眸历史，审视现实的紧迫需要，如果每个新闻院系都有一本类似的回忆录，我们的教育情怀和历史文化之根将会扎得更深，我们前进的步伐将会更加坚实。

是为序。

（本文系张昆教授为《35 年回眸：喻家山下的新闻传播教育情缘》一书所作的序言，该书由华中科技大学出版社 2019 年 1 月正式出版）

《组织传播行为》序

　　组织传播学作为传播学科的一个分支，已于 1992 年 11 月被国家技术监督局正式写入国家学科目录。但我国组织传播学的研究刚刚起步，学科建设也进展缓慢，这是一片有待大力开发和挖掘的研究领域。

　　人类逐步进入一个高度信息化的社会，信息资源已与能源资源一样成为最重要的国家战略资源之一，政府和企业等组织掌握了绝大多数的社会信息资源。因此，对组织来说，如何建构科学的组织信息传播体系是组织正常运转和持续健康发展的重要基础。

　　此书把组织传播理论体系的建构放在信息化的时代背景下进行考察，是准确的、适当的。同时，作者抓住了信息技术发展的最新趋势——移动互联网，较为深入地探讨了移动互联网环境下的组织传播模式，让此书的研究更具前瞻性和重要意义。

　　作者是国内较早关注组织信息传播问题的学者之一。2003~2009 年攻读硕士、博士期间就致力于研究政府组织信息资源共享问题；其后在华科大新闻传播学博士后流动站从事博士后研究，我担任他的合作导师。在此期间，他进一步广泛地阅读了有关组织传播的国内外文献，很好地发挥了其工学和人文社会科学交叉融合的专业教育背景，将传播学、管理学和信息科学有机结合，撰写了此书。我也就有关问题跟他进行了多次深入的切磋交流，认真阅读了全部书稿。此书从探讨人类信息传播的两种基本机制出发，论述了组织信息传递、组织信息资源共享和组织舆论传播等三大基本的组织传播行为，从组织传播的"全信息"内容观、系统结构、过程模型、基础平台和复杂网络等方面试图构建全新的组织传播理论体系。

我们有理由相信，此书的出版能在一定程度上推动组织传播学科建设，也能为发展和完善我国传播学和管理学科做出一定的贡献。也希望作者以此为起点，不断深入研究组织传播的一系列问题，推出更多有价值的成果。

（2012 年 8 月于喻园）

（本文是张昆教授为李卫东教授的专著《组织传播行为》所作的序言，该书于 2012 年正式出版）

评《日本在华首家政论报纸〈汉报〉（1896~1900）研究》

近年来，新闻传播学术空前繁荣。不仅有大量的研究成果问世，大量的新人登台，而且社会的资源投入也与日俱增。前几天刚公布的 2018 年度国家社会科学基金资助项目，仅新闻传播学科，就有 165 项入围。不过，总的来看，新闻传播学科的研究也存在某种程度的失衡。譬如在新闻传播学领域，新闻传播史的研究略显薄弱，而在新闻传播史范畴，研究者更多关注本土报刊和本土报人的研究，至于外国人在中国创办的报刊，研究者较少。在这个背景下，关于近代中国外报史的研究论著，实属凤毛麟角。阳美燕教授的《日本在华首家政论报纸〈汉报〉（1896—1900）研究》，正是人们期待的这一类学术成果。

一

新闻史研究离不开特定的历史语境。近代中国新闻史尤其是外报史研究，也离不开晚清以来"西力东渐"之下的全球化语境，及近代中国作为半殖民地政治实体的历史情境。尤其是从早期各通商口岸开始，外报伴随西方强权的对华拓殖而来，打上了浓厚的殖民主义色彩。

国人的这种在场体验，如郑观应在其《盛世危言》中所云："中国通商各口，如上海、天津、汉口、香港等处，开设报馆，主之者皆西人，每遇中外交涉，间有诋毁当轴，蛊惑民心者。"在这种背景下，一方面，报刊传媒可谓西方列强向中国实施殖民侵略的话语场所，或者是西方各强权国家在 19 世纪的"全球化"舞台上，向中国输出殖民主义意识形态的宣传工具和角力场；另一方面，中国近代型报业的开端和源流，在于以英国传教士为首所开创的中文宗教报刊及在此基础上逐渐演变而来的外商"新报"，它们的宗旨不是宣扬英国和西方的文化优越性，就是为维护和开拓西方国家在华利益而服务。因此，外报既是西方在华殖民事业这一庞大机器的重要部件，又是中国近代报业的重要组成部分。

在 19 世纪的外报发展史上，虽然"日不落"大英帝国的在华报业版图，范围最大、势力最强、历史最久，但进入 19 世纪末期，这一格局随着日本明治天皇实行改革维新，推行"经营四方，安抚亿兆，开拓万里之波涛，布国威于四方"的军国主义国策而被打破。日本为了紧密配合其侵华的"大陆政策"，自 19 世纪八九十年代以来，在中国开始谋划报刊经营事业，进行"文力征伐"。自此，较之老牌大英帝国，由明治维新而"脱亚入欧"、经甲午战争而兴起于东亚的新兴帝国主义国家日本，其在华报业不断增长，呈现后来居上之势，至抗日战争时期，达到最高峰，构成一部长达半个世纪之久的日本侵华新闻舆论史，直至 1945 年战败才落下帷幕。正是在这个意义上，日本在华半个世纪的报业经营，乃是以日本"一君万民"极权体制为前提、"殖产兴业"的财阀发展为基础、"富国强兵"的侵略扩张为主导、"文明开化"的弱肉强食为法则的日本维新"大业"的题中应有之义。换句话说，近代日本在华报业是近代西方列强在华殖民报业系谱中的有机组成部分和后来居上者。

2018 年是日本明治维新 150 周年。对这场"近代化"中的"维新"或"改革"进程，日本自身固然一直引以为傲，而在中国，也有不少人以推崇心态，将这个曾给中国带来毁灭性灾难的国家视作"近代化"的榜样。戊戌变法失败之后，中国资产阶级的维新派、革命派的领袖多汇聚于日本，探寻救国之路，甚至期待着来自日本的支持。他们没有想到，会有后来的长达 14 年的侵华战争。在这个意义上，就"后来居上者"日本在华的殖民报业进行深入的历史分析，对于揭示日本帝国主义的本质，客观理性地认识日本明治维新，进而在新的时代环境中建设符合两国人民期待的中日关系具有重要的现实意义。

　　湖南大学阳美燕教授的《日本在华首家政论报纸〈汉报〉（1896—1900）研究》一书，选取日本在华第一家舆论机关《汉报》作为个案研究，正是这一范畴之代表作。这家报纸创办于甲午战争后，正值东亚时局和中日关系的特殊时期，也是日本实行"明治维新"近三十年之际。其社长为宗方小太郎，是在甲午战争中为日本立下谍报"奇功"的日本海军间谍、大陆浪人，在日本谍报史上有着极高地位。由此，日本开始了在中国长达半个世纪之久的以文化侵略为导向的新闻舆论史。选取《汉报》这样一种具有"源头"意义的报纸，对日本在华新闻史做追根溯源的个案研究，选题上具有独特的学术眼光和研究价值。

　　根据作者的考察、梳理，日本《汉报》从英商《字林汉报》接管而来。后者的背景同样不简单，属于英国，也是当时整个西方在华最大报业集团字林洋行的子报，是该洋行沿长江流域从上海向内地——汉口拓展其市场所创办的一家中文日报，也是外国人在中国内地创办的第一家中文日报。其时，"日报之制始于泰西，近则渐行于中国。然如晨星寥落，终不若泰西之盛也……今春汉口复增开一家，每家每日售报多者数万张少者数十张，则华人阅报之风已日盛一日"。也就是说，在日本《汉报》（1896~1900年）及其前身英商的《字林汉报》创办之际（1893年），诞生于中国本土的日报"如星辰寥落"，并不多见，其后中国人阅报之风开始盛行。在中国被动应对那些来者不善的西方"不速之客"时，从西方传入的新式媒介——近代日报，伴随着其母国强大的军事经济实力，来到中国开辟内地市场，开始了在武力和经济征服之外的心理侵略。在这种情况下，报刊媒介所蕴含的鲜明的中西二元对立框架，是不言而喻的。而拥有双重"第一"的《汉报》，即先后作为外国人在华内地的第一家中文日报和日本在华首家政论报纸的角色，进一步表明该个案研究的学术价值和历史意义。

二

　　19世纪至20世纪初，外国人在华办报离不开如下两大历史背景：一是西方列强对外殖民扩张方式的深刻变化，二是"华洋混杂"报业格局的逐渐形成。

从第一点来看，19 世纪、20 世纪之交，是帝国主义势力迅速"全球化"扩张的时期，但其殖民控制方式，已经主要不再是领土的占领与军事控制，更多的是对殖民地和半殖民地的自然资源、劳动力资源的掠夺，与此同时建立起一整套相应的殖民主义文化和意识形态体系。1903 年，我国就有人明确指出，"今日之亡人国者，不能用野蛮之手段亡之，而必用文明之手段亡之"①，这道出了在新的历史阶段帝国主义侵略扩张在思想文化领域软的一面。帝国主义侵略不仅仅是裹挟枪炮和商品的征服，它还是一个文化过程，是教会、学校、研究所、文学、艺术、传媒、会社及相关学科等"近代化"殖民事业兴办及全球扩散的过程。这些软性的殖民事业，主要用来教育、哄劝、引诱殖民地人民进入一个"合作性"的观念框架中，使之从思想意识上顺从殖民者。这一套在武力征伐之外的"文力征伐"体系，主要功能是说服，同时也带有某种强制性，正如枪炮、军舰这些硬力量的行使，在迫使他人不得不顺从的同时，也在进行说服。这二者之间只是软、硬基本"成色"的区分。而配合帝国在某个地理空间实现完全的殖民统治，对在地的反抗力量或实体进行精神上的安抚②，则是帝国文化系统的使命。在各帝国主义列强开始转向柔性殖民控制，重视说服、合作性的帝国文化输入过程中，其在华外报以其高度的文化自觉和责任意识，在其中扮演重要角色。

外国报人这种集体性的文化自觉，贯彻于后来"华洋混杂"报业格局中的外人办报实践中。众所周知，我国近代报业史，是由外报开启的，且外报在早期占据主体地位。随后，自 1870 年代起，以王韬自办《循环日报》为代表，国人开始了自主办报的不懈努力，直至维新运动时期，兴起了第一次国人办报高潮。这二十多年的时间，既是中文外报在中国的较大增长时期，也是国人自办报刊的不断成长阶段，可以说是一个双向的"增势"过程。其中，外报的增势过程，同时也是中国人逐渐参与其办报

---

① 胡成：《全球化语境与近代中国半殖民地问题的历史叙述》，《中国学术》2003 年第 1 期，第 151 页。

② 〔美〕何伟亚：《英国的课业：19 世纪中国的帝国主义教程》，社会科学文献出版社，2007，第 3 页。

业务，与外报关系走向微妙复杂"合作"的过程。对这种"合作"的确切认知，《申报》馆主美查在《论本馆作报本意》一文中有过经典陈述："所卖之报张皆属卖于华人，故依恃者惟华人，于西人犹何依恃乎？"《申报》确立了与华人密切"合作"的方向，将编辑大权交给蒋芷湘、钱昕伯等中国文人，一直由中国人主持笔政。1895 年，英籍传教士李提摩太在《万国公报》上也撰文强调"派中国熟悉中西情势之人为之主笔"。这种聘请中国人，让中国知识精英和买办知识分子进入西人媒体中工作的主张和做法，绝不是偶然为之，而是在华外报发展到一定阶段后的必然选择，它旨在消除中外隔阂，以"合作"、渗透而不是早期生硬灌输的方式输出西方意识形态和帝国文化。其中，中国人为其外人老板扩张了报业市场，同时也学到了丰富的办报经验，从而促成了一批批国人自办报刊的诞生。这种在一定程度上你中有我、我中有你的"华洋混杂"局面，自然是十分有利于外报生存发展的。

"华洋合作"方式的报业实践，带来了各帝国主义国家在华统治模式的变化，也在一定的程度上体现了帝国主义国家文化侵略的新特征。研究当代全球帝国的思想家 Michael Hard 和 Antonio Negri 指出，"帝国"的本质特征有二：一是帝国内含空间的整体性，帝国从不认为其统治有边界限制；二是帝国内含时间的永恒性，帝国从不认为其统治是特定的历史。[①]这种"华洋混杂"与"合作"，正是实现帝国统治中"边界"消解、走向空间整体性的重要途径，同时也是帝国统治突破时间限制、寻求永恒性的主观努力。这样发展至 19 世纪、20 世纪之交，以中国人为主要读者对象的在华中文外报，带着在半殖民地中国的意识形态意义和被办报主体所赋予的相应角色，以各种柔性化、隐秘化的方式存续，其说服功能逐渐增强，而强制色彩减弱。无论是在华办报的先行者英国，还是后来居上者日本，莫不如此。在华外报的这种传播实践，对于帝国主义列强的武力和经济征服，不仅是一种有效的策应，而且在某种意义上，还强化了对其侵略行为的"合法性"论证。

---

① 李承机、李育霖主编《"帝国"在台湾——殖民地台湾的时空、知识与情感》，台大出版中心，2015，第 25 页。

三

在对日本在华报纸《汉报》的研究中，阳美燕教授紧扣该报的政论特色，重点对这一日本帝国文化侵华个案做了深入剖析，让我们看到了日本这个通过甲午战争崛起于东亚的新兴帝国，是如何深入中国内地，以舆论诱导的途径进行柔性殖民控制的，从中可以管窥当时西方帝国主义列强在中国进行文化侵略的过程与特征。

这本专著的突出特点，是以大量《汉报》原件为依据，以细致绵密的内容文本解读，揭示出该报围绕它的编辑方针即"汉报主义"所展开的舆论诱导和舆论渗透的使命、功能和技巧。所谓"汉报主义"，即"一、介绍日本之实情于支那之官民，以令其信于我；二、明唇齿相依之义，行一脉相承之实；三、抑制旧党援助新党，以助维新之气象"。这与当时日本的国家战略是完全一致的。

作者以详尽史料，考察了日本海军间谍宗方小太郎多年奔走游说，终于从英商手里接管《汉报》的来龙去脉，旨在揭示该报诞生的如下历史背景与政治"使命"：日本经过甲午之战在中国获取巨大殖民利益，但与此同时，它在中国面临更为复杂的局势，而其中最令日本棘手的，是当时中国人的对日舆情。"上下之感情破恶，厌日人极甚"，全国上下，排日的社会舆论和民族感情非常强烈。对日本政府来说，急需扭转这一不利局面，制造有利舆论和扶持亲日政治势力。这即是"汉报主义"精神实质之所在，也是该报服务于日本帝国对华侵略政策的"崇高使命"之所在。

在"日本人接管《汉报》的背景、经过及其编辑方针"一篇中，作者细致考证了该报依托日本在华重要情报机关——汉口乐善堂而诞生的背景、经过以及该报的资金来源。而在附录"论析《汉报》（1896—1900）馆主宗方小太郎的'中国经营论'"一文中，则进一步揭示了该报创办的契机——作为日本对华武力征伐之后的"文力征伐"的事业开拓。卓南生教授在其所撰的序文中，特别对这篇附录予以推荐，称之为"画龙点睛之笔"，它细致挖掘了宗方小太郎长期在华的间谍生涯，及其在甲午战争中为日军立下的谍报"奇功"，有着这种隐秘身份的宗方小太郎，甲午战后摇身一变为《汉报》社长，往来于长江流域，与中国官绅密切交往，转向"文化"的办报活动。他的摇身一变，正合着日本帝国在中国的征伐节拍——开启舆论诱导的"文化"侵略（拓殖）。

作者在书中对这一"文化"拓殖本质进行深入阐述与呈现，通过穷尽该报的相关报道和论说，研读这些文本，分析它在戊戌变法、中日关系变化、义和团运动和俄国南下这一系列重大时政问题上的立场、态度，分析其舆论基调和舆论模式，剖析今天仍然大有市场的"强弱论""师日论"等论调的报史源头。这部分的内容，构成本书的重点。作者还强调了如下论点：《汉报》从日本"国益"（国家利益）出发，以积极干预的姿态，对这些事关中国"大利大害"问题毫无保留地指指点点，露骨干涉中国内政外交乃至高层的权力斗争，完全逾越了它作为一家外报的政治底线和职业伦理，从而最终被敏于意识形态问题的地方官张之洞所接管，结束了它的历史。现在看来，以《汉报》为代表的这类外报，利用治外法权，针对中国内政和国家意识形态领域的要害议题"畅所欲言"，这种以"文明之手段"（非武力）为幌子的所作所为，不过是帝国主义列强侵略扩张的软硬两手之一。正如萨义德所言，它乃是以某种文化的方式参与帝国的海外扩张，支持、表现和巩固了帝国的实践。①

作者在本书中所做的历史实证分析，放在当今全球化格局下来看，也有其鲜明现实价值。它不仅可为国人提供一种西方"近代化""全球化"认知的学术途径，而且还为当今的跨文化交流和国际传播秩序认知提供了一种历史经验的镜鉴，提醒我们不要囿于眼前，不要迷于表象，而应该不断地思考其从来，追问核心的问题所在。

（本文是张昆教授为阳美燕教授的专著《日本在华首家政论报纸〈汉报〉（1896～1900）研究》撰写的书评，书评文章发表于《新闻与写作》2018 年第 8 期）

---

① 〔美〕萨义德：《文化与帝国主义》，三联书店，2003，第 52 页。

评陈世华新作《北美传播政治经济学研究》

　　"天下熙熙，皆为利来；天下攘攘，皆为利往。"① 两千多年前，司马迁在《史记》中发出的感叹，令我们颇有共鸣。在节奏飞快而功利色彩浓厚的现代社会，有多少人能够坐定冷板凳，长夜孤灯，抗拒外在的诱惑？有多少年轻人愿意用十年的时光去构思、写作、修订一本枯燥的理论书稿？尤其是一本专注于批判学派的理论书籍需要更多的投入和坚持。在眼花缭乱的互联网时代，人们为目不暇接的媒介形态和丰富多彩的内容所陶醉，高度发达的西方传媒更是世界各地学习的榜样，人们似乎已经忘记了对商业传媒本质属性和功能的质疑，也不想去追究其中存在的问题。在这个歌舞升平的媒介奇观中，我们似乎已经不需要批判的传播学了。而在对当前五花八门的媒介形式和实践的痴迷中，去追溯批判传播学的思想史和学术史，更是显得没有必要，去故纸堆里梳理传播学批判学派的历史是吃力不讨好，甚至是被人嗤之以鼻的陈腐行为。陈世华的新作《北美传播政治经济学研究》打破了人们的刻板印象，以创新性的书写，再现了批判学派思想史的价值，是近年来不可得多的传播学史力作，在内容和写法上都显示了独特的创新性，值得我们研读和深思。

---

　　① 司马迁《史记》卷一百二十九《货殖列传》第六十九。

一 十年的坚守铸就诚心之作

这部厚重的《北美传播政治经济学研究》是陈世华博士十年磨一剑的产物，再读此书，既熟悉又陌生，既欣慰又感慨。说熟悉，是因为这本书稿的前身我十年前就接触过。十年前陈世华与我交流博士学位论文选题，我们在多次讨论之后，确定了"北美传播政治经济学"的研究主题。2008年9月他赴美国伊利诺伊大学传播研究所学习，而该所正是传播政治经济学的诞生地，保存了传播政治经济学珍贵的文献资料，为其研究提供了便利。回国后，他写作完成了博士学位论文，并获得了湖北省优秀博士学位论文和全国优秀博士学位论文提名奖，得到了学界的认可。

说陌生，是因为书稿的大部分内容都是全新的。作者于博士毕业后，在繁重的教学科研任务之余，坚持理论追求和学术理想，执着于在国内并不受欢迎的传播政治经济学研究，在《国外社会科学》《国际新闻界》《新闻大学》《南京社会科学》《东南学术》等重要刊物陆续发表了一系列有影响力的成果，被《高等学校文科学术文摘》等刊物转载或摘编。本书以博士论文为基础，获得了国家社科基金的后期资助。经过不断增补、完善、修订，完成了近四十万字的书稿，锦上添花，焕然一新。作为书稿前身的博士论文，我曾经细读多次，当时的论文体系健全、条理清晰、观点鲜明、资料翔实，但是，受制于作者当时阅历和积淀，书稿的内容还略显单薄，对一些观点、材料的解读不是很到位，对一些问题的考虑也不够细致，阐述不够深入，语言也较为稚嫩。十年后的今天，再读这本书稿，确有脱胎换骨之感。本书打破传统学术史书写的窠臼，采取知识谱系的写法，追溯了北美传播政治经济学的起源、发展与流变，并追踪了学术前沿和最新进展，加入了一些新的资料和章节，体系更加完备，资料更加丰富，而且增加了总结和评述，史论结合，入情入理，论证有力，整体图绘和个案研究并行，人物研究和流派研究并举，历史研究和理论探讨交叉，西方视野和中国实际交融，观点、视角、资料令人耳目一新，对中国的传播实践和传播研究来说，都具有很高的理论价值和现实意义，是近年来批判研究不可多得的重要成果。

二　批判传播学术史的价值

按照法兰克福学派代表人物霍克海默的分法，传播研究领域可以分为行政研究和批判研究①，批判研究又可以分为以文本批判为焦点的文化研究和以政治经济批判为核心的传播政治经济学。传播政治经济学以否定现存政治经济制度，揭示传播背后的政治经济权力为旨归，其曲高和寡的批判取向使其不受主流政治经济权力的欢迎。尤其是在实用主义指引下的经验研究占统治地位的北美，传播政治经济学一直处于边缘地位，不受政治权力、商业媒体、大学和基金组织的青睐，研究传播政治经济学成为吃力不讨好的事情。由于传播政治经济学以马克思为精神领袖，以马克思主义政治经济学为研究路径，在北美无处不在、若隐若现的反共浪潮中，批判的学术在高校、学术领域和更广阔的社会中处于微弱的地位，如履薄冰。随着大众政治运动的逐渐消失和新自由主义的兴起，批判的学术更不受欢迎，学界热心于虚无缥缈的理论，对社会变迁的兴趣逐渐消失，批判学派逐渐衰落。② 与传播政治经济学相关的研究机构在缩减、研究队伍在萎缩、研究领域在凋零，在传播学史上占据重要地位的传播政治经济学在互联网时代逐渐落寞，甚至有逐渐被人淡忘的趋势，复兴传播政治经济学迫在眉睫。

在中国特色社会主义传媒体制下，研究传播政治经济学显得尤为重要。传播政治经济学一直以马克思主义为思想渊源，以马克思主义政治经济学为研究路径，契合中国以马克思主义意识形态为指导思想的政治经济体制。传播政治经济学批判西方商业化传媒体制，呼吁建立公共传播体制，维护公共利益，也契合中国特色的媒介生态和运作机制。传播政治经济学者一直在思考和辨析中国社会主义传媒体制成为西方商业化传媒体制之外的更好的替代品的可能性，中国的传播研究也一直以马克思主义为指导思想，所以，研究传播政治经济学具有重要的理论价值和现实意义，

① M. Horkheimer, "Traditional and Critical Theory," In *Critical Sociology: Selected Readings*, P. Connerton eds, Penguin, Harmondsworth, 1972, pp. 206-224.

② R. McChesney, *Communication Revolution: Critical Junctures and the Future of Media*, New York: New Press, 2007, p. 59.

《北美传播政治经济学研究》出色地完成了这个任务。

在理论维度，本书再现了北美传播政治经济学的知识谱系和理论精髓，在元理论层面深入解读，对其进行话语分析，体现了重要的学术史价值。作为批判学派的传播政治经济学一直站在美国传播工业和主流传播研究的对立面进行立论，很多人带有"敌人的敌人就是我们的朋友"的观念，对北美传播政治经济学有诸多青睐，进而不加批判地接受和采纳。①我们对定量研究认识上的偏差和训练的不足，导致我们对偏向于定性研究的传播政治经济学偏爱有加，这些预设的"偏见"导致了我们对北美传播政治经济学一直存在误解。本书从客观、科学的态度出发，突破预设的立场和刻板印象，梳理该学派的历史流变和基本样貌，并整体把握演进逻辑和内在结构，辨析其作为一个理论流派的价值和贡献，以及存在的不足和缺陷，为完善和推动传播政治经济学的发展奠定基础，推动了传播政治经济学在中国的传播，为构建中国本土化的知识范式提供了新的路径。

在实践维度，本书通过梳理传播政治经济学让我们认清了美国商业化传媒体制的本质，及其所面临的危机，为我们避免重蹈覆辙，并借鉴其媒介改革策略，为中国的传播业的发展和变革服务。传播政治经济学者所极力提倡的公共控制下的非商业化的公共传播体制，与中国的社会主义公有公营的传播体制有共通之处。在我国社会主义传媒体制中，媒体为党和人民所有，随着市场化的加速，曾经出现在西方商业化媒体中的弊端在中国媒体也日益显现，并且愈演愈烈。尤其是互联网技术的普及和新媒体的更新换代，使带有一定商业属性的网络媒体占据了媒介市场的重要地位，新闻娱乐化、低俗化现象已经并不鲜见。钱穆说"史学之真贡献"在于"言顾行，行顾言"②，研究北美传播政治经济学可以吸取其对传播业的独到判断，他们的政策思考和理论探讨能为我们建设和完善中国的传播体制提供借鉴。他们对中国媒介商业化、媒介改革、意识形态等的分析和研究，能够为我们提供一个"旁观者清"式的参考，得以避免重演美国商业化传播体制的弊端，以便更好地推进中国的媒介改革。

---

① 陈世华：《北美传播政治经济学研究》，社会科学文献出版社，2017，第5页。
② 钱穆：《中国历史研究法》，三联书店，2001，第153页。

三 学术史的创新书写

传播政治经济学经历半个多世纪的发展，涌现出一批代表性的学者和专著，形成了特色的研究领域和独特的研究路径，国内对传播政治经济学的译介和研究却较为滞后。进入 21 世纪后，在赵月枝、郭镇之、陈卫星等学者的推动下，传播政治经济学从翻译到介绍，从描述到阐发，从个案到整体，从历史到理论，从纯理论探讨到学术实践运用，取得了一定的成果，但总体来说，较为分散，未能构建一个完整而清晰的理论体系，无法让人一睹传播政治经济学的原貌。《北美传播政治经济学研究》打破既有研究的局限，对其进行全景透视，广度、深度均有所拓展，在多个维度有显著的突破和创新。

首先，理论和观点创新。本书在对北美传播政治经济学进行全面细致解读的基础上，提出一些新的观点，重新认识了该流派的价值和贡献，指出了其存在的不足和缺陷，具有前瞻性与独创性。比如，全面追溯了传播政治经济学的思想渊源，深入阐述了奠基人席勒和斯麦兹的思想；并根据不同的主题，将北美传播政治经济学细分为五个分支领域，分别进行深入细致的阐述；追踪北美传播政治经济学的前沿动态，探析了北美传播政治经济学领域内外跨学科交叉而衍生的各种新研究取向；借用杜威的"不自由的新闻界"的概念，将北美传播政治经济学的理论精髓归纳为"我们不自由的传播"；将北美传播政治经济学的元理论归纳为传播即控制；通过话语分析阐明了北美传播政治经济学背后的话语逻辑和权力考量，并总结了北美传播政治经济学对中国新闻传播实践和研究的启示，这些都属于前沿性的理论成果。

其次，视角和路径创新。本书在研究内容和路径上不同于以往同类研究，试图超越具体的理论阐述，利用一个研究假设"我们不自由的传播"统筹不同学者的思想和语言，对北美传播政治经济学进行总体性归纳，再现该学派的演进逻辑和发展规律。[①] 在写作方式和章节编排上，采取知识

---

① 陈世华：《北美传播政治经济学研究》，社会科学文献出版社，2017，第 34 页。

谱系的写法，追根溯源，条分缕析，层次分明，线索明晰。既有学术史的整体梳理，也有关键人物和理论的个案研究，还有思想精髓的提炼和学术运用实践，使成果更为体系化，更加紧凑和完整。在观察角度上，将宏观、中观、微观相结合。在宏观层面上对北美传播政治经济学场域和历史流变进行全景概览，在中观层面上对某个主题进行系统探讨，在微观层面上对关键概念和关键人物进行个案解读和深度探析，全面勾勒和个案研究相结合，以全景视野对北美传播政治经济学进行多层次、多角度、多学科的立体分析和深层透视，角度独特而新颖。

最后，方法和资料创新。本书采取多样的研究方法，保障了研究结果的科学性。采用个案研究法，以代表性传播政治经济学者的观念、思想和研究为个案，进行单独深入的研究，见微知著；通过深度访谈法，获得口述史学材料，理解其研究旨趣和最新的理论动态；采取元分析和话语分析，提炼传播政治经济学的元理论和话语体系，采用比较分析方法将北美传播政治经济学与欧洲传播政治经济学进行对比。本书的资料富有新意，所使用的文献既包括公开出版的学术专著、论文、学位论文等纸面印刷品和纪录片、访谈录音等电子音像材料，也包括其他思想活动材料，如演讲、会议论文，以及散落在各种文集中的章节等，还包括很多并没有公开出版的档案资料，如课程大纲、研究报告、来往书信、教学计划等，还有其他学者的批评、回应和争论等等，另外，还包括访谈的口述史学材料，其中很多文献是中文世界难以获得的资料，这些资料都将给本书提供坚实的论证基础。

四　学术史的写法创新

虽然当前学界不乏传播学史的著作，但是在写法方面基本上大同小异，有着固定的模式和框架，或分时间或分主题进行梳理，而本书在继承传统学术史的写法基础上，吸纳跨学科的研究视角和书写方法，在写法上体现了诸多创新。

1. 学术史方法的新运用

在学术史的书写中，本书兼顾中西方不同的学术史方法，采用冯友兰先生"照着讲、接着讲、对着讲"① 的思想方法。首先是照着讲，厘清理论的本来面目，梳理理论起源、奠基、诞生、繁衍、拓展的历史进程。然后是接着讲，对理论进行归纳还原，不唯上，不唯书，不唯众说，对理论的价值和贡献进行全面的把握。最后是对着讲，通过平等的对话，围绕问题，反思该学派的理论前提、论证过程和结论中存在的问题。在理论的还原中，本书巧妙地运用了语境化、去语境化与再语境化的思想史探索方法。首先，通过语境化将北美传播政治经济学置于历史语境和语言语境中，让文本在语境中产生意义，结合历史语境和学者个人的教育背景和生活阅历，对代表性学者的经典文本进行细致读解，理解其起源、诞生、演变、拓展背后的诸多驱动因素。其次，去语境化，将该学派剥离出历史语境，在不同的社会文化条件下，分析其作为一个学科和流派的普适性，思考北美传播政治经济学是否具有超越时空的特质，是否经得起语境变迁的考验。最后，再语境化，在梳理学术源流和反思学术本身的基础上，将理论置于当代的语境下，提炼北美传播政治经济学的元理论，分析其在当下新媒体语境下的适用性，并结合当前传播环境和媒介的变革思考传播政治经济学的更新和完善的路径及趋势。

2. 话语分析的典型范本

话语分析作为一个文本解读方法，在人文社会科学研究中得到广泛运用。以福柯、梵·迪克和费尔克拉夫所提出的理论为代表的话语分析理论，试图将意义从文本结构的牢笼中解放出来，延伸至话语的表征实践，重视文本的建构性、社会性、语境性、互文性以及利用话语而进行的权力争斗，揭示话语的生产与运作过程中的意识形态、阶级、性别以及深层权力关系。传播政治经济学作为一个理论流派实际上就是一个理解现实传播世界的话语体系，他们对现实传播制度的批判、对理想传播制度的追求实际是一种宣言，他们的研究和表述实际上是一种话语实践，受制于当时语境的权力结构和话语模式。《北美传播政治经济学研究》首先采用了话语分析，选择传播政治经济学的代表性文本《盲点》，从文本分析、话语实践和社会实践三个维度具体展开话语分析，层层递进。首先是文本向度，

---

① 冯友兰:《中国现代哲学史》,广东人民出版社,1999。

解读文本的结构和逻辑；其次是话语实践向度，分析文本的来源和生产过程；最后是社会实践向度，即考量话语背后的权力及其产生的影响和价值。最终回应了话语分析理论的结论，即话语是特定语境的产物，反映了社会的现实秩序和权力的配置①，隐藏着特定的权力关系。

3. 元分析的新尝试

元分析是一种对理论进行二次分析的方法，对理论进行综合评价、分析、整合，以获得普遍性、概括性结论，通过对传统观点的重新审视，提出新见解、新视野。元研究注重研究理论的产生、途径、过程和理论范式的发展变化规律，研究理论与研究者、社会现实之间的相互关系，元分析的结果就是元叙事和元理论。《北美传播政治经济学》通过对传播政治经济学进行元理论层面的深入解读，提炼该理论的内在理路和结构，阐明基本概念和基本原理的构成方式和论证逻辑，分析和揭示理论所依赖的各种前提，特别是那些在理论中未明言的隐蔽前提，使理论同个人经历、时代背景和社会思潮的联系更加明朗，最终形成北美传播政治经济学的元理论。书中明确提出：从元理论层面来说，传播政治经济学的哲学基础是马克思主义，传播即控制是其传播本体论，唯物主义是其世界观和认识论，传播价值观是公平优先于效率，人性观是消极受众观，实践观是学术改造世界，方法论是质量并行。② 这些论点体现了宽广的知识视野、深厚的价值关切和细腻的理论情怀，这在国内尚属首创。

五　白玉微瑕可为进

受制于时间和资料，以及作者本人积累和阅历的局限，《北美传播政治经济学研究》也有白玉微瑕之处，书中的某些思想观点、立论逻辑、语言文字都还有推敲的空间，这些问题是作者未来进一步深入探究和完善的方向。首先，在资料上，由于地域限制，作者未能全部收集和解读一手英文文献，对最新的文献资料未能及时补充，尤其是近些年来

① 陈世华：《北美传播政治经济学研究》，社会科学文献出版社，2017，第 235 页。
② 陈世华：《北美传播政治经济学研究》，社会科学文献出版社，2017，第 199 页

西方学界涌现了大量社交媒体、自媒体的政治经济学研究成果，作者未能及时吸纳援引，对新媒体的政治经济学批判研究还需要进一步深化和完善。其次，在视角上，传播政治经济学是跨学科交叉融合的产物，研究者的学术训练和知识积累影响成果的深度，研究结论的科学性还有待提升，相关评述和论证还有可以深入探讨的余地。部分章节还略显薄弱，论证深度不足。对比研究还不够深入，需要进一步收集和解读相关英文文献，彰显不同学派的理论取向的异同。最后，在结论上，书中部分观点还需进一步斟酌，增强对策的中国适应性和可操作性。书中提出的宏观性建设意见，在构建我国媒体改革实践的具体框架方面有所欠缺。北美传播政治经济学作为一种分析视角，主要价值就是提供一种看待问题的视角，而不在于具体观点有多么正确。传播政治经济学的观点和对策也有局限，某些结论也有些偏颇，如将受众看作媒介市场完全消极被动的角色；过度重视经济维度而选择性忽视文化维度；对技术过于悲观，而忽视了技术创造表达途径，促进文化生产和传播，推动民主化进程的积极功能，陷入了保守主义的"技术决定论"[①]；缺乏从微观视角上对传播文本和内容的分析；在研究方法上过于依赖质化研究而忽视量化研究；将控制方的控制意图与控制效果混为一谈等。西方与中国的语境存在较大差异，简单地移植和套用资本主义制度下形成的理论成果，往往不能解决我国实际问题，我们应该坚持知识社会学的"动态的真理观和知识观"[②]，谨慎地借鉴和运用、批判性地吸纳和继承北美传播政治经济学的观点和方法，为我所用。

结　语

再读陈世华新修的这部著作，看到他在学术上的进步，让人深感欣慰。在这个喧嚣的功利社会，他能够安静地坐下来，抵御窗外的种种诱

---

① 胡翼青、杨馨：《解构神话：传播政治经济学学科合法性问题辨析》，《南昌大学学报》（人文社会科学版）2016年第4期。

② 〔德〕卡尔·曼海姆：《卡尔·曼海姆精粹》，徐彬译，南京大学出版社，2002，第50页

惑，锲而不舍，专注于学术，实在是难能可贵。《北美传播政治经济学研究》是传播政治经济学派本土化理论体系的重要成果，是传播学本土化的新尝试，从中可见中国传播学者将西方传播思想与我国具体语境充分结合，跨学科、多视角地思考学术史的主体性自觉。① 板凳须坐十年冷，文章不着一字空。期待作者和广大青年学人能够潜心学术，立足历史视角、中国立场以及国际视野，依托中国经验，诞生更多扎实而又不乏洞见的学术成果，为繁荣传播学术做出更多的贡献！

（本文是张昆教授为陈世华教授的新作《北美传播政治经济学研究》写的书评，该书评发表于《出版发行研究》2019年第5期）

---

① 赵月枝、胡智锋、张志华：《价值重构：中国传播研究主体性探寻》，《现代传播》2011年第2期。

评刘家林新著《新中国新闻传播 60 年长编（1949—2009）》

近年来，随着资讯传播技术的发展及新媒体的崛起，新闻传播学术亦空前繁荣，作为这一进程的伴生现象，学界对新闻传播史的研究也空前活跃，各种论著层出不穷，新闻传播史研究也成为一门显学。刘家林教授新著《新中国新闻传播 60 年长编（1949—2009）》（暨南大学出版社 2010 年版，以下简称《长编》）就是新闻传播史众多研究成果的杰出代表。长期以来刘加林教授致力于新闻传播史的教学研究，这部《长编》耗费了他十年的时间。笔者有幸成为《长编》的第一批读者，拜读之后，有拨云见日、豁然开朗之感。以笔者愚见，《长编》下列几处特色值得读者关注。

一　拓展了新闻传播史的研究空间

新闻传播史是人类社会整体历史的一部分，它是一个由一系列复杂因素或层次组成的有序的系统结构。一般而言，新闻传播史体系呈现三个密切相关的层次，即新闻传播事业、新闻传播制度、新闻传播观念，三者彼此依赖，相辅相成，共同建构了完整的立体的新闻传播史体系。如果把新闻传播史比作漂浮在大洋中的冰山，那么，新闻传播事业属于水面之上的冰山山尖，而新闻传播制度、新闻传播观念则是水面下的主体部分。新闻传播史研究，不能满足于对新闻传播脉络做单一、平面的线性描述，而应该从整体的视角，立体地再现多维的新闻传播史。① 可是，以往的新闻传播史研究，往往只注意到了这个冰山的山尖，而没有注意到冰山水面以下的部分，只注意到舞台上的表演，而没有注意到舞台后、舞台下多彩的人物和事迹。所以我们过去看到的许多新闻历史著述，其展现的历史景观大多是不完整的、平面的、片段式的。中国早期马克思主义理论家李大钊曾经告诫历史研究者们，在历史研究中，不能满足于"考证确定零零碎碎的事实为毕乃能事；必须进一步，不把人事看作片片段段的东西；要把人事看作一个整个的，互为因果，互有连锁的东西去考察他"②。这一观点对于新闻传播史研究同样是适用的。

《长编》一书在新闻历史观方面与过去同类著作相比表现出很大的差异。首先，该书在较大的程度上拓展了新闻传播史的研究空间，将新闻传播史视为新闻传播业、新闻传播制度和新闻传播观念这三者结合的有机体。其对新闻传播事业内涵的把握，除了传统报刊、广播电视、通讯社等之外，还将新兴媒体如网络、手机等纳入其中。并将新闻传播制度、新闻传播观念与新闻传播业间的互动进行历史的还原，这种还原遵循两个路径，一是将三个层次置入新闻传播业演进的框架下进行水乳交融式的描述，此为多数；二是凸显各个层次的主体性，分别描述，如对 20 世纪 80 年代新闻传播观念、90 年代新闻传播业管理机制的梳理等。由此，该书展现的新中国 60 年新闻传播历史丰满厚实，与早期所见的单一新闻事业史截然不同。

其次，《长编》在历史分期上凸显新闻传播史的主体性，注意新闻史与政治史的区隔，基本上依据新闻传播史自身演进的节奏来分期。刘家林教授表示，该书在时间上"既要考虑新闻传播业自身的发展规律，又要考虑新闻传播业在各个历史阶段往往与当时的政治、经济、文化乃至国际大环境都有密切的关系"③，但主要是根据新闻传播史自身独特的发展节奏来确定分期标准。这样一来，新中国 60 年的历史发展，其新闻传播和

---

① 张昆：《新闻传播史体系的三维空间》，《新闻大学》2007 年夏季号。
② 李守常：《史学要论》，河北教育出版社，2000，第 17 页。
③ 刘家林：《新中国新闻传播 60 年长编（1949—2009）》上册，暨南大学出版社，2010，第 3 页。

政治、经济历程，并非完全同步。如对新中国成立初期新闻传播史的分期就不是以新中国成立（1949年10月）和社会主义改造完成作为标志，而是将新中国新闻传播事业的发展起点定在1948年。但正如作者所言，"新闻传播业在各个历史阶段往往与当时的政治、经济、文化乃至国际大环境都有密切的关系"，因此，也难免会出现恰恰与政治事件分期吻合的事件，但不管怎么样，在时间节点的安排上，该书已经有意识地凸显新闻传播的主体性，将新闻传播自身演化的节奏作为首要的考量因素。

最后，《长编》没有满足于就新闻论新闻，而是试图将新闻传播史置于当时特定的社会环境之中，注意新闻传播本体与环境系统的互动。新闻传播史的发展演进，不全是由传播系统自身进化的逻辑所决定的。围绕着传播媒介、传播活动的外部环境及组成环境的各种要素，是传播发展演进的外部条件，传播系统自身的变革因由则是其内在根据。环境为传播系统提供了生息的舞台，决定了传播系统的资源输入与产品的输出，从而制约了不同国家、地区传播事业的发展规模和水平。没有环境要素的支持，传播不可能实现从自在状态向自为状态的过渡，不可能实现从传播活动向传播事业的飞跃。基于此，《长编》在总体叙述中有意识地穿插时空环境，特别是政治、经济、文化大环境；还有围绕某一特定媒体的小环境描述，这种小环境除了与该媒体有关的间接环境外，还包含其他竞争性媒体。如电视历史的回顾，文摘报、周末版、星期刊、免费报纸的溯源，大众传播学引进等，都注意到了新闻传播本体与环境系统的物质、能量和信息交换。这种历史描述，不仅为当代中国60年新闻传播史找到了支撑点，而且还提供了重要的参照系，历史由此变得更加鲜活而准确起来。

二 材料翔实与体例创新

《长编》一书以"长编"命名，一方面表明，该书在编纂体例上的创新，另一方面也在一定程度上说明了作者的谦逊。根据中国的史学传统，所谓长编乃是正规史书的草稿。古人撰写编年史前，先搜集资料，按次排列，是为"长编"。宋司马光编纂《资治通鉴》，先成"长编"，然后删定成书。南宋李焘编纂北宋九朝编年史，自谦不敢续《资治通鉴》，名为

《续资治通鉴长编》。刘家林教授将该书命名为《新中国新闻传播 60 年长编（1949—2009）》，应该说，在一定的程度上表明了作者的谦逊，作者自以为该书尚不能成为正史，只能以长编自居。愚意以为，作者如此命名，除了有谦虚的成分外，的确不失为一种务实之举。学界普遍认为当代历史的编撰，是有相当的难度的。由于研究对象离现实太近，读者本身往往就是历史事件的亲历者。一方面与历史事件有关的原始资料尤其是档案文献十分敏感而不易得，另一方面许多历史事件的当事人仍然健在，作者无论怎样描述都有可能牵涉各种利益关系，在这种情况下，要写一本各方满意的信史，真是为难了作者。正是在这个背景下，作者姑且以"长编"为名，既可以消解正史承担过高社会期待的压力，又可以在描述过程中吸纳更多的原始文献。虽然本书定位在非完成品的"长编"，但是读者在阅读该书时，结合自己的亲身体验，反倒有更多想象和思考的空间。

"长编"的编撰体例，决定了作者必须选择中国传统的治史方法：重视原始史料的收集与考辨。作者本身是历史学者，在当代中国新闻传播史研究方面，长期经营，积累颇丰。正如他自诩的，"打牢基础，资料工作最重要"，"'辨章学术，考镜源流'是本书的一大特色"①。作者没有标新立异，也没有为创新而创新，而是实实在在地援用了传统的祖宗的治史成法。在此基础上，经过多种渠道，广泛地收集、占有了大量的相关文献，经过去粗取精，由表及里的制作功夫，完成了这部《长编》。正是这一原因，让这部《长编》显示了自己的独特性。

首先，是扎实的史料基础。作者为编纂本书，收集了大量的文献。其在文本上的突出表现，就是有数量庞大的注释（全书共有注释 1154 条）。在书中，作者对某些问题、现象、人物或事件的评说一般引用多个资料来源。在该书上册第一章第五节"关于批评性报道的两条规定及反思"②中，作者为了说明"大行政区的广播电台，尤其是中央人民广播电台，不得进行批评性报道"的规定被打破的历史事实，用了四个资料说明来

---

① 刘家林：《新中国新闻传播 60 年长编（1949—2009）》上册，暨南大学出版社，2010，第 2 页。
② 刘家林：《新中国新闻传播 60 年长编（1949—2009）》上册，暨南大学出版社，2010，第 83~84 页。

做注脚。一是 1980 年 10 月 17 日中央台最早开始对商业部部长在丰泽园多吃多占行为的批评报道；二是 1983 年 2 月 9 日，中央台播出黑龙江双城县双城堡火车站野蛮卸货、损坏 47 台洗衣机的批评性报道；三是之后不久播出的吉林北站扩建工程"扯皮"10 年的批评性报道；四是 1985 年 6 月 20 日，中央台播出的批评性评论《野蛮装卸何时休》。对"党报不得批评同级党委"的规定用了两篇文章进行反思，所引的文章，一篇是甘惜分的《打破报纸的批评禁区》，另一篇是童兵的《新闻批评和政治民主——对"党报不得批评同级党委"规定的反思》。该书虽然吸纳了丰富的资料，由于表现出高度的处理技巧，丝毫不显得臃肿、庞杂。丰富的史料及不同的观察视角，增强了该书的说服力。

其次，独立思考，提出了自己的见解。中国现当代史的研究，正如大家所熟知的，存在太多的成见和禁忌。对于一些学界尚未触及的问题，研究者当然可以畅所欲言。但是对于那些早有结论的问题、事件、人物，是因袭陈言，还是另提己见，对于作者是重大的考验。《长编》在坚实的史料基础上，对于一些已经有明确结论的问题，也提出了自己的见解。

最后，由于作者秉持用事实说话的原则，《长编》侧重史料，而只有少量的点睛之论，这恰恰给读者留下了思索的空间，在丰富的史料中读者尽可展开思绪的翅膀，任由神思飞扬。如果你对 60 年来的舆论监督的发展有兴趣，你可以从书中看到作者为你准备的一个个带有坐标意义的历史事件。

三　学术价值与现实意义

《长编》是近年来国内难得一见的新闻传播史专著。其研究成果具有超越职业、身份、民族、文化、地域等因素的广谱性价值。第一，《长编》作为一部新闻传播史著作，其价值首先体现在让新闻传播学术界、新闻传播教育界、新闻传播行业和相关管理部门受益。《长编》翔实而丰富的史料扩展了研究者的眼界，其提供的资料线索可资新闻史学者做进一步的研究；《长编》的出版还有利于推动学校的教学改革，更新现有的教学资料，特别应该指出的是，传统的中国新闻史教学，对现当代部分是不太重视的，《长编》在这方面给我们提供了便利；另外，《长编》还可资新闻传播行业和相关管理部门借鉴，该书汇集了大量的新闻业务和制度层面的史料，为新闻传播业界和相关管理部门的决策提供了历史的视角。第二，《长编》对于一般的学术研究以及想了解新中国新闻传播历史国情的人而言，也是有用的。尤其是一些需要以新闻传播为背景的研究，其价值就不言而喻了。第三，《长编》对于确立新中国新闻传播史在世界新闻传播史版图中的位置有着显著意义。中国是一个大国，这个"大"有多种意味——版图大、人口多、经济总量大、影响大等等，不论是从"大"的哪一方面讲，新中国的新闻传播史理应占据世界新闻传播史版图的重要位置。这个位置的确立一方面有赖于这 60 年来中国的新闻传播对世界造成的实际历史影响，另一方面则有赖于历史学者们的建构。这 60 年来中国新闻传播对世界产生的实际历史影响不够的事实已然发生，我们于此是无能为力的。但我们的重新建构，又何尝不是重塑一种影响？假使我们不去积极建构，已有的历史影响也会随着时空的移逝而慢慢消散。正是在这个意义上，我们说《长编》有着显著意义。第四，《长编》干练晓畅的文风和深具时代烙印的案例经典，使其具有极强的可读性。不论你是谁，也不管你来自哪里，你只要具备一定的汉语阅读水平和人文历史底蕴，再加上你的兴趣，你就一定能愉快地阅读该书并从中受益。

德国历史哲学家洪堡认为，历史学家的本职工作就是客观、全面地描述过去已经发生的事情，建构既往历史进化的时间链环和媒介与社会互动的空间架构。"他越是纯粹地、完备地进行描述，就越是完美地完成了这一任务。简单地描述是他的业务的第一个不容逃避的要求，同时也是他能够提供的最高的东西"[1]。刘家林教授不仅对新中国 60 年的新闻传播史成功地进行了描述，而且还架构了 60 年来中国新闻传播与社会系统互动的空间架构。清代学者章学诚曾经感叹"千古多文人，而少良史"[2]，从《长编》一书中，我似乎看到了媒介化时代良史的影子。

当然，书不能尽美。依笔者之见，《长编》还有两处值得留意的地

---

① 李秋零：《德国哲人视野中的历史》，中国人民大学出版社，1994，第 247 页。

② 章学诚：《文史通议·史德》。

方：第一，《长编》可以考虑将当代港澳台地区的新闻传播史纳入新中国60 年新闻传播史的总体架构，否则，就不是一部完整的当代中国新闻传播史，而只是当代中国大陆的新闻传播史；第二，《长编》在描述 1990年代和 21 世纪的新闻传播时，可以考虑将通讯社纳入并作为专题进行研究，亦可以考虑将新闻传播教育、新闻传播观念纳入并进行专题研究。这样的补充性安排，或许可以在一定的程度上完善中国当代新闻传播史的体系结构，也有利于提升该书的学术价值。

（本文是张昆教授和张继木博士为刘家林教授专著《新中国新闻传播60 年长编（1949—2009）》所写的书评，书评在 2011 年公开发表于《新闻战线》）

《中美两国公众的世界观念
与国家印象研究报告 (2017～2018)》
卷首语

  进入 21 世纪以来，随着全球化程度的加深，信息经济的发展，传播技术的进步，全球力量格局发生了深刻的变化。G7、G8 相继失去了昔日的辉煌，G20 成为世界大国协商的主要平台；过去美苏、美俄两强博弈悄然让位于美中角力；长期以来一直韬光养晦的中国，不经意间步入世界舞台的中央。无论是在国际政治、商业贸易，还是军事力量方面，中国都成为仅次于美国的全球大国。如果仅从经济的意义而言，按购买力平价理论中国甚至早在四年前就超过了美国，成为世界最大的单一经济体。而中美两国之间，在全球格局变换的大背景下，形成了深度依存关系，在货物贸易、服务贸易、双向投资、旅游、留学等方面，急剧攀升，达到了你中有我、我中有你，不可分离的程度。地球村的治理、人类命运共同体的建设，乃至世界和平的维护，都离不开中美两国，离不开这两个大国的合作。在这个意义上，中美两国关系的演绎，不仅关系两国人民的福祉，甚至影响人类的命运和世界的未来。

  全球力量格局的变化，是客观世界正在发生的现实，可见可感，无法忽视。这一现实的改变，必然会反映到人们的心灵和意识层面。2000 年以来，英国广播公司（BBC）、美国皮尤研究中心、美国盖洛普民意调查中心每年的全球民调数据都反映出一个重大的趋势：中国作为一个大国的崛起。欧洲、亚洲、美洲、非洲、大洋洲几乎所有的国家的民众都越来越清晰地认定中国的全球大国地位，中国独特的发展道路、独特的制度模式，在越来越多的发展中国家引起了共鸣和效法的冲动。甚至不少欧洲人、美国人确认中国已经实现了对美国的超越。另外，中国的民众自身，似乎也逐渐地做好了心理准备，准备着担当大国的责任，而表现出泱泱大国民的风采。这种心态的变化，似潜流滋润着大国的行为，影响着国家间的互动和国际关系发展的趋势。

由于美中两国在全球体系中的分量，世界各国都期待中美两国能够彼此合作，和谐共处。但是自特朗普就任美国总统以来，两国关系呈现日趋恶化的态势。在军事上，美国军队频繁出入中国台海、南海，甚至进入中国南海岛礁 12 海里范围游弋；在经济上，开始新一轮对中国的高新技术的封锁，阻遏绞杀中国领先企业华为，蛮横地对中国输美产品征收高额关税；在中美双方贸易谈判中出尔反尔，无礼霸凌，致使双方谈判濒于破裂。中美两国的未来在哪里？中美彼此还能够相向而行、和平共处吗？对这些问题，世界舆论在关注，美国民众在关注，中国民众也是忧心忡忡。

好在今天是民主时代，国家的走向、国家的大政方针，不是取决于国家领导人的一念之间，而是取决于人民的意志。中美两国将如何相处，彼此的关系将怎样演变，最终取决于两国人民对自己、对对方的认知，取决于两国人民的世界观念，取决于两国人民对现实利益与人类未来的判断。基于这一认知，华中科技大学国家传播战略研究院自 2014 年起，开始了一年一度的中国公众的世界观念调查①，并于 2015 年正式启动 2015~2016 年度中美两国公众的世界观念调查。2017 年，我们进行了 2016~2017 年度中美两国公众的世界观念调查。这三次调查很成功，报告发表引起了社会各界的关注。因此，在我们进行 2017~2018 年度中美两国公众的世界观念调查时，考虑到了当下普遍的社会关切，在问卷的设计方面，增加了不少新的内容，从而形成了这次发布的三个报告：《中国公众的世界观念调查报告（2017~2018）》《美国公众的世界观念调查报告（2017~2018）》

---

① 张昆、张明新：《中国公众的世界观念调查报告（2015）》，《学术前沿》2015 年第 19 期。《新华文摘》2016 年第 3 期全文转载。

《中美公众的文化交流与国家形象认知调查（2017～2018）》。

本次调查于 2018 年 10～11 月开展，采用线上问卷形式执行，被访对象为中美两国成年公民。整个调查设计由华中科技大学国家传播战略研究院完成，而在两国具体的实施则委托专业独立的民调机构，遵循在线调查的标准化流程。按照两国各自人口统计学标准，设定了相关配额要求，以确保受访者基本符合两国总体人口结构。中国部分由北京零点指标信息咨询有限责任公司进行，该公司在线调查样本库拥有超过 500 万人次注册用户，采用详细会员信息与 IP 地址、电脑 Cookie、E-mail、手机号码等交叉核验方式进行唯一性管理。调查执行过程中，执行人员按照项目要求的年龄、性别、学历等条件在会员库中抽样，然后针对样本框随机性发放调研邀请 46380 次，响应人数为 4491 位，回收成功问卷 2500 份（55.7%）。美国部分的调查则委托知名研究机构 Qualtrics 公司执行。该公司调查样本库由逾 600 万用户构成，通过唯一 IP 地址、数字指纹技术与删除重复数据等方式进行质量控制，共回收成功问卷 2562 份。

本次调查从大国观、美国（中国）观、邻国观、欧洲观、国际事务观和国家认同观六个维度，分别征询了中美两国公众对当今大国外交、地缘政治、全球力量格局的认知，对不同国家、地区和国际事务的感知和态度以及对于未来世界的想象，从总体上描绘了中美两国公众的"世界观念"或者"世界想象"。综合两国公众的调查数据，课题组发现了一些值得注意的现象。

数据表明，中国公众对美国的了解远远超过了美国公众对中国的了解。中国公众的心态更加开放，其对美国、对外部世界表现出比美国公众高得多的认知兴趣；而中国在美国人的亚洲兴趣对象国中，则排在日本、韩国、菲律宾、印度、新加坡之后，居第六位。两国公众对彼此国家的认知存在一定落差；不过美国影视节目对中国公众仍具有较大影响，美国受访者与中国人打交道的机会更多。在 1～10 的好感度指标中，中国受访者对美国的好感度为 6.2，美国受访者对中国的好感度则为 6.1。

数据表明，中美两国受访者彼此都视对方国家为全球大国。不过中国受访者自认为中国在政治大国的地位上略高于美国，而在经济、军事、科技诸方面则比美国稍逊一等；美国受访者则认为在政治、经济、军事、科技等方面全面领先于中国。不过在对未来的预期方面，中国受访者的自信、乐观情绪远远超过美国。有 57.7% 的中国受访者对中国社会总的发展水平将超越美国有信心；而美国受访者普遍都肯定中国强劲的发展势头，其中认为中国在科技、经济、军事上已经或将要超越美国的美国受访者分别达到了 45.5%、40.8%、30.7%。

数据表明，在美国公众眼中，中国崛起对美国既是机遇又是挑战，大多数受访者表示中美应加强沟通以降低双边关系中的变数。美国社会中的不满情绪普遍存在。受访者总体对"中美贸易战"持消极看法，认为中美两国的经贸摩擦将对全球经济增长带来负面效应。仅有一成的受访者对未来中美关系的走向持有乐观态度，这说明特朗普政府主导的对华政策全面转向，在极大程度上引发了美国公众对两国关系的担忧。

调查数据表明，在国家认同方面，中国公众比美国公众对自己国家的认同度更高。有 79.2% 的中国受访者表达了作为中国人的自豪感。中国公众给自己的国家好感度打分为 9 分（满分为 10 分）。中国受访者普遍满意当前的生活，其满意度水平高达 7.27 分（满分为 10 分）。而只有 61.8% 的美国受访者表达了作为美国人的自豪感。美国受访者给自己国家的好感度打分为 8.1 分（满分为 10 分）。美国公众对当前生活的满意度也略低于中国。对政治领袖的评价也是国家认同的重要内涵，在这方面，中国受访者给习近平主席打了最高分 8.7 分（满分为 10 分），而美国公众给特朗普总统只打了 5.3 分（满分为 10 分）。美国受访者给习近平的分数为 5.8 分（满分为 10 分），也高于对特朗普的评价。

此次调查给了我们有益的启示，在全球化的背景下，中国作为正在崛起的大国，要履行大国责任，实现民族振兴的梦想，必须融入世界，得到国际社会的认同、理解和接纳。习近平说："当今世界是开放的世界，当今中国是开放的中国。中国和世界的关系正在发生历史性变化，中国需要更好地了解世界，世界需要更好地了解中国。"这段话对于中美关系也是适用的，中美两国既是合作伙伴，又是竞争对手。两者之间已经有了一定的了解和共识，成为今天合作的前提。但是这种彼此了解和认知还不够，还需要进一步加深。在两国的交流互动中，中国应该有足够的自信和定力。只有这样，才能消除误会，夯实和谐共生的基础。

拥抱人类传播史上的新时代

——兼评李卫东教授新著《云传播时代》

我们今天处在一个重要的历史节点，由此往前依次回溯，是广播电视时代、报纸时代、手书传播时代、口头传播时代；而从此，已经或即将开启的将是一个全新的时代："云传播"时代。我们非常幸运，能够生活在这个重要的历史关头，脚踏两个历史阶段的分界线，领略历史风云变幻的奇情壮采。这可不是每个人都能够经历的。2014 年 1 月在接受中国社会科学报记者采访的时候，我讲过三个观点：以云计算为代表的科学技术给人类信息传播带来了巨大影响，这是人类传播史上的巨大转折；云计算、云传播给社会变迁带来巨大影响，这场革命正在进行中；传播呈现碎片化，我们的研究也是碎片化的，传播学要发展，需要把不同性质、不同形式的研究串联起来，这时新的传播理论才会出现。四年过去了，欣闻由华中科技大学李卫东教授撰写的《云传播时代：人类传播与治理的云端化、平台化、泛在化、社交化和智慧化革命》（以下简称《云传播时代》）一书在科学出版社出版，我有幸成为最早的几个读者之一，在通读全书后，感触颇深，现谈一些感受以飨读者。

一 "云传播" 理论体系的建构

作为一本学术专著，李卫东教授的《云传播时代》，不是对已经成型的客观事物的经典性描述，而是对基本上还处于未知领域的新兴事物的探

索。处在新时代的门口，李卫东教授以前瞻性的思维，围绕下面这些关键
问题逐步展开论述：云计算将对人类信息传播模式产生哪些革命性影响？
云计算环境下人类信息传播模式是什么样的？云传播与传统的传播模式具
有哪些本质的不同？云传播是如何运行和实现的？云传播将对人类社会的
发展与治理带来哪些影响？基于对这些问题的深邃而绵密的思考，建构了
层次分明、逻辑严谨、结构合理的云传播理论体系。综观全书，作者在如
下七个方面聚焦，实现了新时代传播理论的新探索。

其一，作者基于云传播的流程变化和内在机理创建了云传播的理论模
型。在深入研究国内外有关云计算的学术成果的基础上，通过对大量云服
务平台的体验研究和跟踪调查研究，运用系统分析法和规范的理论模型建
构方法，建构了云传播的理论模型，主要包括云传播的系统模型和层次结
构模型。书中提出，云传播是对人们通过"互联云"进行信息传播活动
的社会总过程的总体描述；云传播系统包括用户、云终端、云服务、云计
算中心等要素，其中云终端是工具，云服务是媒介，云计算数据中心是基
础平台；云传播的层次结构模型主要包括终端层、应用层、数据层和资源
层。① 这一模型建构，深化了人们对复杂的云传播现象的认识，有利于人
们从现象入手，把握云传播的本质。

其二，在媒介变革层面，《云传播时代》提出云服务将成为云传播时
代的人类信息传播的新型媒介。一种新型的传播模式一般都要依赖一定的
媒介。作为一种新型的传播理论模型，必须回答信息传播活动主要依赖什
么样的媒介才能实现和完成。作者提出，在云传播环境下，将形成以软件
服务和平台服务为基础性制作媒介，以基础设施服务为基础性传输媒介，
以云终端为收受媒介的新型媒介体系；在云传播模式下，软件服务和平台
服务两类云服务是基础性的制作媒介，媒介组织无须自身开发制作媒介产
品，只需接入云服务即可；云传播环境下，基础设施服务是基础性的传输
媒介，专业媒介组织无须再花费大量的经费建设专属自己的传输媒介，只

---

① 李卫东：《云传播时代：人类传播与治理的云端化、平台化、泛在化、社交化和智慧化
革命》，科学出版社，2018，第 9~18 页。

需借用第三方提供的基础设施服务。① 这一观点既观照了当前的媒介发展的实际情况，也预测了媒介未来发展的基本趋势，兼具现实性和前瞻性。如县级融媒体中心借助央视新闻移动网的"全国县级融媒体智慧平台"，就可搭建其融合传播媒介；政府机构、企业和各级专业媒体可借助央视新闻移动网建立其移动直播媒介。在传统模式下，媒介内容的发布和收受受到诸多限制，同一媒体只能面向同一媒介终端发布，如电视台面向电视终端发布内容，用户通过电视终端收受内容；报社通过报纸终端发布内容，读者通过报纸收受内容，新闻站点通过门户或客户端软件发布内容，用户通过浏览器或客户端收受内容。因此，信息如何及时达到真正需要的用户，是收受媒介必须有效解决的重要问题。作者对这一问题做了专门论述，书中提出智能化收受媒介将是云传播时代媒介形态发展的趋势之一：在云传播模式下，在媒介内容的把关层面，借助人工智能技术能实现内容把关的智能化；在媒介内容的推荐层面，借助人工智能技术能实现智能推荐。② 这些观点能为人工智能与传播媒介的融合发展提供重要思路，也能为人工智能技术在信息传播领域的创造性应用提供具体的路径和方法。

其三，在内容变革层面，《云传播时代》提出大数据可视化将成为云传播时代媒介组织内容生产的主线。作者提出，云传播可以释放人类生产和传播数据的巨大潜能，整个社会信息资源的积累已经实现从量变到质变的飞跃，人类已经从小数据时代进入大数据时代。但海量信息的云传播无疑会将人们带入信息的汪洋大海，使得人们不知所措，大数据远远超出人们传收信息和处理信息的能力。在这种情况下，作者提出，大数据可视化是云传播时代内容变革的基本趋势，这主要体现在两个方面：其一，大数据资源在云端的采集、存储是云传播的内容储备过程；其二，大数据挖掘是云传播的内容再生过程。③ 作者指出，大数据可视化将对传播内容的表

---

① 李卫东：《云传播时代：人类传播与治理的云端化、平台化、泛在化、社交化和智慧化革命》，科学出版社，2018，第31~35页。

② 李卫东：《云传播时代：人类传播与治理的云端化、平台化、泛在化、社交化和智慧化革命》，科学出版社，2018，第35~37页。

③ 李卫东：《云传播时代：人类传播与治理的云端化、平台化、泛在化、社交化和智慧化革命》，科学出版社，2018，第57~65页。

征系统、呈现形式和传播效果产生革命性影响。

其四，在渠道变革层面，《云传播时代》提出私密社交网络将成为云传播时代重要的信息传播渠道之一。传统的网络传播模式下，人们的传播活动主要借助设备互联所形成的实体网络来完成。作者提出，云传播跨越实体的互联网和移动互联网，云传播的传播渠道主要依赖于人与人联结而成的"社交网络"。传统媒体借助社交网络就能实现新闻作品的云传播。如新华社"New China"账号在脸谱、推特、优兔、"Instagram"、连我、"VK"等六大平台使用 19 种语言发稿，总粉丝数突破 1 亿，主账号发稿量、浏览量、互动量等核心指标跻身世界主流媒体账号第一方阵最前列，让"中国声音"更加清晰响亮。① 作者将社交网络创造性地划分为"透明社交网络"和"私密社交网络"。"透明社交网络"中一切都是公开的，用户的个人档案资料、个人兴趣爱好、发布的信息，以及用户的社会关系网络都是公开的，其他用户都可以查看。作者提出，随着社交应用的发展和竞争的白热化，阅后即焚社交网络、熟人实名社交网络、熟人匿名社交网络、陌生人社交网络等"私密社交网络"逐步成为信息传播的重要渠道。因此，对传统媒体来说，如何占领"私密社交网络"这一正在蓬勃发展的新型舆论阵地就显得尤为重要。

其五，在平台变革层面，《云传播时代》提出开放平台将成为云传播时代的人类信息传播的新型平台。到底如何实现云传播，是新理论必须回答的又一个基本问题。作者提出，如果把万维网站点看成大海上的一个个孤立的"岛屿"，那么"开放平台"就是联结这些"孤岛"的桥梁，能将数量众多的"孤岛"连成一片，变成一个虚拟的"整体"，能实现网上信息资源的云传播。我们现在强调媒体融合，作为传统媒体来说，开放平台无疑是自身与新媒体平台深度融合的连接器。但对传统媒体自身来说，必须厘清自身拥有何种核心资源可以向第三方开放。要制定相应的总体战略，必须清晰回答这些问题：对谁开放、如何开放、开放哪些能力；什么要自己做、什么由合作伙伴来做。在媒体融合的实践

① 《守正创新 有"融"乃强——党的十八大以来媒体融合发展成就综述》，人民网，http://politics.people.com.cn/n1/2019/0126/c1001-30591625.html。

中，传统媒体在开放战略的实施方面做了一些积极探索。如《人民日报》正从一家报纸变为"平台+内容生产者"，人民日报社尝试用新模式连接更多用户，打造体现主流价值的内容生态：上线不久的全国移动新媒体聚合平台"人民号"，吸纳入驻媒体机构 7000 余家，一些优质的自媒体也纷纷进驻，平台日均审核推送原创资讯 3500 余条。① 《云传播时代》建构了新媒体应用云传播的开放关系图谱，发现了新媒体应用开放平台发展的基本规律，能为当前媒体融合战略的推进提供一定的科学依据。

其六，在传播生态变革层面，《云传播时代》提出云生态将成为云传播时代的人类信息传播的新型生态环境。作者指出，在云传播时代，一种全新的环境已经被创造出来了，无处不在的"云"逐步成为人类生活的新环境，"云"和水、电和煤气一样逐步成为人类生活的必需品和基础设施，能形成一种新型的媒介环境——云生态。作者认为，云生态是云传播时代媒介生态环境的新变革，其本质内涵可理解为一种基于云服务的媒介生态，云生态系统是以开放平台为媒介与媒介、媒介与自然、媒介与政府、媒介与市场、媒介与社会、媒介与人的连接器的新型媒介生态系统，具有"连接器"、"感应器"和"催化剂"三大服务功能。②

其七，在舆论环境层面，《云传播时代》提出云传播能催生新闻舆论引导的新格局。在云传播时代，如何革新新闻舆论工作的理念、内容、体裁、形式、方法、手段和业态？如何以云传播为抓手构建舆论引导的新格局？作者试图探讨和回答这两个重要问题。通过分析传统纸质媒体舆论引导面临的困境，即传播力下降、网络影响力和舆论引导力较弱等，指出云传播对传统纸质媒体的影响，提出建构舆论引导新格局的战略抓手：在云端实施智慧传播，实现舆论引导的智慧化；打造新型应用模式，建立国外舆论引导"根据地"，形成"为我所用"的国际舆论场；在云端实施开放

---

① 《守正创新　有"融"乃强——党的十八大以来媒体融合发展成就综述》，人民网，http：//politics. people. com. cn/n1/2019/0126/c1001-30591625. html。

② 李卫东：《云传播时代：人类传播与治理的云端化、平台化、泛在化、社交化和智慧化革命》，科学出版社，2018，第35~43页。

战略，全面融入和引领网络舆论场。①

除此之外，《云传播时代》还探讨了新时代云传播的信息化模式（云政务）、网络空间安全（云安全）和人类社会治理模式（智慧治理）等重要命题。围绕以上七个重大问题的探索，刷新了过去人们对于信息传播现象、传播过程及其内在机理的基本认知，揭去了笼罩在云传播上面的迷蒙的面纱。使得原本显得神秘、复杂的传播流程和机制，变得简单明了，清晰可见。在此基础上，来因应媒介与环境本身的变化，制订准确的营运策略，满足社会的需求，就不是一件困难的事情了。

二　《云传播时代》的学术价值与现实意义

李卫东教授的《云传播时代》一书是我国第一本系统研究云计算、大数据等人工智能技术环境下人类传播的理论与实践问题的专著。在媒介技术突飞猛进、传播生态迅猛变革、传播模式与机制急剧转换的语境下，这种建构和完善中国自身的传播学话语体系的积极尝试，具有重要学术价值。

首先，《云传播时代》对云传播的内涵和外延进行了严谨的定义，作者认为云传播是以"云服务"为媒介，以"共享"和"开放"为传播机制，传播过程主要在云端完成的新型的人类信息传播模式。在此基础上回答了"新型信息技术环境下人类传播活动到底是什么样的"的基础理论问题。人类社会大体上经历了农业社会、工业社会和信息社会，每个阶段的信息传播都要经历一场深刻的变革。其基本的演变机制是：一种新型的信息传播技术会逐步形成一种新型的信息传播模式。信息技术日新月异，云计算、大数据、物联网和人工智能等技术正在从不同层面给人类信息传播的行为和模式带来重大变革，但哪个层面的发展变化最具变革性和基础性？哪个层面的发展变化是其他层面发生变化的"自变量"和"原始动因"？从哪个层面把握和提炼人类信息传播行为之变化，才能更好地揭示

---

① 李卫东：《云传播时代：人类传播与治理的云端化、平台化、泛在化、社交化和智慧化革命》，科学出版社，2018，第65~69页。

伴随信息技术发展的传播模式变革之本质？这是值得我们反思的重大理论问题。李卫东大胆提出，云计算（Cloud Computing）作为一种新型的计算模式，是信息技术发展历程中最具革命性的重大进展，将对我们身边的一切带来革命性变化，是人类信息传播行为和模式发生变革的原始动因，它形成了一种新型的人类信息传播模式——云传播，将人类带入云传播时代。

其次，《云传播时代》建构了云传播的理论体系。在新型信息技术层出不穷的时代背景下，信息技术对人类传播的影响，一直是学界研究的热点选题，零散地探讨人工智能等新技术对人类传播影响的论文也非常多，也产出了重量的、很有价值的一些成果，但具有完整理论体系的专著并不多见。根据媒介产生和发展的历史脉络，迄今为止的人类传播活动可划分为口语传播时代、文字传播时代、印刷传播时代、电子传播时代和网络传播时代。人类当前处于一个什么样的传播时代？在新传播时代人类的传播活动到底有哪些特征？如何从理论上系统地论述和阐释人类传播行为的新现象和新趋势？这是急需回答的重大理论问题。该书提出人类即将进入云传播时代，建立了云传播的概念模型、系统模型和层次结构模型；从"云服务：云传播的媒介变革""大数据可视化：云传播的内容变革""私密社交网络：云传播的渠道变革""开放平台：云传播的平台变革""云生态：云传播的媒介生态变革"等方面建立了云传播的理论体系。如何阐释一种新型的传播模式，如何建立具有一定突破性的传播理论是有一定难度的。但对中国传播学的发展来说又是极其重要的，关系到我们能否进一步完善和丰富中国传播学的话语体系和理论体系。在我看来，该书的学术贡献和理论价值在于提出了体系化、系统化的云传播理论，这是一种有益的探索和尝试，是值得提倡和鼓励的。

该书还归纳了云传播时代人类传播与社会治理所呈现出来的发展趋势——云端化、平台化、泛在化、社交化和智慧化，能为各类媒体制定战略规划，特别是为传统媒体推进媒体融合提供一定的参考思路和企划方案。正如书中所言，云端化主要表征传播内容和传播过程向云端迁移的传播现象；平台化则是信息技术资源提供商建立和完善平台生态圈的发展过程，也是用户不断参与和使用平台的一种趋势；泛在化主要表征传播活动

"无处不在、随时随地"的现象；社交化主要描述社交网络逐步成为人与人、人与物、人与服务、人与场景的连接器的一种发展趋势；智慧化主要表征以智慧的挖掘和分享为主线的人类传播活动的发展趋向。① 从实践层面来看，云端化、平台化、泛在化、社交化和智慧化也正逐步成为新媒体和传统媒体转型升级的共同选择。如信息技术设备提供商和应用服务提供商都正在向云服务提供商转型：华为的未来战略是"一切在云之上"，正在全面打造"华为人工智能云平台"，其"研发云"能为研发提供仿真云、持续集成云、设计云、桌面云、杀毒云、测试云、分析云七种服务，其战略目标是"整合多云资源与服务，发挥多云优势，降低云化成本，提供应用无缝的多云环境，并保障信息资产安全"②；腾讯云小程序解决方案是腾讯云专为微信小程序用户提供的解决方案，使用户能够一键自动完成域名注册解析以及云端资源分配初始化，快速搭建具备云端能力的专属小程序底层能力；③ 浪潮云能为区域政府、行业部委和大型企业提供覆盖基础设施服务、平台服务和软件服务的全面云服务。④ 另外还有百度云、阿里云、网易云和京东云等。

《云传播时代》提出，在云传播时代云服务提供商是中央级的媒体转型发展的重要选项之一，"云端化+智能化"是媒介融合纵深发展的重要路径之一：中央级的媒体建立专有云平台，在满足内部需要的同时，还可以向地方媒体开放其云基础设施资源和云平台资源；地方媒体可借助中央级的媒体云平台，搭建自己的新媒体应用，可转型为新媒体应用服务提供商。可喜的是，传统媒体在这方面正在做一些有益的探索和尝试。如新华社服务全国媒体的"现场云"新闻在线生产系统，已吸引超过3000家媒体和党政机构入驻，平均每天发起直播报道379场，成为全国最大的基于移动直播的短视频在线加工平台，能有效服务地方媒体融合发展；央视网"数据中台"已形成"贯通多终端、统一管理"

---

① 李卫东：《云传播时代：人类传播与治理的云端化、平台化、泛在化、社交化和智慧化革命》，科学出版社，2018，第21~27页。
② 华为云，https://developer.huawei.com/consumer/cn/cloudservice。
③ 腾讯云，https://cloud.tencent.com。
④ 浪潮云，https://cloud.inspur.com。

的数据采集分析体系，实现对央视网多终端覆盖情况及传播效果的全流量监测、评估、分析，每天用户访问记录超过 100 亿条；2015 年，新华社推出自主研发的"快笔小新"机器人写稿系统，2017 年底，新华社发布全球媒体首个人工智能平台"媒体大脑"，提出建设智能化编辑部。① 另外，四川网络广播电视台推出的四川全媒体云传播平台都是一些有益的尝试和探索。

总之，《云传播时代》一书在实践的层面，对新媒体和传统媒体实施云端化、平台化、泛在化、社交化和智慧化战略具有一定的指导意义和参考价值。当然，该书也有一些地方有待进一步探讨和深入研究，比如云端化、平台化、泛在化、社交化和智慧化之间的相互关系是什么样的，是否存在相互影响机制。另外，作者虽然提出了平台社会的概念，但对云传播对社会发展的重要影响等问题的论述还有待深入。这些问题需要作者在后续的研究中不断深化。

（本文原发表于《新闻与写作》2019 年第 6 期）

---

① 《守正创新　有"融"乃强——党的十八大以来媒体融合发展成就综述》，人民网，http：//politics. people. com. cn/n1/2019/0126/c1001-30591625. html。

三　专访

一个好的新闻学院，
总有一个优秀的院长

——访华中科技大学新闻与信息传播学院张昆教授

在《我们需要什么样的新闻学院院长？》一文中，张昆直言，"一个好的新闻学院的背后，总有一个优秀的院长"。在他看来，"一个优秀的新闻学院院长，不一定出自高官，不一定是德高望重的学者，不一定是来自业界的领袖，也不一定长袖善舞，但是他一定要有政治意识、大局意识，一定要有大爱情怀，要有教育理想、新闻精神，富有责任敢于担当，要有一定的道德和人格魅力，要有牺牲精神，愿意为教育，为社会，为文明，为学生和老师尽心尽力服务。只要他愿意付出，愿意奉献，保持初心，就有可能做好一个院长"。这篇"相当于是经验总结"的文章，让清华大学李彬教授"颇有同感"，并专门撰文"借题发挥"。

2018 年 4 月 24 日，张昆卸任华中科技大学新闻与信息传播学院院长职务。他的卸任感言饱含深情："经过这不平凡的 12 年，我从 44 岁来到了 56 岁，从满头青丝到华发丛生。这是我生命年轮中最重要的阶段。这一阶段能够融入华科大新闻学院的历史，成为推动华科大巨轮前行的一分子，是我人生最大的幸运。"在担任华科大新闻与信息传播学院院长 12 年间，张昆践行着他对新闻学院院长职责的理解，让新闻学院在华科大人文社科领域异军突起，让新闻传播教育的华科大模式逐步成形，成为中国新闻传播教育一股不容忽视的力量。

2017 年张昆入选全国新闻出版行业领军人才、国家文化名家与"四个一批"国家级人才和国家"万人计划"哲学社会科学领军人才，这似乎是对他 35 年教师生涯和 20 年院长生涯的一次集中褒奖。事实上，回顾张昆"不服输、能吃苦、能忍耐"的 57 岁人生，重读《我们需要什么样的新闻学院院长？》一文，我们或许可以更加真切地感受到：正是他身上所具有的大局意识、大爱情怀、人格魅力和奉献精神，推动着张昆成为华科大乃至中国新闻传播教育的领军者。

"他关于学科发展建设的思路很清楚"

2006 年 7 月 26 日，受华中科技大学时任校长李培根院士的邀请，张昆调任新闻与信息传播学院院长。在《三思新闻教育》一书的序言中，李培根回忆了他与张昆的"初次见面"。"那是 2006 年的某一天，我们在学校行政楼里的一个略显破败的小会议室里见面。初次见面，就给我留下深刻的印象，他关于学科发展、建设的思路很清楚……更难得的是他很朴实，对待遇、对学校将提供的条件等都没有过多的要求，骨子里透着一份难得的自信，其后的故事便是华中科技大学新闻与信息传播学院快速而平稳的发展。"

这份朴实与自信来源于张昆"18 岁以前早期的人生经历"。张昆 1962 年 10 月出生于湖北省云梦县城关镇。"我是属于老来得子，生我的时候，我的父亲 51 岁，我的母亲 42 岁。上面有两个姐姐，是一个典型的农村家庭。我的父亲没有干农活，他在县城中医院帮忙养猪，养猪不给报酬给猪粪，父亲把猪粪拖到生产队换工分。"张昆回忆说，这个家庭虽然并不富裕，但是非常温馨、有人情味，父母亲对他爱得非常细致。"但 8 岁父亲去世以后，情况就完全不一样了。9 岁开始我就在县城河岸上捡猪粪、在生产队干活挣工分，那个时候是上半天学。"1976 年 14 岁的张昆初中毕业，暑假时生产队安排他去建筑工地当小工。一天，正在"抛砖"的张昆从三楼的脚手架上掉了下去，四楼的脚手架和人全都压在了他身上，张昆陷入昏迷，醒来之后却毫发无损。"他们都以为我死掉了。真是一个奇迹。"第一次讲起这个故事，张昆感叹"人的命运非常奇妙"。那时的张昆差点辍学，初中老师家访劝说他继续上了高中。经历挫折、饱尝苦难，塑造了张昆"不服输、能吃苦、能忍耐"的性格。"如果没有早期的这些经历，我不会有这种屡败屡战旺盛的斗志。我有时候对我的孩子讲'能量守恒'，吃的苦也好享的福也好大约是恒定的。早年享福多了，我估计中年晚年可能麻烦就比较多一点；早年吃的苦多一点，中年晚年可能就比较顺一点。"

1980 年张昆考上了武汉大学，因为高考成绩中历史分最高，他选择了历史系。20 世纪 80 年代，武汉大学历史系大师云集，学术氛围与研究风气令人神往。历史系老师不仅给学生授课，还指导学生读书和做研究。"在历史系我遇到了一些好老师，自己读历史也很有感觉。我上吴于廑先生的一门世界史课程，有一次讨论发言给老先生留下比较深的印象，后来他主动通过助手邀请我报考他的硕士。"1983 年张昆准备报考武汉大学历史专业研究生。正好那一年武汉大学创办新闻系，从中文系、历史系、经济系、哲学系中挑选 6 名优秀毕业生任教，张昆名列其中。当时国内广泛开展近代史教育，"武汉人民广播电台与武汉大学历史系合作，搞了一个中国近代史系列讲座，我当时是历史系学生会学习部长，作为学生主编牵头负责。节目天天播，每天播两次，很有影响。后来有人知道，历史系还有学生在电台做节目，就让我去了新闻系。所以我还没有毕业的时候，就参与了武大新闻系的筹建"。张昆到新闻系报到后，系领导没有马上安排他的教学工作，而是动员他报考中国人民大学新闻系的研究生，虽然仓促应考，但他功底厚实，以优异的成绩被录取为中国人民大学 1984 级研究生。

在中国人民大学读研期间，张昆开始寻找自己的学术定位。他认为"讲新闻史对我有优势"，所以把学习重心放在新闻史上，形成了早期的第一次"转轨"。"在人大读书的时候，我比较在意听历史方面的课程，我们第一届研究生班有十多人，当时方汉奇、甘惜分、张隆栋、郑兴东、秦珪这些最好的老师都给我们上过课，所以学到不少东西，打下了很好的基础。"1986 年，全脱产读研的张昆回到武汉大学新闻系正式任教。"因为各种原因耽误了三年"，张昆在 1991 年评上讲师，1993 年破格晋升副教授，1997 年破格晋升教授。1998 年 9 月，张昆开始在职攻读武汉大学政治学博士。"当时学校不放我去外地读博士，正好我对武大政治学院老院长刘德厚教授非常敬仰，就报考了他的博士。为了能够把政治学和新闻学结合起来，我选择了《大众媒介的政治社会化功能》这个题目。"2003年，张昆博士毕业，同年《大众媒介的政治社会化功能》一书出版，这本著作后来获得了湖北省社会科学优秀成果奖。

李培根院士认为，张昆之所以会对学科发展、建设的思路很清楚，"当然源于他的学术视野以及在武汉大学的行政历练"。其时，在调任华中科技大学之前，张昆在武汉大学已有8年的院长、副院长的经历。1995年武汉大学新闻系更名为新闻学院，33岁的张昆任新闻系主任。1998年9月28日，张昆被任命为武汉大学新闻学院院长。"我做了半年多的院长，当时有一个宏大的构想，想启动改革，学校也非常支持，要建实验室学校投了360万，鼓励老师们拿项目写文章，要争取博士点。"1999年4月，武汉大学学科调整，新闻学院与图书情报学院合并，成立大众传播与知识信息管理学院，资深的图书情报学院原院长马费城教授担任院长，张昆改任第一副院长负责新闻传播学科的工作。2000年12月四校合并后，武汉大学成立新闻与传播学院，张昆继续担任第一副院长。在武汉大学的20年，张昆积累了不少经验，也获得过不少教训，从而练就了他的处世智慧。"所以我做事不过头，趋向于中庸。一些改革政策，干活的人得到了利益，没干活的人也不要有太大损失，寻求增量改革。既要改革，又要留有余地。以前处事总想冲一冲，却没有或很少考虑到人情、面子这些东西。"在张昆眼中，武大的这段经历对他而言是一笔难得的财富。"我比较幸运，别人在院长副院长的位置上可能也就能干四年、六年、八年，我一干干了二十年。让我的积累能够持续发生作用。前期在武大的历练中，也有一些思考但没有实践，到华科大来了以后有机会把它变成了现实。"

"新闻学院历史不长但做到了异军突起"

2019年3月7日，华中科技大学校长李元元在新闻与信息传播学院调研时说，"新闻学院历史不长，人数不多，但师资队伍素质较高，对学校发展贡献较大，做到了在华中大人文社科领域的异军突起"。同武汉大学新闻系一样，华科大新闻系也创办于 1983 年，至今不过 36 年。在 2017 年教育部第四轮学科评估中，华科大新闻传播学科排名 A 等，与复旦大学新闻传播学科并列全国第三。从张昆的口述中，我们或许可以窥见华科大新闻与信息传播学院"异军突起"的密码。

"我到这儿来的时候，我的前任吴廷俊院长做得是很不错的，他很有事业心，很有学科意识。"在张昆看来，华科大新闻与信息传播学院当时就有一个比较好的基础，有新闻与传播学一级学科博士点；学院的学风淳朴，教师之间也比较团结，在国内教育界同行中有较好的口碑。"但是还是有一些问题。首先是队伍结构青黄不接，一些资深教授成就斐然，在学界业界有很高的声望，但青年教师中露出头角者很少。教师队伍是一个哑铃型结构，老中青之间中间坍陷，人才严重断层。其次是本科人才培养方面做得不够，学生主要靠自己解决实习问题，虽然学院也提供实习平台，但起点比较低。另外就是缺乏科研平台，教师做科研主要靠单打独斗，学院的科研项目特别是国家级项目比较少。"

张昆上任院长之后，华科大新闻与信息传播学院陆续推出了一系列举措。在师资队伍建设方面：坚决执行"杜绝近亲繁殖"的政策、对教师实行分类管理、实施教师薪酬改革、推出冠名教授席位、鼓励青年教师当导师等。"打造一支开放的、有活力的、有创造力的、优秀的教师队伍，是学院发展的重中之重。从 2007 年开始，我们自己的博士不直接留校，引进的教师全部来自校外。我们也欢迎自己培养的博士，但要先出去工作或者进博士后流动站，表现好再引进回来。这是一个很重要的政策，让现在学院的人际关系非常简单。""我们对教师实习分类管理，不同岗位的老师会对应不同的考核方式。在岗位设置上，将教师岗位分为科研岗、教学岗和教学科研并重岗，实行差异化评价，鼓励多元发展，让不同专长的教师都有自己的发展空间。"

"我们推行了教师薪酬改革。按照保底不封顶的原则，允许老师跨档升级，干得好的可以大踏步往前走。副教授的教学科研成果只要达到了教授的标准，就可以拿教授标准的职务津贴，优秀的讲师也可以拿副教授标准的津贴。在现有的教师十三级中，有些老师可以一次直接跨三级。同时，对老教师也有保护措施，在职务津贴方面实行保底，以维护他们的个体尊严和物质利益。""我们设置冠名教授席位。给予每人每年 10 万元或 5 万元的津贴，这对老师们的激励很大。除了经济方面的意义，更重要的还是精神上的鼓励，一种成就感和荣誉感。"

"我们鼓励青年教师当研究生导师。一般而言当了副教授才能当硕导，当了教授才能当博导。凡是我们招聘的博士都要达到副教授的水平，进来了就能当硕导。每年有零到一个名额让副教授担任博导。这一点对年轻人的鼓励是很大的。""我们在人才队伍建设方面花了很多工夫，通过引进人才、自我培养、激活机制、活跃氛围，形成了一种有效的合作竞争机制。教师队伍在保持动态平衡的基础上，增加到了目前的 40 人，队伍的整体结构发生了变化，变成了橄榄球型结构。"

在人才培养上，华科大新闻与信息传播学院也打出了一系列"组合拳"。"首先要求教师把心思放在本科教育上。同时我们把专业老师当班主任作为一种制度。"为了给学生提供更好的实习机会，学院建立专业实践教学协调小组，在北上广深等 24 家主流媒体设立实践基地，指导老师每年都要到实践基地去沟通协商并看望学生。学院重视推进各种创新团队，红树林团队、V-fun 团队、Loading 团队等一批学生创新团队陆续崛起。学院在全国高校中成立第一个评论学社，"新闻评论人才培养创新体系的建构与实施"项目先后获评湖北省教学成果一等奖、国家级教学成果奖二等奖。"在研究生招生上我们控制规模，另外控制单一老师的招生规模。我们的博导基本上是一个人带一个博士。我们把指标拿出来以后，就可以让年轻人来带，队伍也就做大了。"

学院重视科研平台建设。先是建立媒介技术与传播发展研究中心省级文科基地，后来又以国家重大项目为孵化器，建立了国家战略传播研究院、中国故事创意传播研究中心等平台。通过学术方向的凝练，逐渐形成新闻传播史论、网络与新媒体、战略传播三个学术方向。"我们组织学术团队，用整体的力量申报项目。这些努力效果十分显著。仅 2011 年学院成功地申请了国家社会科学基金课题六项，其中重大课题一项，重点一项。课题拿到了，有了经费，又占领了学科前沿，锻炼了队伍。同时我们以科研为支点促进社会服务。我们人数不多，但在项目、论文和专著方面，一直是科研大户，是历次学科评估的亮点。"

为了提升学院的精气神，学院推出了院训、院歌、院徽、院碑和院史。"学院文化是学院竞争的重要软实力。华科大新闻学院学科评估的成绩不错，我认为软实力方面起到了很大作用。在开学典礼上，我们让学生佩戴院徽、唱院歌、朗读院训释文，这些活动下来以后，很多同学泪流满面。院训、院歌和院碑等只是外在的东西，内在的文化精神已经渗入到师生的灵魂深处，大家对专业和学院比较认同，对传媒行业心存敬畏。"

"学者治院，开放办学；以人为本，教学相长；文工交叉，应用见长。"张昆用这三句话来总结华科大新闻与信息传播学院的特色。不过在他看来，华科大新闻传播学科虽然在评估中被评为了 A，但与人大、复旦等老牌新闻学院在历史积淀、文化传统等方面仍有很大差距。"学科评估让师生对学院的认同感、对专业的认同感更加强烈，我们也越来越有底气。但受发展的阶段性制约，学院在国际化方面做得不够，国际认知度和认可度还有待提升。华科大的新闻传播学要想成为一流学科，未来还有很多路要走，需要加强已有优势，并补上短板。想要真正和排位相符，还得花很长时间扎扎实实打基础。"

在卸任后的一次采访中，张昆给自己打了"85 分，也就是良好"。不过，在之后的年终考评中，全院老师却给了他 92 分，位居学院第一。这或许是对张昆 12 年华科大新闻与信息传播学院院长生涯的最好评价，"再苦再累也值得"。

"他无时无刻不在思考新闻教育中的问题"

在《三思新闻教育》一书的序言中，武汉大学原校长刘道玉先生这样评价张昆："张昆教授是一个思考型的学者，他无时无刻不在思考我国新闻传播教育中的问题，可以说他满脑子装的都是问题。例如，他曾提出：新闻传播教育应当坚持什么样的培养模式？应该构建什么样的课程体系？应当怎样认识和理解学生在教育过程中的地位？应当如何发挥学生的积极性、主动性和创造性？我国新闻传播教育中存在诸多问题的症结何在？如此等等。"在张昆看来，思考教育问题，是每一个教师的义务，更是院长的职责。35 年来，他发表了 30 篇新闻传播教育论文，出版了《新闻教育改革论》和《三思新闻教育》两本专著。

　　仅就"新闻学院院长"这个敏感话题，张昆就发表了《新闻传播学院院长的多重角色》《我们需要什么样的新闻学院院长？》《新闻学院院长的四大要务》《新闻学院院长的战略思维》四篇论文。在张昆看来，新闻学院院长作为学科或专业的总负责人，是承上启下的枢纽；承担着"师资建设、学生培养、条件改善、氛围营造"等四大要务；要达成发展目标，回应社会的期待，必须具备战略思维的能力。"院长这个活确实不容易做。他像双面胶一样上下内外挤压这种角色。他所承受的痛苦是外人无法体会的。在外人看来院长挺风光。近年来，越来越多的人想做院长，来源也越来越多样化。不同的院长、不同的角色、不同的身份，在院长的位置上有的干得很好，有的干得不怎么好，有的荒腔走板。反正我马上要卸任了，也是希望让大家知道我对这些问题的看法。这些都是我真心的流露，我没有任何一句假话。""院长的工作千头万绪，既要面对上下，又要接触里外，服务老师和学生，兼顾教学和科研，所以要有超越常人的意志品质，坚韧不拔、迎难而上。当院长时要把学院工作放在第一位，其他的放在第二位，所以要牺牲小我，为了工作暂时搁置自己的学术追求。院长的职务涉及学院上下、学校内外、老师学生，不仅要做好学院的事情，还要做好自己的本职工作，所以要有出色的统筹协调能力。由于院长是学院的代表，要跟学校各单位以及社会各方面保持密切联系，自然就有了社会活动家的特征，所以必须拥有广泛的人脉才行，这样才能从学校、社会争取到更多的资源，补充学院所需。"

　　张昆承认新闻教育面临一些问题，但对未来表示乐观。"从人的社会属性、从社会的本质来看，新闻教育、信息传播还是有它未来成长的空间。技术形态不一样，信息传播的方式不一样，但基本职能都是为了实现人类的沟通。信息化程度越高，社交媒体越发展，普通人参与传播的程度越深，越会提升专业传媒人或专业媒体的重要性。可信赖的、高素质的、有洞察力的、有判断力的新闻人、评论员和主持人等会显得尤为重要。信息文化产业在整个国民经济中所占比重越大，人从复杂的体力劳动中解放出来了，精神生活或精神自由的空间也会越大，人们信息消费的要求也会增强，而我们的新闻传播教育，可以拓展的空间也就越大。当然，为了使学生有更好的社会适应性，专业设置、课程体系和教学内容等要不断改革，要顺应时代需求。"

作为教师，如何处理教学、科研和服务社会之间的关系？在张昆看来，新闻学院的好老师必然是好学者。"作为老师教书是根本。传道授业解惑，让学生成为人。从我们专业的角度讲，是要培养有思想、有深度的职业传媒人。要通过言传身教，来实现这个目的。但是这种教，应该是有深度的教。这种深度，也就需要老师自己去探索去研究。所以一个好的老师必然是一个好的学者。这一点是大学教育与中学教育最大的不同。中学老师可能不会在知识创新上花太大的功夫，更多地重视教学的艺术、方法和投入。大学既有成熟的、经典的知识，也要有面向未知领域的、创新的知识。所以，大学老师应该在某一方面有比较深入的研究。教哪一门课程，就要成为哪个领域比较前沿的学者。能够看到这个领域大家普遍关注的重要问题，能够通过研究找到解决这些问题的钥匙。这些研究会成为教学新内容的重要来源。所以教学和科研是同等重要的。一些工具性的课程譬如语言、编程之类，可能不那么需要科研。但专业性的课程，还是需要好学者来讲授。教学、科研和服务社会应该是和谐共生的。学者用知识服务业界，也就把产学研打通了。当然研究方向不一样，不能要求每个老师都去搞社会服务。所以我们才会实施岗位分类管理。教学岗的老师教学评价必须进前25%，这个要求是很高的。"

张昆是新闻教育的思考者也是践行者，是备受学生欢迎的好老师。"教学对老师而言是立身之本。教育就是要起到春风化雨、唤醒灵魂的作用。我们的学生尤其是重点大学的学生，真的是百里挑一。这些学生把希望和命运都交给学校。学校怎么教导、引领和栽培，关系到他们的前途和命运。教师被赋予最光辉的职业这样的称号，虽然不是很富裕，但待遇还是不错的。所以我们要珍惜这个职业，要敬畏这个职业。我以前年轻的时候，不大体会到学生、不太会心疼学生。等自己的孩子上学以后，特别期待老师会对自己的孩子青眼相加。在我看来，如果能像对待自己的孩子一样对待学生，一定会成为最好的老师。"担任华科大新闻与信息传播学院院长之后，但凡有本科生请张昆推荐保研，他除了给学生写推荐信，还会让学生给导师带上一本自己的著作。"每年要送出几十上百本。""我看到这些学生，就像看到自己的孩子一样。老师看到自己学生的成就，就像看到自己孩子的成就，同样也会感到自豪。"

2018 年，张昆获得了华中科技大学伯乐奖。他说，"新闻院系实际上是一个人才工场，没有学生，学院、老师就失去了存在的依据。我们要真正把学生当成自己的孩子，全力以赴地去栽培他们。""爱生如子""以学生为中心"，这是张昆对教师角色的理解。

"我的梦想是推出一个全球民意指数"

在张昆看来，院长在教学和科研上都应该成为表率，否则很难真正获得权威。"院长和知识分子打交道，这跟企业和政府不一样。行政机关权力和权威是统一的，在高校里权力和权威却是分开的。当院长处长是有行政权，但大家服不服你？这就要看你的道德文章，看你的人格魅力。在高校当院长，要想讲的话有人听，要把想法变成现实，必须增强自身的说服力。这个说服力是，你要别人干的事，自己也要能干，而且要干得好。你自己的本科教学才打 60 分，凭什么对别人的教学指手画脚？你自己在科研上面一塌糊涂，凭什么去号召老师凝练方向、申报课题？院长要把事情干好，实现自己的愿景，必须要自己先做好。所以我也重视教学，重视科研。学院第一门国家精品课程是我讲的，第一门视频公开课也是我讲的。大家都不报，那就我来报。我们的院长副院长都拿国家项目，都发 A 刊文章。在我们学院，只有学者才能做管理者。有些人当了院长就不写论文不上课了，我认为不会是个好院长。"

"认识自己"和"应用导向"是张昆做科研的两个原则。因为要讲授新闻史的课程，所以他研究新闻史；因为读博士时读政治学，所以他关注政治传播；因为当了院长，所以他重视新闻教育研究。"在研究方向的确定上，首先要认识自己。我是谁，我从哪儿来，到哪儿去。这是一个重要的前提。我的方向选择都是这样，我能不能干，能干才能选择。在我进入学界的时候，国家百废待兴，很多现实问题都有待解决。大家都有一种强烈的责任感、使命感。所以我做的主要是问题导向，对策性的、应用性的研究。有一点现实的作用，有一种实践的价值，能发挥自己的优势，又能体现知识的价值。最开始我做中外新闻史，后来随着改革开放的深入，很自然就转到了国际传播、国家形象、政治传播这些议题上。当院长又让我必须来思考传媒教育问题，所以我在教育方面也写了不少东西。"在张昆获得的四个国家社科基金项目中，有三个与国家形象、对外传播有关。他认为，做研究"陈陈相因，重在积累"，因此要在同一个领域坚持不懈。

张昆建议年轻老师根据自身的学术基础选择研究方向。在他看来，当下中国到了一个新的节点，不仅要有强大的经济和文化，也要有领先的学术。"大家未必要重复我走过的路。我更加鼓励年轻人来做一些纯学术的、基础理论的课题。这些课题的学术价值可能会更久远、更厚重。当然，我也鼓励大家去做应用的、对策性的研究。尤其像现在的媒体转型、媒体融合，全媒体时代传播的过程发生了变化，来跟踪这种变化，来探讨新时代的传播现象，从实操的层面来研究这些问题，有非常重要的需求。这类研究因为有现实的需求，会得到更多的支持、机会、资源，可能更容易持续下去。有的人在理论研究方面可能有潜力，有的人可能更加适合做一些应用的、实证的研究，不必强求划一。"在张昆看来，年轻老师应该获得更多的鼓励与支持。"现在年轻老师的压力很大，要在大城市生存发展，非常艰难。买房、生孩子，像天文数字一般的投入。在这种情况下，很难保证让他们把精力都放在学术上面来。所以对年轻人，我们要鼓励支持，让他们能够安居乐业。"

作为中国新闻史学会新闻传播教育史研究委员会的会长，张昆还主编了《中国新闻传播教育年鉴》三部。而他组织编撰年鉴的初衷，也是源于"紧迫的需求"。"整个中国新闻教育界，几百所高校，七八千的老师，二十多万的学生，却没有一本能够反映基本经验、整体状况、宏观数据的动态的权威的工具书。年鉴是一个很好的载体，可以为我们记录历史创造条件，可以为新闻院系的师生服务，也可以提升新闻传播学科地位。所以我把年鉴、学会看得很重。新闻学院的院长只管一个学院的事情，但年鉴却是服务全国新闻教育界的。"年鉴的编撰、会议的组织虽然烦琐、压力很大，但张昆却乐在其中，觉得这些都是"积功德"的事情。"新闻传播教育史研究委员会的会长还要做一届，年鉴再做四五本，我就功德圆满了。"

展望未来，张昆还有很多事情要做，还有"下一个梦想"。"按照华科的标准，我还可以干到 65 岁。明新院长希望我再为院里做点事情。所以把 2013 年成立的国家传播战略协同创新中心改成了国家传播战略研究院。每年有一个国家传播战略高峰论坛，2019 年要开第七届，同时要出一本蓝皮书（每年一本）。还有一个大型民调，《2018 年中美两国民众的世界观念调查报告》。这个报告比较受到认可，英国《经济学人》也有引用。今年准备用中英文同时发布。2019 年，我们将同时在中国、美国、以及南非、埃及、尼日利亚、坦桑尼亚、埃塞俄比亚等非洲五国同时进行调查。另外，我们还想推出一个城市品牌排行榜。这个工作量比较大，学校支持我们就做。我最大的梦想是希望能够推出一个全球民意指数，真正地进行全球民意调查，像英国的 BBC、美国的盖勒普和皮尤中心一样做全球民调。对于我们国家来讲，这是一个非常紧迫的需求。中国要实现中国梦，和平崛起，承担大国责任，必须要了解世界舆情。欧美国家是否接纳？共建'一带一路'沿线国家的民众认不认可？是我们国家决策的前提。不能只停留在官方意志上，还需要有科学的调查数据。这是一个大的系统工程，我还没有找到可靠的财政支持，每年要 200 万。谁支持，就由谁来冠名。现在我们致力于调查方法的科学化，一旦有了相应的投入，马上会全面铺开。"可以看出，在未来几年内张昆仍将扮演会长和院长这两个角色。不过这个院长的工作中心已经从新闻与信息传播学院转到了国家传播战略研究院。

卸任院长之后，不少学校向张昆伸出了橄榄枝，但他都婉拒了。"有比华科大更牛的学校邀请，有重点高校让我去做副校长管文科，但我婉拒了这些善意的邀请。为什么？我在华科大 12 年，一直陪伴着新闻传播学科，日久生情，有些割舍不掉。另外，现在学院主政年轻领导都很不错，他们希望有一个比较好的过渡。长期以来，也许是我自作多情，外面一直把我当成了华科大的代言人、一个形象代表。如果卸任以后，很快就发生异动，对学院的稳定可能影响不好。如果是我个人的原因，我感觉没办法向历史交代。"

卸任院长之后的张昆，常常和夫人一起去看电影，在微信朋友圈晒恩爱。他说，"我的运气比较好，家庭和谐稳定，让我能把精力都放在工作上"。以前因为工作忙，张昆对儿子实行军事化的管理，"饭要 5 分钟吃完，不听话就要挨打"；在儿子十岁之后，他又几乎不管家里的事情。张昆因此对家人满怀愧疚，现在他只要放假就要和夫人在一起。"关心一下健康，回归这个家庭，弥补一下欠账。过去的的确确很对不起他们，现在希望能弥补过去的过失。""入则恳恳以尽忠，出则谦谦以自悔"，这句话出自元代张养浩的《为政忠告》，在张昆这位新闻传播领军者、教育家身上，我们也能看到这种境界。

（本文系刘义昆与张昆教授的对话整理，原载于《中国新闻传播教育年鉴 2019》，武汉大学出版社，2019）

张昆：卸任华科新闻学院院长，
安心做个教书匠

2018 年 4 月 24 日，华中科技大学新闻与信息传播学院举办了院长交接仪式，张昆正式卸任院长一职。刺猬公社独家专访张昆，和大家分享他带领学院发展的经验和对于新闻教育的思考。

从 2006 年进入华科大新闻与信息传播学院起，张昆已经做了 12 年院长。任职院长期间，他和学院领导班子一起克服种种物质和人力上的困难，建设了一支富有活力的学术队伍、一个实力雄厚的学科平台和一座设施完备的学院大楼。12 年来，华科大新闻传播学的学科评估排名呈快速上升趋势，其百分位从第一轮的前 40%，上升至第四轮的前 5%，目前排名和复旦大学并列第三。

在卸任感言中，张昆说："经过这不平凡的十二年，我从 44 岁来到了 56 岁，从满头青丝到华发丛生。这是我生命年轮中最重要的阶段。这一阶段能够融入华科大新闻学院的历史，成为推动华科大巨轮前行的一分子，是我人生最大的幸运。"

以下内容为刺猬公社记者对张昆的访问。

问题一：你在华科新闻学院当了 12 年院长，做得最满意的事情是什么？

张昆：我在华科做了 12 年，有三件事情比较满意。第一，建设了一支优秀的学术队伍；第二，建立了一个在国内不错的学科平台；第三，达成了拥有自己学院大楼的目标。

我刚来华科时，学院只有 28 个老师，其中 55 岁以上的教授有 5 个，

55 岁以下的教授只有一个，教师队伍是一个哑铃型结构，两头大中间小，人才严重"断层"。这 12 年来，我们在人才队伍建设方面花了很多工夫，通过引进人才、自我培养、激活机制、活跃氛围，形成了一种有效的合作竞争机制。

教师队伍在保持动态平衡的基础上，增加到了目前的 40 人，整体结构发生变化，如今变成橄榄球型的结构。目前，学院绝大多数教授都在 55 岁以下，13 个教授里只有两人是 55 岁以上。中青年教师特别优秀，30 岁左右的副教授非常有实力，学院会让副教授担任博导，给他们压担子，给他们出头的机会。

我已经 56 岁了，在学院里算是比较老的了。新上任的班子，三个 70 后都是教授，院长张明新 1978 年生人，目前国内重点新闻院系中，他是最年轻的掌门人。还有一个"80 后"副院长是副教授，也具备教授实力。他们都非常厉害，都有拿国家重大课题和当领军人物的能力。学院人才济济，还有不少有才干、有实力的人没有安排担任行政职务，这些人完全能够再办一个新闻学院。

问题二：在建设教师队伍方面，你做了哪些事情？

张昆：主要是在引进人才、形成良好的竞争激励机制方面做了一些工作。利益分配上，向中青年教师倾斜，鼓励他们早点冒头，只要有能力有贡献，学院就会充分地肯定他们，并且在薪酬激励方面采取相应的措施。

在教师考核定级方面，我们允许老师跨档升级，鼓励干得好的可以大踏步往前走。副教授的成果只要达到了教授的标准，就可以拿到教授标准的职务津贴，优秀的讲师也可以拿副教授的津贴。在现有的教师十三级（档）中，有些老师可以一次直接跨三级（档）。同时，对老教师也有保护措施，以维护他们个体的尊严和物质利益。

这样一方面调动了中青年教师的积极性，让他们有成就感、自豪感；另一方面又能维持学院的稳定，大家的关系比较和谐。

问题三：你曾倡导实行"双师制"和"冠名教授"，效果如何？

张昆：华科新闻的"双师制"做得还算比较好，真正实行了分类管理，把老师按照特长和教学任务分配到不同岗位，考核要求也不相同。

第一类是科研岗，考核时，科研方面的要求比较高，学院目前有一两个老师属于这类；第二类是教学岗，主要是教授新闻业务和播音主持类课程，要求在学生培养方面投入更多精力，教学任务比较重，还要指导学生创新团队，同时适当地降低了科研方面的要求，大约 10 人；第三类是教学科研并重岗，要求老师既要完成一定的教学工作量，也要完成一定数量的科研任务。

从传媒业界来的老师一般被放在教学岗，让业界来的老师有上升空间。我们需要顶尖高手，只要你能达到教授水平，就可以评教授。

"冠名教授"是在现有薪酬制度外单独设置的一种制度。当年设立"冠名教授"制度时，我们学院才 34 个老师，从中选出 10 个人，给予每人每年 10 万元或 5 万元的津贴，这对老师们的激励作用很大。

学院的资源有限，要让有限的资源发挥出最大的激励作用。首先是解决校内问题，华科位于中部地区，工资水平不算高，要让院内老师有自豪感，所以"冠名教授"主要是奖励院内老师。况且一年总共 70 万元，也不算多。等以后条件更好了，下个阶段可能会考虑从社会上邀请一些人进入这个岗位。对于出资方而言，纯粹是一种公益事业；对于老师而言，获此荣誉是对前期工作成果的一种认定，不需要承担其他的义务。

问题四：你曾说学院文化建设是新闻教育最大的短板，华科新闻学院的文化是怎样的？

张昆：高校竞争既有硬实力的较量，也有软实力的较量。学院文化是学院竞争的重要软实力。华科学科评估的成绩不错，我认为软实力方面起到了很大作用。院训、院歌和院碑等这些只是外在的东西，内在的文化精神已经渗入师生的灵魂深处，大家对专业和学院比较认同，对传媒行业心存敬畏，相互协作也增强了学院的稳定感。

新闻传播专业属于文科，文科老师一向是做个体生产的，很多人互不往来。但在信息化时代，传播行业系统化、巨大化的情况下，单打独斗是不行的，要有团队协作。华科新闻学院是很能够打团体战的，学院的家文化氛围很强，老师们的团队协同意识非常强，大家都愿意当配角，而这一点很多高校都做不到。老师们把学院当成一个家，一个命运共同体。教师团队相当稳定，我来这里 12 年，副教授以上的教师一个都没有调走。当然内部也不是没有矛盾，但是在可控范围内，老的爱惜少的，少的尊重老的，氛围十分温馨。

学院学生的专业认同感比较强，充满理想情怀，真心热爱这个专业。我们有红树林团队、V-fun团队、Loading团队、评论学社等创新团队，大家都有强烈的专业意识和职业自豪感，具有一定的批判思维，为将来的职业生涯做好了准备。

问题五：当院长期间遇到的最大困难是什么？怎么解决的？

张昆：主要是人才和硬件问题。人才问题嘛，急不来，要有韧劲，用10多年的时间来克服。

最大困难是物质条件问题，资金的投入和空间拓展。开始时，学院每年的运行费只有四十来万元，只能够勉强维持开门。空间上尤其逼仄，这次学院装修可以解决全部空间问题。我们的办公室、实验室、资料室全面改观，另外建立了50间教师工作室（每人一间，还剩下十间等待新人入住），让每一个老师都有寄放灵魂的地方。其实，我刚到华科时，学校就说把东六楼全给新闻学院用，但一直没能实现。现在学科发展得好，老师们的要求也比较强烈，学校就给批了。

学院大楼问题是分两步解决的。第一步先解决了演播厅的问题，当时就是"哭穷"呗。好在前任校长根叔非常理解新闻教育，也有人文情怀，跟他一"哭穷"，一讲社会需求，他就同意了。第二步是把东六楼全部拿下，从前年开始，我和书记多次跟学校领导沟通，说自己马上就要卸任，没有功劳有苦劳，没有苦劳有疲劳，学校总得送我个礼物表示一下吧。我自己什么都不需要，只想给新闻学院做点事情。希望学校兑现诺言，把东六楼全部给新闻学院，顺带给些装修费。学校终于同意，并且给了500万元装修，其他配套设施则由新闻学院承担。

学院大楼问题解决以后，短期内能够满足华科新闻学院在空间方面的发展要求，也能增强老师对学院的认同感、自豪感和归属感。装修好后，一楼包括附属楼一层整个是资料馆，包括书库、报库、档案库等，面积约800平方米；二楼主要用于建设实验室；三楼主要是行政办公用房；四楼和五楼全是教师工作室；六楼是会议室和院史陈列馆。就我了解的情况，与国内同行比较，应该属于中上之列。

问题六：任职院长期间，你如何处理学院的行政工作和自己的科研兴趣？

张昆：院长就像一个生产队长，学院教职工五六十人，学生千余人，不出事已经很难了，还要在不出事的基础上向前发展，压力自然非常大，而且不能很好地休息。当院长确实影响到了我自己的研究兴趣，没有精力好好做课题。因为学院的运转随时都会打断你，无论做什么，只要学院的事务来了，就必须停下来，赶紧处理学院事务。

虽然我的国家传播战略研究课题没有及时推进，但在教育方面的探索也没有白费，算是有些心得。教育和人才培养也有技术含量，也有思考的空间，有很多值得探究的东西。我做院长时，对教育问题也有所研究，发表了一些关于新闻教育思考的文章，先后出版了两本小书《新闻教育改革论》《三思新闻教育》，同行还算比较认可。

问题七：你给自己当院长这些年打多少分？有哪些遗憾？

张昆：85分吧，也就是良好。

遗憾是当初来华科时立下的四个宏愿还有一个没能实现。除了建设一支队伍、一个平台和拥有学院自己的大楼，还想建设一个新闻传播博物馆。虽然没有对外说，但我一直在努力。现在看来，短期内学院还很难做到，但如果要成为世界一流的新闻传播学院，应该要有一个新闻传播博物馆的。再就是受发展的阶段性制约，学院在国际化方面做得不够，国际认知度和认可度还有提升的空间。

问题八：对卸任院长以后的工作和生活有哪些期待和打算？

张昆：现在不做院长了，真是如释重负，一身轻松。下一步要做的事情，首先是国家重大课题要尽快结题，多看点书，研究一些感兴趣的问题，不用再注重外界的名利和考核指标。将来可能重点转向思想史和政治传播的研究。再就是在学生培养方面多花些精力。以前公务繁忙，没时间管自己的研究生，对学生主要是"放养"，以后会改正，会加强对学生的指导。还有就是回归家庭，享受家庭的生活乐趣，做个好父亲和好丈夫。

问题九：华科新闻传播的学科评估成绩逐年上升，第一次排位是前40%，第二次是前20%，第三次是前10%，第四次上升到了5%以内（见图1），主要得益于哪些因素？如何看待外界对于华科新闻传播学科排位的质疑？

第四轮学科评估高校评估结果

0503 新闻传播学

本一级学科中，全国具有"博士授权"的高校共17所，本次参评17所；部分具有"硕士授权"的高校也参加了评估；参评高校共计81所。（注：评估结果相同的高校排序不分先后，按学校代码排列）

评估结果	学校代码及名称	
A+	10002	中国人民大学
	10033	中国传媒大学
A	10246	复旦大学
	10487	华中科技大学
A-	10003	清华大学
	10248	上海交通大学
	10486	武汉大学
	10559	暨南大学

图1　华中科技大学在第四轮（2016年）学科评估高校评估中的排名

张昆：华科是一所工科大学，华中科技大学的校名也不是高大上的名字。去年北京有个记者来采访，第一个问题就是"华科是凭什么在学科评估中，领先于清华和武大等名校的？"我当时说，这次评估，我们华科好像还没有影响评估结果的能力或条件。

排在华科后面的很多学校，品牌都比华科厉害。华科本来就是一个弱势品牌，不为人所知很正常，外界不大了解华科的情况。华科的学校总体排位是在前十左右，加上工科的标记，外人很自然地会认为它的新闻学科也不会怎么样。有人不理解，这很正常。

真正懂行的人，就会知道华科新闻不是浪得虚名。前不久到上海交大开会，复旦大学刘海贵教授对我说，这么多年我们看到了华科的成长，教师队伍不断壮大，科研水平不断提升，华科在权威新闻刊物上发的文章仅次于人大、复旦和中传，况且他们还有自己的刊物。华科的排名是实至名归。

看到这次评估结果后，我们自己也分析了原因，认为学科评估越来越科学了。第四轮评估时（2016年）华科教师队伍只有34人，有些学校的教师数量是华科的两倍，总量比较高，成果自然也多。但这次评估既算总量又算人均，越来越公平了。华科新闻就是怕不公平，越公平对华科越有利，我们的人均论文、著作和科研项目都排在前面。

过去的学科评估，比较重视平台和"帽子"，顶着"帽子"不干活也算成果。这次不这样算了，而是以成果论英雄，把实际贡献的方面突出了，所以名气不大的学校比较容易脱颖而出。

华科新闻 50 岁以下的师资队伍力量很强，虽然单个拎出来可能难以和清华、北大、人大、复旦的教师相比，但是如果每个学校拿出一个 20 人的学术团队，我们的整体实力绝对是不弱的。这次评估我们的队伍得分比较高。大多数老师都有国家基金课题，都有 A 类期刊论文，都有经费支持。总量或许不是最大，但整体实力很强、后劲很足。办学不就是看人嘛。

问题十：学科评估比较侧重学术成果等方面的量化比较，如何看待华科新闻学院目前的排名？

张昆：学科评估是学科建设的一个指南，因此要重视，但也不能太看重了。华科新闻被评了 A，但千万不要认为自己就跟复旦一样了，或是就跟 "A+" 的人大、中传只差个 "+" 了。这次学科评估有很多东西没有充分体现出来，比如历史积淀、文化传统等，一些老牌学校难免会有些吃亏。

我们要看到自己的短处，比如国际化建设和人才培养。华科的新闻传播要想成为一流学科，未来还有很多路要走，需要加强已有优势，并补齐短板。想要真正和排位相符，还得花很长时间扎扎实实做基础。

问题十一：最近几年的传播格局发生巨变，传媒生态正在重塑，媒体纷纷寻求转型，媒介融合如火如荼。新闻传播教育却显得停滞不前，学科专业仍按照媒介进行细分，课程设置也落后于业界发展，你怎么看待这种现象？

张昆：新闻教育确实和行业有相当程度的脱节，有这几个方面的原因。

第一，传播技术发展太快，我们跟不上。

第二，不仅是新闻传播学科落后了，实际上整个教育系统都落后了，金融、管理等行业都受到了互联网的冲击，实体银行、实体商业受不受影响？在整个社会大解构又重构的状态下，所有人都面临着同样的问题。

第三，新闻传播学科自身 "尾大不掉"，几十年的问题积累下来，使得原来的优势变成劣势，原来的长处变成短处。比如 20 世纪 80 年代讲究专业对口，引进老师时一定要引进专业的老师，要求是新闻学博士。经过几十年累积到现在，新闻学院老师可能大都是新闻学的博士了，文学、经济学、法学等学科背景的很少，更不用说工科背景的了。原来单一的专业结构使得我们现在想改也改不了。教师知识结构单一，加上人的惰性，教师本身有可能成为新闻教育改革中拖后腿的力量。

问题是时间积累下来的，想要一下子解决很难，只能慢慢来，但是缓不救急，所以目前新闻教育的问题还是要严肃地面对。

问题十二：最近从新闻传播专业毕业的学生越来越少进入传媒行业，选择成为新闻记者的毕业生更是寥寥，你怎么看？

张昆：我认为这是很正常的现象。我 20 世纪 80 年代上大学，理想就业是专业对口，那时候已经算是不对口了，学历史的跑到新闻系。信息传播在社会运行中发挥越来越大的作用，对社会进行了解构和重构，时间和空间都被大大压缩。新闻传播学科的就业方向也从传媒转向泛传媒。

这个问题可从两个方面来看，一种是比较悲观的态度，传统媒体容纳的人才越来越少，我们培养的人才没去做媒体。但从乐观的角度看，我们的毕业生都过得挺好的，适应空间在增大。而为了使学生有更好的社会适应性，我们的专业设置、教学内容等要不断改革，顺应时代需求。

国内新闻院校的毕业生里，真正进入传媒行业的人，最多占 20%，大部分人都到企业、党政机关或是创业去了。虽然没到媒体行业，但做的工作跟新闻技能、传播素养依旧相关。这倒并不是专业不对口，而是说明专业的社会适应性更强了，比如去做品牌、公关、新媒体、秘书、宣传干事。

对一般人而言，在这个信息化时代，没有媒介素养就没办法生存和工作。实际上，新闻传播的就业门路更广了，空间舞台更大了，选择性更多了。另一方面，传统媒体的生存状况其实已经很艰难了，干吗非得扎到传统媒体去呢？能到企业拿 100 万元年薪的，干吗还要到传统媒体拿 10 万元年薪呢？没这个必要嘛。

问题十三：在你看来，应该如何提升学生的学院归属感和专业认同感？

张昆：第一，要加强专业教育，让学生正确认识本专业，不仅要掌握专业能力，还要有爱心和责任感。第二，学院要真正把人才培养当作工作的重中之重，老师们要思考，如果这些学生是自己的孩子，应该给他们什么样的教育。只要能做到这一步，所有事情都好办，资源配置、精力投入、教育方法等都会有很大的改变。

很多高校的师生关系出了问题，华科新闻学院目前相对比较稳定。学院领导非常重视这件事情，经常提醒老师们。在学生培养方面，学院不惜代价，比如为所有学生解决找实习、实践的问题，专门成立实习运作小组，对老师和学生进行补贴等。

（本文系刺猬公社记者张小鱼对张昆教授的专访，发表于 2018 年 5 月 4 日）

携理念与时俱进，倾思想铸就华章

记者：张教授您好！很高兴能邀请您来做本期《今传媒》的嘉宾。能谈谈您担任华中科技大学新闻与信息传播学院院长之后学院的变化及学院取得的成就吗？贵学院在学科建设方面有什么特色？

张昆：很高兴能够成为《今传媒》的嘉宾，也很愿意与《今传媒》的读者交流，分享我在办学与研究方面的体会。

我是 2006 年 7 月应华中科技大学校长李培根院士的邀请就任华中科技大学新闻与信息传播学院院长一职的。迄今快 6 年了。这个时间说长不长，说短也不短。客观地说，这几年我干得很辛苦，连带着我们的管理团队，一直打拼下来，大家都喊累。回头来看，成果也不少，付出的辛劳，流出的汗水，还是值得的。

应该说，在我担任院长之前，华中科技大学新闻与信息传播学院就有一个比较好的基础，在 2003 年、2005 年分别获批了新闻学二级学科博士点、新闻与传播学一级学科博士点。到 2006 年为止，是全国新闻传播教育界 6 个拥有一级学科博士点的单位。学院的学风淳朴，教师之间也比较团结，在国内教育界同行中有较好的口碑。所以我的工作平台和起点是比较高的，如果说做了一些工作，也是在前人的基础上、在前人的肩膀上做的。

在 6 年院长任内，在学科建设方面，我们主要做了以下几个方面的事情。

一是队伍建设。我到任时，学院师资队伍结构不甚合理，在青年与老年教师之间存在明显的断层，一些资深教授成就斐然，在学界业界有很高的声望，但青年教师中露出头角者很少。青年人如果上不去，学科的发展就没有后劲。为此，学院一方面加大引进人才的力度，另一方面则改进用人机制，完善内部环境，激活人力资源的存量。下大力气培养青年教师，在项目申报、国际交流等方面，尽可能地给青年教师创造出头的机会，同时帮助青年教师站稳讲台，引导他们在教学科研方面同步发展。这些措施，在现在看来是有效果的，这两年我们学院的大部分成果、大部分项目都是 50 岁以下的老师贡献的。

二是科学研究。我到任前，学院老师的科研项目特别是国家级项目很少，从社会争取到的横向研究经费也不多。近年来学院加强学术方向凝练，面向国家的重大需求或重大问题，努力组织学术团队，进行跨专业跨学科集体攻关，这些努力效果十分显著。2011 年，学院成功申请了国家社会科学基金课题 6 项，其中重大课题一项、重点项目一项、青年项目两项、普通项目一项、后期资助项目一项，在同类院系中居于首位。2012 年，截至今日，我们又成功申请了国家社会科学基金课题 4 项。要知道，我们学院一共只有 32 位专职教师。这样的教师规模，能够获得这样多的国家级课题，同行们都很吃惊。大量的国家级项目的获得，使得我们的老师、研究生自然进入国内学术的前沿，提高了我们的学科品质。

三是平台建设。6 年来我们学院还致力于学科平台建设。2006 年底，我们成功建设了湖北省文科重点研究基地"媒介技术与传播发展研究中心"；2007 年，我们成功申请并建立了新闻传播学一级学科博士后流动站；2008 年，我们的新闻与传播学科成功进入湖北省一级学科重点学科的行列，新闻传播学科被列入学校"211 工程"建设项目；2010 年，我们学院的"新媒体与社会发展研究中心"被纳入"985"第三期建设规划。在此基础上，学院围绕着两个国家重大课题打造两个特色研究（新媒体研究方向和战略传播研究方向）团队，并取得了一系列研究成果。

这些工作为学院的学科建设打下了坚实的基础，为今后学院在人才培养、科学研究、社会服务方面的提升开了一个好头。

记者：我们知道，您特别注重人才的培养，根据社会对人才的需求及贵学院特色制定了一系列有效可行的培养计划，在人才培养方面有自己的独特见解及培训模式，为社会输送了大量的优秀传媒人才。请问您和您的团队是如何做到这一点的？

张昆：华中科技大学是国内工科院校中最早创办新闻学专业的学校，新闻学专业也是本校最早创办的文科专业。在一个没有人文社会科学基础的学校办新闻教育，华中科技大学走的路子完全不同于其他综合性大学。在华中科技大学新闻教育初创时，老校长朱九思老先生确定了基本的办学理念，那就是"文工交叉，应用领先"。一路走来，我们学院在坚持原有传统的基础上，推陈出新，适应社会和传播业界需求的变化，不断革新课程体系，不断完善人才培养模式。所以我们培养的人才，一直受到社会的好评。

如今，我们处在一个传播科技飞速发展的时代，媒介的使用方式、运营观念都发生了根本的变革，融合媒介、全媒体的理念及转型实践势不可挡，与此同时，在高度发达的传播技术的推动下，社会大众已经结束了信息饥渴，人们不再苦于信息匮乏，而是企求传媒的思想引领。在这种全新的环境下，传媒人才的需求也发生了重大的变化，当前传媒业界急需的是具有一定思想高度的复合型全能新闻人才。他不仅要懂新闻理论，娴于新闻技能，精通传播技术，而且要有多学科的宽广视野和严谨求实的科学态度；不仅能够胜任单一媒体单一岗位的工作要求，而且能够实现跨媒体不同岗位的自由流动。近年来，传媒教育最大的问题在于，高校的专业设置越来越细，特别是新闻传播专业的人才培养模式与媒介融合的现实渐行渐远；同时，在具体的教育实践中，越来越重视业务技能的培养，而在相当程度上忽略了学生健全人格、批判思维的养成和思想境界的提升。传统的新闻教育已无法适应信息化时代媒介融合的实践发展需要。

面对来自业界的跨媒体全能型新闻人才培养需求，必须打破传统的专业界限，促进新闻传播学与理工学科、人文社会学科以及新闻传播学科内部各专业间的交叉融合，探讨基于知识、能力、思维及人格全面发展的复合型全能新闻人才培养的新理念、新路径。

为此，我们学院主要做了以下几件事情。

一是采取切实的措施，建立双师型师资队伍。从业界引进师资，从业界聘请兼职教师，选派教师到业界挂职，以及吸引业界资深人士到学院挂职的做法独树一帜，使得新闻传播教育密切追踪业界实践，人才培养很好地适应实践的需要；与此同时，教师来源的多元化不仅丰富了教师队伍的知识结构、学缘结构，更重要的是体现了学科交叉的办学特色定位。

二是根据业界新的人才需求，不断调整课程体系。2006年，新的教学计划调整思路发生了重大变化，实行"文科大平台+专业小平台+专业方向课程"的课程群组合。2009年，为了顺应媒介融合的趋势，进一步体现学科交叉的特色，我们打开学院内四个专业的方向课程壁垒，每个专业设计出核心课程组，供院内其他专业学生选修，以增强学生的复合知识和能力。

三是加强专业建设、课程建设和教材建设。近年来，学院先后建设有两个国家级特色专业，两个省级品牌专业；一门国家级精品课程，一门国家级精品视频公开课程，三门湖北省精品课程；三本教材入选"十一五"国家级规划教材，两位教授入选教育部马克思主义理论建设工程重大教材首席专家。

四是强化实践环节，通过业务课程实训、实验课程实训、创新团队实训等环节，使得学生的复合能力实训贯穿于整个大学学习阶段。业务类课程要求学生课余进行新闻传播业务实践，在课堂上提交实训作品；通过融媒体全流程一体化教学和实验，学生在复合能力的竞技实训中得到锻炼和提升；同时，组建了多个学生创新实践团队，如红树林团队、第二视觉团队等，在专业教师的指导下，吸引学生参与编剧、导演、制作、策划等新闻传播综合业务创作实训，全面培养和增强学生学科交叉的专业特质。近三年来，广播电视学专业的学生参加全国高校（文科）计算机设计大赛并获得3项一等奖（获奖作品分别是电子杂志《呀！基诺》《我的低碳王国》《票》）、3项二等奖；广告学系学生参加全国广告设计大赛并获得2项二等奖。同时，探索基于一体化实习工作平台的实习项目组的运作，与人民日报社、新华社、中央电视台、湖北日报传媒集团、湖北广电总台等中央及省市媒体共建实习基地20余个，真正做到了实习贯穿新闻传播专业四年学习的始终。

这些努力收到了很大的成效。近年来学生的综合素质和专业素质有很大的提高，就业状况有很大的改善，在学界、业界均有很好的口碑。

记者：改革开放以来，我国新闻的研究发展取得了很大的进步。您的主要研究方向为外国新闻史、传播思想史、政治传播学等领域，据了解，您获得了很多项国家研究课题，取得了很多科研成果，据说，许多课题很有代表性，能具体谈谈吗？

张昆：在新闻传播学领域，我是一个后学者。我不是一个聪明人，但是比较努力。在读书的阶段，有名师指点，在工作时期，又有开明的领导提携、引领。所以在学术研究方面，颇有心得。在 1996 年，我就成功地申请了一个国家社会科学基金青年项目。当时我在武汉大学工作，这也是武汉大学的第一项国家级社科课题。随后在 2001 年、2006 年又相继获得两个国家社会科学基金课题。2011 年，我和华中科技大学的战略传播研究团队又成功申请了国家社会科学基金重大课题"跨文化传播中的中国国家形象建构研究"。

这些年来我的主要精力不在学术研究方面。1998 年，我当时被任命为武汉大学新闻学院院长，随后又担任武汉大学大众传播与知识信息管理学院副院长，就一直没有消停。2006 年到华中科技大学担任新闻与信息传播学院院长。行政事务繁多，接连不断的会议，还要考虑创收以解决老师的福利，还要给本科生、研究生上课，跟业界的交往应酬也不少，很难安静下来思考学术问题。所以有不少选题存在脑子里，有些课题开题了，就是没有很好地做下去。想起来，实在是惭愧。这届院长任满后，我将不再担任任何行政职务，做一个纯粹的老师，认认真真地做自己想做的事情，写几篇像样的文章。

在学术兴趣方面，近二十年来，我主要集中在以下几个方面。

一是新闻传播史。我在大学读书期间，第一专业就是历史学。研究生时期是新闻学。这样担任教师工作后，学术兴趣自然就实现了新闻学与历史的交叉，新闻史的研究就成了我的第一方向。在新闻传播史研究方面，开始时我很关注世界史体系的建构，主张打破国别史的格局，建设世界新闻传播通史体系。1994 年，我出版了第一本大学教材《简明世界新闻通史》，试图做到中外合璧、古今贯通。这本书出来后，受到了学界的好评。2006 年，在复旦大学出版社出版了《中外新闻传播思想史导论》。2008 年，又在高等教育出版社出版了《中外新闻传播史》。还就新闻史的理论与方法发表了一些论文。这些研究成果，很快转化到教学过程中，在2009 年，我主讲的"外国新闻传播史"被评为国家精品课程；2011 年，我主讲的"传播的历程"被评为第一批国家视频公开课。

二是政治传播学。我一直对政治学有很浓厚的兴趣，大学时期就读过不少政治学方面的经典著作。我的博士阶段学习的就是政治学。在政治学领域，我选择了一个与传媒联系密切的议题，即政治社会化。2003 年，我在博士学位论文的基础上，出版了《大众媒介的政治社会化功能》，这本书在政治学界产生了较好的反响。还有一个议题，就是对外传播与国家形象建构。我承担的四个国家社会科学基金课题中，有三个就属于这一议题领域。近十年来，我在这方面发表了二十多篇论文、出版了一本专著。目前在研的国家社会科学基金重大课题"跨文化传播中的中国国家形象建构研究"正在紧张进行，可望实现较大的突破。

三是新闻传播教育。我一直工作在新闻传播教育的第一线。担任新闻传播院系的基层领导快二十年。而且经历了两个学校——从武汉大学到华中科技大学的转变，这两个学校的新闻学院都是国内较好的新闻学院。对于新闻传播教育、专业人才培养有自己的感受和理解。最近几年，我围绕新闻传播教育陆续发表了二十几篇论文，专著《新闻教育改革论》即将出版。

记者：2011 年，在十七届六中全会上，我国提出了文化体制改革。文化的大发展、大繁荣也将为中国传媒发展提供良好的现实环境，您认为传媒单位应该如何利用这一有利条件去实现传媒的跨越式发展呢？

张昆：在十七届六中全会上，我国提出了文化体制改革。对于中国传媒事业而言，这是一个再好不过的机遇。改革开放以来，中国累积了巨大的物质财富，国家的综合实力特别是硬实力上了一个新的台阶。国家的GDP（国内生产总值）总规模超过日本居于世界第二，军事国防实力也大大增强。与硬实力的大幅增长不同的是，国家的文化软实力——在国际社会的感召力、亲和力和影响力并没有得到相应的提升。

因此，中共中央、国务院非常重视软实力的建设，试图通过文化体制改革，激发活力，促进国家文化事业、文化产业的全面可持续发展，借助于文化交流，特别是跨文化传播，客观、全面地展示中国的形象，传播中国的声音，解读中国的政策，提升中国在国际社会的感召力、亲和力和影响力。为了实现这一目标，国家在政策层面，推出了许多刺激传媒产业发展的政策，同时，国内的城市化进程、资讯技术的发展及传播的全球化，提高了民众的文化消费能力，从而极大地扩张了文化市场。中国传媒界应该抓住这一历史机遇，加大改革力度，全面提升自己的竞争力，做大做强传媒产业。

记者：在您多年的新闻传播研究中，您认为中外新闻传播史的发展有什么共同点吗？新闻传播在发展过程中需要坚守什么样的准则？

张昆：新闻传播史一直是我关注的重要领域。关于新闻传播史的演进，我惯于作宏观、整体的思考。过去我不大赞同按国别史的方式编纂新闻史——虽然国别史研究是世界史研究的基础。在世界新闻史的总体框架中，可以看到不同国家、不同地区新闻史演进的脉络。这一脉络有其共性，如大的历史阶段的划分，同类性质媒体内容及表现风格的相似性等。但是，因为地理、文化、政治及经济因素的影响，各个国家新闻传播史发展进化的路径有相当的差异。如同一历史阶段的起点可能会不同，同一性质媒体在组织结构形式上千差万别，其政治法律地位也有天壤之别；同是新闻媒体，不同的国家对其角色及其功能的期待也不尽相同。

但是，同在一个蓝天之下，不同国家、地区的新闻传播媒体及其从业者，在履行自己的社会职责时，也要遵循一些共同的基本规范，如真实、客观、公正、平衡的报道原则。政府及其他非政府组织，也应该尊重新闻媒体及其从业者在遵循新闻传播规律前提下自由报道的权利，这也是文明社会的共识。

记者：您认为我国传媒的业界和学界应该进行怎样的互动及合作才能实现传媒融合从而促进我国传媒业的快速综合发展呢？

张昆：新闻院系与传媒业界是利益相关的共同体，从产业链来说，是上游与下游的关系。从人才供应来说，新闻院系处在上游，其职责是生产传媒专业人才，传媒产业是新闻院系的客户，也是新闻院系产品的主要目标市场。失去了传媒人才市场，新闻院系一天也办不下去。从人才培养过程来看，新闻传播专业学生的专业实践环节基本上要利用传媒的运作平台，没有传媒企业的支持，新闻院系的教育职能是远离实践的空谈。同时新闻院系业务课程的教学，急需具有丰富业界经验的实战型老师，即便是兼职教师，也大多来自传媒业界。从学科内涵来说，新闻院系是传媒产业的智库，其教学和研究所涉及的大多是传媒运作过程中发生的问题，其具体的研究成果能够帮助业界克服困难、少走弯路。传媒业界要制定科学的发展战略，高起点、全面协调可持续发展，必须借助于新闻院系的智力资源。从这些意义上看，传媒企业与新闻院系是唇齿相依、肝胆相照的关系，只有相亲相爱、不离不弃，才能实现双赢。

华中科技大学新闻与信息传播学院在办学过程中，一直秉持以服务求生存、以贡献求发展的理念，尽全力与传媒业界建立互惠互利的战略合作关系。我们与中央、省级不同性质的传媒集团，与沿海一些经济发达地区的地级市传媒集团，实现了富有成效的合作。如人民日报社、湖北日报传媒集团、湖北广电总台、深圳报业集团等，不仅是我们重要的专业实习基地和兼职教授的主要来源，而且对方也把我们学院视为它们重要的智库，我们的一些教授也成为他们的战略企划顾问。学院承担了不少媒介委托的横向研究课题，不仅给我们补充了物质资源，而且促进了教学与科研的结合及科研成果的转化。有一个典型的例子，浙江嘉兴日报社就通过战略合作关系，把我们学院作为他们员工继续教育的基地，每年该报社在我院举办两次中层干部专题培训班；同时将本院作为他们的智库和战略策划中心，该报近年来的历次改版、评论版建设，都由我院相关教授策划，提出决策方案。该报还为我院学生设立了"《嘉兴日报》奖学金"，每年奖励10名优秀的学生、研究生，每人奖励5000元。现在这两个单位，可以说是你中有我、我中有你，真正做到了互惠互利。

记者： 当今的时代是信息时代。新兴媒体的兴起对纸媒冲击很大，中国的众多报刊走上了产业化和集团化的道路，纸媒要发展壮大，必须找准两者之间的平衡点，您能从新闻传播的角度谈谈您的认识吗？

张昆： 关于纸媒的未来，欧美国家的传媒人士很悲观。事实上，最近十年来，欧美主要国家的纸媒市场在萎缩，发行量下降，广告营收也在下降，甚至一些历史悠久的纸媒停出纸质版改出电子版，或者干脆停刊。所以，有人预言，用不了几十年，世界上最后一张报纸就会消亡。

我的看法不是那么悲观，至少对中国纸媒还有一些信心。为什么呢？

其一，中国是一个纸媒后发国家，中国纸媒从来没有达到饱和状态。何况现在中国的城市化进程还在加速之中，新近融入城市的"移民"对报纸还有大量的需求。其二，中国的书写阅读文化非常发达，传统悠久，阅读已经成为中国识字者的一种基本的生活方式，这一点与欧美国家有很大的不同。其三，中国的经济还在持续高速发展，虽然新媒体崛起分去了不小的一块蛋糕，但是纸媒的绝对经济总量还在增长，这一点也不同于欧美。在欧美，新媒体经济总量的增长，就意味着纸媒的萎缩。正是因为这些因素，在世界纸媒市场，风景数中国独好。

但是我们也要清醒地认识到，网络新媒体对纸媒的挑战日益严峻，同时随着媒介融合的发展，纸媒的网络数字化生存也提上了日程。在这个背景下，纸媒也面临着转型，一方面要继续发掘传统纸质文字阅读方式的潜力，使纸媒的内容与形式更加贴近读者，提高纸媒的服务品质，让读者扔不掉报纸；另一方面，纸媒必须推进合理化经营，合理配置传播资源，在集团化的框架内，对信息资源进行一系列深度开发，降低成本；与此同时，纸媒还要充分利用数字传播新技术，努力探索纸媒的数字化生存，延伸、拓展报纸的发展空间，这不是把报纸简单地搬到网上，而是要借助网络数字技术，使传统的纸媒具有更加强大的信息服务功能和更低的运行成本。

记者： 在这些年的新闻与传播研究过程中，您认为中国传媒的发展在哪些方面还需努力和完善呢？您有什么好的观点或建议？不妨和我们分享一下！

张昆： 如今的世界已经高度一体化了，高度发达的信息网络已经使得"地球村"成为现实。信息系统是整个社会系统的神经。在这个背景下，中国与世界已经无法分离，世界是包含中国的世界，中国是世界整体的难以分割的一部分。即便如此，中国在世界体系中的独特个性还是不能忽视的。

从传媒事业及产业的发展来看，中国传媒在中国社会的改革、转型过程中扮演了十分重要的建设性角色。中国近三十年经济的腾飞，离不开新闻传媒的助推。但是，相对于社会的强大需求和民众的期待，中国传媒系统还有进一步完善和改进的空间。

第一，新闻传媒在表达民意方面，还要加大力度。早在 19 世纪 40 年代，马克思就把报纸看成人民的喉舌。它必须代表民意，为民发声。这种民意应该是最广泛的、多样化的，它是政府决策的依据。胡锦涛总书记在视察人民网时就强调，他非常重视媒介反映的人民的意见和诉求。

第二，在监督公权力方面，还要进一步加大力度。目前新闻传媒对公权力的监督，还有很多不尽如人意之处。监督对象的层级比较低，对监督的审批程序过严，异地监督受到比较严格的限制等。在建设社会主义民主的过程中，必须进一步发挥新闻传媒的舆论监督功能。

第三，在传承文化与社会教化方面，尚需发挥更大的创造力和想象力。新闻传媒是传承文化和社会教化的重要渠道。但是目前这方面的效果还不尽如人意，需要尊重传播规律，改进方式方法。

第四，在社会效益与经济效益方面，要做到两者间的平衡。新闻传媒是社会公器，具有意识形态性质，必须追求社会效益；但是，新闻传媒还是企业，必须遵循经济规律，以最少的投入产出最大的经济效益。在最好的情况下，两者可以兼顾，如果不能兼得，则应做到社会效益优先。目前我国传媒界存在的突出问题之一，就是传媒对于经济效益的过度追求，在一定程度上忽视了社会效益。

记者：您担任《今传媒》杂志学术顾问已经很多年了，您对我们刊物有什么寄语或期望呢？

张昆：《今传媒》杂志办得很不错，我很爱看。《今传媒》也是我们学院师生发表文章的重要阵地。从国内新闻传播类学术期刊生态来看，《今传媒》上升的势头比较好，其学术含量及其对业界的指导和引领作用在不断加强。希望《今传媒》今后越来越好。建议杂志多延请知名学者，多发现、支持青年学术新秀。同时，与其他杂志进行差异化定位，强化自身的特色，只有这样才能提高自身的学术品位。我相信《今传媒》会有一个更好的前景。

（本文系《今传媒》杂志对张昆教授的专访，原载于《今传媒》2012年第 6 期，记者：雷小毅）

特色办学显实力　锐意进取求发展

2006 年 7 月 26 日，华中科技大学校长李培根聘请张昆教授为华中科技大学新闻与信息传播学院院长。张院长 1986 年毕业于中国人民大学新闻学院新闻学研究生班，同年分配至武汉大学新闻系任教，24 岁就踏入了新闻教育界，36 岁就担任武汉大学新闻学院院长，44 岁时被华中科技大学引进。张院长走进华中科技大学，来到了喻家山，使华中科技大学新闻与信息传播学院的办学特色更加鲜明，并且进一步展示了学院的办学实力。

走进张院长十来平方米的办公室，门边的电脑桌上散放着一些刚批阅的文件与文稿，茶几上有几杯茶，显然上一拨拜访者刚走。在访问中，还不断有老师、学生敲门找张院长谈事情。张院长的确很忙，但真正走近他，就会发现他虽身为院长，还带着从本科生到博士生的课，但他忙而有序，处理事情效率极高。办公室右角那一柜书，虽只是冰山一角，但可以印证外界对张院长作为一个学者的一致评价：非常勤奋，著作颇丰，在学术上很有造诣。

记者：张院长您好，据了解您到华科大后不到半年的时间就与学院上下融为一体，能说说您与华中科技大学新闻与信息传播学院的这段情缘吗？

张昆：由于进入新闻教育这个圈子很早，加上平时的学术交流和其他活动，我和华中科技大学新闻与信息传播学院前三任系主任、院长都有很好的合作关系。

刚一过来我就对学院的历史与传统、学院的队伍构成及其特征进行了深入的了解，同时与老师进行了全面的沟通，对学院的精神与文化有了深刻的感受。我很欣赏这里的团队精神。全体教师形成了一股强大的向心力和凝聚力，大家积极探索、锐意进取；全院班子一条心，共同面对现实和问题，共同应对机遇和挑战。

记者：在外界看来，华中科技大学新闻与信息传播学院一直以强劲的态势在发展，您认为目前学院在全国的新闻院系当中处于一个什么样的位置？

张昆：的确，目前学院正以强劲的姿态在蓬勃发展。2003 年成为新闻学博士点；2005 年成为新闻传播学一级学科博士点，是全国 6 家拥有新闻传播学一级学科博士授予权的院校之一；2006 年，"媒介技术与传播发展研究中心"获准成为湖北省人文社科重点研究基地。与此同时，在中国管理科学研究院的《2006 中国大学研究生院评价》中，学院的新闻学二级学科评为 A++学科，名列全国第三；在《2006 中国大学文学专业A++级学校名单》中，学院广播电视新闻专业和新闻学专业分别名列全国第二和第三。2007 年，国家人事部批准华中科技大学新闻与信息传播学院设立新闻传播学一级学科博士后流动站，同年，新闻学专业被评为国家级特色专业。

我认为全国的新闻学院大致可分为三个梯队。第一个梯队是中国人民大学、复旦大学的新闻学院，这两个新闻学院建立得很早，有很长的历史积淀，占据了最高的位置。有一级学科博士点、一级学科重点学科，而且还是 211 工程、985 工程重点支持的学校。第二个梯队是中国传媒大学、武汉大学、华中科技大学、清华大学、北京大学、暨南大学、厦门大学等高校有新闻传播学一级学科博士点的新闻学院，这类新闻学院大概有十来所。第三个梯队是其他没有新闻传播学一级学科博士点的新闻学院。

记者：华中科技大学新闻学院（现称新闻与信息传播学院）于 1983年建系，当时是全国第一个在理工科为主的高等学校创办的新闻系，新闻学院在这个以工科为主的学校办学有什么特色？

张昆：华中科技大学新闻与信息传播学院是以人文社科为基础，实行人文社会学科与信息计算机及通信等工科学科交叉办学的新型学院。学院一直以文理工交叉培养复合型新闻传播人才为办学特色，走新闻学与传播学并重、传播文化与传播科技结盟的办学新路。

作为全国第一个在理工科为主的高等学校创办的新闻学院，我们学院从一开始就秉承文科与工科交叉的办学理念，坚持走锐意创新、特色取胜的路子。这体现为以下几点。

第一，华中科技大学办新闻学院走的是一条不同于中国人民大学、复旦大学、武汉大学的路子，那就是立足于交叉、注重应用、以实践为导向。在交叉上体现为文理交叉、文工交叉以及文文交叉。学院注重培养既有扎实人文社科专业功底，又能掌握现代化传播工具的复合型新闻传播人才。学院最早把计算机、数据库作为新闻专业的核心课程，把高等数学作为必修课程，而且让学生学会开汽车。学院还依靠我校作为工科院校的传统和优势办了全国第一个网络传播专业，在全国办了唯一的新闻评论专业方向班。这条新路子成为华中科技大学新闻教育的一大特色。

学院在师资队伍的建设上同样强调应用、注重实践经历。办学伊始，学院新闻业务课教师几乎全部来自新闻实务第一线。新闻系创办人、华中工学院院长朱九思，就是个老新闻人。朱老原先在《晋绥日报》做过副总编辑，接着到《天津日报》担任总编辑，后来担任湖南人民广播电台台长。朱院长把自己在新闻界的朋友、一些著名高校的毕业生请来当老师，新闻学院第一任系主任是当时在《湖北日报》做主任的复旦大学毕业生汪新源。他从各个学校、媒体挖了一些中国人民大学、复旦大学的毕业生，组建了新闻系最早的师资班底。这个传统一直被传承下来。

第二，包容性强。学院实行开放办学，老师的来源多且背景宽。老师大都具有多种学科的知识背景，这构成了学科交叉融合的基础。我常说我们学院是一个"移民学院"，四任院长以及大部分老师都是从外面来的，这既避免了近亲繁殖，又杜绝了门户之见、派系之争。学院是一个"大熔炉"，老师们不管来自哪里，不管以前的学科背景是什么，只要来到了学院，都会马上融入这个大集体，与学院的发展同呼吸、共命运。

第三，效率高。教师队伍虽只有三十几人，但学院设有四个系：新闻学系、广播电视学系、传播学系、广告学系。有正常的本科生、硕士生、博士生的招生规模，这一切得以高速正常运转。全院老师有着高效率的工作素质，这也是工科院校的独特优势。（面对全国新闻教育即将开始的新一轮大洗牌，张院长提出了学院发展的新思路：育人为本，依法治院，文工交融，追求卓越。将一个锐意进取的新闻学院展现在人们眼前）。

记者：说到老师，您先前谈到了学院的队伍建设的特色是包容性强，老师的来源多且背景宽，您能谈谈队伍建设吗？

张昆：学院的队伍建设是目前一个很大的问题（说到这里，张院长眉头开始紧锁，脸上有了凝重的表情），学科的发展能不能达到一个新水平与人有关系，与队伍有很大关系，要以人为本，要有一个好的机制来建设我们的队伍。

目前我们的队伍呈哑铃结构：两头大中间小。年龄大的资深教授占较大的分量，年轻老师占较大的分量，中间的四十几岁的教师力量比较少。面临未来几年老教师的退休高峰，中间的教师力量有一下子接不上去的危机。

要解决这个问题，第一个渠道是从外面引进人才，虽然难度比较大，学院还是要花大力气努力去做。第二个渠道是学院自己培养。学院正采用一种激励性的竞争机制，让青年人脱颖而出。第一，院内实行学校统一的考评机制，让学生成为教学评价的主角；第二，要开阔老师的视野，增强老师的风险意识和责任感，通过竞争机制，面向国内外选聘主讲教师。在市场化的大环境下，让大家都感到有风险、有竞争、有压力，这样学院才能成为一汪活水。我常挂在嘴边的一个说法是把狼引到羊群中来，羊自然会跑动起来，跑得慢的被吃掉，跑得快的则越跑越健壮。

这两个渠道中最稳定的还是学院自己培养。但自己培养是以杜绝近亲繁殖为前提的。学院的政策是不直接选留自己的博士。目前人才市场已经告别了紧缺时代而进入过剩时代，学院要瞄准一流学校，引进一流人才。

记者：2007年学院开了不少大型的学术会议，您常在公开场合强调要开放办学，您能谈谈您的这条思路吗？

张昆：是的，我所说的开放办学，一是要依托媒体，二是要进行国际交流。在2007年，新闻学院一共办了六个大型会议，其中有两个国际学术会议。学术交流是一个牛鼻子，我们要坚持走国际化道路，瞄准学术的最前沿，给学生和老师营造一个开放的平台。

　　学院跟英国、美国、日本、新加坡、澳大利亚等国的一些知名学校都有很好的合作关系。2007年学院和新加坡南洋理工大学在我国台湾地区联合主办的"海外华文报纸与华夏文明传播学术会议"已成了学术界的一个品牌。2007年10月份与香港城市大学联合举办的"公共关系学术论坛"也是一个规格很高的学术会议。2009年学院将与美国密苏里大学新闻学院合作在我校举办"媒体融合"国际学术会议。

　　记者：据了解，学院最近将全面改善硬件设施提上了日程，比如实验室、器材，包括办公室的建设等，对此您有什么看法？

　　张昆：在硬件设施上，学院在国内高校中属于中上水平，虽不能和中国人民大学、复旦大学相比，但我认为培养人才不能一味追求豪华、追求奢侈，人才培养在设备上的追求是无止境的，特别是在传播界，传播技术的更新换代太快，要想完全跟上业界的节奏，没有一个学校能办得起。设施建设的主要目的在于培养学生的基本技能和新闻意识以及基本的动手能力，要赶上业界可以到媒体实习。虽然不需要最豪华的硬件设施，但要做到有最低、必要限度的设施保障。

　　记者：最后，请您谈谈您对学院未来的看法。

　　张昆：现在全国的新闻传播教育发展得非常快，洗牌的速度也很快。未来四五年内全国新闻传播学院将面临新一轮的洗牌，学院处在一个历史的拐点。面对机遇和挑战，学院要在坚持和发扬自己办学特色的同时，以学科建设为龙头，夯实人才培养、科学研究、社会服务和平台建设四大基础，凝聚共识，艰苦奋斗，争取使新闻学院能够进入第一梯队的行列。

（本文系《新闻与写作》杂志对张昆教授的专访，发表于《新闻与写作》2008年第2期，记者：付玲）

努力践行"秉中持正，求新博闻"

在华中科技大学新闻与信息传播学院建院 30 周年之际，笔者采访了该院院长张昆。

采访者问（以下简称"问"）：作为现任院长您能谈谈感受吗？

张昆答（以下简称"答"）：1983 年，华中工学院应朱九思老先生的要求创办了新闻系。我当时正在同时创办第一批新闻专业的武汉大学读书。但由于进入教育界很早，平时华中地区两大高校——武大、华工交流机会很多，我对当时的华工新闻系的发展状况是有所了解的，对华中科技大学也有很深的感情。

30 年前我们学院只单一招收文科专业的学生，而且 1983 年第一届我们招收的是专科旳学生，第二年才开始招本科生。30 年后的今天，我们的学院学生从文科生到工科生再到艺术生，真正实现了跨学科培养；30 年前，学院只招收本科生，30 年后的今天，我们还培养硕士生、博士生、博士后，层次更加丰富。30 年前，学院的职能主要侧重于教学一方面，30 年后的今天，我们将教学与科研并重，既是教学中心，又是科研中心。

30 年间，近万名新闻学院的学生从喻家山走向四面八方，走向全球。30 年，对于诗人而言，不过弹指一挥间；可对于现实主义者来说那可是 30 个 365 天，一万多个昼夜。顺利时，嫌其短；遇挫时，常常感到长夜难眠哪！华中科技大学能有今天的辉煌，确实不易，前人栽树，后人歇荫，我们今天能在这里安身立命，要感谢在这里辛勤耕耘的前辈学者，要感谢长期支持学院的领导、业界同人。

30 年院庆也让我感到空前的压力和责任感。学院拥有了自己的一级学科博士授予点，学科排名位于全国同行的前列，已经处于一个比较高的平台，但是，我们与北京大学、清华大学这样的高校相比，综合平台优势不大；与中国人民大学、复旦大学等老牌名校的新闻学院相比，学术沉淀明显不足；而与东南沿海地区的高校相比，地缘优势也有差距。一万年太久，只争朝夕，我们依然任重而道远。

问：学院一楼大厅醒目的八个字——"秉中持正，求新博闻"是新闻学院的院训，您是如何理解的？

答：所谓"中"，《说文解字》曰，"中，内也，从口"；"中"的本意为内、里，从内、里引申为中间，一定范围内适中的位置。而与"中"对应的是"过"与"不及"。我们都知道，事情做得过头和做得不到位，其结果都是一样的。"中"作为一种个性品质，作为一种理想人格来讲，应该是不激进、不偏执、不保守、不懦弱，为人稳健、行事中庸。

所谓"正"，乃公正、端正、正直、正派之意，"正"是一种道德品质。《论语》说："其身正，不令而行；其身不正，虽令不从。"当政者只有行事端正才能令行禁止。

"秉中持正"，是对人的道德的最高要求，即为人处世要不偏不倚、折中调和，坚守正义，捍卫真理。

再说"求新博闻"。"求新"是新闻职业的本质特征，事实上对新的追求不是始自近日，古人早就意识到新的意义。新思想、新观念、新知识，不仅能够启人心智，而且能够引领时代。汤之《盘铭》曰："苟日新，日日新，又日新。"《诗》曰："周虽旧邦，其命惟新。"

人生与江山，皆日有变更、岁有延替，惟革故鼎新、新益求新。

所谓"博闻"，即博学广闻。求新的前提是博闻，作为传媒人要履行其职业使命须具有广博的学识、完善的知识与能力结构，智慧超群、倚马可待。

"秉中持正，求新博闻"的院训告诉我们，做事必先做人。作为一个传媒工作者，必须不偏不倚，行事稳健，秉浩然之正气，虽千万人吾往矣。这种人就是所谓的正人君子，是大写的人，堂堂正正的人当是这种顶天立地的大写的人，同时具备求新的职业精神、广博的见识和卓越的专业能力，才能胜任传媒的职业使命，才能满足社会的期待。

问：您担任华中科技大学新闻学院院长一职已七年，您的管理思路是什么？

答：学院发展目前状态良好，这与校领导班子的指引密不可分，是学院全体员工奋力打拼的结果。管理思路可以用四句话概括：第一，以学生为中心，第二，以师资为根本；第三，以教学为基础；第四以科研为先导。

问：如何做到"以学生为中心"？

答：大学教育要根据大学生的特点展开，从学校到学院乃至教研室都要围绕学生及其特点、需求来进行创造性的工作。我们新闻学院坚持把学生当作工作的重中之重。这几年，新闻学院在学生工作方面投入了大量的精力。强大的学工组、各种创新实践团队（红树林、V-fun 等）在华科大校园内是一道靓丽的风景。

我们在专业实践基地建设方面也做了很多工作，为学生提供了更多的高水准实践学习机会。过去有段时间我们对学生的专业实践不那么重视，但最近几年我们的专业实习情况在全国都是最好的，沿着京广线的北京、郑州、武汉、长沙、广州和深圳这一条线都提供了很多优秀的实习岗位。

问："以师资为根本"如何体现？

答：任何大学师资队伍的建设，都关系学校办学水平和教学质量及人才规格。我们学院现在位于全国同类学科前五名，拥有非常好的师资力量。这几年我们在师资队伍的打造方面下了很大的功夫，记得我刚来任职的时候，我们学院有 28 位老师，呈哑铃型结构——两头大中间小，年龄大的资深教授占较大的比重，年轻老师也占较大的比重；四十几岁的教师力量比较小。面临未来几年老教师的退休高峰，中间年龄段的教师力量有一下子接不上去的危机。而现在我们已经有了 38 位老师，引进了较多的中间年龄段的教师，教师结构也有了很大改变，呈橄榄状结构。

我们学院是个"移民学院"，我们的老师来自五湖四海，而且老师大都具有多种学科的知识背景。这既避免了近亲繁殖，又杜绝了门户之见、派系之争。同时，学院又是一个"大熔炉"，一融入新闻学院这个命运共同体，我们就成了正宗的"华工新闻人"。此外，我们非常注重团队协作精神，但也注重竞争意识。我提出了"把狼引入羊群"的观点。现在开始更加重视大家的协作和整体实力的提升。虽然就全国高校同类院系情况来看我们的老师数量不是很多，但是我们拥有全国最多的纵向科研项目。目前，学院有湖北文科重点研究基地"媒介科技与传播发展研究中心"，组建了新媒体与网络传播研究、政治传播研究、整合营销传播研究等学术团队。近5年，研究总经费达400万余元，课题完成率达到95%。

问："以教学为基础"体现了哪些特色？

答：学院一直以文理工交叉培养复合型新闻传播人才为办学特色，走新闻学与传播学并重、传播文化与传播科技结盟的办学新路，也就是以交叉见长——"文理交叉、文工交叉、文文交叉"。

第一，立足于交叉，注重应用，以实践为向导。学院注重培养既有扎实人文社科功底，又能掌握现代化传播工具的复合型新闻传播人才。学院最早把计算机、数据库作为新闻专业的核心课程，把高等数学作为必修课程。学院还依靠我校工科院校的优势办了全国第一个（传播学）网络传播专业，在全国办了唯一的新闻评论专业方向实验班。这条路子成为华中科技大学新闻教育的一大特色。

第二，学院在师资队伍的建设上同样强调注重应用、注重实践经历。办学伊始，学院新闻业务课教师几乎全部来自新闻传播业务第一线。新闻系创办人朱九思院长就是个老新闻人，他将自己在新闻界的朋友、一些著名高校的毕业生请来当老师，新闻学院第一任系主任就是当时在《湖北日报》做主任的复旦大学新闻系毕业生汪新源。

问："以科研为先导"怎么入手？

答：推进科研，一是课题，二是经费。为此，我们积极开发校友资源，以地方大都会为中心，建立起校友分会。建立校友会绝不是仅仅为了向他们要钱，绝不是把校友当成金主。校友会的建立目的在于给校友提供更好的服务，通过服务各地校友，来争取校友对学院各项工作的支持。

开源是解决问题的一方面，另一方面，学院积极推进节流。学院一直秉持节约的原则，压缩一切不必要的开支，不搞面子工程、政绩工程，集中财力以服务于人才培养和科学研究。古人曰：塞翁失马，焉知非福。在经费相对短缺，政策支持相对不足的情况下，我们的老师却通过努力，因持续地获取社会和国家的支持变得更加强大。学院发展也有条不紊，这也是这几年我们科研成果比较丰硕、学科水平迅速提高的一个原因。

学校的主要职能就是培养满足社会需要的高品质人才，而实现这种职能只能靠教学。这种现象在我们学院体现得并不明显。我们学院十分注重教学的规范化和有序化，就目前来说，我们拥有的两个国家特色专业也是湖北省的品牌专业：新闻学和广播电视学专业。同时还拥有一个国家级的校外实践基地。从课程建设方面来说，我们有国家精品课程、国家视频公开课程以及省级精品课程等，同时我们也主编了两本国家的规划教材，包括中央重点规划的马克思主义工程的理论教材。在整个教学的环节上做得都是非常优秀的，在各高校中处于领先地位。

一个学校、一个学院办得好不好，既与学生素养有关，也离不开引领时代的先进思想。李培根校长曾经说过，"教学和科研是自行车的两个车轮，教学是后方承重的轮子，科研在前方是把握方向的轮子"。科研的领先可以把学生带到学科的前沿，科研的成果可以直接转换为教学的生产力。

在这种理念的指导下，学院尽力将教学和科研各自的优势相结合，从近些年学院自身的经验总结得出，应如何处理协调教学和科研两者的矛盾。我们必须在坚持重视科研的同时，加大对教学的投入，加大时间投入、精神投入、经费投入，及时将科研成果转化为教学内容。另一方面，我们要根据教学的需要，不断扩展新的研究方向，探索新的科学问题，这样才能实现科研与教学的有机统一，实现科研与教学的彼此促进。

问：您认为学界与业界之间应该进行什么样的互动？

答：新闻院系与新闻界是利益相关的共同体，从产业链上来说，是上游和下游的关系；从人才供应来说，新闻学院处于上游，其职责是生产传媒专业的人才，传媒产业是新闻院系的客户。失去了传媒人才市场，新闻院系一天也办不下去。从人才培养过程来看，新闻传播专业学生的实践环节基本上要利用传媒的运作平台，没有传媒企业的支持，新闻院系的教育职能是远离实践的空谈。从这些意义上来说，传媒企业和新闻院系是唇齿相依，肝胆相照的关系，只有相亲相爱、不离不弃，才能实现双赢。

问：当下的新闻教育存在的不足，主要体现在哪里？

答：如今我们生活在媒介化时代，媒介及其传播的信息充盈于我们全部的社会生活空间，从这个意义上来说，媒介从业者是社会系统不可或缺的成员，而以培养传播从业者为目的的高等院校新闻传播系更是肩负着重要的社会期待。作为一个传媒教育工作者，当我看到新闻教育欣欣向荣的景象时，和大家一样高兴，但同时也感到担忧。我觉得，目前新闻教育存在的主要问题是浮躁、功利。具体来说呢，就是：重视硬件不重视软件；重视能力不重视思想；重视技巧不重视操守；重视效率不重视公平；重视教师不重视学生；重视科研不重视教学；重视结果不重视过程；重视政治不重视专业。

举例来说，目前我们看到的是一个个先进的实验教学示范中心，一座座豪华的办公与教学大楼拔地而起，一个个面子工程相继落成，社会有限的物资被大量消耗在硬件设施上。这样做固然有一定的必要性，但是否超过了必要的限度？当院长和系主任的心思瞄准了物质和技术，必然在一定程度上忽视精神建设。这就是重视硬件不重视软件的一种表现吧！

而上述问题的存在，是多种因素共同作用造成的。社会的评价机制、社会思潮以及教育工作者的办学理念特别是官方的评价机制，过于重视数字，而忽视了数字之外的因素；过于重视硬件，而忽视软件的作用；还有普遍浮躁的社会氛围，对于面子工程、政绩工程的向往，才导致这种教育局面的出现。

所以，作为一个教育工作者，我觉得要使新闻教育满足社会的需要，必须矫正上面的缺失，做到平衡、协调、可持续的发展。

问：对学院未来的发展思路有什么展望与大家分享？

答：对未来发展的期待，不是数字上的期待。对于排名，也不要太在意。我认为学院教育的发展，核心在学科水平，关键在于学生的思想与能力。

现在，全国的新闻传播教育发展得特别快，洗牌的速度也很快。未来几年内，全国新闻传播学院将面临新一轮的洗牌。学院处在一个历史的拐点，面对机遇和挑战，学院要在坚持和发扬自己办学特色的同时，以学科建设为龙头，夯实人才培养、科学研究、社会服务和平台建设四大基础，凝聚共识，艰苦奋斗。争取培养社会需要、人民满意的新闻人。

我们希望在科学发展观的指导下，发扬华中科技大学"敢于竞争、善于转化"的优良传统，坚持"育人为本、创新是魂、责任以行"的价值观，遵循"应用领先、基础突破、协调发展"的基本方略，建设国内一流的新闻与传播学科。

（本文是张昆教授 2013 年在华中科技大学新闻学院创院 30 周年前夕接受院刊记者的专访。采访者：王梦元、谭雨倩）

"伯乐奖"获得者张昆：
事师如亲，爱生如子

西汉韩婴有言："使骥不得伯乐，安得千里之足。"中唐韩愈亦言："世有伯乐，然后有千里马。"千年史迹，弦歌不辍，我们赞扬推动历史车轮滚滚向前的英雄风流人物，我们更敬佩"慧眼识英雄，俯身为人梯"的师道尊严。

一代又一代的为师者，潜心向学求真知，倾囊相授育新人。而在他们自己看来，潜心向学是底线，倾囊相授是幸事。一如2018年伯乐奖获得者、新闻学院张昆教授所说："给予年轻教师如亲人般的帮助，给予青年学生如孩子般的关爱，其实是一种双向的成全，彼此都有所得。"

说起张昆的经历，用"90后"学生的话说，就是"一路开挂，让人羡慕嫉妒恨"。他24岁登上大学讲台，31岁被破格提拔为副教授，35岁再次破格晋升为教授，36岁成为武汉大学新闻学院院长，44岁从珞珈山到喻家山，担任华中科技大学新闻与信息传播学院院长。如今的他，已是国务院政府特殊津贴获得者、国务院学位委员会学科评议组新闻传播学组成员、第三批国家"万人计划"哲学社会科学领军人才入选者。

2018年4月24日，56岁的张昆卸任院长一职。在卸任感言中，他说道："经过这不平凡的12年，我从44岁来到了56岁，我从满头青丝到华发丛生。这是我生命年轮中最重要的阶段。这一阶段能够融入华中科技大学新闻学院的历史，成为推动华中科技大学巨轮前行的一分子，是我人生最大的幸运。"

实际上，这不平凡的 12 年，这份幸运，是属于张昆的，也是属于新闻与信息传播学院的。

"打造一支开放的有活力的有创造力的教师队伍是重中之重。"

张昆初到华科大时，新闻学院只有 28 位老师，其中 55 岁以上的教授有 5 位，教师队伍是一个哑铃型结构，老中青之间中间坍陷，人才严重断层。"没有教师，就无法汇聚学生，学院也会成为一个空壳。打造一支开放的、有活力的、有创造力的、优秀的教师队伍，是学院发展的重中之重。"

带着这样的理念，12 年间，张昆和学院历任领导班子一起，通过人才引进和自我培养并行，激活了存量，形成了良好氛围，让师资队伍在保持动态平衡的基础上，增加到了目前的 40 人，整体结构变成了中青年学者实力雄厚的橄榄球型。

谈及人才引进的故事时，张昆坦言："这是一件很难的事情，十个人才线索能办成一个引入一个，就非常不容易了。有时候它还是一个长期的过程，得锲而不舍。"

新闻传播学科属于应用型文科，学院教师的学缘结构越多样化，越容易形成良好的学术生态。2009 年，学院面向海内外招募人才，具有工学、管理学、传播学、新闻学多重学术背景的张明新被推荐给了张昆。而当时的张明新还在武汉大学攻读博士学位，人才引进被武汉大学"拦截"了。看中张明新的张昆抱着"交朋友""打持久战"的准备，持续和张明新进行学术、工作上的交流，不断鼓励他来华科大工作。2012 年，学院重新启动人才引进程序，与张昆"交了三年多朋友"的张明新正式加盟华科大。

在引进少数人才精英的同时，张昆更重视激活现有的人才存量，把青年学者的培养放在师资队伍建设的首要位置。为此他和学院领导班子商议，出台了一系列肯定科研贡献、鼓励教师发展的创新举措。

在教师考核定级方面，允许老师跨档升级，鼓励干得好的教师大踏步往前走。"副教授的成果只要达到了教授的标准，就可以拿到教授标准的职务津贴。在现有的教师十三档中，有些老师可以一次直接跨三档。"

在岗位设置上，实施"双师制"，将教师岗位分为科研岗、教学岗和教学科研并重岗，并实行差异化评价，鼓励多元发展，让不同专长的教师都有自己的发展空间。

在现有薪酬制度以外，单独设置"冠名教授"制度，给予每人每年10万元或5万元的津贴，让院内老师获得自豪感，让有限的资源发挥出最大的激励作用。

……

2018年，经过学院领导班子多方争取，学院大楼得以重新装修，让每一位教师拥有了独立的工作室，"让每一个老师都有了寄放灵魂的地方"。

"学者在青年时期是人生最艰难的阶段，要把工作做好、把学问做好，还要把家庭照顾好，压力非常大。我们一定要尽可能地帮他们解决一些困难、搭建一些平台，让他们尽早得到学界的认同和认可。"张昆如是说道。

"真正把学生当成自己的孩子，全力以赴地去栽培他们。"

张昆自认为是一个理想主义者，追求完美的新闻传播教育。总结30多年的新闻传播教育经历，他写出了《新闻教育改革论》和《三思新闻教育》两本书，做出了对我国新闻传播教育的思考。他在书中提出：新闻传播教育应当坚持什么样的培养模式？我国新闻传播教育中存在诸多问题的症结何在？大数据、云计算以及媒介融合时代如何做好新闻教育？如此等等。

他想找到答案，也从未停止过思考。因为他说："新闻院系实际上是一个人才工场，没有学生，学院、老师就失去了存在的依据。我们要真正把学生当成自己的孩子，全力以赴地去栽培他们。"

因此，来到华科大以后，他大力改进教育教学方式，提出了"三个转变"：由以教师为中心向以学生为中心转变，由以传统的"流水线培养模式"向"订单式"个性化的模式转变，由教师以科研为中心向以教学为中心转变。学院的教学资源和人力资源，都围绕学生成长、围绕社会对专业人才的需求进行配置，一系列适应新兴传媒生态的人才培养举措不断推陈出新，使得学院人才培养结出累累硕果。

建立学科交融的课程体系，传统的新闻专业、广播电视专业增加了经济、法律、多媒体技术、网络采访编辑等新课程。

建立学院专业实践教学协调小组，在北上广深等一线城市的 24 家主流权威媒体设立实践基地。小组的指导老师每年都要到实践基地去沟通协商并看望学生，实现了学院、学生与实践基地三方的良好互动。

红树林团队、V-fun 团队、Loading 团队、传播学沙龙等一批学生创新团队陆续崛起，他们的作品赢得了学界、业界的普遍喝彩。

在全国高校中成立第一个新闻评论社团，继而发展为"评论学社"，"新闻评论人才培养创新体系的建构与实施"项目先后获评湖北省教学成果奖一等奖、国家级教学成果奖二等奖。新闻评论教育的"华科大模式"已然成型。

……

在着力推进学院人才培养改革的同时，张昆还积极投身教学过程管理第一线。他担任本科 2011 级新闻学专业学生从大一到大四的学业导师，坚持在课外与学生交流，协助学生做好学业规划和人生规划。

在教学方面，张昆教授也是精益求精。其主讲的通识课程"传播的历程"被评为第一批国家视频公开课，"外国新闻传播史"被先后评为国家级精品课程、国家级精品资源共享课程。

对自己带的研究生，张昆更是爱生如子。2015 级博士研究生王创业刚一入学，张昆便对其提出了严格的要求："学术要严谨，科研和教学才是安身立命的基础。"他交给王创业一个题目，限期一个月完成。王创业花了两星期交了初稿，第二天便收到了修改邮件。张昆将修改内容一一列出，红色的标注铺满了文档。王创业又感动又惭愧。后来，在张昆耐心细致的指导下，王创业真正热爱上了学术，并先后获得了多项奖学金。"他从不让我喊他院长，只允许我喊他老师，老师才是他最看中的身份。"王创业说。

12 年来，华科大新闻传播学的学科评估排名保持逐年上升趋势，其百分位从第一轮的前 40%，上升至第四轮的前 5%，目前排名和复旦大学并列，位居全国高校第三。这是不平凡的，也是幸运的。

见证了、参与了、铸就了这份不平凡与幸运的张昆说："学科评估的结果是真金白银的，但我们千万不能躺在这个数字上睡大觉。"

"学科评估让师生对学院的认同感、对专业的认同感更加强烈，我们也越来越有底气。但我们还要继续保持进取之心，以更大的自信办好华科大的新闻传播教育，产出更多的学术成果，培养更优秀的学生，参与更多的社会服务，传播更广的文化声音。"对于学院的发展前景，张昆满怀期待。

（采写者：粟晓丽、谢琳；时间：2018 年 10 月 9 日；来源：澎湃新闻·澎湃号·政务）

"伯乐奖"张昆：抓住白驹过隙的人生

今年四月，张昆卸下了华中科技大学新闻学院院长的职位，把它交给了更年轻的管理团队。回首教书育人的这些年，张昆十分感慨，"人的一辈子，犹如白驹过隙，很容易过去，所以要抓住过隙的短短瞬间，尽量多做一些事情，对社会有所回馈"。

成为教师：从被动到主动

1983年，是张昆人生的一个重要转折点，在那之前，他从没想过要成为一名教师，抱着改变社会、发展国家的壮志，张昆想要到社会上干点实事。同年，武汉大学和华中工学院（华中科技大学前身）同时创办新闻专业，面向社会招募教师；而碰巧张昆曾在武汉人民广播电台举办过一个中国近代史讲座，武大校方认为这是个在广播电视方面有潜力的人才，将张昆从应届生中留下来当教师，参与武汉大学新闻专业的重建工作。"自己作为革命的一块砖，哪里需要就往哪里搬"，就这样，张昆踏上了他的漫漫教学之路。

接下任务之后，年仅22岁的张昆开始思考：本科毕业如何当老师？我可以教什么？本科学的是历史，我怎么教新闻呢？知识的缺口使张昆主动报考了中国人民大学的新闻系研究生，两年后重回武大执教。从讲师到副教授、教授，张昆一路被破格提拔，至1998年成为武汉大学新闻学院的院长，时年仅36岁。

命运在 2006 年又拐了个弯，将张昆与华科新闻与信息传播学院紧密相连。当时的张昆已经收到中国人民大学的调岗通知，且已挂牌在人大招收博士研究生，着手北上的同时却收到了时任华科大校长的"根叔"李培根发出的，担任华科新闻与信息传播学院院长的邀请。回忆起这段历史，张昆说根叔的思想工作做得很出色，"反正去哪都是走，换个新的工作环境，于是我就到华科来了"。

伯乐：得天下英才而育之

"孟子有云，人生有三乐，其中一乐就是得天下英才而教育之，作为一名老师最快乐的便是能和优秀的年轻人们在一起学习，看着自己的学生一批批进来，又一批批出去，不断地成长，我很自豪，很有幸福感。"张昆的笑容洋溢在嘴角，与这些思想活跃、视野开阔、吸纳性强的年轻人一起学习，他不仅从中看见了自己青春的影子，还在互动之中充实着自己，避免故步自封。

在现今的信息化时代，社会变动剧烈，传媒结构在不断变化，已有的知识结构都面临着挑战，张昆坦言作为新闻传播类的教师，也必须具备与时俱进的能力，"今天的你应该与昨日的你不同，否则你将会被这个时代所抛弃"。

育人的同时，张昆还注重人才的发现和栽培，正所谓"千里马常有，而伯乐不常有"，张昆来到华科大的十余年，引进、吸纳优秀的师资力量，将哑铃型结构的教师队伍扩充为橄榄球型，弥补了中间塌陷的缺点，使新闻与信息传播学院"中生代"老师群体成为主力，引领着学院进一步发展。

"用人就像磨刀，刀越磨越锋利，优秀的人才需要被摆放在适当的位置上不断打磨。"秉持着"有成就就承认"的理念，张昆带领着华科新闻与信息传播学院，给予中青年教师巨大的发展空间，譬如在指标十分有限的前提下，每年从优秀的副教授中遴选 0 到 1 名当选博士生导师，培养出一批如张明新、郭小平、李卫东老师等先当博导后成教授的骨干力量，使年轻人更快地成长起来。

老师：一个大写的“人”

身兼教师与院长的双重职务，张昆在授课、做科研、写文章的同时，统筹管理着新闻与信息传播学院的各项事务。“这两个角色有时候是有冲突的”，张昆比喻自己“既是运动员，也是裁判员”，作为教授是一个独立的个体，但作为院长，处事时需考虑到全院师生，“这其间也有矛盾，也存在利益回避的问题”，而张昆坚持以公正的心、公认的规则协调两个角色，他说，“一个人做事，做的多或少，做得好或不好，关系到的仅仅是个人；但院长做得好与坏，关系到众多老师与学生的切身利益”。怀揣着这样的想法，张昆将学院事务摆在首位，教学、社会实践、学院运作和财务……事无巨细，事必躬亲。

在张昆眼中，老师应该是一个正直的、大写的、有道德、有操行的“人”，是学生的样板；老师应该是一个专业人士，是专业领域中有独到造诣的领先者；老师应该是善于表达与沟通的教学者。光鲜的教师职业背后，需要教师有挑战自我、不断进取的精神，张昆强调重点大学的老师更应该在学术上不断进步、不断站在新的制高点。

从满头青丝到华发丛生，张昆为华科大新闻与信息传播学院奉献了自己的青春年华，不仅帮学院争取到了办公楼重新装修资金，使老师们拥有独立的工作室；优化了师资结构，提升了学科排名，还推进了学院的文化建设，使华科新闻学子拥有了一份认同感、归属感，“今天的华科新闻学院与十二年前相比有了很大变化”，张昆给了自己一个满意的回答。

本文是 HUST 华中大记者团记者（曹梦怡、王子托、张阳、金钱熠）对张昆教授的专访，发表于《HUST 华中大记者团》2018 年 10 月 21 日

图书在版编目（CIP）数据

张昆自选集. 卷四，新闻史论及其他 / 张昆著. --
北京：社会科学文献出版社，2021.2
（喻园新闻传播学者论丛）
ISBN 978-7-5201-7915-7

Ⅰ.①张…　Ⅱ.①张…　Ⅲ.①新闻事业史-中国-文
集　Ⅳ.①G219.2-53

中国版本图书馆 CIP 数据核字（2021）第 018380 号

喻园新闻传播学者论丛
张昆自选集（全四卷）
卷四：新闻史论及其他

著　　　者／张　昆

出 版 人／王利民
责任编辑／周　琼
文稿编辑／韩欣楠　李小琪　杨云芳

出　　　版／社会科学文献出版社·政法传媒分社（010）59367156
　　　　　　　地址：北京市北三环中路甲 29 号院华龙大厦　邮编：100029
　　　　　　　网址：www. ssap. com. cn
发　　　行／市场营销中心（010）59367081　59367083
印　　　装／三河市东方印刷有限公司

规　　　格／开　本：787mm×1092mm　1/16
　　　　　　　本卷印张：29.25　本卷字数：465 千字
版　　　次／2021 年 2 月第 1 版　2021 年 2 月第 1 次印刷
书　　　号／ISBN 978-7-5201-7915-7
定　　　价／698.00 元（全四卷）

本书如有印装质量问题，请与读者服务中心（010-59367028）联系

▲ 版权所有 翻印必究